사진과 그림으로 보는
기독교 역사

사람 예수를 그리스도(구세주)라고 고백했던 초대 교회로부터 출발한 기독교의 신앙 고백은 역사의 진행과 더불어 로마 가톨릭과 그리스 정교회, 그리고 프로테스탄트로 삼분되었음은 주지의 사실이다. 19-20세기의 가장 위대한 교회 사학자였던 독일의 아돌프 하르나크는 이처럼 기독교의 신앙 고백이 세분되고 분화되어 온 사실을 가리켜서 기독교의 도착화(倒錯化)라고 불렀지만, 다양한 신앙 고백의 형성이 반드시 그가 말하는 대로 기독교적 진리의 퇴색의 과정은 아닐 것이다. 오히려 이러한 신앙 고백의 다양화를 바라보면서 우리들은 그리스도에 대한 신앙 고백이란 신앙인이 처해 있는 현실에 뿌리 내리고 있다는 사실을 다시 한 번 확인할 수 있는 것이다. 신앙은 진공 상태에서 형성되는 것이 아니라 신앙인이 발을 디디고 있는 종교적이고 문화적인 현실 위에 성립되는 것이다. 이런 점에서 기독교의 역사는 하르나크가 비관적으로 불렀던 것처럼 진리의 도착화의 역사가 아니라 오히려 진리의 토착화(土着化)의 역사인 셈이다.

    말을 바꾸면 기독교의 신앙 고백의 역사는 그리스도가 선포한 진리가 그 진리를 받아들이는 사람들의 다양한 문화와 종교와 만나면서 아름답게 꽃을 피워 온 역사라고 할 수 있다. 영겁의 어둠 같은 우주 저 멀리서 날아온 별이 대기권의 공기와 만나 불꽃을 내면서 타오를 때 비로소 우리들에게 감지되는 것과 같은 이치라고 할 것이다. "말씀이 육신이 되어서 우리 가운데 거하신다."고 성서가 고백하고 있는 그대로이다. 이 책은 평범한 논조로 기독교의 이러한 역사 과정을 설명하고 있다는 점에서 기독교인들에게는 물론 서구의 종교와 문화에 관심을 가지고 있는 모든 분들에게 교양서적으로서 널리 유용하리라고 여겨진다.

    끝으로 아름다운 책을 번역·출판할 수 있게 해 주신 시공사에게 감사드린다. 무엇보다도 역자의 서투른 작업을 도와 주면서 번거로운 편집 과정을 담당해 주신 시공사의 모든 분들에게 고맙고도 송구스러운 마음을 전하고 싶다.

2001년 2월 15일 부산에서
역자 김승철 씀

역자 후기

'모든 시대는 똑같이 신에게 가깝다.'라는 말이 있다. 이 말은 특히 기독교 역사에 대해서 적합한 표현이라고 할 수 있다. 기독교 2,000년의 역사를 살았던 모든 시대의 사람들은 다른 어떤 시대도 흉내낼 수 없는 독특한 방식으로 자신들이 섬기고 따르려는 신에게 다가가려고 노력했기 때문이다. 그래서 '모든 시대가 신에게 똑같이 가깝다.'는 말은 '모든 시대가 자신만의 색깔을 지니고 있다.'는 말로 바꾸어도 무방하다. 아니, 단순히 무방할 뿐만 아니라 이 말은 우리에게 각 시대가 지니고 있는 색채를 찾아낼 것을 요구하고 있기까지 하다.

여기에 번역해서 출판하는 『사진과 그림으로 보는 기독교 역사』는 이러한 의미에서 기독교 역사상의 여러 시대가 지닌 색채를 문자 그대로 색깔 있는 그림과 사진을 곁들이면서 설명해 놓은 책이다. 우리들의 제한된 눈으로 보면 우리들의 시대로부터 멀어질수록 그 시대가 지녔던 색깔은 바래고 희미해져서 마침내 그 시대의 색채가 사라져 버릴 것이나, 과거는 현재와 마찬가지로 다양한 색상으로 물들었던 '현재'였음에 틀림없다. 예를 들어 흔히들 중세를 가리켜서 '암흑 시대'라고 말하지만 이것은 근대적 인간의 자기 중심적 편견일 뿐이다. 중세는 흑백의 단조로운 톤으로 이루어진 시대가 아니라, 다른 시대와 꼭 마찬가지로, 아니 어쩌면 다른 그 어떤 시대보다 더 뛰어날 정도로, 형형색색의 색깔로 신을 말하고 인간을 말하던 시대였던 것이다.

그래서 역사상의 모든 시대와 순간은 신비주의자들이 말하는 '영원한 현재(nunc aeterna)'가 되는 것이다. 매 순간이 진리가 발현하고 신이 얼굴을 드러내는 순간이라는 말이다. 파우스트 박사라면 '순간이여 멈추어라, 너 참 아름답다!'라고 외칠 바로 그 순간 순간들이 역사의 구석구석을 아름답게 장식하고 있는 것이다. 그림과 사진으로 보는 역사의 의미는 바로 여기에 있다고 여겨진다. 그것은 우리들로 하여금 과거는 단순히 퇴색되어 버린 죽은 과거라는 착각으로부터 벗어나도록 만들어 주면서 그 과거가 오늘날 여전히 살아 있는 순간임을 가르쳐 주는 것이다.

누구나 한눈에 알 수 있듯이 이 책은 기독교 2,000년의 역사를 개괄하는 책이다. 그리고 저자가 두 사람——가톨릭 사제와 프로테스탄트 신앙인——이라는 사실에서도 어렵지 않게 짐작할 수 있듯이, 이 책은 이른바 에큐메니컬(ecumenical)한 시각에서, 다시 말해서 초(超)교파적이고 교파 연합적인 시각에서, 기독교의 역사를 서술하고 있다. 나사렛

York; 115tl: The Stigmata of St. Francis by Bonaventura Berlinghieri (fl. 1228-74), Galleria degli Uffizi, Florence, Italy, Bridgeman Art Library, London/New York; 116tl: The Last Sacrament, from 14th Century Book of Hours, South African Library, Cape Town, Sonia Halliday Photographs/Antonia Dees; 116b: Canterbury Pilgrims, by Alfred George Webster, Bridgeman Art Library, London/New York; 117br: The Neville Family at Prayer by the Master of The Golden Legend in Munich Neville Book of Hours (1430-35), Bibliothèque Nationale, Paris, France, Bridgeman Art Library, London/New York); 117t: Monks and Nuns Conducting a Vigil, from a 14th Century Book of Hours, South Africa Library, Cape Town, South Africa, Sonia Halliday Photographs/Antonia Dees; 118b: St. Dominic Presides Over The Burning of The Heretics, by Pedron Berruguette (1450-1504), Prado, Spain, Bridgeman Art Library, London/New York; 118tl: Bibliothèque Nationale de France, Paris; 119t: The Plague of Tournai in 1095, 1883, by Louis Gallait (1810-87), Musée des Beaux-Arts, Tournai, Belgium, Bridgeman Art Library, London/New York; 119bl: St. Eligius Making a Shrine; St. Eligius at an Anvil by the Rohan Master and workshop (use of Paris) French Hours (c. 1418), T. 2616 MS 62f.215r Fitzwilliam Museum, Cambridge, UK, Bridgeman Art Library, London/New York; 120tr: View of the entrance facade of the palace, 14th century (photo) Palais des Papes, Avignon, France, Peter Willi/Bridgeman Art Library, London/New York; 120bl: John Wycliffe reading his translation of the Bible to John of Gaunt, 1847-8, by Ford Madox Brown (1821-93), Bradford Art Galleries and Museums, West Yorkshire, UK, Bridgeman Art Library, London/New York; 121b: September: Return of The Pilgrims From Santiago da Compostela from Hours of the Duchess of Burgundy (c. 1450), Musée Conde, Chantilly, France, Bridgeman Art Library, London/New York; 122bl: The Conquest of Constantinople by Jacopo Palma, Palace of the Doge, Venice, Italy, AKG London/Erich Lessing; 122tl: The Taking of Constantinople by The Turks , April 22nd 1453, from voyage D'Outremer, by Bertrand de la Broquiere, MS. FR. 9087f07, Bibliothèque Nationale, Paris, France, Sonia Halliday Photographs; 123tr: Robert Harding Picture Library/Ellen Rooney; 124l: Illustration to The Wheel of Fortune by Petrarch, French, 1503, Bibliothèque Nationale, Paris, France, Bridgeman Art Library, London/New York; 125b: The Day of Judgement by Fra Angelico, Corbis UK Ltd; 126bl: The School of Athens, 1508-11, Raphael, Stanza della Segnatura, Vatican, Vatican City, AKG London/Erich Lessing; 126tl: Portrait of Christopher Columbus by Anonymous, Private Collection, Bridgeman Art Library, London/New York; 126tr: Robert Harding Picture Library/Peter Scholey; 127c: Sistine Chapel ceiling, 1508-12 (fresco) (post restoration) by Michelangelo Buonarotti (1475-1564), Vatican Museums and Art Galleries, Vatican City, Bridgeman Art Library, London/New York; 128/9: (please refer to p.132tr)); 130: Sale of Indulgences by Jorg Breu from L'Histoire des Moeurs vol. 1, p. 297, XVIC, Mary Evans Picture Library; 131t: Portrait of Erasmus by Holbein, Philip Mould Historical Portraits Ltd, London, UK, Bridgeman Art Library, London/New York; 131br: Guttenberg Museum, AKG London/Erich Lessing; 132tr: Martin Luther and 95 Theses at Wittenberg, 1517 by Auguste Blanchard after P.A. Labuchère, Mary Evans Picture Library; 132/3b: Luther's Sermon, detail from a triptych, 1547, (oil on panel), by Lucas Cranach the elder (1472-1553) Church of St. Marien, Wittenberg, Germany, Bridgeman Art Library, London/New York; 133c: Corbis UK Ltd; 133 tr: Corbis UK Ltd; 134tl: Corbis UK Ltd; 135b: Corbis UK Ltd; 135tr: Title page, Luther Bible (c. 1530), Bible Society, Bridgeman Art Library, London/New York; 136tl: Portrait of Johann Calvin, Flemish School, Bibliothèque et Universitaire, Geneva, Switzerland, AKG London/Erich Lessing; 136b: Calvinists Destroying Statues in the Catholic Churches, 1566, (engraving), Flemish School, Bridgeman Art Library, London/New York; 137t: Jacob Fugger in His Office, 1518, drawing from the costume designs of M. Schwartz, Herzog Anton Ulrich Museum, AKG London; 138bl: Mary Evans Picture Library; 139t: Corbis UK Ltd; 140bl: The Surrender of Breda (1625), (detail), c. 1635, by Diego Rodriguez de Silva y Velasquez (1599-1660), Prado, Madrid, Spain, Bridgeman Art Library, London/New York; 141cr: Mary, Queen of Scots and John Knox, by Sidney Samuel (1829-96), Towneley Hall Art Gallery and Museum, Burnley, UK, Bridgeman Art Library, London/New York; 141t: Interior of the church St. Cunera in Rhenen, 1655, by Pieter Jansz Saenredam, Dien Haag, Mauritshius, AKG London/Erich Lessing; 142bl: Frontispiece of The Book of Common Prayer, 1549, (engraving), (b&w photo), Private Collection, Bridgeman Art Library, London/New York; 142br: Ego et Rex Meus (Henry VII and Cardinal Wolsey) by Sir John Gilbert (1817-97), Guildhall Art Gallery, London, UK, Bridgeman Art Library, London/New York; 143bc: The Bartholomew's Day Massacre, 1572, German, 16th Century, (woodcut), Anonymous, Giraudon/ Bibliothèque de Protestantisme, Paris, France, Bridgeman Art Library, London/New York; 143tl: Thomas Cranmer Being Burnt at The Stake from Fox's Book of Martyrs, 1776, Mary Evans Picture Library; 144bl: Oliver Cromwell, after the official portrait by Samuel Cooper, 1708, (enamel on vellum), by Christian Richter (1678-1732), Wallace Collection, London, UK, Bridgeman Art Library, London/New York; 145: From Christian History Study Guide: Survey: From the Reformation to the Present; 146bl: St. Charles Borromeo, (1538-84), by Carlo Dolci (1616-86), Palazzo Pitti, Florence, Italy, Bridgeman Art Library, London/New York; 146c: Institut Amatller D'Art Hispanic, Barcelona, Spain; 147tr: Mary Evans Picture Library; 148bl: The First Chapter of The 25th Council of Trent, c.1630 by Italian School, Phillips, The International Fine Art Auctioneers, Bridgeman Art Library, London/New York; 148tl: Mary Evans Picture Library; 149t: Processione delle Fanciulle del Sablon a Bruxelles, Antonio Sallaert (1590-c. 1657), Galleria Sabauda, Torino, Italy, Scala; 150tl: Illustration from Conquest of The Incas by Guaman Doma de Ayala, 1620, South American Pictures; 150tc: Santa Maria de Tonantzintla, Cholula, South American Pictures/Tony Morrison; 151t: Henrion, Missions Catholiques, vol. 4. 365 plate CX, Mary Evans Picture Library; 153cr: Interior of St. Peter's Basilica, Rome: crossing with dome and baldachin (1624-33), by Gian Lorenzo Bernini, AKG London/Erich Lessing; 153tl: Mary Evans Picture Library; 154/5: Wesley Preaching From His Father's Tomb, City Temple, London, (engraving), et. Archive; 156bl: Sir Isaac Newton by Van der Bank, Hulton Getty; 157tr: Mary Evans Picture Library; 158/9b: Hulton Getty; 159tr: Blaise Pascal, 1785, (marble), by Augustin Pajou, Louvre, Paris, France, AKG London/Erich Lessing; 160bc: Courtyard of a House in Delft, 1658, (oil on canvas), by Pieter de Hooch (1629-84), National Gallery, London, UK, Bridgeman Art Library, London/New York; 161t: University of Halle, Germany, Bildarchiv Preußischer Kulturbesitz, Fürsorgeheime, Dtld., Gehäude; 162bc: Mary Evans Picture Library; 162tr: Old Woman Reading From Lectionary by Gerard Dou, Rijksmuseum Foundation; Amsterdam, The Netherlands; 164bl: John Wesley (detail) by Nathaniel Hone, Peter Newark's American Pictures; 165t: Village Choir by Thomas Webster (1800-86), Victoria and Albert Museum, London, UK, Bridgeman Art Library, London/New York; 167c: George Whitefield Preaching by John Collett (1725-80), Private Collection, Bridgeman Art Library, London/New York; 168b: The Shakers Near Lebanon, (litho), by N. Currier (1813-88) and J.M. Ives (1824-95), Private Collection, Bridgeman Art Library, London/New York; 168t: Johnathan Edwards (1703-91), by Nathanial Hone, Peter Newark's American Pictures; 169c: Title page of the Massachusettes Indian Bible, translated by John Eliot and published by Cambridge Press, 1663, Peter Newark's American Pictures; 169tr: Carving by Guarani Indians with Jesuit influence, XVII, South American Pictures/Tony Morrison; 170br: Portrait of Peter I (The Great) (detail), 1775, State Hermitage, St. Petersburg, AKG London/Erich Lessing; 170tl: Robert Harding Picture Library/G.R. Richardson; 171t: Mount Athos, The Monastery of St. Paul, 1858, by Edward Lear (1812-88), The Fine Art Society, London, UK, Bridgeman Art Library, London/New York; 172/3: Camp meeting in Tennessee 1850 in L'Illustration, Mary Evans Picture Library; 174b: The Declaration of Independance, taken from the painting by John Trumbull, Peter Newark's American Pictures; 175t: Thomas Jefferson, 1800, by Rembrandt Peale, Peter Newark's American Pictures; 175br: Thomas Paine (1737-1809), contemporary cartoon, Peter Newark's American Pictures; 176b: Pope Pius VI Blesses The Venetians, 1782, by Francesco Guardi, Gemaldegalerie, Dresden, AKG London; 177b: Allegory of The Universal and Social Republic, by F. Sourrieu, Musée Carnavalet, Paris, France, Jean-Loup Charmet; 178b: Portrait bust of Friedrich Daniel Ernst Schleiermacher, 1829, sculpture, (plaster), by Christian Daniel, Berlin National Gallery, Germany, AKG London; 178tl: Portrait of Felix Mendelssohn-Bartholdy, 1829, (watercolour), by James Warren Childe (1778-1862), Mendelson Archive, Berlin, SMPK, Staatsbibliothek, AKG London; 179c: The Wanderer Over The Sea of Clouds, 1818, by Caspar-David Friedrich (1774-1840), Kusthalle, Hamburg, Germany, Bridgeman Art Library, London/New York; 180tl: Portrait of William Wilberforce (1759-1833), 1828, (oil on canvas), by Sir Thomas Lawrence (1769-1830), National Portrait Gallery, London, UK, Bridgeman Art Library, London/New York; 180/1b: Bark Slums, 1823, cartoon, by Cruikshank, Bibliothèque des arts décoratifs, Jean-Loup Charmet; 181tr: Mary Evans Picture Library; 182b: Mary Evans Picture Library; 182tr: Mary Evans Picture Library; 183t: Cook's ship Endeavour, from Murray Smith's Arctic Expeditions, 1877, Mary Evans Picture Library; 184/5b: Camp Meeting, 1852, Mary Evan Picture Library; 185tr: Christian History Magazine; 186bc: Final Emancipation Proclamation, issued 1st January 1863, contemporary souvenir print, Peter Newark's American Pictures; 187bc: 19th Century engraving, Mary Evans Picture Library; 187t: Prayer Meeting of Fugitive Slaves, 1861/5, by William L. Sheppard, Mary Evans Picture Library; 188b: A Religious Procession in The Province of Kursk, 1880-83, by Ilya Efimovich Repin (1844-1930), Tretyakov Gallery, Moscow, Russia, Bridgeman Art Library, London/New York; 189tl: Portrait of Fyodor Mikhaylovich Dostoyevsky, (detail), 1872, by Wassili Grigoryevich, Tretyakov Gallery, Moscow, Russia, AKG London; 189br: Corbis UK Ltd; 190b: Illustrated London News Picture Library; 191t: Bibliothèque des Arts Décoratifs, Paris, France, Jean-Loup Charmet; 191b: Mines at Blanzy, watercolour, by I.F. Bonhommé, c. 1860, Musée du C.N.A.M, Paris, France, Jean-Loup Charmet; 192b: The Salvation Army, (oil on panel), by Jean Francois Raffaelli, (1850-1924), Private Collection, Christie's Images, Bridgeman Art Library, London/New York; 193br: Sunday School Class by Issac Mayer (Max Michael) (1823-91), Gavin Graham Gallery, London, UK, Bridgeman Art Library, London/New York; 193tr: Professor Darwin, 'This is the ape of form' Love's Labour's Lost, Act V, Scene II, Charles Darwin as an Ape, 1861, (colour litho), by English School, Natural History Museum, London, UK, Bridgeman Art Library, London/New York; 193tl: Biblioteque des Arts Décoratifs, Paris, France, Jean-Loup Charmet; 194bl: The White Fathers of Monseigneur Lavigerie in Africa, cover of a school book, c. 1880-90, Jean-Loup Charmet; 194tr: David Linvingstone from The Period, 1870, Mary Evans Picture Library; 195tr: Massacres in China, The Boxer Rising, 1900, (engraving), Private Collection, Bridgeman Art Library, London/New York; 195b: Martyrs in Annam in 1838, Missions Européens, Jean-Loup Charmet; 196tr: Chinese Christian, 19th Century, Lauros, Giraudon, Bibliothèque Nationale, Inv. Est, 197br: Jean-Loup Charmet; 198b: Pope Pius IX Blesses the Bourbon Troops in Naples, 9th September, 1849, by Achille Vespa, San Martino Museum, G. Dagli Orti; 198tl: Henry Edward, Cardinal/Archbishop of Westminster from Vanity Fair, Mary Evans Picture Library; 199br: Catéchisme Mural, 1900, Jean-Loup Charmet; 199t: Feast of Corpus Christi at Fiesole, by R.C. Goff, 1902, Mary Evans Picture Library; 200tl: Library of Congress, Corbis UK Ltd; 200b: James Davis Travel Photography; 201tr: Corbis UK Ltd; 202/3: Panos Pictures/Crispin Hughes; 204bl: Jean-Loup Charmet; 205tr: Hulton Getty; 206/7c: Mary Evans Picture Library; 206bc: David King Collection; 206tl: Sygma; 207tr: Hutchison Library/Audrey Zvoznikov; 208bl: Brown Brothers; 209t: Hulton Getty/John Chillingworth; 209c: AKG London; 209bc: Magnum/Cartier Bresson; 210bc: Topham Picturepoint; 211t: Magnum/Steve McCurry; 211br: Sygma; 212cra: Corbis UK Ltd; 212b: Sygma/Brooks Kraft; 213tr: Andes Press Agency/Carlos Reyes Manzo; 213br: Sygma/Patrick Durano; 214bl: Rex Features/Vladimir Sichov; 215tc: Topham Picturepoint; 215b: Topham Picturepoint; 216c: Hutchinson/Crispin Hughes; 216bc: Sygma; 217b: Sygma/J.Van Hasselt; 218t: Magnum/Bruce Davidson; 218bl: Magnum/Burri Reno; 219br: Sygma; 219tr: Sygma; 220/1br: Vatican Museums, Ikona/Carrieri; 220bl: Sygma/Keystone; 221tr: Hulton Getty; 222b:Brown Brothers; 223t: Andes Press Agency/Carlos Reyes Manzo; 223br: Magnum/Abbas; 224tr: Rex Features; 225tr: Magnum/Carlos Reyes Manzo; 226bl: Popperfoto/Viktor Korotayer; 227t: Andes Press Agency/Carlos Reyes Manzo; 227br: Hutchison Library/Dave Brimicombe; 228: Sygma/Brooks Kraft; 229: Magnum/Stuart Franklin.

Acknowledgments

MATTHEW PRICE'S DEDICATION:
My parents are active, sincere, devout Christians. As were their parents, all four of them. As were my eight great-grandparents, or so I've been told. I'm not sure how the numbers add up beyond three generations but I'm confident the roots of my family's faith run very deep. Yet, somehow, despite my pious lineage, as a young person I had absolutely no interest in religion. None whatsoever. It wasn't until I was in college, at the age of 20, that I finally, suddenly, embraced Christianity. I certainly don't want to diminish the importance of the many prayers offered on my behalf, but my epiphany came while taking an elective course in church history. As the rich tapestry of the past was unfurled before me, I was amazed and humbled by the towering intellects and selfless martyrs who believed that a life centred purely around temporal pleasures and concerns was both shallow and shortsighted. They were men and women who had changed the course of history, and had done so in the name of an otherwise obscure Jewish carpenter who was, as some have written, either a madman or truly the Messiah: I realized that the weight of history lay entirely on the latter verdict. Thus I was delighted and honoured when Sean Moore, the category publisher for religion at Dorling Kindersley, asked me to participate in this project. My experiences from the beginning with the DK staff, and others who have laboured on the book, have been uniformly positive. I would like to thank Anna Kruger who guided the early stages of the outline and David Pickering who, along with Susannah Steel and Caroline Hunt, provided keen insight and a steady editorial hand throughout. The marvellous layout of the interior pages are the handiwork of two gifted designers, Dawn Terrey and Claire Legemah. The dedicated efforts of Joanna Bicknell, assisted by Jonathan Wright, in the UK and Cliff Johnson, aided by Jim Bolton and Claudia Volkman, in the US have given this project an excellent chance to achieve a wide audience around the world. Providing invaluable assessment and commentary was Mark Galli from Christian History while insight into certain key evangelical figures in American church history were supplied by my parents, Paul and Barbara Price. And, of course, I leave this project with the highest esteem for my Catholic co-author, Michael Collins, whose wit, wisdom, and warmth made serving as the Protestant voice a delight. Finally I would like to thank my wife, Jeanie, and our children, Savannah and Harrison, for their patience and encouragement during the six months I spent evenings and weekends writing and rewriting. To paraphrase Solomon in the book of Proverbs, a supportive family is worth far more than rubies. It is to them I dedicate this book.

MICHAEL COLLINS' DEDICATION:
I would like to dedicate this book to my wonderful parents, Helen and John Collins, as well as my great brother and sisters, David, Paula and Geraldine. I deeply appreciate all the love and affection we have for each other. I want to dedicate this book also to my Italian family, Angelo, Rosanna, Filippo, and Lorenzo Balducci, who have been so incredibly good to me. And finally to my great friend Andrea Piras, for his constant support and affection. I want to express my gratitude and respect for the Dorling Kindersley team who are responsible for this book. First and foremost thanks to Sean Moore, who commissioned this book, and to Anna Kruger for choosing a super team to work with. I was in almost daily contact with David Pickering, the senior editor, who oversaw my contribution to this book, and made great suggestions. Susannah Steel and Caroline Hunt made the task so much easier than I could have imagined. The beautiful illustrations of the book are due to the talented team of picture researchers. Although a lot of hard work went into this book, it was worth every minute. Matt and I worked together in perfect harmony, and I learned so much from his clear, precise, and fluid style. Finally I thank all the teachers I have had along the path of my life who have given me a love for learning, none more than the Faculty at the Pontifical Institute of Christian Archaeology in Rome. Primary thanks go to John O'Connell of Mac Publishing for his introduction to Dorling Kindersley, and his constant help throughout the project.

Dorling Kindersley would like to thank:
Andreas Piras for taking the photograph of Michael Collins; Nicky Thomasson and Julie Oughton for editorial assistance; Kirstie Sobue for research assistance; Mary Ann Jeffreys of Christian History magazine and Carla Bertini for picture research assistance; Dave Robinson for design assistance; Deirdre Headon, Jake Woodward, Nicky Powling, and Sanjay Patel for creating the jacket.

그림 자료 출처

Jacket: Front cover bc: (please refer to p.62); Front cover inside flap: Shrine of the Book Temple Scroll, Israel Museum; Back cover: cr: Magnum/Danny Lyon; c: (please refer to p.24b); cl: (please refer to p.215b); cll: (please refer to p.25bl); 1: (please refer to p.41tl); 2: Tony Stone Images/Paul Chelsey; 3c: The Burrell Collection/Andy Crawford; 4t: (detail) (please refer to p. 12); 4c: (detail) (please refer to p.54/55); 4bl: (detail) (please refer to p.56/7); 5cl: (detail) (please refer to p.104/5); 5cra: (detail) (please refer to p. 172/3); 5bc: (detail) (please refer to p. 132/3); 5crb: (detail) (please refer to p. 202/3); 5cra: (detail) (please refer to p. 172/3); 5tr: (detail) (please refer to p.154/5); 5tl: (detail) (please refer to p.83t); 5b: Sygma/B. Ausset; 6tl: Centre panel from the lid of the Holy Cross Reliquary, c. 965, (detail), (gold, enamel cloissoné, precious stones), Byzantine, Cathedral Treasury, Limburg an der Lahn, Germany, AKG London/Erich Lessing; 7tr: Mary Evans Picture Library; 8bl: Reliquary bust of Charlemagne, Aachen, Germany, AKG London/Erich Lessing; 8tr: Pilgrims at The Tomb of a Saint, 14th Century, by Master of St. Sebastian, Galleria Nazionale d'Arte Antica, Rome, Italy, Scala; 9tr: Puritans Going to Church in Colonial America, by George H. Boughton, Peter Newark's American Pictures; 10tl: The Grace by Jean-Baptiste Simeon Chardin, (1699-1779), Louvre, Paris, France, Bridgeman Art Library, London/New York; 10b: Magnum/Bruce Davidson; 11t: (please refer to p.218t); 11tr: Man praying during 'Tinkat', Ethiopian Easter, Sygma/B. Ausset; 12/13: Adoration of The Magi (with self portrait of the artist), 1423, by Gentile da Fabriano (1370-1427), Uffizi Gallery, Florence, Italy, et.Archive; 14bl: Robert Harding Picture Library/Richard Ashworth; 15cr: Sonia Halliday Photographs/T.C. Rising; 15t: Abraham Prepares to Sacrifice Isaac, (detail), 6th Century, (mosaic), Beth Alpha Synagogue, Zev Radovan; 16l: Moses Receiving The Ten Commandments on Mount Sinai, 14th Century, illustration from the Sarajevo Hagada, Zev Radovan; 17cr: Idol of The Storm God Baal, Bronze Age (c. 1350-1250 BC), bronze and gold, from Syria, Bridgeman Art Library, London/New York; 18bl: Head of a Persian King (Median or Achaemenian ruler or Cyros the Great), 6th century BC, marble, Ancient Persian, Achaemenian, Louvre, Paris, France, AKG London/Erich Lessing; 18t: King Shalmaneser III Receiving the tribute of King Jehu of Israel, c. 825 BC , Panel from the Black Obelisk of King Shalmaneser III, from Nimrud, Zev Radovan; 19bl: Sonia Halliday Photographs/Barry Searle; 19tr: Shrine of the Book, (detail), 2BC, Israel Museum, Israel; 19br: Zev Radovan; 20bl: Judith and Holofernes, bronze, by Donatello, Piazza della Signoria, Florence, Italy, Alison Harris; 21tl: Head of Alexander The Great, mid-2nd Century AD, (marble), found at Pergamom, Architectural Museum, Istanbul, Turkey, Bridgeman Art Library, London/New York; 21br: The Triumph of Judas Maccabeus by Peter Paul Rubens (1577-1640), Musée des Beaux Arts, Nantes, France, Giraudon/Bridgeman Art Library, London/New York; 22/23: High Aqueduct built under Herod the Great, 1st Century AD, (partial view), Caesarea (Israel), AKG London/ Erich Lessing; 23tl: The Three Kings From The East Follow The Star of Bethlehem; The Three Kings Before Herod, c.1315-20, mosaic, Byzantine, Kariye Camii, former church of the Chora Monastery (built C11th - early C14th) AKG London/Erich Lessing; 23tr: Sonia Halliday Photographs; 24b: Flight into Egypt I, 1979, by Gillian Lawson, Private Collection, Bridgeman Art Library, London/New York; 24tl: Tony Stone Images/Tim Brown; 25br: Sonia Halliday Photographs/Laura Lushington; 25t: Zev Radovan; 26tr: Mount of Beatitudes and the Lake of Gennesaret, photo, Israel, AKG London/Erich Lessing; 27br: Healing of The Palsied Man, 2nd half of the 12th Century, Byzantine book illumination from a codex with the four evangelists, Ms93, folio 97r, Iveron Monastery, Mount Athos, AKG London/Erich Lessing; 28b: The Isenheim Altarpiece: The Crucifixion (central panel) St. Sebastian (left), St. Anthony (right), Entombment (predella), 1512/13-15, by Matthias Grunewald (Mathis Nithart Gothart), (c. 1480-1528), (oil on panel), Musée d'Unterlinden, Colmar, France, Bridgeman Art Library, London/New York; 28tl: Zev Radovan; 29tr: The Resurrection of Christ and the Holy Women at the Sepulchre, 1442, (fresco), by Fra Angelico (Guido di Pietro), (c.1387-1455), Museo di San Marco dell'Angelico, Florence, Italy, Bridgeman Art Library, London/New York; 30bl: Pentecost, (detail from the Verdun Altar), 1181, Klosterneuburg, Lower Austria, AKG London/Erich Lessing; 31tl: Conversion of St. Paul, 15th Century, by Hildesheim, Niedersachrisches Museum, Germany, et. Archive; 31cr: St. Paul (detail), (fresco), 3rd Century, Ursula Held; 33t: Engraving by J. Rogers, Mary Evans Picture Library; 33b: Arch of Titus, panel from the Arch of Titus depicting Roman soldiers in triumphant procession carrying the Golden Menorah and other artefacts looted from the Jerusalem Temple before its destruction, Zev Radovan; 34b: Sonia Halliday Photographs/Paul Milner; 35cr: John Rylands Library, University of Manchester, UK; 35cb: Stained glass, 1525 AD, Victoria and Albert Museum, London, UK, Sonia Halliday Photographs; 36/37: (please refer to p. 54/5); 38tl: Egyptian statue of the Goddess Isis and the Child Horus, late period (664-332 BC), (bronze encrusted with gold), Louvre, Paris, France, Bridgeman Art Library, London/New York; 38t: Mary Evans Picture Library; 39b: The Torches of Nero, 1876, Henryk Siemiradzki, Museum Narodowe, Krakau, AKG London/Erich Lessing; 40bl: Christian History Magazine; 41tl: Catacombe de Priscilla, Rome, Italy, Archive PCAS, Ikona; 41tr: Zev Radovan; 42b: Group of Gnostic amulets, late Byzantine period, Zev Radovan; 43cr: Mithras Sacrificing The Bull, Roman, 2nd Century, marble relief, Museo Archeologico, Venice, Italy, Bridgeman Art Library, London/New York; 43tl: Isisi, Attis and Cybele, (fresco), Roman, Museo Nazionale di Napoli, Naples, Italy, Scala; 44tr: Mary Evans Picture Library; 44b:The Christian Martyr's Last Prayer, by Jean-Léon Gérôme, The Walters Art Gallery, Baltimore, USA; 45b: Diana or Christ? 1881, (oil on canvas), by Edwin Long (1829-91), Blackburn Museum and Art Gallery, Lancashire, UK, Bridgeman Art Library, London/New York; 46bl: Mary Evans Picture Library; 46cr: Christian History Magazine; 47b: Marcus Aurelius making a sacrifice, (stone relief), Roman, Alinari/Mus. Capitoline, Rome, Italy, Photographie Giraudon; 48tl: Mary Evans Picture Library; 49tr: Scenes from the Old Testament, from Dura Europos, built c. 200 B.C., National Museum, Damascus, AKG London/Erich Lessing; 49cl: Yale University Art Gallery, (Dura Europas Collection), U.S.A; 50bl: Catacomb of St. Callistus, Rome, Italy, Ikona; 50tl: Catacombs via Latina, Italy, Ikona; 51t: Catacomb of St. Priscilla, Italy, Ikona; 51b: Catacomb of Via Latina, Italy, Ikona; 52b: British Museum, London, UK; 53cr: Sonia Halliday Photographs; 53tl: Sonia Halliday Photographs/John Reynolds Library; 54clb: The Four Tetrarchs (ruled 3rd Century AD), porphyry Sculpture on the Facade of the Treasury of St. Mark's, St. Mark's Square, Venice, Italy, Bridgeman Art Library, London/New York; 54/55 b: Martyrs in The Catacombs (oil on canvas), by Jules Eugéne Lenepveu (1819-1898), Musée d'Orsay, Paris, France Réunion des Musées Nationaux Agence photographique/Jean Scholmans; 56/57 (please refer to p.76/77); 58bl: The Dream of Constantine from The Legend of The True Cross cycle, c.1390, (fresco) by Agnolo Gaddi (c.1350-96), Santa Croce, Florence, Italy, Bridgeman Art Library, London/New York; 59cr: Statue of Julian the Apostate, 4th Century, (marble), Louvre, Paris, France, AKG London/Erich Lessing; 59tl: Map of Constantinople, 1422, British Library, London, UK, Bridgeman Art Library, London/New York; 59bc: Romans of The Decadence, Thomas Couture, Musée d'Orsay, Paris, France/Philippe Sebert; 60bl: Ecumenical Council at Nicea, (16th Century), Aghiosminas, Heraklia, Crete, Sonia Halliday Photographs/Michael Damaskinos; 61b: MS Grec. 510f.367v, Bibliothèque Nationale de France, Paris; 61t: Codex Sinaiticus, Add.MS 43725, ff.244V-245, British Library, London, U.K; 62b: Christ in Glory in the Tetramorph, (tapestry), (detail), designed by Graham Sutherland (1903-80) for the Lady Chapel behind the High Altar, 1962, Coventry Cathedral, Warwickshire, UK, Bridgeman Art Library, London/New York; 62t: Ecce Homo by Antonio Ciseri (1821-1891), Galleria d'Arte Moderna, Florence, Italy, Scala; 63: Icon of The Holy Trinity by Cretan (17th Century), University of Liverpool Art Gallery & Collections, Liverpool, UK, Bridgeman Art Library, London/New York; 64bc: Pigmented stone (tufo) figure of St. Ambrose, mid-14th Century, Italian, Victoria and Albert Museum, London, UK, Bridgeman Art Library, London/New York; 64bl: Chi-Rho symbol on early Christian sarcophagus, Vatican Museums, Vatican City, CM Dixon; 65t: Central nave of Santa Sabina Church, Rome, Italy, Scala; 66b: St. Anthony Visits St. Paul The Hermit c. 1513, by Mathis Gothart Gruenewald, Colmar, Unterlindenmuseum, AKG London/Erich Lessing; 66tl: St. Martin of Tours, c. 1415, produced by the circle of the Limbourg Brothers, illuminated in Paris Breviary of John the Fearless, Harl 2897f. 435, British Library, London, UK, Bridgeman Art Library, London/New York; 67br: St. Benedict (c. 480-c. 550) Preaching to His Disciples Near Montecassino, illuminated by Jean de Stavelot (1388-1449), Flemish, MS 738/1401 f. 130rfrom a collection of writings on St. Benedict, (1432-37), Musée Conde, Chantilly, France, Giraudon/Bridgeman Art Library, London /New York; 67tl: Corbis UK Ltd; 67tr: St. Simeon stylites, 14th Century, (mural), Hagia Sophia, Trabzon, Turkey, Sonia Halliday Photographs; 68bl: Saint Augustine (fresco), Rome, Italy, Ikona; 69tc: Pope Pelagius I, Cavallieri, 1588, Mary Evans Picture Library; 70b: The Forum, Rome, Italy, Robert Harding Picture Library; 71tl: Plundering of Rome by The Vandals, wood engraving, No. XX, after drawing 1865, by Heinrich Leutemann, Pictures of Antiquity, Munich, AKG London; 71br: Pope Leo I Repulsing Attila by Raphael (Raffaello Sanzio of Urbino) (1483-1520), Vatican Museums and Galleries, Vatican City, Bridgeman Art Library, London/New York; 71tr: San Apollinare, Ravenna, Italy, et.Archive; 73c: Christ Pantocrator, panel from the cover of a lectionary, Byzantine, late 10th Century, (ivory), M. 13. 1904, Fitzwilliam University of Cambridge, UK, Bridgeman Art Library, London/New York; 74c: John Chrysostom, (mural), on apse wall of Kariye Camii, Dumbarton Oaks, Washington, DC, USA; 75tr: Sonia Halliday Photographs/Jane Taylor; 76tl: Empress Theodora, Byzantine, 1042-1050, (gold with enamel), Budapest National Museum, Hungary, No. 99/1860, AKG London/Erich Lessing; 76/77b: Emperor Justinian I and his Retinue of Officials, Soldiers and Clergy, c.547 AD, (mosaic), San Vitale, Ravenna, Italy, Bridgeman Art Library, London/New York; 76bl: Medallion commemorating the conquest of Justinian I, (reverse side), replica of gold medallion, 524 AD, Constantinople, Bibliothèque Nationale, Paris, France, Sonia Halliday Photographs; 77tr: Hagia Sophia, completed in 360, Constantinople, AKG London/Erich Lessing; 79br: Clovis, King of The Franks and Alaric II, King of The Visigoths from Chroniques des Rois de France, (early 15th Century), MS 869/522f. 17v, Musée Conde, Chantilly, France, Bridgeman Art Library, London/New York; 79tl: Sonia Halliday Photographs/Jane Taylor; 80/81: (please refer to p. 83tr); 82 tl: Pilgrims of St. John, 14th Century, miniature, Jean-Loup Charmet; 82b: Stories of Queen Theodolinda of The Lombards, (fresco), by Zavattari Family (fl. 15th Century), St. John Basilica, Monza, Italy, Bridgeman Art Library, London/New York; 83t: The Baptism, French, Collection of Treatise on Devotion, (c. 1371-78), PEC 9177 MS 137/1687 f. 45, Musée Conde, Chantilly, France, Giraudon/Bridgeman Art Library, London/New York; 83cr: August: Coopering from Hours of The Duchess of Burgundy (c. 1450), Musée Conde, Chantilly, France, Giraudon/Bridgeman Art Library, London/New York; 84b: Robert Harding Picture Library/David Lomax; 85tr: Canterbury Cathdedral, UK, St. Augustine chair, c.1210, Sonia Halliday Photographs; 85bl: St. Bede, (detail), (stained glass) from The Benedictine window (20th Century), Norwich Cathedral, UK, Sonia Halliday Photographs; 86l: Staatsbibliothek Bamberg, MSC. Lit: 1. 126r; 87b: Stave Church at Fagusues, Borgund, Norway, 1150 AD, Werner Forman Archive; 87tr: National Museum, Copenhagen, Denmark, Werner Forman Archive; 88l: Ascent of The Prophet Muhammad to Heaven, Persian, 16th Century, by Aqa Mirak, OR2265, British Library, London Bridgeman Art Library, London/New York; 89br: St. Paul's Monastery, (exterior dates from 4th Century, Egypt, Sonia Halliday Photographs; 89t: The Great Mosque at Damascus (1715), The courtyard looking NE, Angelo Hornak; 90bl: The Coronation of Emperor Charlemagne (742-814) by Pope Leo III (c. 750-816) at St. Peter's, Rome in 800, from Grandes Chroniques de France (late 14th Century) PF2826 f. 106r, Musée Goya, Castres, France, Bridgeman Art Library, London/New York; 91tr: British Library, UK; 91b: British Museum, UK; 92b: Musée de L'Oeuvre, Notre Dame, Strasbourg, Sonia Halliday and Laura Lushington Photographs; 93t: Historiated Initial 'C' (Cantate Domino), with three clerics singing and a musician playing the viol, English, from the Vaux Psalter, MS233 f. 145v, (early 14th Century), Lambeth Palace Library; Bridgeman Art Library, London/New York; 93b: detail from Utrecht Psalter, MS. 32, f. 83r, University Library, Utrecht; 94b: Beginning of St. John's Gospel from the Arnstein Bible, 1175, British Library, London, UK; 95tl: Bibliothèque Nationale de France, N.A-Lat 1390 fo7, Paris, France; 95br: Le Pape Formose et Etienne VI, 1870, by Jean-Paul Laurens, Cliché H. Maertens, Musée des Beaux-Arts de Nantes; 96b: The Consecration of the Church at Cluny, from Chronicle of the Abbey of Cluny (12th Century), Lat 17716 f. 91, Bibliothèque Nationale, Paris, France, Bridgeman Art Library, London/New York; 96tl: MS, Musée de Cluny, reproduced in Les Arts Somptuaires vol 1, Mary Evans Picture Library; 97cr: Onyx chalice, Treasury of St. Mark's, Venice, Werner Forman Archive; 97t: From a Book of Hours for Parisiens showing different monastic orders, 15th Century, Latin MS1176, Bibliotèque Nationale, Paris, Sonia Halliday Photographs; 98b: St. Nicephorus the Patriarch and the Holy Father: both examining iconoclasts breaking an image, illuminated by Theodorus of Caesarea, Greek, Studion or Theodore Psalter (1066), Add H352 f. 27v, British Library, London, UK, Bridgeman Art Library, London/New York; 99b: Byzantine icon of St. Gregory, Archbishop of Thessaloniki (tempera on papel), Pushkin Museum, Moscow, Russia, Bridgeman Art Library, London/New York; 99t: Cretan Icon of the Mother of God of the Passion, mid-17th Century, attributed to Emmanuel Tsanes, Christie's Images; 100t: The Slav Apostles, Cyril and Methodius, (detail), 1865, from Illustrierte Zeitung, vol.41, no.1047, Leipzig, p.69, AKG London; 100b: Biblioteca Nationale, Madrid, Spain, Sonia Halliday Photographs; 101br: from Radziwill Chronicle, end of 15th Century, St. Petersburg, AKG London/Erich Lessing; 102b: Silver Rhia Paten, metalwood, 565-78, Dumbarton Oaks, Washington, DC, USA; 104/5: Lincoln Cathedral From The West by Joseph Baker (d.1770), Lincolnshire County Council, Usher Gallery, Lincoln, UK, Bridgeman Art Library, London/New York; 106l: Mary Evans Picture Library; 107cl: Madonna Sheltering the Order of Citeaux, (oil on panel), by Jan II Provost (1465-1529), Musée de la Chartreuse, Douai, France, Bridgeman Art Library, London/New York; 107t: Chartreuse and The Resurrection of The Dead from the Coronation of The Virgin, (detail), completed 1454 by Enguerrand Quarton (c. 1410-66), Villeneuve, Avignon hospice, Anjou, France, Bridgeman Art Library, London/New York; 108/9c: The First Crusade of Peter The Hermit, illuminated by Sebastian Marmoret, from Passages Fait Outremer (c.1490), Fr5594f.19, Bibliothèque Nationale, Paris, France, Bridgeman Art Library, London/New York; 108b: The Taking of Jerusalem in 1079, XIV edition of William of Tyre's History, Sonia Halliday Photographs; 108tl: Robert Harding Picture Library/P. Hawking; 110bl: British Library, UK; 111cr: St. Denis, the High Altar and apse, Paris, France, Sonia Halliday Photographs; 111bl: Michael Crockett; 112bl: The Apotheosis of St. Thomas Aquinas, 1631, by Fransisco de Zubaran (1598-1664), Museo de Bellas Artes, Seville, Spain, Bridgeman Art Library, London/New York; 113cr: Corbis UK Ltd /David Lees; 113tl: St. Thomas Aquinas, 1491, by Domenico Ghirlandaio, Santa Maria Novella, Florence, Italy, Sonia Halliday Photographs; 114l: St. Francis of Assisi Preaching to The Birds by Giotto di Bondone (c. 1266-1337) Louvre, Paris, France, Bridgeman Art Library, London/New York; 115cr: Christ Welcomes Two Dominican Friars (detail), (fresco), by Fra Angelico (Guido di Pietro) (c.1387-1455), San Marco, Florence, Italy, Bridgeman Art Library, London/New

이레니우스 47
이새 92
이스라엘 14
이슬람교 88, 109
이슬람교도 88
이시스 38
이신론(理神論) 157
이신론자 174
이콘 91, 99
"인간 생명" 221
임재(臨在) 113
『잉글랜드인의 교회사』 85

ㅈ

자선 수녀회 159
자애의 자매회 184
자유주의 178, 193, 200, 204, 208
자유주의 신학자 178
자크 마리탱 209, 217
장 드 라바디 161
장로 39, 189
장로교 141
장-밥티스테 마리 비안니 177
재세례파 136, 138
정규 침례교 연합 208
정적주의 159
제3차 대각성 운동 185
제2차 대각성 운동 184, 185
제2차 바티칸 공의회 181, 214, 218, 220
제1차 대각성 운동 168, 174
제1차 프랑스 종교 전쟁 140
제임스 1세 143
제임스 G. 버니 186
제임스 허드슨 테일러 195
조너선 에드워즈 168, 182
조지 윌리엄스 193
조지 캘버트 144
조지 화이트필드 166, 167
존 녹스 140
존 뉴턴 165
존 버니언 153
존 스미스 143
존 스탬 210
존 엘리엇 169
존 위클리프 120
존 캠벨 182
존 헨리 뉴먼 181
종교 개혁 130, 143
종교 재판소 131, 147
『종교적 관용에 관하여』 157
종유성사(終油聖事) 116
『종의 기원』 193
주교 8, 39, 71, 97, 212
주교좌 71
"주기도문" 26
"주여, 일어나소서" 134

주일 학교 181, 187, 193
주일 학교 연합 185
지상권(至上權) 103
진젠도르프 161
진화론 193, 208
집사 30, 39

ㅊ

찬송가 64, 132, 162, 165, 187
찬양 93
찰스 피니 185
『창세기』 14
척 콜슨의 교도소 친교회 219
『천로역정』 153
"천사 찬송하기를" 165
청교도 9, 143
청교도 운동 137
체발(剃髮) 74, 83
체스터턴 209
초교회 201
초서 116
초점을 가정에 227
추기경 106, 124
축일 118
출애굽 16
『출애굽기』 15
츠빙글리 136, 149
칠대죄 117
"70인역" 20, 61
침례교 143, 190, 200

ㅋ

카롤링거 소문자 91
카르멜 수도원 147
카르투지오 수도회 107
카를로 보로메오 146
카를 마르크스 191
카를 바르트 205, 210
카를 5세 131, 134
카리스마 운동 201, 224
카리스마적 예배 212
카스파르-다비드 프리드리히 178, 179
카타리나 119
카타리나 수도원 75
카타콤 50, 51
카트린 드 메디시스 140, 143
카파도키아 교부 62
카푸친 회 147
칸트 156
칼뱅 136, 149
칼뱅주의 136, 160
칼 F. 헨리 209
칼케돈 공의회 138
『캉디드』 157
캔터베리 대성당 85

『캔터베리 이야기』 116
컴버랜드 장로 교회 185
케텔러 192
켈라시우스 1세 72
코리 텐 붐 211
코스마스 아에톨리안 171
콘스탄스 공의회 120
콘스탄스 2세 83
콘스탄티노플 59, 98
콘스탄티누스 58, 60
"쿰 오카시오네" 158
퀘이커 교도 144, 159
퀘이커 운동 159, 168
크라이사우 서클 210, 211
크리소스토무스 74
크리스마스 114
크리스천 사이언티스트 186
크리스토퍼 콜럼버스 126
클레멘스 41, 52
클레멘스 5세 118
클레멘스 7세 119
클로비스 79
클뤼니 수도원 96
키-로 상징 41, 58, 64, 99
키릴로스 100
키멘스 추기경 125
키에르케고르 180

ㅌ

탁발 수도회 110
탈퇴자들 166
터커 212
테르툴리아누스 43, 47
테오델린다 82
테오도라 76
테오도르 J. 프렐링휘센 168
테오도시우스 59, 65
테오도시우스 2세 74
테오필루스 48
토르 86
토마스 교회 78
토마스 뮌처 139
토마스 아 켐피스 121
『토마스 행전』 78
토머스 제퍼슨 174, 204
토머스 크랜머 142
토머스 크롬웰 142
토머스 페인 175
토머스 홉스 157
『톰 아저씨의 오두막집』 187
통나무 대학 169
트리엔트 공의회 148, 162
티모시 드와이트 185
T. S. 엘리엇 209
티에틴 회 146
티콘 170

ㅍ

파니 크로스비 187
파이시 벨리크코프스키 189
파코미우스 67
팔레스타인 14
『팡세』 159
패트릭 79
페르디난트 바우르 178
페르디난트 2세 153
페르페투아 45
페스토 키벤게레 223
페테르 대제 162, 170
펠라기우스 69
펠릭스 만츠 139
평신도 운동 120
포르모수스 95
포르피리우스 54
포르트-루아얄 수도원 159
포사이스 200
포티우스 98
폭스 139
『폭스의 순교자서』 139
폴리캅 41, 44
폴린 자리코 194
폴 클로델 209
폴 틸리히 205
푸거 은행 132, 137
풀러 신학교 223
프라 안젤리코 125
프란시스 자비에르 147, 151
프란체스코 114
프란체스코 수도회 114, 147
프랑수아 드 살레 160
프랑수아 모리아크 209
프랑수아 1세 131
프랑스 유수 118
프랑스 혁명 176
프랑케 161
프랜시스 섀퍼 209, 222
프레드릭 더글러스 186
프레스코화 73
프루멘티우스 79
프리드리히 고가르텐 205
프리드리히 대제 162
프리드리히 폰 슐레겔 178
『피난처』 211
피우스 9세 198
피우스 10세 200
피우스 12세 211
피우스 11세 207, 208, 212, 214
피우스 6세 176
피우스 7세 176
피핀 90
필리오케 논쟁 98
필리프 야코브 슈페너 160

ㅎ

하기아 소피아 대성당 76, 101
하누카 21
하느님 나라의 보편적 교회 228
하느님 사랑의 오라토리오 회 146
『하느님의 도성』 69, 70
하웰 해리스 166
하인리히 4세 106
할레 32
함무라비 법전 16
합리론 156
해럴드 J. 오켄가 223
해리 에머슨 포스딕 208
해방 신학 217
『해방 신학』 217
행동하는 운동 선수 227
헌법 제정 교회 176
헌팅던 166
헤겔 178
헤롯 대왕 23
헤른후트 161
해리엇 비처 스토 187
헨델 162
헨리 마틴 183
헨리 에드워드 매닝 198
헨리 7세 107
헨리 8세 142
헬레나 116
『현대 기독교』 209, 223
형제단 116, 138
화체(化體) 113
화체설(化體說) 138
황제 제의 39
회당 19, 49
회중 교회 185, 200
휴 107
휴고 그로티우스 152
흄 156
히에로니무스 62
히폴리투스 50

찾아보기

베니아미노프 189
베데 85
베드로 35
베렝거 1세 95
베르나르 107, 110
베스트팔리아 평화 조약 153
베이컨 156
베티 스탬 210
변증론자 46
보니파키우스 85
보니파키우스 9세 120
보니파키우스 8세 118
보슈에 159
복음 전도 운동 187
복음주의 22, 227
복음주의자 180, 184
볼로냐 조약 131
볼테르 157
부활 29
부흥 운동 184
『북극성』 186
북아메리카 셰이커 연합 168
북청 사변 195
분리주의자 143
블라디미르 101
블라디미르 모노마코스 122
비텐베르크 교회 132
빌리 그레이엄 222

시도 교부 40
『사도들의 가르침을 전함』 47
사도 전승 39
『사도행전』 31
『사돌레토에게 답함』 137
사벨리아니즘 50
사보나롤라 126
사울 17, 30
사이러스 대제 18
사적 예배당 117
사해사본 19
산상수훈 27
살비아누스 70
30년 전쟁 152
삼위일체 48, 50, 60, 63, 138
『상식』 175
새로운 복음주의 223
새뮤엘 테일러 컬러리지 178
샌데일 주교 121
생명과 사업 운동 214
생명을 위한 운동 219
샤를마뉴 90, 93
샤를 8세 131
선교 30, 84, 100, 122, 150, 169, 182, 194
선교사 78, 150, 169, 182, 197
선교하는 젊은이들 227
선교회 183

설교집 115
성공회 142, 149
성궤 16
성 드니 성당 111
성령신부회 196
성령의 은사 224
『성례전집』 90
성만찬 28, 41, 136, 146, 149
성모 아프리카 선교회 196
『성무일도서(聖務日禱書)』 117
성 바르톨로메오의 학살 140
성 바울 수도원 171
성반(聖盤) 97, 102
성 베드로 성당 126
성부수난설 50
성사(聖事) 116, 118
성상 파괴론 98
성서 61, 125, 159, 182, 196, 229
성육신 50
성인 97
성직자 74, 84, 106
성찬배(聖餐杯, 칼리스) 97
성찬식 83
성 티콘 207
성 패트릭 성당 200
세계 교회 협의회 (WCC) 214, 218
세계 선교 333
세계 선교 회의 214
세계 시민 212
세라핌 189
세례 40, 83
세례실 49
세룰라리우스 102
세르기우스 122
세르기우스 2세 95
셀레스티누스 5세 118
셀수스 46
『셀수스를 반박함』 53
셰이커 168
솔로몬 18
솔제니친 207
수도사 67, 84, 94, 115
수도원 65, 66, 94, 96, 170
수도원장 97
수사 115
수호 성인 119
순교 7, 44
순교자 44, 51, 210
순례 82, 116
순례지 51
슈바이처 180, 200
슐라이어마허 178
『스코필드 주석성서』 201
스콜라주의 112
스탈린 206
스테인드 글라스 92, 117
스테파노스 122
스테파노스 1세 101

스테파노스 7세 95
스퍼전 190
스피노자 156
시과 책 83
시어도어 드와이트 웰드 186
시온 기독교 교회 212
시카고 학파 208
시메온 67
시토회 107
『시편』 18, 149, 162
식스투스 4세 124, 127
『신곡』 113
신교자유령 144
신비 종교 38, 43
신비주의자 147
신앙의인(信仰義認) 148
신앙과 직제 운동 214
신앙 전파 협회 194
신약성서 35
신 의식 178
"신이 내린 휴전" 97
신정통주의 신학 204, 208
신 죽음의 신학 205
신 추기경 219
『신학대전』 113
"십계명" 16, 17
십자가의 성 요한 147
십자가형 28
십자군 108
"18개 조항의 신앙 고백" 138

아람어 19
아르미니우스 160
아르미니우스주의 160, 166
아르미니우스주의자 152
아리스토텔레스 112
아리우스 60
아리우스주의 60, 82
아미시 메노나이트 교회 139
아벨라르 112
아브라함 14
아브람 14
아빌라의 테레사 147, 148
아우구스티누스 68, 84, 158
『아우구스티누스』 158
아우구스티누스 종규 110
아우렐리우스 47
아주사 부흥 운동 201
아퀴나스 112
아타나시우스 60, 79
아테나고라스 221
아프리카 사업회 223
안드레이 루블레프 122
안셀무스 112
안토니우스 66
알라 88
알렉산더 반 엘스타이어 187

알렉산더 대왕 20
알렉산데르 5세 120
알렉산데르 6세 125
알렉산드르 드 로데스 151
알베르투스 마그누스 112
알베르트 132, 137
알브레히트 뒤러 131
알브레히트 리츨 178
알비 파 112
알퀸 91
암브로시우스 64, 67, 69
앤터니 애슐리 쿠퍼 190
야코브 암만 138
야코브 푸거 137
야코브 후터 139
약속을 지키는 사람들 227, 229
얀 마티스 139
얀센 158
얀센주의 158
얀 후스 121, 142
양자론 91
양태론 50
얼 180
에라스무스 130
에밀 브루너 205
에베네저 어스킨 166
에비온주의자 43
에우게니우스 4세 124
에우게니우스 2세 95
에즈라 19
에큐메니즘 214
에큐메니컬 운동 193, 197, 214
엘리기우스 119
엘리자베스 앤 세턴 184
엘리자베스 1세 143
여호수아 17
여호와의 증인 186
『역사적 예수 연구』 180
영성체 200
『영원한 남자』 209
영적 부흥 운동 178, 183, 196
『영조(靈操)』 147
영지주의 42
예루살렘 108
예배 19, 40, 73, 93, 117, 142, 221
예배소 49
예수 24, 180
『예수의 생애』 180
예수회 146, 158, 163, 196, 219
예정론 137
오도아케르 72
오딜로 96
오라토리오 162
오리게네스 52
오순절 30
오순절 교회 187
오순절 운동 201, 224
오순절주의 212, 224, 228
오스카 로메로 210, 212, 216

오프티노 수도원 189
옥스퍼드 운동 180, 181
올리버 크롬웰 144
YWCA 193
YMCA 187, 193
와치먼 니 210
왈도 파 111
외경(外經) 20
요제푸스 33
요제프 에르네스트 르낭 180
요제프 2세 162
요하네스 바이스 201
요하네스 10세 95
요하네스 8세 95
요한 25
요한 바오로 2세 213, 214, 219, 221, 228
요한 23세 214, 220
우남 상탐 118
우르 14
우르바노 6세 119
우치무라 간조 209, 212
울트라몬태니즘 198
울필라스 78
월시 추기경 142
월터 라우셴부시 191
웨스트민스터 신학교 208
웨슬리 164
위그노 140
윌리브로드 85
윌리엄 글래드스턴 192
윌리엄 로 164
윌리엄 로드 143
윌리엄 부스 192
윌리엄 오컴 113
윌리엄 윌버포스 180, 190
윌리엄 케어리 182
윌리엄 틴데일 142
윌리엄 펜 144
유다 27
유대인 33
유세비우스 61
유스티노스 46
유스티니아누스 76
『유스티니아누스 법전』 77
유티케스 62
"67개 조항" 136
율리아누스 49, 59, 69
율리아누스 달력 103
율리우스 벨하우젠 201
율리우스 2세 124, 126
율법 폐기주의 166
의화단 195
이그나티우스 41, 100
이그나티우스 로욜라 146
이노켄티우스 3세 110
이노켄티우스 10세 158
이노켄티우스 5세 115
이단 43, 69
『이단을 반박함』 47

235

찾아보기

ㄱ

가가와 도요히코 209, 216
가브리엘 빌 113
가스펠 225
가우디 200
가정 교회 49
가톨릭 교회 103
『가톨릭 노동자』 217
가놀릭 무역 조합 192
가톨릭 애국 연합 228
가톨릭 현대주의자 200
가현설 42
갈레리우스 54
감리교 164, 190
개신교 145
개신교 삼자 애국 운동 228
개혁 교회 140, 160
개혁 장로 교회 137
건초더미 그룹 182
게르하르트 그루트 12
『경건과 거룩한 삶에 대한 진지한 소명』 164
경건 문학 159
경건주의 160
『경건한 생활로의 입문』 160
『경건한 욕망』 160
경험론 156
계몽주의 156
고딕 양식 111
고백 교회 210
『고백록』 68
고트홀트 에프라임 레싱 162
고해 65
곱트 교회 89
『공동 기도서』 142
공동 생활 형제단 121
공의회 32, 60, 75
교구 71
교구 사제 117
교구 학교 159
교황 88, 94, 96, 106, 118
교황 대리 주교 183
교황령 111
교황 무오설 198
교황 선거회(콘클라베) 118
교황청 94, 120
교회 32, 49, 82, 92, 215
『교회는 그대들 모두이다』 212
교회당 190
교회력(敎會曆) 116
교회법 112
교회 선교회 183
"교회의 바빌론 포수" 134

교회 종탑 84
구세군 190, 192
"구속사" 14
구스타프 구티에레스 217
『95개조 논제』 133
구약성서 14
국교 58
군주론 50
귀도 다레초 93
그라티아누스 112
그레고리우스 49
그레고리우스 9세 115
그레고리우스 달력 103
그레고리우스 대제 84
그레고리우스 3세 83
그레고리우스 성가 93
그레고리우스 14세 183
그레고리우스 11세 119
그레고리우스 7세 106
그레고리우스 팔라마스 99
그레코-로망 34, 47
그리스도의 제자들 185
그리스 정교회 101
그리피스 존스 166
근본주의 208, 223
금주 협회 185
기도 52, 83
『기독교 강요』 136
기독교 민주주의 209, 217
기독교 사회주의 191
『기독교의 합리성』 157
"기독교인의 자유" 134
기독교 평화주의 204
기독자 지식 진흥회 166
기용 부인 159
"기초들" 200
길버트 테넨트 169

ㄴ

"나 같은 죄인 살리신" 165
나이팅게일 192
나폴레옹 176
남침례교 총회 208
낭만주의 178
낭트 칙령 140
"내 주는 강한 성이요" 132
네로 황제 39
네스토리우스 62, 75
네스토리우스 기독교 89, 122
『네스토르의 연대기』 101
노트르담 성당 111
뉴턴 156
느헤미아 19

니 토셍 210
니케아 공의회 99
니케아 신조 61, 148
니콘 170
니콜라우스 4세 115
니콜라우스 5세 124
니콜라우스 1세 95

ㄷ

다비드 프리드리히 슈트라우스 180
다윈 193
다윗 17
단선율 성가 93
단성론자(單性論者) 75
단테 113
대도시 장막 교회 190
데스몬드 투투 213
데이비드 브레이너드 169, 182
데카르트 156
도나투스 55
도나티스트 55, 69
도로시 데이 217
도르트 시노드 160
도미니크 114
도미니크 수도회 114
도스토예프스키 189
"독일 기독교 귀족에게 고함" 134
동방 교회 74, 103, 188
동방 박사 24
동방 정교회 99, 170
둔스 스코투스 113
드레퓌스 사건 199
드와이트 L. 무디 187
『디다케』 40
『디오게네투스에게 보내는 편지』 46
디오니시우스 72
디오클레티아누스 54
디트리히 본회퍼 210, 216

ㄹ

라바디주의자 161
라브리 공동체 222
라비게리 194, 196
라스 카사스 151
라이먼 비처 185
라이프니츠 156
라인홀드 니부어 208
라자로 교단 159

라즐로 토크스 219
라파엘로 126
랄리벨라 교회 79
러시아 정교회 170, 206, 226
런던 선교회 183
레닌 206
레룸 노바룸 199
레오 62
레오 9세 102
레오 4세 95
레오 3세 98
레오 10세 126, 131, 133
레오 13세 199
레오 1세 71
『로마서 주석』 205
로렌스 160
로버트 레이크스 181
로저 윌리엄스 144
로제 214
로크 156, 157
루돌프 불트만 201
루소 157
루이스 209
루이스 팔라우 228
루치엔 하르멜 192
루터 91, 132
루터 교 135, 141, 149
루터 교회 135, 161
르네상스 124
『리바이어던』 157
리빙스턴 194
리처드 니부어 208
링컨 186

ㅁ

마더 앤 168
마더 테레사 216
마르키온 42
마르틴 니묄러 210
마르틴 디벨리우스 201
마르틴 루터 9, 133
마리스트 195
마리아 99
마이클 캐시디 223
마카비 21
『마태복음』 7, 92
마테오 리치 147
마틴(성 마틴) 66
마틴 루터 킹 11, 218
마틴 5세 124
마호메트 88
"막시뭄 일두" 212
막시밀리안 131

만인 사제설 161
"만 입이 내게 있으면" 165
메노나이트 교회 138
메노 시몬스 138
메토디우스 100
멘델스존 178
멜키오르 호프만 139
면죄부 130, 132
모니카 68
모라비아 형제단 161
"모르탈리움 아니모스" 214
모세 16
모자이크 73
모차르트 162
몬타누스 43
몰몬 교 186
묵시론 201
밀러 190
미구엘 드 몰리노 159
미국 독립 근본주의 교회 208
미국 성서 협회 183, 185
미국 장로 교회 208
미켈란젤로 125
미트라 43
밀라노 칙령 58

ㅂ

바실리우스 67
바실리우스 대성당 123
바실리우스 종규 67
바실리카 64
바알 17
바오로 6세 220, 221
바울 30
바울 3세 148
바흐 162
박해 44, 54, 144, 206, 210
반교황 52
반유대주의 110, 199
반하느님 207
발타자르 후브마이어 139
배교자 50
뱅상 드 폴 159
버클리 156
버틀러 162
법식론자 164
『변증론』 46
베네딕투스 67
베네딕투스 수도원 107
베네딕투스 수도회 67
베네딕투스 13세 120
베네딕투스 15세 204, 212
베네딕투스 종규 67, 96

청교도 운동
16세기, 몇몇 개신교도들이 엘리자베스 1세의 영국 국교회 하에서의 예배에 불만을 품고 일으킨 운동이다. 그들은 영국 국교회나 거기에 속한 일체의 것(예를 들어서 교회 장식, 성직자의 가운, 오르간 등)으로부터 벗어나서 순수한 예배 형식을 추구하였다.

"70인 역"
히브리 원어로부터 그리스어로 번역한 구약성서이다. 초대 교회도 사용했던 이 성서는 아마도 기원전 132년에 완성되었을 것이다.

침례교
개신교 교파의 하나로, 1609년 청교도 분리주의자 존 스미스에 의해서 영국 국교회로부터 떨어져 나온 그룹에서 비롯되었다. 스미스는 세례가 교회의 친교의 근본이라고 보았다. 오늘날 전 세계적으로 약 4,000만 명의 신도가 있다.

ㅋ

카롤링가 르네상스
샤를마뉴 시대(8세기 말-9세기 초)에 있었던 교육, 예술, 종교의 부흥을 말한다.

카리스마 운동
오순절 운동에서 비롯된 현대적 운동으로서 인격적인 차원만이 아니라 단체적인 차원에서의 성령의 임재를 강조한다. 치유, 예언, 방언 등 성령의 은사를 강조하지만 오순절 운동과 같은 방식의 운동은 아니다. 예배나 기도에 대한 카리스마적 접근은 스스로를 카리스마적이라고 여기려 하지 않는 기독교인들에게 많은 영향을 미쳤다.

칼뱅주의
개신교 신학자 장 칼뱅의 신학적 교리로서 종교 개혁 기간 동안 여러 교회가 받아들였다. 칼뱅주의는 기독교인의 삶 속에서의 신의 우월성, 기독교 신앙의 안내자로서의 성서의 권위, 그리고 예정론을 강조한다.

해방 신학
라틴 아메리카에서 나타난 신학 운동이다. 기독교는 억압이나 착취가 있는 곳에서는 언제나 사회적이고 정치적인 상황을 바꾸기 위해서 헌신해야 한다고 믿는다.

화체설(化體說)
성만찬에 대한 가톨릭적 견해로, 이에 따르면 빵과 포도주는 그리스도의 살과 피에 대한 상징에 불과한 것이 아니라 바로 그리스도의 몸과 피이다.

회중 교회 제도
중요한 개혁 교회 전통 가운데 하나로서 지역 교회의 회중은 독립적이며 자치적이다.

창조된 인간이라고 보면서 예수의 참된 신성을 부인한다. 니케아 공의회에서 이단으로 정죄되었지만 아리우스주의는 여러 세기 동안 사람들에게 받아들여졌다.

아미시/아미시 메노나이트
야코브 암만이 메노나이트 교회로부터 떨어져 나와서 1693년에 세운 교회이다. 아미시 공동체는 처음에는 유럽에 정착했으나 18, 19세기에 대부분 미국으로 이주하였다. 이 교회의 교리와 행정은 메노나이트 교회와 비슷하다.

알비 파
정신의 세계와 물질의 세계가 분리되어 있다고 보면서 성육신과 성사(聖事)를 부인하는 이단이다. 교회로부터 억압을 받기 전인 12세기와 13세기 초, 남프랑스에서 번성하였다.

얀센주의
코르넬리우스 얀센의 이름을 딴 17세기의 가톨릭 운동이다. 얀센은 아우구스티누스의 가르침을 부흥시키려 하였다.

양자론(養子論)
8세기 스페인에서 비롯된 이단이다. 그리스도는 단지 하느님의 양자가 된 한 사람에 불과하다고 주장한다.

연옥
가톨릭 신앙에 의하면 하늘 나라로 가는 도중에 있는 사람은 고통을 통해서 정화되어야 한다. 이러한 정화가 이루어지는 장소나 상태가 연옥이다.

영국 국교회
영국 교회를 뜻하는 라틴어에서 비롯되었다. 종교 개혁의 결과 영국의 법(1534년)은 교황이 아니라 영국 국왕 헨리 8세를 국교 주권자로 인정하였다. 이 교회의 교리와 실천은 엘리자베스 1세 때까지는 아직 규정되거나 일치되지 못했다. 오늘날 영국 국교회라는 용어는 전 세계에 걸쳐서 30여 개의 자율적인 교회의 실천과 특징을 포괄하는 데 사용된다. 이 모든 교회는 본래적인 영국 국교회의 분파이다.

영지주의
비밀스러운 지식이나 신의 계시를 받았다고 주장하는 2세기의 종교적 소종파를 일괄해서 부르는 용어이다. 그들은 기독교의 이야기를 일부 받아들이지만 자신들만이 그것을 올바로 이해하고 있다고 주장한다.

예정론
영원히 구원을 받을 사람들은 하느님에게 선택되었다고 하는 이론이다. 예정론에 대한 논쟁에 따르면 어떤 이들은 구원으로 예정되었고, 나머지 사람들은 멸망으로 예정되었다고 한다.

오순절
그리스에서 유대교의 축제를 이르는 말로, 사도들에게 성령이 강림한 것을 기념하는 데 사용된다. 하얀 일요일이라고도 불린다.

오순절주의
성령의 은사와 성서의 권위, 하느님의 우월성, 강렬한 감정, 자발적인 예배를 특별히 강조하는 개신교 운동이다.

왈도 파
중세의 이단으로서 어떤 이들은 왈도 파가 개신교의 선구자라고도 한다. 이 운동은 12세기 말경 남프랑스에서 시작되었다.

외경(外經)
개신교인들이 히브리 성서에는 포함되지 않으면서 "70인 역"에 들어 있는 14권의 성서를 가리키기 위해서 사용한 용어이다. 제2경전이라고도 불리는 몇 권은 정교회와 가톨릭 성서에도 포함되어 있다.

울트라몬태니즘
'산 너머'를 의미하는 라틴어에서 비롯된 말로, 국가나 교회의 독립마저도 희생하면서 교황의 권위를 드높이기 위한 가톨릭 운동이다.

위그노
프랑스의 칼뱅주의자들로서 1598년 이전이나 1685년 이후에 가톨릭 프랑스로부터 박해를 받았다. 이 교파는 1802년 공식적으로 인정되었다.

율법 폐기주의
참된 기독교인이라면 도덕법을 따를 필요가 없다고 보는 이단이다.

의인(義認)
인간이 신으로부터 죄를 용서받는 것은 전통적으로 신앙에 의한 은총과 선행이라고 여겨졌다. 16세기에 마르틴 루터는, 의인은 오직 신앙으로만 가능하다고 하면서 종교 개혁을 일으켰다.

이단
실수로 또는 의도적으로 교회의 권위 있는 가르침을 의심하거나 부정하는 것이다.

이신론
17, 18세기에 인기가 있었던 종교 체계로서 신은 우주를 일단 움직여 놓고는 더 이상 그 안에서 활동하지 않는다고 주장한다.

자유주의 신학
19세기에 초교파적으로 나타난 신학 운동이다. 자유주의 신학은 기독교 정통주의와는 달리 인간의 자유와 인간의 경험을 반추해 봄으로써 신을 인식할 수 있는 인간의 능력을 강조한다.

장로
그리스어에서 나온 말로, 초대 교회나 장로 교회의 사제 또는 연장자를 말한다.

장로교
종교 개혁에서 발생한 교회의 형태와 교리를 말한다. 장로 교회는 장로의 목회와 권위에 의존한다. 장로교 교리는 장 칼뱅의 가르침에서 비롯된 것으로서 무엇보다도 하느님의 우월성과 성서의 권위를 인정한다.

재세례파
그리스어로 다시 세례를 주는 사람들이라는 뜻이다. 종교 개혁 기간 동안 등장한 개신교 그룹으로서 특히 성인(成人) 신자에 대한 세례만을 믿는 신앙을 공유한 사람들이다. 재세례파인들은 철저한 제자도뿐만 아니라 단순한 생활 양식, 국가의 법률을 거부한다는 특징을 지닌다.

정경
그리스어 자[尺]에서 유래되었다. 이 용어는 신, 구약성서에 들어 있는 책이나 미사의 중심 부분, 그리고 신앙과 도덕, 규율을 다스리는 교회법을 지칭하기 위해서 사용된다.

정적주의
17세기 후반에 등장한 종교적 신비주의의 형태이다. 정적주의자들은 완전을 얻기 위해서는 오직 기도만으로 하느님의 뜻에 복종해야 한다고 믿는다.

족장(군주, patriarch)
1) 성서적으로는 아버지나 부족의 통치자를 뜻한다. 이 이름은 아브라함이나 이삭, 야곱, 그리고 야곱의 12 아들에게 붙여졌다(성서에서는 대개 '족장'이라고 번역한다/역자 주).
2) 고대의 콘스탄티노플, 안티오크, 알렉산드리아, 예루살렘, 로마의 주교에게 붙여진 명칭이다. 오늘날 이 명칭은 러시아 교회나 불가리아 교회의 대표에게도 붙여진다.

ㅁ

메노나이트
일찍이 재세례파였던 메노 시몬스가 16세기에 설립한 개신교 교단이다. 독일, 네덜란드, 러시아, 북아메리카, 자이레, 인도, 인도네시아, 멕시코 등에 존재하는 메노나이트 공동체는——물론 그들 구성원은 독립적이지만——모두 성인 세례와 주의 만찬에 대한 상징적 해석을 믿는다.

면죄부 즉 죄의 사면
가톨릭 교회를 통해서 하느님이 부여하는 죄의 사면으로, 죄인이 연옥에서 보내야만 하는 시간을 줄여 준다. 죄를 용서받은 후에도 죄인은 참회하지 않으면 안 된다. 면죄부는 교회의 나머지 사람들에게 참회하는 죄인을 돕게 해 준다. 오늘날 사면은 오직 교황에 의해서만 이루어진다.

모라비아 형제단
30년 전쟁 기간 동안(1618-48년) 나타난 보헤미아 개신교 그룹이다. 유럽 전역에 흩어져 있었지만 그중 한 그룹이 경건주의자 진젠도르프 백작의 작센 지역에 피난하였다. 여기에서 헤른후트(주의 모자)라는 이름을 얻었다. 현재 대부분의 모라비아 형제단은 미국에 산다.

ㅂ

복음주의
개인적인 회개와 성서의 권위, 그리스도의 구원 사역에 대한 신앙을 통해서 구원받음, 복음에 대한 강조를 특징으로 하는 운동이다.

부활
그리스도가 십자가에 달려서 죽고 무덤에 매장되었다가 3일 만에 다시 살아나신 것이다.

ㅅ

사도교부
신약성서 직후 시대의 교회 지도자들을 부르는 용어이다. 로마의 클레멘스, 이그나티우스, 폴리캅, 파피아스 등을 지칭한다.

사면
한 사람의 죄를 용서하고 풀어 주는 것이다. 개신교는 사면이 신으로부터 직접 온다고 믿고 가톨릭은 사면이 사제나 주교로부터 이루어진다고 믿는다.

삼위일체
성부와 성자와 성령 삼위(三位)로서의 하느님을 말하는데, 이것은 기독교 신앙의 핵심적 교리이다.

성만찬
그리스어로 감사라는 뜻이다. 빵과 포도주를 바침으로써 그리스도의 최후의 만찬을 기념하는 용어로, 주의 만찬, 미사, 영성체 등으로도 불린다. 정교회에서는 '거룩한 예전'이라고 알려져 있다.

성사
세례나 성만찬처럼 기독교의 핵심적인 종교 의식의 하나로, 가톨릭 교회와 정교회는 7성사를 인정하고 있다.

세례
기독교 교회로 받아들여지는 행위로서 모든 교파에서 실시하고 있다. 어떤 경우에는 성수(聖水)로 축복함으로써 신자가 교회로 허락됨을 상징한다.

셰이커 교도들
1747년 영국 퀘이커 부흥 운동에서 자라난 소종파. 앤 리의 인도하에 소규모 그룹은 미국으로 건너가서 뉴욕 주 앨바니 근처에 정착하였다. 이들은 영적인 흥분상태에 들어가면 몰아적으로 온몸을 흔든다고 해서 이런 이름이 붙었다(셰이커는 흔드는 사람을 말한다/역자 주).

수도원 운동
금욕과 기도의 삶을 통해서 하느님을 찾으려는 사람들이 은둔자가 되거나 공동체를 이루면서 살았던 기독교인의 생활 양식의 하나이다. 모든 이들은 독신으로 지내면서 기도와 독서, 수도원의 일 등에 초점을 맞추었지만, 세상과의 거리를 두는 데는 조금씩 차이가 있었다. 수도원 공동체나 수도회에는 베네딕투스 수도회, 카르멜 수도회, 예수회, 프란체스코 수도회, 카르투시안 수도회, 시토 회, 도미니크 수도회 등이 있었다. 공동체를 이루고 교육(베네딕투스 수도회), 선교 사업(예수회), 설교와 연구(도미니크 수도회), 청빈서원과 일상적인 일(프란체스코 수도회), 명상적 삶(칼멜 수도회)과 같은 특별한 활동을 하였다.

수도회 종규
종교적인 공동체의 삶을 영적으로나 행정적으로 규율하는 규칙으로, 최초의 종규는 대바실리우스가 수도원의 삶에 대한 질문과 대답의 형태로 만들었다. 거기에는 금욕과 의무 부여, 일상적 작업, 매일의 예전 기도 시간, 어린아이 교육, 청빈과 자선 등이 포함되어 있었다. 베네딕투스의 종규는 조직, 일상의 기도 시간, 훈련, 안내, 순종 등을 규정하였다.

스콜라주의
중세에 서방 유럽에서 지배적이었던 철학과 신학 학파이다.

스페인 종교 재판소
교황청 종교 재판소를 모델로 해서 1478년 스페인 군주가 자신의 영토내에 설립하였다. 이것은 공포의 대상이었으나, 1500년대 말에는 쇠퇴하였고, 1834년에 완전히 사라졌다.

승천
사도들이 증언하는 바의 그리스도의 승천이다. 『사도행전』 1:3에 의하면 이 일은 그리스도가 부활한 지 40일 만에 일어났다.

'신 죽음'의 신학
신은 더 이상 타당하지 않거나 무의미한 개념이라는 주장이다. 이 신학의 가장 중요한 선구자는 무신론적 철학자 프리드리히 니체였다.

신비주의
신에 대한 개인적인 영적 체험으로, 때로는 감정적이다. 기독교의 진리를 추구하면서 논리적 이해의 경계를 뛰어넘어 명상한다.

신이 내린 휴전(일시적 사투 중지령)
일시적으로 폭력이나 도적질 같은 적대감을 중지하는 것으로, 중세 교회가 특별한 날이나 사순절(四旬節) 같은 교회절기에 내린 명령이다.

신정통주의
20세기의 신학 학파로서 19세기의 자유주의 신학을 거부하고 성서의 권위와 그리스도 중심으로 돌아가려는 운동이다.

ㅇ

아르미니우스주의
네덜란드의 야코부스 아르미니우스(1560-1609년)에 의해서 전개된 개혁 신학 학파이다. 칼뱅주의와는 달리 아르미니우스주의는 인간의 자유 의지와 모든 인간을 구원하려는 하느님의 의지를 강조한다.

아리우스주의
4세기의 신학 운동으로서 그 창시자인 사제 아리우스의 이름을 따서 이렇게 부른다. 아리우스주의자들은 예수를 하느님에 의해서

용어 해설

ㄱ

가톨릭 현대주의자
가톨릭 교회에 자유주의 신학을 도입한 신학 학파이다.

감리교
존 웨슬리(1703-91년)가 창시한 개신교 교단이다. 처음에는 영국 국교회의 일부로 출발했지만 웨슬리가 세상을 떠날 무렵 분리되었다.

개혁 교회
종교 개혁에서 비롯된 모든 교회를 지칭하기도 하지만, 보다 구체적으로는 루터보다 칼뱅주의를 따르는 교회를 지칭한다.

거룩한 시노드
1721년 페테르 대제가 러시아 교회를 다스리기 위해서 설립한 사제와 주교 회의이다. 위원회는 주교를 대신한다. 1917년에 사라짐으로써 주교의 위치가 다시 살아났다.

경건주의
17세기 후반 루터 교회에 새로운 생명을 불어 넣기 위해서 일어났던 개신교 갱신 운동이다.

경험론
모든 지식은 경험에서부터 비롯된다는 철학적 주장이다.

계몽주의
17-18세기 유럽에서 일어난 사상 운동으로서 유럽의 사상을 대거 세속화하였다. 계몽주의 지도자들은 오직 이성과 관찰과 실험만을 따르기 위해서 모든 형태의 권위나 전통을 파괴하였다.

고백 교회
기독교인들에 대한 나치의 정책에 항의해서 1934년에 형성된 독일의 개신 교회이다. 원래 고백 교회라는 이름은 기독교 신앙 고백이나 확신에서 비롯되었지만 그 구성원들이 나치에게 박해를 당하게 되자 그들은 스스로를 박해받는 "고백자들"이나 순교자로 여기게 되었다.

곱트 교회
이집트의 고대 기독교회로서 오늘날도 영향력을 갖고 있다. 곱트 교회라는 이름은 고대 이집트의 곱트 언어로부터 비롯되었다.

공의회
주교와 여타 교회 대표들의 공식 모임으로, 지역적일 수도 있고 일반적일 수도 있다. 일반 공의회는 교회 교리나 규율을 정하기 위해서 전 세계 주교들이 모인다. 가장 중요시되는 7개의 공의회는 니케아 공의회(325년), 콘스탄티노플 1차 공의회(381년), 에페소스 공의회(431년), 칼케돈 공의회(451년), 콘스탄티노플 2차 공의회(553년), 콘스탄티노플 3차 공의회(680-681년), 니케아 2차 공의회(787년)이다. 교회가 분열된 이후——비록 가톨릭 교회는 지금도 자신들이 개최하는 일반 공의회가 보편적이고 권위적이라고 주장하지만——기독교 세계 전체가 모인 공의회는 없었다. 종교 개혁 이후로 세 번의 가톨릭 교회 공의회가 있었다. 트리엔트 공의회(1545-63), 바티칸 1차 공의회(1869-70), 바티칸 2차 공의회(1962-65)가 그것이다.

교황청 종교 재판소
이단을 색출해서 국가에 처벌을 의뢰하는 기관으로, 종교 재판소는 1200년대 초 남프랑스에서 시작되었다. 서슬이 퍼렇던 시절에는 1년 동안 평균 3명 중 1명이 화형되었다. 1400년대에 없어졌다가 종교 개혁기에 다시 등장하였다. 그러나 다만 교황령에서만 효과가 있었을 뿐이다.

군주론
성부(聖父) 하느님과 성자(聖子) 하느님 사이의 관계를 둘러싸고 발생한 2-3세기의 이단이다. 군주론에는 두 가지 형태가 있다. 하나는 예수를 하느님보다 열등한 존재로 보고, 다른 하나는 예수를 성부 하느님과 똑같이 봄으로써 양자간의 인격의 분리가 상실되어 버린다. 이 두 가지 시각 모두 신성의 단일성(monarchia)을 보존하려는 시도였다(군주론은 그래서 모나키아니즘[monarchianism]이라고 한다/ 역자 주).

근본주의
개신교 운동으로서 성서의 진리와 가르침을 문자 그대로 믿는 신앙이 특징적이다.

기독교 민주주의
프랑스, 독일, 이탈리아, 베네룩스 삼국에서 2차 대전 이후 정착된 정치 운동이다. 기독교적 철학과 가치관에 기초해 있다.

ㄴ

네스토리우스주의
5세기의 교리로서 사제 네스토리우스의 이름을 따서 명명되었다. 이들은 그리스도가 두 개의——인간적이고 신적인——개별적인 '위격'을 가지고 있다고 보면서 양자간의 일치를 거부하였다.

니케아 신조
325년 니케아 공의회에서 채택된 교회의 권위 있는 신조이다. 이 신조는 성부 하느님과 성자 예수가 동일 본질임을 확인하고 성령의 신성을 확인하였다(신조[creed]란 라틴어 크레도[credo, 나는 믿는다]에서 비롯된 말임).

ㄷ

단성론
그리스도는 두 개의 본성(인간적 본성, 신적 본성)이 아니라 오직 하나의 신적 본성만을 가지고 있다는 교리인데, 5세기에 이단으로 정죄되었다. 곱트 교회, 에티오피아 교회, 아르메니안 교회, 시리아 정교회 등은 이 문제 때문에 나머지 교회로부터 일탈되었다.

도나투스주의
북아프리카의 교회를 분열시켰던 4세기의 이단이다. 도나투스주의자들은 기독교를 박해했던 사람들과 여하한——비록 간접적이라고 해도——관계를 가진 사람도 교회의 지도자로 받아들이려고 하지 않았다. 그들은 자격이 없는 사제가 드리는 성사는 무효라고 주장하였다.

ㄹ

루터 교
마르틴 루터의 가르침에서 비롯된 운동으로, 루터 교인들은 신앙의인(信仰義認)과 성서의 권위를 믿는다.

세계적 교회

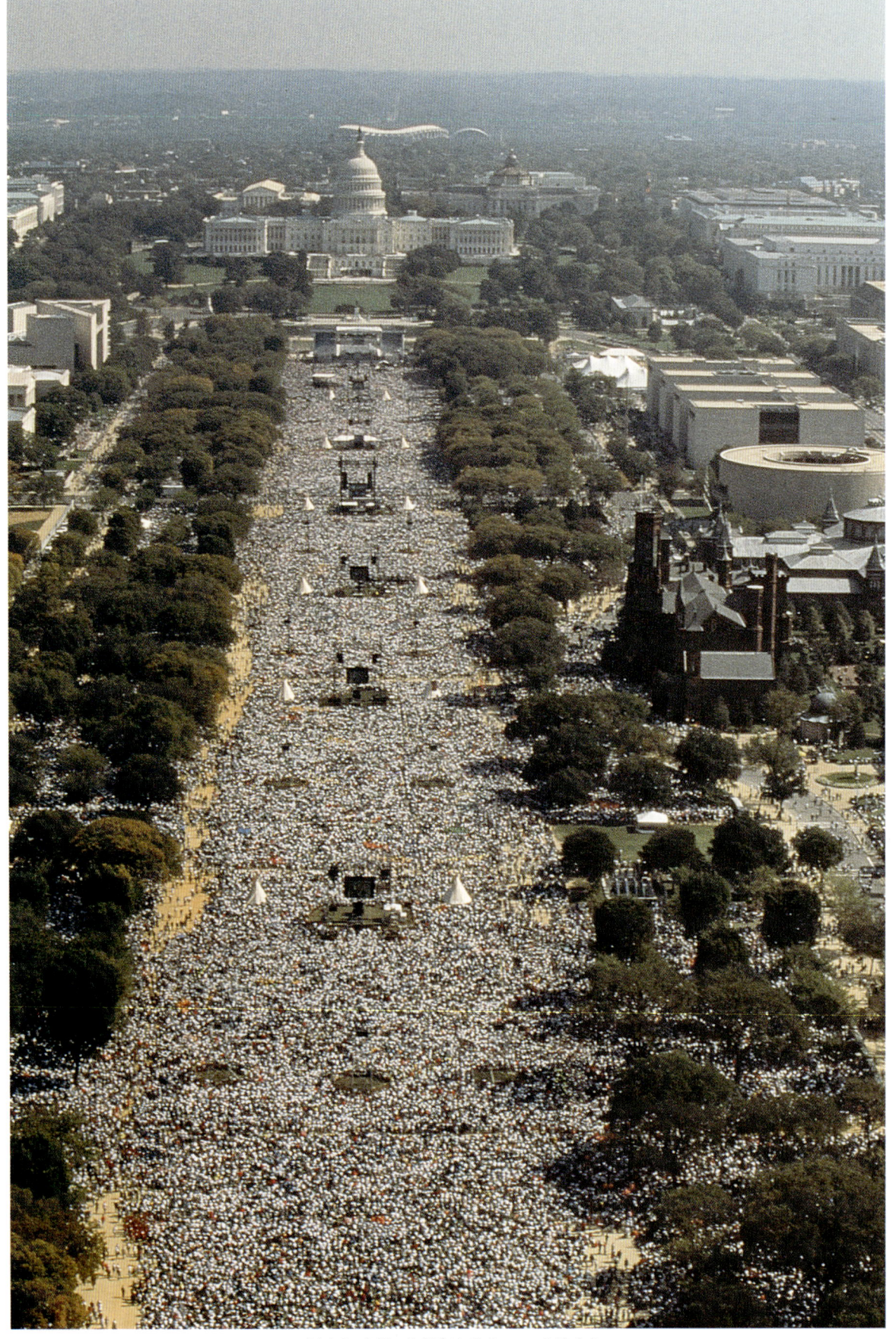

"사랑만이 영원한 것입니다. 오직 사랑만이 이 지상에서 이루어지는 짧은 인간의 역사에서 영원의 모습을 만들어 냅니다."

교황 요한 바오로 2세

세상에서 가장 널리 읽히는 책

1997년까지 성서는 349개의 언어로 번역되었다. 신약성서는 841개의 언어로 번역되었고, 성서 중 한 권이라도 번역된 언어는 933개에 이른다. 1455년 요하네스 구텐베르크에 의해 첫번째 성서가 인쇄된 이래 성서는 종교적이거나 세속적인 어떤 책보다 더 많이 출판되어 왔다.

'약속을 지키는 사람들'의 행진, 1997년 워싱턴

1990년 콜로라도 주 볼더에서 처음 모인 이래로 남성들에 대한 복음주의적 목회 사역인 '약속을 지키는 사람들'은 미국 전역의 축구 경기장을 가득 메웠다. 위의 사진은 약 100만 명이 모인 것으로 추정되는 수도 워싱턴에서의 집회이다. 영적인 갱신과 가정에 대한 책임감, 인종적 화해가 이 운동의 주요 주제이다.

229

기독교의 전 세계적인 이동
통계를 보면 1990년에 전 세계 기독교인의 삼분의 이가 개발도상국에 살고 있음을 알 수 있다. 불과 얼마 전인 1960년만 하더라도 거의 60퍼센트의 기독교 신자가 서구(유럽, 미국, 오스트레일리아)에 살고 있었다. 1999년에 이 숫자는 절반으로 줄어들었다.

약 6,500명의 원주민 선교사들이 활동하고 있다. 티베트, 방글라데시, 네팔, 미얀마, 파키스탄, 부탄, 태국, 그리고 인도 인구의 5퍼센트가 기독교 신앙을 고백하고 있다.

급성장하고 있는 중국의 교회는 지속적인 반대 세력에 부딪치고 있다. 정부는 나름대로의 교회를 만들어서 교회를 쉽게 통제하고자 한다. '가톨릭 애국 연합'이나 '개신교 삼자(三自) 애국 운동'이 그것이다. 반면 독립적인 개신교나 가톨릭 교회는 여전히 미움을 받고 있다. 일본 교회는 이러한 반대에 부딪쳐 있는 것은 아니지만 거의 성장하지 못하고 있다. 일본 인구의 4퍼센트가 못 되는 사람들만이 기독교인이다.

이슬람교 세계에서는 인도네시아의 일부에서처럼 집단 개종이 있었다. 오늘날 인도네시아 인구의 팔분의 일 이상이 기독교인이다. 선교사들은 이란, 아프가니스탄, 이라크, 파키스탄, 쿠웨이트에서는 교회가, 대단히 느리지만 꾸준한 성장을 하고 있다고 보고하고 있다. 다만 사우디 아라비아에서는 기독교인들의 활동이 철저하게 통제되고 있다.

아프리카 대륙

선교 기관의 보고에 따르면 2000년경 사하라 사막 이남의 아프리카 대륙은 거의 기독교화될 것이라고 한다. 1990년경 아프리카인의 절반 가량이 교회에 출석하였다. 말리처럼 이슬람교가 지배하던 나라나 전쟁으로 찢긴 에티오피아에서도 복음은 설교되고 있고, 수천 명의 사람들이 기독교로 개종하였다. 사실 중앙 아프리카 공화국, 케냐, 콩고, 레조토와 같은 나라에서는 기독교인들이 다수를 차지하고 있다. 이곳에서는 인구의 70퍼센트 이상이 기독교인이다. 대량 학살과 공포로 고통당하던 수단에서조차 교회는 급성장하고 있다. 사람들이 인간의 타락으로부터 영적인 안식을 구하고 있었다는 이야기이다. 비극적인 사실이지만 기독교 공동체 내에서도 박해와 억압이 존재한다. 1994년에 부룬디와 르완다의 기독교 후투족과 투치족은 서로를 학살했는데, 목사와 수녀들이 이 학살에 참여했다는 비난을 받고 있다.

남미

남미는 전통적으로 가톨릭 교도들이 다수를 차지하였다. 약 90퍼센트 이상의 사람들이 가톨릭 교인이다. 그러나 명목상의 가톨릭 신자의 비율은 삼분의 이 정도로 줄어들었다. 이는 아마도 복음주의적 개신교가 지난 20여 년간 성공적으로 뿌리 내렸기 때문일 것이다. 오순절주의자들은 대략 남미 복음주의적 기독교인의 75퍼센트 정도를 차지할 것으로 추정되며 '하느님 나라의 보편적 교회' 같은 토착화된 오순절 교회 신자가 점점 늘어나고 있다. 이것은 1977년에 에디르 마세도 드 베사라가 설립한 교회이다. 유명한 개신교 지도자로는 아르헨티나의 복음주의자 루이스 팔라우가 있다. 그의 목회는 미 대륙을 넘어서 유럽에까지 선교사를 보낼 정도로 폭이 넓다.

미래

모든 교회들은 자신들이 저질렀던 수많은 실수를 인정하고 있다. 1996년에 교황 요한 바오로 2세는 가톨릭 교회가 미래에 적합하게 변해야 한다고 인정하였다. 교황은 다른 기독교인들에게 장애가 덜 되고 일치를 추구할 수 있는 방향으로 가톨릭 교회가 재고되어야 한다고 말하였다. 가톨릭 교회의 도그마와 교리들은, 비록 바뀔 수는 없다고 하더라도, 그 표현 방식은 언제나 갱신될 수 있다. 개신교와 정교회도 스스로를 돌아보면서 과거의 잘못을 인정하고 영적인 부흥을 바라고 있다.

하지만 어려움과 도전에 굴하지 않고 그리스도가 다시 오실 때까지 복음을 전한다고 하는 전통적인 선교 이해는 여전히 변치 않고 남아 있다. 예수는 제자들에게 다음과 같이 말하였다. "성령이 너희에게 오시면 너희는 힘을 받아……땅 끝에 이르기까지 어디에서나 나의 증인이 될 것이다."(『사도행전』1:8)

기도하는 중국 기독교인들
1989년 천안문 광장에서의 데모와 학살 이후 중국 정부는 교회에 강경 정책을 펴서 수백 명의 목사와 종교 지도자들을 체포하였다. 특히 비공식적인 가정 교회에 속한 사람들이 대거 체포되었다. 많은 기독교인들이 감옥에 갇혔으며 고문을 받았다. 중국 정부는 기독교 라디오 방송국도 억누르려고 하고 있다.

필리핀의 성서 공부

많은 필리핀의 가톨릭 신자들이 아직도 애니미즘이나 정령주의자들을 따르고 있지만, 수십만 명의 신도들은 카리스마적 부흥 운동이나 성서 공부를 통해서 기독교를 배우고 있다. 1974년 이래로 개신교 교회도 극적으로 성장하고 있다.

"우리의 옛 역사는 십자가와 함께 끝났습니다. 그리고 부활과 더불어 우리의 새 역사가 시작되었습니다."

— 와치먼 니(니 토셍), 중국의 복음주의자

큰 원천이 되고 있는 것이다. 미국의 특수 목회 기관들 ― '약속을 지키는 사람들,' (229쪽 그림 설명 참조) '행동하는 운동 선수,' '선교하는 젊은이들,' '초점을 가정에' 등 ― 은 사람들의 영적인 요구에 부응하면서 영적으로 그들을 갱신시키는 데 초점을 맞추고 활동하고 있다.

여러 지역 회의들도 신자들을 모으고 교회를 부흥시킬 프로그램들을 개발하느라 매우 분주하다. 그들은 개별적인 주제들을 서로 연결시켜서 조직화하는 캠페인도 벌여 나간다. 미국인들이 갖고 있는 강력한 문화적 친숙함 때문에 기독교인들은 친구나 가족, 이웃과 신앙을 쉽게 나눌 수 있다는 점도 대단히 중요하다.

아시아

세계 인구의 절반 이상이 아시아에 살고 있고, 기독교는 여기에서 많은 어려움을 겪으면서도 노력하고 있다. 필리핀의 전통적인 가톨릭 교회는 베트남에서처럼 필리핀에 새로운 숨결을 불어 넣었다(위의 그림 설명 참조). 베트남의 복음주의 교회 역시 번성해서 교인이 약 50만 명 정도에 육박하고 있다. 성서를 선편으로 보내는 작업이 1992년 다시 재개되었으며, 캄보디아와 홍콩의 베트남 난민들에 대한 사목 활동이 괄목할 만한 결과를 낳았다. 가톨릭과 개신교는 대한민국에서도 대단한 성장을 기록하였다. 여기에 빌리 그레이엄의 지원까지 합세한 복음주의자들의 꾸준한 노력으로 말미암아 대한민국에서는 ― 어떤 통계에 의하면 ― 인구의 약 40퍼센트가 기독교인이 되었다. 대한민국은 이제 세계에서 가장 큰 교회를 가진 나라가 되었다. 조용기 목사의 순복음중앙교회는 60만 명의 신도를 거느리고 있다.

아시아의 다른 여러 나라에서도 기독교인의 수는 계속 증가하고 있다. 대만 인구의 약 6퍼센트 정도가 기독교인이며 싱가포르에서는 20퍼센트가 기독교인이다. 인도에서는 다른 종교인들이 기독교에 대해서 폭력 행사를 하고 있고, 정부가 기독교의 활동을 제한하는 조치를 내렸음에도 불구하고

파푸아뉴기니의 기독교 행렬

인종적으로나 언어적으로 파푸아뉴기니는 전 세계에서 가장 복합적인 문화에 속한다. 그럼에도 불구하고 복음의 메시지는 지난 120년 동안 전국에 퍼짐으로써 이제 이 나라는 기독교적 가치가 어디에나 스며들었다. 오늘날 전 인구의 96퍼센트가 기독교인이 되어 있다.

기독교와 기술의 발전

라디오, 텔레비전, 인터넷 같은 미디어 시대가 도래하면서 기독교인들은 이전보다 훨씬 많은 사람들과 접할 수 있게 되었다. 특히 미국에서 기독교 라디오 방송국과 텔레비전 채널은 어마어마하게 늘어났다. 1985년까지 미국이 텔레비전 종교 방송을 위해서 지출한 금액은 연간 6억 달러를 상회한다. 종교 관계자들은 예전에는 상상도 할 수 없었던 범위까지 텔레비전이 찾아갈 수 있음을 알게 되었다. 예를 들어 1950년대에는 미국 추기경 풀턴 신(1895-1979년)이 "삶은 살 만한 가치가 있습니다."라는 텔레비전 프로그램을 통해서 일주일에 약 3천만 명 이상의 청중을 모을 수 있었다.

세계 기독교

> "교회가 분열됨으로써 사람들이 예수 그리스도의 메시지를 믿기가 어렵게 되었습니다."
>
> 데스몬드 투투

21세기를 향해 가면서 교회는 많은 도전과 기회를 맞이하고 있다. 한편으로 교회는 전 세계적으로 빠르게 성장하고 있으며 언론 기관과 출판사는 복음의 메시지를 오지나 제한된 지역을 제외한 모든 곳에 전하고 있다. 영적이고 사회적인 사목 활동이 이루어지고 있으며 성서는 거의 모든 언어로 번역되어서 수백만 권이 무상으로 보급되고 있다. 세계 인구의 삼분의 일 이상이 기독교인이다. 그러나 여전히 많은 문제가 상존해 있다. 많은 기독교인들은 '성서적으로 문맹'이며, 기독교 신앙과 본질적 교리에 대해서 잘 이해하지 못하고 있다. 이러한 사정은 교회가 넘쳐 나는 미국에서도 마찬가지이다. 여러 컬트(cult) 숭배가 해마다 확산되고 있으며, 개발도상국에서는 생존의 문제가 영원의 문제보다 우선시되고 있다. 목회 기관들은 신앙의 문제보다도 음식이나 주거 문제 같은 생존을 위한 기본적인 요구에 부응하려는 경향이 강하다. 교회의 성장 패턴 또한 한결같지 않다. 아프리카나 남미의 일부, 대부분의 아시아 국가에서 교회는 놀라울 정도로 성장하고 있으나 오랫동안 기독교 신앙의 보루였던 유럽의 사정은 전혀 다르다.

유럽, 러시아, 미국

20세기 후반에 들어오면서 교회에 출석하는 유럽인의 수는 급감하였다. 현재는 유럽 전체 인구의 10퍼센트 정도만이 정기적으로 교회에 출석한다고 추정된다. 또한 많은 신자들은 교회의 가르침에 대해서 자유롭게 이의를 제기할 수 있다고 느끼고 있다. 예를 들어 수백만 명의 가톨릭 신도들은 동성애나 재혼, 인위적 피임, 안락사 등과 같은 성적이고 도덕적인 문제에 대해서 교회가 가르치는 것을 받아들이지 않고 있다.

이와는 대조적으로 러시아 교회는 철의 장막이 걷힌 후 놀라울 정도로 재생하였다. 1990년 미하일 고르바초프(1931년생)가 한 해 전 교황 요한 바오로 2세에게 했던 약속대로 종교의 자유를 보장하는 법률을 통과시키면서 새로운 문이 열렸다. 수백만 권의 성서와 소책자 성서들이 소련 정부의 승인 하에 배포되었으며 성직자들도 러시아에서 활동하고 전도할 수 있게 되었다. 이러한 새로운 자유에 반대했던 것은 놀랍게도 정교회였다. 정교회는 그러한 종교적 관용이 검증되지 않은 컬트 그룹의 양산으로 이어질 것을 두려워한 나머지 자신 이외의 다른 종교 단체가 허용되는 것을 반대했던 것이다.

미국인의 대다수는 여전히 기독교 신앙을 갖고 있다. 미국 전체 인구의 약 40퍼센트 정도가 주말에 교회에 출석한다. 그러나 여기에도 도전은 있다. 많은 미국 가톨릭 교인들은 피임이나 사형 제도 등과 같은 주제에 대해서 교황과 의견을 달리하고 있다. 공공 생활 속에서 종교는 법으로 통제된다. 특히 교회와 국가의 분리를 주장하는 사람들이 신앙은 의미 있는 방식으로 전수되지 않는다는 사실을 그 어느때보다 확인시키고 있는 학교에서 특히 그러하다. 그럼에도 불구하고 미국의 교회는 여전히 살아 있다. 미국의 교회는 계속해서 세계 복음화와 사역 활동의

공개적인 신앙 표현

70년 동안 공산당은 러시아의 종교를 말살하고자 했으므로 공개적인 신앙 표현은 일절 금지되었다. 이제 러시아에는 종교적 자유가 있으며 기독교는 번영하고 있다.

매우 중요하다. 카리스마적인 기독교인들은 엄격한 도덕성과 철저한 복음주의, 전심전력을 바치는 제자도 등으로 유명하다.

역사와 확산

이 운동은 제2차 세계 대전 이후에 성장하기 시작하였다. 1947년 첫번째 세계 오순절 총회가 스위스 취리히에서 개최되었고, 이듬해 아이오와 주 데스 모인즈에서 북미 오순절 협회가 조직되었다. 1948년에 출범한 순복음 사업가 동지회는 미국에 오순절 운동을 도입하는 데 노력하고 있다.

1960년대와 1970년대에 루터 교, 침례교, 장로교, 성공회, 메노나이트교회, 그리고 심지어는 가톨릭 교회의 성직자들도 카리스마적 요소들을 사목 활동에 도입하였다. 오늘날 오순절 운동은 가장 크고 뚜렷한 개신교 그룹을 형성하고 있다. 더욱이 5천만 명이 넘는 가톨릭 신자들이 이 운동에 참여하고 있다.

전 세계적으로 봤을 때 카리스마 운동은 특히 라틴 아메리카에서 성공을 거두었다. 그곳에서는 약 75-80퍼센트의 복음주의자들이 오순절주의자이다.

런던 선교
개발도상국의 카리스마 교회나 여타의 교회들은 대단히 열성적이어서 이제는 전통이 뒤바뀌기도 한다. 선교사들은 이제 유럽에 파송되어 일하고 전도한다.(213쪽) 여기 한 나이지리아 수녀가 영국 부인의 집에서 성만찬을 베풀고 있다.

카리스마 교회는 아프리카나 아시아, 유럽, 그리고 이전의 소련연방에서도 번성하고 있다. 전 세계적으로 카리스마 교회에 속해 있는 교단으로서는 오순절 성교회, 그리스도 안에 있는 하느님의 교회, 하느님의 집회, 국제 사각 복음 교회, 열린 성서 표준 교회, 엘림, 이크투스, 사도 교회, 하느님의 교회 등이다. 그러나 많은 카리스마 교인들은 어떤 교파에 속하기보다는 독립 교회를 더 좋아하는 편이다.

성장하는 운동

1991년, 카리스마 운동의 지도자들이 영국 브라이턴에 모여서 세계 복음화를 논의하는 가운데 오순절 운동에 대한 가장 분명한 지침이 마련되었다. 캔터베리 대주교인 조지 케어리가 참석한 이 모임은 전 세계 100여 개국에 약 3억9천만 명 정도의 신자들이 있다고 보고하고 있다. 1998년에 이 운동은 약 5억 명 정도의 지지자들을 확보하고 있었다. 이들은 카리스마 운동을 전 세계 교회 중에서 가장 빠르게 성장하는 교회로 만들었다.

대중적인 감정
오순절주의나 카리스마 그룹들은 주류 교회의 안팎에서 급성장했는데, 어떤 경우에는 쇠퇴하는 교단을 부흥시키기도 하였다.

오순절 음악

20세기 후반의 오순절주의나 카리스마주의, 복음주의 기독교가 음악을 특히 중시하면서 다양한 양식의 음악이 발전하였다. 애팔래치아의 공동체에서 발전한 남부 가스펠이나 흑인 가스펠 음악들은 복음의 메시지를 사회 정의의 문제와 결합시켰다. 1960년대 캘리포니아의 예수 운동에서 비롯된 현대 기독교 음악도 있다. 열광적인 오순절주의나 다른 복음주의적 기독교인들을 지지하기 위한 산업도 나타나서 자신들의 신앙을 찬양을 통해 표현하고 있다.

카리스마 운동의 성장과 확산

현대 카리스마 운동은 1900년대의 오순절 운동과 더불어 시작되었다. 이 운동의 뿌리는 19세기 미국과 영국에서 성화(聖化)와 죄없는 삶을 강조했던 운동으로까지 거슬러 올라갈 수 있다. 1900년대에 미국의 몇몇 기독교인들이 "성령의 은사"를 받고 방언과 예언, 치유 등을 행하였다. 그들은 주류 교회로부터 축출되자 독립 교파를 세워서 급성장하였다. 그러나 1960년 이후 많은 기독교인들도 "성령의 은사"를 체험하기 시작하였다. 카리스마주의자들이라고 알려진 이 오순절주의자들은 모든 교파에 지지자를 갖고 있다.

카리스마 운동의 가장 큰 특징은 열광적이고 즉흥적이기까지 한 예배일 것이다. 성령의 은사의 실천——어떤 이들은 이에 대해서 이의를 제기한다——은

막강한 현대의 미디어

오럴 로버츠 같은 미국의 오순절주의 설교자이자 복음주의자와, 그의 아들 리처드 로버츠(위)는 텔레비전을 통해서 자신들의 메시지를 전파함으로써 대단한 성공을 거두었다.

> "사랑 안에서 생각하고 느끼고 행동하는 것, 우리가 사랑하는 신적인 그분을 찬양하는 것, 바로 그것이 영성이다. 우리는 사랑의 노래를 부를 때 성서나, 전통적이고 고전적인 악보를 이용할 수 있을 것이다. 혹은 우리 스스로 즉흥곡을 불러도 무방하다. 하지만 그 주제들은 보편적이다."
>
> 프랜시스 영
> 영국의 신학자

영적인 십자군

미국과 전 세계의 복음주의 운동을 빌리 그레이엄만큼 이끌었던 사람도 없을 것이다. 1949년에 그는 "열 번의" 부흥회를 인도하면서 여론의 집중적인 시선을 받았고, 갑자기 전 세계적으로 유명한 종교적 인물이 되었다. 1977년까지 그는 185개국의 2억1천만 명에 이르는 사람들에게 메시지를 전하였다. 수억 명에 이르는 사람들이 텔레비전이나 라디오를 통해서 그의 설교를 들었다.

전 세계적 운동

전 세계적으로 20세기의 위대한 복음주의적 지도자들 중에는 우간다의 대주교 페스토 키벤게레와 남아프리카의 복음주의자 마이클 캐시디가 있다. 이들은 "말과 행위로 아프리카의 도시를 복음화하기 위해서" 함께 아프리카 사업회—최초의 인증된 아프리카 선교회—를 창설하였다. 영국에서는 존 스토트가 다른 종교 전통과 복음적인 대화를 나누었다.

빌리 그레이엄 십자군
미네아폴리스 메트로돔 스타디움에 모인 엄청난 군중들은 그레이엄과 다른 이들이 복음을 설교하는 현대적 텐트 모임의 전형적인 모습이다.

그는 많은 글을 쓰고 많은 곳을 찾아다니면서 복음주의자들에게 세속의 동료들이 관심을 가지고 있는 지적인 주제를 살펴보라고 권장했고, 여러 나라에서 온 젊은 복음주의자들을 교육하였다. 루이스 팔라우는 주로 전 세계 수십만 명의 히스패닉에게 설교하는 라틴 아메리카의 복음주의적 목사인데, 이 세계에서 그는 가장 큰 군중을 끌어 모으고 있다. 보도에 의하면 대략 500,000명의 사람들이 1982년 과테말라 시에서 있었던 십자군적 대열에 참가했다. 1974년과 1989년에 전 세계에서 온 복음주의자들은 세계 복음화 회의에 참석하였다. 스위스 로잔에서 열렸던 첫번째 회의에는 150개국으로부터 참석자들이 왔다. 두 번째 회의는 마닐라에서 열렸는데 166개국에서 4,297명이 참가함으로써 금세기 후반, 전 세계적으로 펼쳐지고 있는 복음화 운동의 충격을 반영해 주었다.

근본주의 신학(208쪽 참조)이 개신교의 양대 축을 이루면서 비교적 온화한 복음주의 신앙인들이 소외되었던 것이다.

제2차 대전 이후 현대의 복음주의 운동은 특히 독일, 영국, 그리고—가장 중요한 지역인—미국에서 나타나기 시작하였다. 미국의 복음주의자들은 국내 복음주의 협회나 국내 복음주의 성공회 회의, 고백동지회 등을 조직하면서 활동하였다. 1947년에 세워진 풀러 신학교와 1956년에 창간호를 낸 『현대 기독교』도 한몫 하였다. 이 중에서 가장 중요한 사건은 1949년에 시작된 미국의 복음주의자 빌리 그레이엄의 국제적 사역일 것이다(위 글상자 참조). 1947년 고든 콘웰 신학교의 초대 교장인 해럴드 J. 오켄가는 "새로운 복음주의"라는 용어를 만들어 냈다. 이것은 이 운동의 젊은 지도력과 생명력을 표현하기 위한 용어였다.

신학자들은 복음주의와 근본주의를 구분한다. 후자의 분리주의적 성향과 협소한 세계관, 반지성적 정신은 성서의 기독교와 분명하게 다르기 때문이다. 복음주의자들은 자신의 신념에 충실하면서도 다른 기독교인들과 에큐메니컬적인 대화를 함으로써 계속 인기를 누리고 있으며, 전 세계의 여러 선교 기관과 구제 기관, 학교와 신학교, 출판사 등을 설립하였다.

> "아마 전쟁 때문이겠지만, 이 세계는 복음을 받아들일 만큼 성숙해져 있는 것 같다."
> 빌리 그레이엄

> "기독교는 독특하다. 그것은 비할 바 없다."
> 존 스토트

메시지를 설교함
20세기에 이루어진 라틴 아메리카 복음주의 교회의 성장은 매우 특징적이었다. 오늘날 라틴 아메리카 인구의 약 삼분의 일이 복음주의 운동이나 카리스마 운동의 영향을 받고 있다.

새로운 복음 전도자들

문화비판가

1948년 미국의 프랜시스 새퍼(1912-84년)와 그의 처 에디트는 여러 가지 문제로 고민하는 젊은이들을 돕기 위해서 스위스 알프스에 라브리("피난처"라는 뜻) 공동체를 세웠다. 이곳은 그후 국제적인 집결지이자 지성인들의 장소가 되었다. 새퍼 역시 사회의 도덕적이고 영적인 경향에 대해서, 성서에 기초한 폭넓은 비판서를 집필하였다.

"복음적(evangelical)"이라는 말은 "기쁜 소식," "복음"을 뜻하는 그리스어 유앙겔리온(euangelion)에서 파생되었다. 20세기의 전 세계적인 복음주의 운동의 특징은 성서 연구와 선교 활동, 신앙의 근본 교리에 대한 강조였다. 또한 그들은 예수 그리스도의 인격과 활동에 대한 정통주의적 입장을 고수하고, 성서를 하느님의 영감을 받아서 기록된 것으로 보며, 피조물에 대한 신의 통치, 그리스도의 임박한 재림을 강조한다. 복음주의자들은 어느 교파에나 다 있으며 독립 교회를 세운 이들도 있다. 그들은 자신들의 활동과 말씀 전파를 통해서 전 세계에 그리스도의 구원의 메시지를 전하라는 소명을 받았다고 느끼고 있다.

복음주의적 정신

복음주의 운동이 때때로 1700년대의 부흥 운동(164-69쪽 참조) 시절부터 나타난 개신교 현상이라고 보기도 하지만 이것은 여러 가지 측면에서 볼 때 지속적인 기독교의 핵심 부분이라고 할 수 있다. 사도 교부로부터 초기 수도자들, 중세의 개혁자들과 종교 개혁 인사들, 대각성 운동, 19세기의 부흥사들과 선교사들을 거쳐 오면서 복음주의적 정신은 교회의 초점이었고 추진력이었다.

그러나 20세기 초 복음주의 운동은 상대적인 좌절감에 빠져 있었다. 세속적인 학문과 인본주의적인 철학, 두 차례의 세계 대전에 직면해서 교회는 냉소주의와 회의주의, 그리고 노골적인 적대감에 부딪쳤던 것이다. 더욱이 자유주의 신학과

세계 선교사 빌리 그레이엄

세계 지도자들과의 친교로 인해서 비판을 받곤 하지만, 철의 장막 뒤로 나아간 그의 십자군 정신과 신학적 보수주의를 에큐메니컬한 정신과 절묘하게 혼합했던 빌리 그레이엄은, 기독교의 구원의 메시지를 역사상 그 누구보다 더 많은 사람들에게 전하고 있다. 그는 복음주의의 상징적 인물이었다. 1989-90년만 보더라도 그의 "세계 선교" 캠페인은 59개국에 위성으로 동시에 연결되었다.

어떤 이들은 급격한 변화를 원하였고, 또 어떤 이들은 전혀 변화를 원치 않았던 것이다. 특히 예전상의 변화는 보수적인 가톨릭 교도들에게 가장 큰 골칫거리였다.

적응으로의 과정

제2차 바티칸 공의회는 가톨릭 교회의 역사상 하나의 분수령을 이루는 사건이었다. 수년 동안의 불확실함과 분열이 지나간 후 채택된 공의회의 결정은 대다수 가톨릭 교회에 의해서 점차 받아들여졌다. 제2차 바티칸 공의회는 가톨릭 교회와 다른 기독교 공동체 사이의 분열을 치유하는 역할을 하였다. 바오로 6세와 요한 바오로 2세(1978년부터 재위)는 다른 기독교 교파들과의 토론과 협력을 진작시켰다. 1967년에 교황 바오로 6세는 현대 세계의 문제에 직면하려는 요한 23세의 뜻을 이어받아서 인권과 가난한 자들(217쪽 참조)에 대한 회칙을 반포하였다. 일 년 후 그는 인간의 생명의 가치에 대한 회칙인 "인간 생명"을 반포하였다. 교황은 삶과 결혼에 대해 적극적으로 가르치면서도 모든 형태의 인위적인 피임은 정죄하였다. 그 결과 교회 내에서 비판의 목소리가 높아졌으며 많은 가톨릭 교인들은 이 가르침을 거부하였다.

요한 바오로 2세는 전통적인 기독교 신앙을 계속 확인해 나갔다. 현대 유럽이 받아들이지 않는다고 하더라도, 교황은 현대의 유물론을 '죽음의 문화'라고 비난하였고, 생명을 존중하는 '새로운 문화'와 가난한 자들에 대한 '우선적인' 사랑을 호소하였다.

포옹하는 동방과 서방

기독교와 유대교의 관계를 개선하는 것 이외에도 제2차 바티칸 공의회는 그리스 정교회와의 900년에 걸친 분열을 치유하려고 하였다. 1965년 12월 7일, 교황 바오로 6세와 대주교 아테나고라스는 공동 선언문을 채택하면서 1054년 궁극적인 분열(103쪽 참조)에 이르렀던 사건을 뉘우쳤다. 교황 바오로 6세는 말하였다. "모든 기독교인들이 같은 성찬배로 마실 날이 올 것입니다." 위의 사진은 두 세계의 종교 지도자들이 1967년 로마의 성 베드로 바실리카에서 끌어안는 모습이다.

예배의 현대화

제2차 바티칸 공의회에 의하면 가톨릭 교회의 예배 형식은 몇 차례에 걸쳐 변화해 왔다. 그 가운데 가장 뚜렷한 것은 수세기 동안 라틴어로 드려 왔던 미사를 지역민들의 언어로 드리게 된 것이다. 소규모이지만 목소리를 낼 수 있는 보수주의자들은 이러한 결정을 못마땅하게 생각하였다. 개신 교회도 예전을 현대화하면서 주요한 변화를 겪어 왔다. 예를 들어 영국 국교회는 흠정역 성서나 공동 기도문의 구식 영어 표현을 버렸다. 다만 정교회만이 변화를 거부하고 거의 1,500년 동안이나 지속되어 온 예배 형태를 고수하고 있다.

변화하는 가톨릭 교회

노(老) 교황 요한 23세(1958-63년 재위)가 공의회를 소집하려 하자 많은 사람들은 그가 이성을 잃었다고 여겼다. 교황은 "교회를 현대에 맞게" 변화시키고자 주교들을 한자리에 불러 모았노라고 설명하면서, "신앙의 옛 유물인 실체"는 변하지 않지만 "그것이 나타나는 방식"은 바뀐다고 말하였다. 교황은 다른 기독교인들과의 관계뿐만 아니라 다른 종교와의 관계도 개선하려는 열망을 가지고 있었다. 그는 공의회 참석자들에게 "우리를 갈라 놓는 것보다는 우리를 일치시키는 것이 무엇인가를 찾도록" 하라고 하였다. 폭넓은 자문 회의를 거치는 등의 오랜 준비 기간 후 평신도들과 다른 교파의 조언자를 포함해서 3,000명에 가까운 전 세계의 주교들이 1962년 10월에 한자리에 모였다. 3년에 걸쳐서 진행될 공의회가 시작되었던 것이다.

제2차 바티칸 공의회

공의회는 "세계의 기쁨과 두려움과 염려는 바로 교회의 그것이다."라고 선언하면서 예수 그리스도의 메시지를 온 인류에게 전하고자 하였다. 지도적인 신학자들의 권고를 들으면서 주교들은 교회의 자화상, 유대인, 현대 기술과학, 교육, 전쟁, 평화, 무신론, 성직자 교육 등과 같은 가톨릭 교회의 가르침의 방향을 재조정하였다. 특히 주교들은 다른 기독교 교파나 세속 세계에 대해서 적극적인 태도를 취하였다. 그들은 가톨릭 교회가 "보다 인간적인 세계를 건설하기 위하여 모든 사람들과 함께" 일할 것을 요청하였다. 또한 예전은 평신도의 보다 많은 참여 속에서 일상어로 드려야 하며 더 이상 라틴어로 드리지 말 것을 선언하였다. 공의회는 비기독교인의 종교적 자유를 인정하지 않던 가톨릭 교회의 전통적인 입장도 개정하였다. 모든 사람들은 종교의 자유가 있다고 선언한 것이다.

그러나 모든 것이 순조로운 것만은 아니었다. 교황은 공의회를 끝까지 지켜보지 못하고 1963년 6월, 암과의 고통스러운 투병 생활을 끝내고 하늘 나라로 갔다. 주교들은 여러 가지 문제에서 의견 일치를 보지 못하고 있었다. 요한의 후계자는 밀라노의 대주교 추기경 몬티니였다. 바오로 6세(1963-78년 재위)라고 명명한 새 교황은 다양한 의견을 지닌 주교들을 화해시켜야 한다는 난제를 걸머지게 되었다.

> "우리 시대의 가장 큰 잘못은 많은 이들이 고백하는 신앙과 그들의 일상적인 삶이 분열되어 있다는 사실입니다."
> — 제2차 바티칸 공의회 사목헌장

"선한" 교황 요한 23세

안젤로 쥐세페 론칼리(1881-1963년)라는 이름으로 태어난 요한은 이탈리아의 가난한 공동체에서 자라났다. 그는 주교 비서와 군목을 잠시 거친 후 생애의 대부분을 바티칸의 대사로 지냈다. 그는 2차 세계 대전 동안에는 헝가리, 불가리아, 터키의 유대인들을 구하는 데 중요한 역할을 하였다. 1958년에 교황으로 선출된 그는 전 세계 사람들의 마음에 오래도록 남는 가장 사랑받는 교황이었다.

가난한 자들에 대해서 깊은 관심을 보였던 그의 회칙은 국가가 인권을 보호할 것을 촉구하고 있다. 요한은 또한 가톨릭 교회 내의 반유대주의를 없애는 데에도 많은 일을 하였다.

제2차 바티칸 공의회
제2차 바티칸 공의회 개막 회의는 1962년 10월 11일에 열렸다. 참석한 2,800명의 주교 가운데 유럽에서 온 주교는 절반이 안 되었다. 참으로 세계적인 가톨릭 공의회였던 것이다.

미국 시민 인권 운동에서 가장 탁월했던 인물은 마틴 루터 킹 목사(왼쪽 글상자 참조)였다. 킹 목사와 수많은 이들의 노력으로 말미암아 1964년과 1968년의 시민권 조항이 탄생했으며 미국과 전 세계의 억압받고 소외된 사람들을 돕는 유사한 운동이 일어났다.

20세기에는 교도소에서의 사목 활동도 이루어졌다. '척 콜슨의 교도소 친교회'는 미국에서 시작되어 전 세계에 지부를 두었다. 그들은 한때의 행동으로 말미암아 사회로부터 격리되어 교도소에 갇혀 있는 사람들을 구원하려고 하였다. 삶의 고귀함을 지키려는 여러 차원의 사목 활동도 이루어졌다. 교회는 스스로 아무 소리도 낼 수 없는 사람들의 목소리가 되어 주고자 하였다. 그들이 다루는 문제는 사형 제도——많은 기독교인들은 사형 제도의 폐지를 위해 싸우고 있다——와 아직 태어나지 않은 태아의 권리 문제에 이르기까지 다양하다. 가톨릭과 미국 복음주의자들은 "생명을 위한 운동"을 펼치면서 태아의 권리를 옹호하는 입장에 서 있다.

용기의 모범들

도덕적인 권위를 가지고 정치를 바꾸어 놓았던 기독교인으로서는 신(Sin) 추기경과 라즐로 토크스 추기경을 들 수 있다. 마닐라의 대주교인 신 추기경은 1980년대 필리핀의 페르디난드 마르코스의 부패 정권에 맞서서 저항하였다. 동료 가톨릭 신자인 코라손 아키노와 함께 신 추기경은 필리핀의 사회 개혁과 민주주의를 위해 투쟁한 가장 웅변적이고 용기 있는 옹호자였다.

라즐로 토크스는 루마니아 티미쇼아라의 개신교 목사였다. 그는 극악한 공산주의 독재자 체아우셰스쿠 정권 아래서 복음을 설교하면서 루마니아의 부흥을 일으켰다. 1989년 비밀 경찰이 라즐로 토크스를 체포하려 한다는 소식이 알려지자 수천 명의 사람들이 그를 지지했으며 결국 이 봉기는 루마니아 혁명 발발에 지대하게 공헌하였다.

이들이 동구 유럽과 동아시아에 영감을 주면서 독재 정권과의 투쟁이 일어났다. 사하라 사막 이남의 아프리카나 남아프리카 공화국과 잠비아로부터 콩고, 우간다, 케냐에 이르기까지 교회 지도자들은 신자들이 그리스도의 이름으로 부패 정권에 맞서 정의를 위해 싸우도록 이끌고 있다.

> "······정의와 권리 없이 하느님의 나라는 세워질 수 없다."
>
> 브라질의 해방 신학자, 레오나르드 보프

마닐라의 집 없는 사람들 사이의 예수회원들

필리핀의 수도 마닐라에서 예수회원들은 가난하고 집없는 사람들 사이에서 헌신적으로 일하고 있다. 많은 이들은 신 추기경에게서 큰 영감을 받았는데 그는 기도서 서문으로 다음과 같은 글을 썼다. "교회와 연합되기 전에 우리는 세상으로부터 분리되어야 합니다. 이러한 진리가 이해하기 좀 어려워도 우리들은 어린아이의 단순함을 가지고 그 진리들을 마음 속에서 계속 생각해 보아야 합니다. 단순한 기도는 우리를 보다 깊은 신앙으로 인도하는 진보적인 소박함에 이르는 열쇠입니다."

교황 요한 바오로 2세와 레흐 바웬사, 폴란드, 1979년

철의 장막을 넘었던 최초의 교황 요한 바오로 2세는 1979년 폴란드를 방문함으로써 자유를 위한 투쟁을 뒷받침해 주었다. 인구의 삼분의 이가 그를 보기 위해서 나왔다. 조선소의 경건한 전기공이었던 레흐 바웬사는 교황의 전폭적인 지지를 받는 가운데 노조를 이끌면서 불의한 정부와 싸웠다. 가톨릭 교회는 수세기에 걸친 외국의 정복과 억압을 받아 온 이 나라의 유일한 국가적 상징이 되었다.

마틴 루터 킹과 미국의 시민 인권 운동

마틴 루터 킹(1929-68년)은 인종적 평등을 위한 투쟁 기간 동안 가장 탁월하고 존경받는 미국의 인권 운동가였다. 인종 차별이라는 악은 인종 차별의 희생자나 가해자 모두를 파괴시킨다는 킹의 메시지에는 성서로부터 시작해서 간디에게 이르는 평화주의, 이상주의, 정의가 들어 있었다. 목사의 아들이었던 킹은 모어하우스 대학, 크로처 신학교, 보스턴 대학교에서 공부하였다. 그는 1954년 앨라배마의 몽고메리에서 드렉슬러 애비뉴 침례 교회의 목사가 되었다. 사회 개혁자로서의 그의 경력은 1955년과 1956년의 몽고메리 버스에 대한 보이콧 운동에서 시작되었다. 이를 통해서 킹은 이 도시의 대중 교통 제도가 지니고 있던 인종 차별 정책을, 대법원을 통해서 종식시킬 수 있었다. 예전에 흑인은 백인에게 자리를 내 주어야만 했던 것이다. 1957년 킹은 남부 기독교 지도자 협의회를 구성하도록 도와 주었는데, 이것이 인권 운동에 엄청난 힘이 되었다. 그는 1963년 워싱턴 행진의 주요 인사였고, 거기서 유명한 "나는 꿈이 있습니다"라는 연설을 하게 된다. 그리고 미시시피나 플로리다처럼 덜 대중화된 데모 지역을 따라서 앨라배마의 셀마를 거쳐 몽고메리에 이르는 1965년의 대행진을 조직하고 이끈 핵심 멤버였다. 미국에서 흑인 인권을 보장하는 법률을 도출해 낸 투쟁은 킹의 노력에 의해 활력을 입었다.

그는 1964년에 노벨평화상을 수상하였다. 훗날 1960년대에 베트남 전쟁을 반대하고 중국이 유엔에 들어오는 것을 찬성했던 킹은 미국 정부와 갈등 관계에 접어 들었다. 개혁을 위해서는 보다 적극적인 대항 방식이 필요하다는 인권 운동가들의 요구에 부딪치면서도 킹은 계속해서 평화주의와 비폭력 운동에 매달린다고 비판을 받기도 하였다.

킹은 1968년에 테네시 주 멤피스에서 암살자의 흉탄에 쓰러짐으로써 비극적인 종말을 맞이하였다.

마틴 루터 킹이 1965년, 앨라배마의 셀마로 가는 자유의 행진을 이끌고 있다.
백인 반대자들에게 던지는 킹의 메시지는 이러하였다. "그대가 원하는 대로 우리에게 하십시오. 그래도 우리는 당신을 계속 사랑할 것입니다.……"

도와 주려는 그 기본 목표는 강력하게 지지한다는 입장을 분명히 밝혔다. 교황은 자신의 고향 폴란드를 여러 차례 방문했고 그때마다 특별한 교리적 문제에 대한 의견을 개진하였다. 1980년대의 폴란드 공산 정권은 그가 노동자들의 파업을 부추기기 때문에 마침내 공산당을 붕괴시킬 것이라고 비난하였다. 이에 대해서 가톨릭 교회는 자신의 백성에 대한 교황의 관심은 정의와 자비에 있으며, 교황은 단지 그들이 그리스도의 모범을 따라 자신들의 정부에 대응할 것을 요구할 뿐이라고 응수하였다.

평화를 위한 싸움

20세기 전반부에는 산발적으로 평화주의 운동이나 정부의 불의에 항거하는 운동이 일어났지만 교회의 지지를 얻지는 못하였다. 그러나 1960년대 이후 종교는 전쟁 반대 시위로부터 시작해서 공산 정권의 붕괴에 이르기까지 여러 정치적 문제에서 중추적인 역할을 하였다. 세계 교회 협의회는 1966년, 절대적 비폭력도 거부하지만 군사적 행동은 최후의 수단이 되어야 한다는 성명서를 발표하였다. 세계 교회 협의회는 핵무기의 양산(量產), 시민이나 비군사적인 목표에 대한 공격을 끊임없이 비난하였다. 제2차 바티칸 공의회는 가톨릭 교회가 폭력을 거부하는 사람들 편에 선다는 입장을 설정하였다.

워싱턴의 백악관 앞에서 베트남 반전 운동을 펼치는 사람들
사진 보도와 텔레비전의 발달에 의해서 전쟁의 비참한 모습이 안방까지 전달되면서 기독교인들은 곳곳에서 전 세계의 평화와 정의에 관한 주제에 관여하게 되었다.

정치적 발전

미국과 유럽은 전후 정치적 영역에서 상당한 차이를 보였다. 미국과 영국의 기독교인들은 주요 정당에 가입함으로써 좌·우의 정치 세계에 발을 들여놓았다. 유럽의 기독교 사상가들과 지도자들은 기독교적 가치에 근거한 새로운 정치 철학인 기독교 민주주의를 고안해 내서 실천에 옮겼다. 자크 마리탱(209쪽 글상자 참조)이나 알치드 드 가스페리, 장 모네, 콘라드 아데나워 같은 영향력 있는 철학자들의 선구적 사상에 기초하면서 그들은 전쟁으로 부서진 유럽에 새로운 희망을 주는 정당을 결성하였다. 그들은 전쟁과 양대 초강대국의 권력 남용과, 무제한적인 자본주의의 공평하지 못하고 안전하지 못한 상황에서 개인과 가정과 공동체를 지킬 수 있는 사회 구조를 구축하는 것에 가장 관심을 두었다.

기독교 민주주의자나 이에 동조하는 사람들은 전후 이탈리아와 독일, 벨기에, 네덜란드, 그리고 한때는 프랑스나 스페인에서 가장 강력한 정당을 형성하였다. 그들은 전쟁으로 부서진 나라를 재건했고 유럽 연합을 형성하기 위해서 힘을 모았다. 비판가들은, 그들이 처음 품었던 기독교적 관심이 시간이 갈수록 훼손되면서 보수적인 우익 정당으로 전락하고 있다고 지적하였다. 이탈리아의 기독교 민주주의자들은 1970년대와 1980년대의 부패에 연루되었으며, 이로 인해서 정당에 불명예를 안겨다 주기도 하였다. 하지만——비록 그 전성기는 지난 것처럼 보인다고 하더라도——기독교 민주주의는 유럽을 눈에 띄게 바꾸어 놓았다. 그들은 현대 사회의 사회적이고 정치적인 선(善)을 위해서 교회가 아직도 얼마나 큰 영향력을 지닐 수 있는가를 보여 주었던 것이다.

사회 정의를 위한 투쟁

1968년 콜롬비아 메데인에서 열렸던 라틴 아메리카 주교 회의에서는 가난한 자들이 일차적 관심의 대상이며, 자신들의 목표는 세계의 양심을 깨워서 소외된 자들의 요구에 눈뜨도록 하는 일이라고 선포하였다. 이 선언은 많은 기독교인들이 억압에 대항해서 싸울 수 있도록 영감을 불어넣어 주었으며, 때로는 폭력적인 결과를 초래하기도 하였다. 그들은 유대인들이 약속된 땅에 들어가기까지 수많은 고초를 겪었다는 이야기를 읽으면서 위안을 얻었다. 신학자들은 "해방 신학"을 주창하였다. 이것은 가난한 사람들의 자발적인 행동을 고무하는 신학이었다. 평화를 위해서 폭력이 필요한가에 대한 논쟁도 심심치 않게 진행되곤 하였다.

1971년 페루의 사제 구스타프 구티에레스가 출간한 『해방 신학』은 대단한 영향력을 발휘하였다. 라틴 아메리카 전역의 가난한 사람들은 가난을 극복하기 위해서 서로 돕는 공동체를 구성하였다. 보수적인 적대자들은 기독교 행동주의자들이 복음보다는 마르크스주의에 경도되었다고 비난하였다. 그들은 특히 성직자가 정치 개혁에 가담하는 일을 두려워하였다. 해방 신학은 한때 가톨릭 내의 보수적인 세력으로부터도 위협을 받았다. 교황 요한 바오로 2세는 해방 신학이 지나치게 정치적이라는 이유로 반대하였다. 그러나 교황은 브라질을 방문하고 돌아오면서, 해방 신학의 마르크스주의적 요소에는 찬성하지 않지만, 가난한 사람들을

도로시 데이

미국인 도로시 데이(1897-1980년)는 한때 사회주의자였다가 가톨릭으로 개종하였다. 저널리스트였던 그녀는 1930년대에 월간지 『가톨릭 노동자』를 발행하면서 노동자들과 피고용인들에게 그들의 권리와 의무를 인식시켜 주었다. 이 신문은 사회 정의에 관한 교황의 칙령에 의존하면서 미국의 노동자 계층의 좌절을 크게 완화시켰다. 데이는 열정적으로 정의의 문제에 관심을 가졌고 핵무기에 반대하는 투쟁도 벌였다. 그녀가 집 없는 사람들이나 나이 든 사람들을 위한 친절의 집을 짓도록 도와 주었던 친구 피터 모린을 가리켜서 어떤 사람들은 현대판 성 프란체스코라고도 하였다.

집 없는 사람들을 도와 줌, 애틀랜타 조지아 주

사회적 문제가 커져 가면서 실직자가 늘고 집 없이 거리에 나앉는 사람들도 불어났다. 교회는 자신들이 정부가 하지 못하는 방식으로 곤궁에 처한 사람들에게 다가가는 중요한 기관임을 파악하게 되었다.

세계 지도자들에게 보내는 교황의 메시지

1967년에 교황 바오로 6세는 선진국에서 가난한 자들을 도와 줄 것을 요청하는 회칙을 발표하였다. 교황은 당시의 정치적 용어인 동구와 서구라는 용어 대신 부유한 북반구와 가난한 남반구 사이의 분리에 대하여 말하였다. 바오로는 억압의 구조를 바꾸지 않으려는 현상 유지 정책에 도전하였다. 그는 가난하고 개발도상국의 상태에 있는 나라를 불구로 만들 위험이 있는 부채를 정부가 없애 주어야 한다고 믿었다.

사회 문제와 행동

가가와 도요히코

일본에서 기독교는 개방성과 무감각성이 뒤섞인 채 받아들여졌다. 가가와 도요히코(1888-1960년)는 유명한 일본 기독교인이었다. 그는 10대에 기독교 신앙으로 개종하였다(이 때문에 그의 가족은 그와 의절하였음). 그는 가난한 사람들을 위해서 살기로 결심하기 전에 3년 동안 도쿄의 장로교 신학교에서 수학하였다. 거의 14년 동안 가가와는 사회적인 악을 공격하고 공장 노동자들이나 농부들을 결합시켜서 조합을 만들면서 고베의 슬럼가에 있는 조그만 오두막에서 살았다. 그는 기독교란 삶의 모든 국면을 변화시켜야 한다고 믿었다. 여기에서 유명한 다음과 같은 말이 비롯되었다. "기독교는 당신이 칼과 포크를 잡는 방식을 바꾸는 것이다."

> "가난한 사람이 죽을 때 나는 그들이 그들을 사랑하는 누군가의 품에서 죽기를 바랍니다. 나는 그 죽어 가는 사람들이 자신들을 돌보는 누군가의 눈을 통해서 마지막 시간을 볼 수 있었으면 좋겠습니다."
>
> 캘커타의 마더 테레사

가난과 남용과 알콜 중독의 해악성을 알리는 일에서부터 불의와 미움, 전쟁에 대항하는 일까지 기독교 교회는 20세기 전체에 걸쳐서 도덕적 등대가 되어 왔다. 교회의 사회 활동은 절대적으로 필요한 일이었다. 선교사와 자선 단체들은 산업 혁명 기간 동안 노동자들과 그 가족을 곤경에서 구해 주는 일에서부터 미국에서 노예 폐지 운동을 불 붙이기까지 모든 부문에서 지도적 역할을 해 왔다. 이러한 활동을 통해서 자유주의적 기독교와 보수적 기독교는 독특한 방식으로 하나가 되었다. 그들의 신학적인 관점과 목표는 사뭇 달랐지만 "네 이웃을 네 몸같이 사랑하라."라는 그리스도의 명령 아래에서 그들은 하나가 되었던 것이다. 디트리히 본회퍼나 오스카

전쟁 지역에서의 예배
오늘날 전쟁으로 파괴된 많은 지역에서 위의 사진과 같은 기독교 교회는 단지 예배를 드리는 장소가 아니다. 교회는 영적인 도움과 물질적인 도움을 함께 준다.

마더 테레사(1910-97년)

마케도니아 공화국에서 알바니아 부모 사이에서 태어난 테레사(본래 이름은 아그네스 곤차 보야시우)는 아일랜드 로레토의 성모회에 가입하였다. 서원을 한 후 그녀는 인도로 가서 수년 동안 가르쳤다. 어느날 그녀는 기차 안에서 가난한 사람들을 위해서 평생을 바치라는 신의 절박한 음성을 들었다. 이에 따라서 그녀는 캘커타에서 병들고 가난한 채 버려진 사람들을 돌보기 시작하였다. 곧 수많은 자원 봉사자들이 마더 테레사를 도왔으며 그녀는 자선 선교 사회라는 새로운 단체를 만들었다. 이 단체는 대단히 빠르게 성장하였다.

로메로(210-12쪽 참조) 같은 사람들은 신념을 위해서 자신을 희생하였다.

인구가 늘어나면서 가난과 착취 역시 증가하자 기독교인들은 사람들이 급박하게 무언가를 요구하고 있음을 알게 되었다. 지역의 소규모 자선 단체이든지, 혹은 국제적인 기독교 단체이든지 간에, 사람들에게 실제적인 도움을 주어야 했던 것이다. 거의 모든 자선 단체들은 신조나 교파의 차이를 뛰어넘어서 비참한 가난이 있는 곳으로 도움의 손길을 내밀었다. 어떤 교회들은 국가적으로 조직된 자선 단체를 운영하면서 해외에서 활동하기도 하였다. 비상 자금을 대는 데 그쳤던 자선 단체도 있었지만 그들은 미래의 발전을 위해서 교육에 투자하기도 하였다.

현대 기독교 미술과 건축

19세기부터 교회는 도시의 스카이라인을 점령하지 못했을 뿐만 아니라 도시의 중심지에 세워질 필요도 없게 되었다. 교회는 이전에는 공동체의 가장 잘 보이는 중심이었지만 이제는 지역의 여러 종교적 장소 가운데 하나가 되었다. 이러한 분위기 속에서 형성되는 20세기의 기독교 미술과 건축은 단순하면서도 보편적인 유선형의, 세련된 기능과 기술과 스타일로 이루어진 독특한 형태를 띠고 있다. 기독교 미술가들과 건축가들은 이러한 미술과 건축을 창조하면서 자신들의 신앙을 공동의 국제적·종교적 경험으로 해석하려고 하고 있다.

양태와 기능의 변화

20세기 후반에 교회들은 전통적인 '신비적' 신의 본성을 강조하기보다는 신의 직접성과 즉자적 임재를 강조하도록 디자인되었다. 최소한의 장식과 비일상적인 평면, 그리고 다락처럼 1층과 2층 사이에 덧붙인 양식이, 교회 건축 디자인의 대부분을 차지하게 되었다. 제2차 바티칸 공의회(220-21쪽 참조) 이후 가톨릭 교회의 디자인은 양식과 내용면에서 보다 단순해졌다. 근본주의 운동도 열정적으로 20세기의 건축 기술상의 발전을 끌어안았다. 예를 들어 어떤 미국의 텔레비전 전도사들은 하느님의 말씀을 설교하는 사람을 가장 강조하는 장엄한 건축을 고안해 냈다. 이 교회는 평면 유리 같은 현대적 재료나 빛을 잘 이용하고, 안락한 좌석과 완전한 음향 시설을 갖추면서 특수한 목적에 맞도록 지어졌다. 예나 지금이나 기독교 미술과 건축의 목적은 이용 가능한 발전된 미술과 기술적인 도전을 통해서 새로운 세대의 기독교인들에게 복음을 전달하기 위함이다.

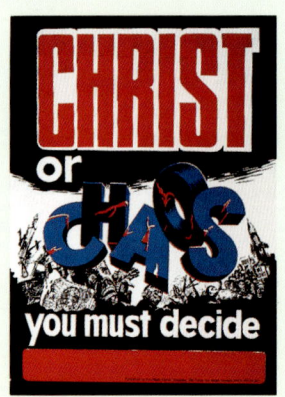

메시지를 지닌 포스터
"그리스도냐 카오스냐, 선택하십시오."라는 강렬한 그래픽과 메시지를 담은 이 교회 포스터는 기독교 신자들을 교회 안으로 끌어들이는 하나의 수단이다.

현대적 교회, 마우리타니아
현대적 교회 디자인의 대다수가 기독교의 무시간적 진리를 지역 문화에 적응시키려고 노력해 왔다. 고요하고 단순한 감각을 전달해 주는 이 독특한 형태의 교회가 지니고 있는 자극적인 모습은 콘크리트 같은 현대적 재료와 기술의 발전을 통해서 이루어진 것이다.

에큐메니컬 운동

자신의 방식으로 하느님께 기도하기

1986년 10월, 역사상 처음으로 세계의 여러 종교 지도자들이 이탈리아의 마을 아시시에 모여서 함께 기도하였다. 교황 요한 바오로 2세가 상호 존중과 평화의 정신으로 세계 종교 지도자들을 초청했던 것이다. 인류의 공동 운명에 대해 교황은 이렇게 말하였다. "우리는 평화와 조화 속에서 함께 일하는 것을 배워야 할 것입니다. 그렇지 않다면 우리는 서로 갈라져서 우리 자신과 상대방을 황폐화시킬 것입니다."

20세기로 전환될 무렵, 교회의 선교 사업은 철저한——비록 그 강도 면에서는 점차 약해져 갔다고 하더라도——경쟁 관계 속에 있었다. 모든 교회는 자신들이 생각하는 기독교인만을 만들려 했던 것이다. 그러자 개혁 교회 인사들이 이러한 분열의 무용성을 지적하면서 연합의 가능성을 진지하게 고려하기 시작하였다. 이것이 에큐메니컬 운동의 시작이었다. "에큐메니컬(ecumenical)"이란 보편적이라는 뜻이다. 즉 이것은 언젠가 모든 교회가 하나로 연합될 것을 희망한다는 의미이다.

세계 교회 협의회

1910년, 160개의 개신교 선교 단체에서 모인 1,200명의 대표들이 세계 선교 회의를 스코틀랜드에서 개최하였고(196-97쪽 참조) 뒤이어 에큐메니컬적인 작업이 시도되었다. 그중 특기할 만한 것은 '생명과 사업 운동'(197쪽 참조)의 결성이었다. 그리고 1927년 '신앙과 직제 운동'이 결성되면서 교회의 연합을 생각해 보게 되었다.

이 두 가지 운동이 하나로 합쳐져 1948년에 암스테르담에서 세계 교회 협의회(WCC)가 창설되었다. 이 단체의 목적은 기독교 공동체를 연결하고 서로에 대한 편견을 극복하는 것이었다. 제2차 대전이 끝난 지 겨우 3년밖에 되지 않던 유럽에서는 이런 활동이 연합 운동의 추진체가 되었다. 세계 교회 협의회는 구성원들에게 강제력을 띠는 대신 가난이나 인종 차별, 교리, 예전, 자선 활동, 정치 등의 분야에서 각 구성원들의 연합 활동을 권장하였다. 이 모임의 목표는 기독교인들로 하여금 인류가 직면한 주제들을 깊이 생각해 보도록 하는 일이었다.

가톨릭의 에큐메니즘

가톨릭 교회는 에큐메니즘을 진지하게 생각하지 않았다. 그들은 오래전부터 개신교는 가톨릭으로부터 일탈해 나간 것이라는 입장이었다. 그러므로 이제 돌아올 쪽은 개신교라고 생각하였다. 하지만 1923-27년 사이에 가톨릭과 성공회 인사들이 벨기에의 메헬렌에서 만나 재연합의 가능성을 논의하였다. 이 모임에 관심이 없던 교황 피우스 11세는 결국 가톨릭 대표들을 철수시키고 말았으며, 1928년에는 회칙 "모르탈리움 아니모스(Mortalium Animos)"를 반포하였다. 이것은 화해를 모색하던 개신교에 찬물을 끼얹는 결과가 되고 말았으며 "어떻게 하느님의 진리가 타협의 대상이 될 수 있단 말인가?" 하는 곤란한 질문을 제기하게 되었다. 교황은 개신교를 "잘못된 기독교"라고 정죄했으므로 제2차 바티칸 공의회가 개신교에게 화해의 손짓을 보내기까지는 36년이라는 세월이 더 필요하였다. 제2차 바티칸 공의회는 개신교를 "갈라져 나간 형제들"이라고 불렀던 것이다. 1959년 교황 요한 23세는 개신교와 가톨릭이 만나서 연합을 위해 기도할 것을 권면하였다. 그의 권면은 어느 정도 성공을 거두어서 영국 리버풀의 성공회 주교와 가톨릭 주교는 서로 밀접한 사목 활동을 했던 것이다.

조화의 신호?

정교회 역시 자신들의 존귀한 전통을 심화시키면서 가톨릭과 개신교의 에큐메니컬적인 대화에 동참하였다. 1961년 러시아 정교회는 세계 교회 협의회에 가입했고 대부분의 다른 정교회도 그 뒤를 이었다.

그러나 연합을 향한 행보는 매우 느렸다. 이는 가장 작은 난제가 가장 풀기 어렵기 때문이기도 하였다. 교황 요한 바오로 2세는 헛된 희망을 버림으로써 기독교 공동체의 연합을 추진하자고 말하였다. 그는 "수세기에 걸친 분열을 수십 년 내에 없애기는 불가능하다."고 하며 현실주의적으로 상황을 내다보고 있었다.

> "종교란 같이 묶는다는 뜻이다."
>
> 요하네스버그의 성공회 사제장, 곤비유 프렌치-베이태흐

수사 로제

가톨릭과 개혁 교회의 수사들이 수도 생활을 하기 위해서 리용 외곽의 테제에 건립한 수도 공동체에는 해마다 수천 명의 방문자들이 모여들고 있다.

이 공동체는 2차 대전이 끝난 직후 프랑스에 정착한 스위스 수사 로제(1915년생)에 의해 건립되었다.

그의 목표는 이 공동체가, 수사들이 모여서 모두가 함께 단순한 성가를 부르고, 성서를 해석하고, 함께 기도하는 에큐메니즘의 센터가 되는 것이었다. 교황 요한 23세는 테제를 "교회의 조그마한 봄"이라고 불렀다.

극복하였다. 그리하여 1926년에는 6명의 중국인 가톨릭 주교가 탄생하였다. 1939년까지 개발도상국의 토착민 주교는 40명이었고, 사제는 7,000명이 넘어섰다. 이들은 지역 언어로 교육을 받았지만 아무런 기독교 문학도 이용할 수 없었다. 1945년에 교황은 최초로 비유럽인을 추기경으로 임명하였다.

개신교에서도 비슷한 일들이 일어났다. 그들은 토착민 지도자의 수를 늘리면서 자신들만의 프로그램을 개발하였다. 성공회에서 첫번째 중국인 주교가 임명된 것은 1918년의 일이었고, 1922년에는 최초로 두 명의 일본인 주교가 임명되었다. 그리고 얼마 안 있어 서아프리카와 아시아에서도 토착민 주교가 탄생하면서 성공회는 보다 많은 독자성과 책임성을 허용하게 되었다. 그리하여 그들은 자신들만의 헌법과 정전, 규칙, 기도서들을 만들 수 있었다. 그렇게 1960년대가 되자 상황은 변하였다. 개발도상국에서 토착민 주교와 교회 지도자들의 수가 선교사들의 수보다 많아진 것이다. 기독교는 더 이상 유럽인의 신앙이 아니라 세계 교회가 되었던 것이다.

필리핀 살바시온에서의 종려주일 미사
필리핀인들은 놀라울 정도로 기독교를 수용한 결과 인구의 약 90퍼센트가 기독교인이다. 필리핀은 아시아 여러 나라 가운데 가톨릭이 다수를 이루면서 정치적 영향력을 강하게 발휘하는 유일한 국가이다.

세계적인 성장

20세기 아프리카에서 기독교는 급성장하였다. 1900년경, 총 1억 8백만 명의 인구 중 기독교인의 숫자는 십분의 일에도 못 미쳤지만 1990년대에는 거의 절반 정도인 8억 정도가 교인이 되었다. 기독교가 이렇게 성장할 수 있었던 것은 외국인 선교사와 토착민 선교사들, 의사, 사회사업가 등이 자연 재해나 정치적 혼돈, 박해, 전쟁 등으로 고통받는 지역 사람들의 구호와 안전을 위해서 노력한 결과였다. 기독교는 아시아에서도 성장하였다. 예를 들어 대한민국과 같은 경우 1940년대부터 지속적으로 기독교 부흥이 일어났다.(227쪽 참조) 중국의 경우 1949년 공산 정권이 들어설 무렵 500만을 헤아리던 기독교인들의 수는 혹독한 박해에도 불구하고 놀라울 정도로 늘어났다. 1952년 외국인 선교사들이 추방되고 문화 혁명(1966-76년)이 진행되는 동안 기독교에 대한 억압은 최고점에 도달했지만 기독교는 비공식적인 가정 교회와 지역의 부흥 운동, 순회 설교가 등의 노력에 의해서 계속 성장하였다. 그래서 1992년경 중국에서 기독교인의 수는 약 8천만 명 가량이 되었다.

라틴 아메리카에서도 가톨릭과 개신교는 복음을 전하는 데 적극적인 노력을 기울였다. 덕분에 1960년대 이후 라틴 아메리카에서 개신교도 크게 늘어났다. 교황 요한 바오로 2세는 라틴 아메리카를 중시해서 수차례 그곳을 방문하였다. 세계 기독교의 무게 중심은 이제 개발도상국의 교회로 옮겨진 것처럼 보인다.

> "그리스도께서 우리를 내려다보시고 자비를 내려 주시도록 회개하십시오."
>
> 오스카 로메로

데스몬드 투투

1931년 남아프리카에서 태어난 투투는 기독교적 용기와 위엄을 나타내는 전 세계적인 상징이 되었다. 1961년에 성공회 사제로 서품을 받은 투투는 아파르트헤이트 정책에 대한 가장 눈에 띄는 반대자가 되었다. 케이프 타운의 대주교로 가장 유명한 투투는 세계 교회 협의회의 세계 교육 기금의 부이사이며, 남아프리카 교회 협의회 사무총장, 전 아프리카 교회 회의 의장이기도 하다. 그는 1984년에 노벨평화상을 받았다.

> "피조물을 치유하려는 활동에 참여하지 않으면서 하느님을 증언한다고 주장하는 것은 환상이고, 쓸모없으며, 심지어 신성모독적이기까지 하다."
>
> 라틴 아메리카의 해방 신학자 후안 소브리노

발전하는 교회들

세계 시민

일본의 기독교 철학자 우치무라 간조(1861-1930년)는 사무라이의 아들이었다. 1887년 매사추세츠 주의 암허스트 대학에서 공부하던 중 우치무라는 기독교로 개종하였다. 우치무라는 1888년 일본으로 돌아온 후 공립학교에서의 비정통적인 교수 방법으로 말미암아 일본 사회에서 추방되었다. 그는 20년 동안 방랑자로 있다가 기독교 신앙에 관한 설교와 강연, 집필 활동을 시작하였다. 비록 우치무라는 교회에 발을 들여 놓지 않았지만 스스로를, 태생으로는 일본인이요 신앙으로는 기독교인이며, 따라서 — 그가 스스로를 부른 대로 — "인간성에 대한 형제," 즉 세계 시민이라고 여겼다.

20세기에 들어와 아프리카, 아시아, 라틴 아메리카의 개발도상국들에서는 기독교 복음이 활발하게 전파되었다. 그러나 같은 기간 이곳에서는 기독교인들에 대한 가장 혹독한 박해가 자행되기도 하였다.

리더십의 이행

20세기로 접어들면서 서구 선교가 지니고 있던 한계는 우간다의 성공회 주교 터커의 말에서 잘 드러났다. 그는 외국 선교사와 토착민 사제가 같은 정신으로 사역하기를 바랐으나, 1914년 현재 — 가톨릭 교회의 예를 보더라도 — 비유럽인 주교라고는 인도에 있는 4명뿐이었다. 개발도상국에도 토착민 사제와 목사들이 있었지만 궁극적인 결정권은 외국 선교사의 손에 있었다.

1919년 베네딕투스 15세(1914-22년 재위)는 역사적인 교령 "막시뭄 일두(Maximum Illdu)"를 발표하였다. 교황은 개발도상국가에서 사제를 대대적으로 양성해서 고위직에 임명하라고 명령하였다. 그의 후계자 피우스 11세(1922-39년 재위) 역시 선교 지향적인 인물이었다. 피우스 11세는 베네딕투스의 교령을 강화하고 유럽 선교사들의 편견을

오스카 로메로

엘 살바도르의 대주교 오스카 아르눌포 로메로 이 갈다메스(1917-80년)는 산 살바도르의 성당에서 미사를 드리다가 암살자에 의해서 살해되었다. 로메로의 암살은 분명히 가난한 사람들 편에서 일하는 그의 활동과, 우익 정부와 군대, 좌익 게릴라들에 대한 그의 비판 때문이었을 것이다. 로메로는 이들이 인구가 조밀하고 작은 자신의 조국을 비참하게 만든다고 비난했던 것이다. 로메로는 특히 독재자 카를로스 홈베르토 로메로(로메로 대주교와는 아무런 인적 관계가 없음)나 그를 밀어 낸 군대-시민 정부에 대해서 비판적이었다.

로메로를 죽이려는 시도는 여러 차례 있었다. 1980년에는 교구의 라디오 방송국이 폭파되었지만 그는 살아 남았다. 로메로는 "나는 복음을 보다 가깝게 따르는 것 이외에는 아무것도 할 수 없다."고 말하였다. 그는 1971년 노벨 평화상에 지명되었으며, 유명한 『교회는 그대들 모두이다』가 사후에 출판되었다.

> "새로운 선교의 시대가 밝았다.……교회가 서로 동반자가 되어 발전할 것이며, 그리스도의 교회가 지닌 보편성이 보다 분명하게 드러날 것이다."
>
> 로잔 조약, 1974년 세계 복음화 회의

남아프리카의 순례, 아누이 시온 기독교 교회

전통적 기독교 교파 — 가톨릭, 개신교, 정교회 — 는 20세기에 들어와 여러 기독교 운동과 독립적인 교회들로 말미암아 크게 늘어났다. 특히 아프리카에서는 더욱 그러하였다. 아프리카에서는 시온 기독교 교회 같은 교회에서 드리는 카리스마적 예배와 오순절주의 예배(224-25쪽 참조)가 매우 일반적이다.

전투중 하느님의 평화를 비는 기도
군대 지프 차를 제단으로 삼아서 가톨릭 사제가 1944년 디데이에 노르망디 해변에서 미국 묘지의 개장을 기념하는 미사를 올리고 있다.

신중한 정책을 펼친다는 미명 하에서 교황을 옹호하였다.

거의 60여 개국이 관련된 제2차 세계 대전은 인류 문명 전반에 걸쳐서 충격을 안겨 주었다. 가톨릭과 개신교 모두 전쟁에 의해서 파괴되었다. 나치가 점령했던 거의 모든 지역——프랑스, 네덜란드, 폴란드, 덴마크를 포함해서——에서 교회와 수도원들은 문을 닫았고, 수녀들과 사제들은 투옥되고 고문을 받았으며 처형되었다. 기독교인들은 엄격한 통제를 받았으며 처형되기도 하였다. 특히 유대의 혈통을 지닌 기독교인들의 경우가 더욱 심하였다.

전쟁 이후

전쟁중 독일 교회 역시 철저히 파괴되었다. 많은 도시들이 잿더미로 변했고 나라는 점령 지역에 따라 분할되었다. 에큐메니컬적인 차원에서 교회는 사람들을 도왔고, 교회를 재건했으며, 전쟁으로 갈갈이 찢겨진 지역을 복구하였다. 고난에 직면하면서 많은 이들이 기독교로 돌아왔다. 그러나 전후 풍요로움이 찾아들자 유럽의 기독교는 전쟁보다 더 심각한 해악에 직면했으며 유럽은 결국 가장 세속적이고 비종교적인 대륙이 되고 말았다.

하느님의 백성을 구함

네덜란드 개혁 교회의 경건한 신자였던 코리 텐 붐(1892–1983년)은 제2차 세계 대전 중 네덜란드 지하 운동을 위해서 활동하였다. 그녀와 가족은 암스테르담에 있는 자신의 집에 이웃 유대인을 숨겨 주었지만, 1944년 정보원이 배신하는 바람에 발각되어서 네덜란드와 독일에 있는 수용소로 보내졌다. 라벤스브루크에서 자신의 나이 또래의 모든 부인들이 처형당했지만 사무 착오로 살아 남은 그녀는 자신의 삶과 신앙을 증언하면서 『피난처』라는 베스트셀러를 남겼다.

주장하였다. "지금까지 인류를 강타한 가장 심각한 타격은 기독교의 탄생이었다.……이것은 유대인들이 만들어 낸 것이었다."

독일 개신교와 가톨릭 지도자 대부분이 히틀러를 지지했지만 크라이사우 서클(Kreisau Circle) 같은 기독교 저항 운동도 있었다. 독일 가톨릭과 개신교의 저명한 성직자와 평신도들이 이 서클에 속해 있었다. 그들은 1944년 히틀러 암살을 기도했으나 실패했으며 대부분의 회원들은 재판에 넘겨져 처형되었다. 소규모의 기독교인들이 저항한 반면, 기독교의 지도자들, 특히 교황 피우스 12세는 유대인 학살에 대해 침묵함으로써 비판을 받았다. 어떤 사람들은

> "기독교를 완전히 박멸시킬 때까지 우리는 멈추지 않을 것이다."
>
> 나치 지도자 하인리히 히믈러

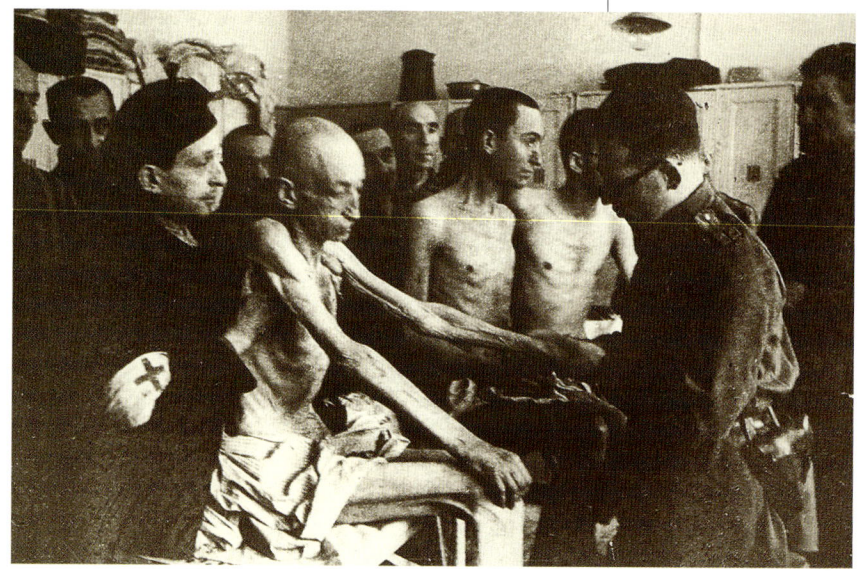

나치의 잔학성에 대한 교황의 반응
교황 피우스 12세는 유대인(위)과 가톨릭 신자들에 대한 나치의 잔학한 행적을 알게 되자 딜레마에 봉착하였다. 과연 나치를 비난해야 할 것인가, 침묵으로 일관할 것인가? 피우스 12세는 나치를 옹호하지는 않았지만 만일 자신이 드러내 놓고 그들을 비난하면 나치가 더욱 준동하리라고 믿었다. 따라서 그는 바티칸의 기금을 이용해서 유대인들을 구원하고 피난처를 마련해 주었다. 그는 전쟁 기간 동안 여러 차례에 걸쳐서 5,000명의 유대인을 위한 피난처를 마련해 주었다. 하지만 1942년까지 공식적인 나치 비판은 일절 없었다.

제2차 세계 대전과 그 이후

> "저에게 모든 미움과 고통을 지워 버릴, 하느님과 인간에 대한 사랑을 주십시오."
>
> 디트리히 본회퍼

제1차 세계 대전이 끝나자마자 세계는 숨돌릴 겨를도 없이 또다시 세계 전쟁의 골로 빠져들었다. 이번의 전쟁은 파괴력이 더욱 컸다. 이 새로운 위기에 직면해서 교회가 보여 준 응답은 가치 있는 것도 있었고 저열한 것도 있었다.

전쟁의 서곡

제1차 세계 대전이 끝난 후 조인된 평화 조약은 독일인들에게 적대감만을 심어 주었다. 히틀러는 이 기회를 이용하여 1933년, 권력을 장악하는 데 성공하였다. 그는 지금까지의 모든 조약을 파기해 버리고 독일 국민과 지도자를 절대적으로 결합시키는 나치즘이라는 정치적 이데올로기를 내세웠다. 히틀러의 인종 차별주의나 기독교에 대한 적대감, 그리고 무엇보다도 반유대주의가 백일하에 드러났지만 독일 교회는 수동적인 반응으로 일관하였다. 대부분의 기독교인들은 히틀러를 문제 삼지 않으며, 어떤 보수적인 가톨릭 교도들은 그를 적극적으로 인정해 주기도 하였다. 그들은 공산주의가 유일한 대안이 되는 것을 두려워했기 때문이다. 나치즘을 반대한 가톨릭 운동은 곧 해체되거나 혹독하게 처벌되었다. 노골적인 개신교 나치 "독일 기독교인" 운동도 시작되었는데, 이 운동의 주도자였던 로이트호이저 목사는 다음과 같이 말하였다. "그리스도는 아돌프 히틀러를 통해서 우리에게 오셨다.······ 우리에게 맡겨진 임무는 단 하나, 기독교인이 되는 것이 아니라 독일인이 되는 것이다." 카를 바르트(205쪽 그림 설명 참조)와 디트리히 본회퍼(아래 글상자 참조), 마르틴 니묄러가 이끄는 소수의 독일 개신교인들은 1934년 "고백 교회"를 결성하면서 독일 기독교와 나치에 항거했지만 이 얼마 안 되는 신앙인들은 결국 나치의 철퇴를 맞고 죽임을 당하였다.

악에 대항한 싸움

1939년 히틀러가 폴란드를 침공함으로써 제2차 세계 대전이 발발했으며, 유대인 학살이라는 끔찍한 행위가 나치에 의해서 자행되었다. 히틀러는 기독교가 유대인들의 음모라고

제자가 되기 위해서 치르는 희생

지난 100년 동안 기독교인들은 지난 세기보다 훨씬 많은 박해를 당하였다. 개발도상국이나 제3세계, 공산주의 정부, 군사 독재, 이슬람 세계에서 수많은 기독교인들이 감옥에 갇히고 고문을 받으며 살해되었다.

순교자의 피

기독교 순교자의 수는 엄청났다. 예를 들어 제1차 세계 대전 기간 동안 터키에서는 100만 명 이상의 아르메니아 기독교인들이 살해되거나 추방되었다.

많은 독일 기독교인들은 나치에 의해서 박해를 당하였다. 그중 하나의 순교자가 디트리히 본회퍼(1906-45년)였다. 그는 종교의 자유를 위해서 반나치 독일 복음주의 기독교와 연합하고 고백 교회에 속했던, 독일의 신학자이며 루터 교 목사였다. 그는 베를린에서 추방된 후 가르치는 것이 금지되었지만 계속 글을 썼다. 제2차 세계 대전 기간 동안 본회퍼는 크라이사우 서클(오른쪽 참조)의 멤버가 됨으로써 기독교인들의 저항 운동을 지원하였다. 히틀러 암살에 대한 그의 참여도는 부분적인 것이었지만 본회퍼는 나치에 의해서 처형당하였다.

중국에서는 와치먼 니라고 알려진 니 토솅(1903-72년)이 20여 년의 여생을 감옥에서 보냈다. 그는 가정 교회를 사역하고 기독교 문학을 썼다는 죄목으로 투옥되었다. 중국 내륙 선교를 맡아 보던 젊은 미국 선교사 부부인 존 스탬과 베티 스탬은 1934년 중국 공산 게릴라에 의해서 참수되었다. 그들의 용기에 감화되어서 많은 사람들이 선교사가 되었다.

엘 살바도르의 대주교 오스카 로메로(212쪽 글상자 참조)는 여러 차례 목숨을 잃을 뻔한 위기를 넘겼지만 결국 1980년에 살해되었다. 위험에 직면해서도 로메로는 "만일 하느님이 옳다고만 하신다면 조국을 위해서 기꺼이 "[자신의] 피라도 바치겠다."고 선언하곤 하였다.

디트리히 본회퍼
본회퍼는 기독교인의 고통에 대해서 이렇게 말한 적이 있다.
"기독교인은 이 세계에서 하느님의 고통을 함께 나누는 사람입니다."

세속 세계의 기독교 사상가들

1947년 미국의 시사잡지 『타임』지는 표지 사진으로 영국의 학자를 실었는데, 다음과 같은 머리 기사가 쓰여 있었다. "옥스퍼드의 C. S. 루이스, 그의 이단과 기독교" 50년 전만 하더라도 이런 머리 기사는 생각도 할 수 없는 일이었을 것이다. 루이스(1898-1963년)는 기독교 신앙을 널리 알리는 글을 많이 썼기 때문에 동료 학자들로부터 비난을 받기도 하였다. 20세기 유럽의 기독교 사상가들은 처음으로 자신들이 지적 세계 밖에 있음을 알게 되었다.

> "기쁨은 하늘의 진지한 사업이다."
> C. S. 루이스

대중적인 차원에서 루이스는 현대의 세속적인 신념을 비판하는 영향력 있는 기독교 사상가였다. 그는 현대에 들어와서 세계관이, 기독교적 삶의 비전이 시들어 버린 물질주의적인 것으로 바뀌었다고 느꼈으며, 사회가 돈과 섹스, 권력에 사로잡혀 있으며, 진실한 선과 사랑과 기쁨의 매력과 흥분을 잃어버렸다고 주장하였다. 그는 또한 물질주의란 개인의 가치를 축소시킬 뿐이라고 확신하였다. "평범한 사람이란 존재하지 않는다. 당신은 그저 죽을 운명인 사람에게 말하고 있는 것이 결코 아니다." 루이스는 장차 기독교 정통주의로 돌아가야 한다고 믿었다. 그러나 건조하고 지적인 차원의 정통주의가 아니라 상상력과 영혼이 모두 참여한 정통주의 신앙을 그는 설파하였다.

> "기독교는 여러 번 죽고 한 번 부활하였다."
> G. K. 체스터턴

루이스의 생각은 많은 부분 영국의 저널리스트이자 작가였던 G. K. 체스터턴(1874-1936년)에게서도 발견된다. 그는 한때 불가지론자였다가 후에 가톨릭 신앙으로 개종하였다. 체스터턴은 현대 세계가, 기독교 정통주의가 제공하는 가치의 균형 잡힌 틀을 상실해 버렸다고 보았다. 그는 회의주의와 의심, 관용에 대한 이상화가 20세기의 특징이라고 풍자하였다. 체스터턴은 『영원한 남자』에서 기독교의 혁명적이고 해방적인 교리가 철학, 신화, 인간의 종교 속에서 독특한 것이라고 주장하였다.

노벨 문학상을 수상한 영국의 시인이자 비평가인 T. S. 엘리엇(1888-1963년)은 가톨릭 신앙을 받아들이면서 명성 있는 문학가가 되었다. 개종한 후 그의 시는 "전환하는 세계의 조용한 지점에서" 영적인 세계와 물질적인 세계가 만나는 "구체성과 허공" 사이에 초점을 맞추었다. 또 다른 중요한 기독교 문인으로는 프랑스의 시인이자 극작가인 폴 클로델(1868-1955년)과 프랑스의 소설가 프랑수아 모리아크(1885-1970년)가 있었다. 프랑수아 모리아크는 죄와 은총, 구원과 갈등을 빚는 종교적 영혼에 몰두하였다. 또한 모리아크는 사랑을 잃어버린 우울한 부르주아적 환경에 사는 인물들을 묘사하였다.

T. S. 엘리엇
엘리엇은 기독교적 관점에서 현대 문화에 관심을 보였다.

> "신성하지 않은 근거란 아무 데도 없다."
> 미국의 작가 프리데릭 뷔흐너

프랑스 사상가와 이탈리아 사상가들은 기독교 민주주의(217쪽 참조)라고 하는 정치적 운동의 근본에 있는, 사회적이고 정치적인 영역에 더 관심을 가졌다. 이들 중에는 철학자 자크 마리탱(1882-1973년)과 그의 부인 라이사가 있었는데, 이들은 사람들이 보다 완전하게 "참으로 인간적인 삶"을 살도록 돕는 그룹을 이끌었으며, 이러한 일이 가능하려면 사회가 어떻게 변화되어야 하는가를 제시하였다. 미국에서 가장 영향력 있던 기독교 사상가로서는 프랜시스 섀퍼(222쪽 설명 참조)와 칼 F. 헨리(1913년생)를 꼽을 수 있다. 이들은 윤리, 변증론, 신학 등에 관한 강연과 글을 남겼다. 풀러 신학교의 공동 설립자이기도 했던 헨리는 1956년에 미국의 복음주의적 잡지인 『현대 기독교』의 초대 편집장을 지내기도 하였다.

C. S. 루이스
불가지론자에서 성공회로 개종한 루이스는 자신의 신앙을 글로 표현한 위대한 인물이었다.

> "기독교적 일신론은 나의 모든 미신의 뿌리를 끊어 버렸다."
> 가가와 도요히코

유럽과 북미 기독교 사상의 지평은 일본의 가가와 도요히코(216쪽 설명 참조)나 우치무라 간조(212쪽 설명 참조) 같은 기독교 사상가들에게 힘입어서 더욱 확대되었다. 이들은 모두, 종교가 사회의 구석으로 밀려 나고 세속적 세계관이 지배하는 것에 대해 저항하면서 현대 세계에 본래의 기독교적인 삶을 소개하였다.

프랑수아 모리아크
모리아크는 영원이라는 빛에서 현대적 삶의 추함을 밝혀 낸 프랑스 가톨릭 소설가였다.

제1차 세계 대전 후의 서구 세계

자유주의 신학 운동

20세기 자유주의 운동 중 하나는 "시카고 학파"였다. 이 학파는 대략 1890-1940년대 사이에 급진적인 미국 개신교 자유주의 신학을 주도하였다. 시카고 학파는 과학과 경험을 통해서 설명될 수 없는 것은 거부해야 한다고 믿었다. 자유주의 복음주의자들은 복음주의적 전통 내에서 성서의 무오성에 반대해서, 그리스도 안의 신이 성서 속에서 계시되었다는 것, 하느님의 구원하는 사랑, 과학적 탐구의 가치, 사회 정의에 대한 현신을 강조하였다.

제1차 대전 이후 1920-30년대에는 공산주의, 나치즘, 대공황이 먹구름을 던졌다. 기독교인들은 교회가 이러한 위협에 어떻게 대처하는지를 주시하였다. 서구 유럽 신자들의 교회 출석률과 교회의 영향력은 미미하였고, 복음주의자들도 힘이 없었다. 가톨릭은 엄격한 전통주의가 지배했지만 개신교는 이때까지 지배적이었던 자유주의 신학을 물리치면서 신정통주의 신학(204쪽 참조)이 등장하였다.

가톨릭 교회는 전쟁이 끝난 후 자신의 위치를 공고히하려고 하였다. 피우스 11세(1922-39년 재위)는 평화의 사절로서의 교회의 사회적 가르침을 발전시키는 가운데 폴란드, 이탈리아, 독일과 협약을 맺었다. 협약의 목적은 교회의 자유를 지키고 유럽의 세속화를 방지하기 위한 것이었다. 물론 이러한 협상이 모두 성공한 것은 아니었다. 1933년에는 히틀러와 합의함으로써 결과적으로 나치의 신뢰감만을 확고히해 주었던 것이다. 히틀러로서는 거짓 약속에 지나지 않았다. 기독교인에 대한 나치의 박해가 더욱 강화된 것이다. 피우스는 개발도상국의 가톨릭 교회를 성공적으로 지도해 나갔다.(213쪽 참조) 피우스는 또한 라디오를 통해서 전 세계의 가톨릭 신자들에게 메시지를 전한 최초의 교황이었다.

근본주의의 발흥

1920년대 미국에서는 자유주의와 근본주의라는 양극단이 충돌하였다. 당시의 자유주의 신학(178-80쪽 참조)은 해리 에머슨 포스딕(1878-1969) 같은 영향력 있는 인물이 이끌고 있었으므로 인기가 있었다. 포스딕은 침례교 목사로서 인기작가요 방송인이고 연설가였다.

대개 미국과 밀접하게 연결되어 있는 근본주의는 전통적인 개신교 정통주의를 굳게 붙들고 있다. 이것은 원래 기독교 신앙의 근본 교리를 지키려는 시도였다.(200쪽 참조) 근본주의자들은 도덕성과 애국심을 성서의 축자영감설과 같은 보수적 견해와 뒤섞음으로써 자신들의 신념을 분명하게 옹호했지만, 제1차 세계 대전 후에는 기독교의 주류로부터 떨어져 나가기 시작하였다.

근본주의의 옹호자들

1920년대 말경 근본주의자들은 근대주의를 반대할 터전을 잃어버리게 되자 자신들만의 그룹을 만들거나——예를 들어 미국 독립 근본주의 교회(1930), 정규 침례교 연합(1932), 미국 장로 교회(1936)처럼——혹은 남침례교 총회처럼 자신들의 교단을 장악하였다. 근본주의의 지도자로서는 그레셤 메이첸(1881-1937년)이 있었다. 그는 성서 보수주의를 옹호하기 위하여 1929년에 복음주의적인 웨스트민스터 신학교를 세웠는데, 이 학교는 큰 영향력을 발휘하게 되었다.

자유주의 신학에 대해서 보다 효과적으로 반대했던 사람은 신정통주의자 라인홀드 니부어(1892-1971년)와 리처드 니부어(1894-1962년) 형제였다. 동생 리처드 니부어는 그리스도와 문화 사이의 관계에 주목했고, 형인 라인홀드 니부어는 사회적이고 정치적인 시대의 도전에 응답하려 하였다. 그들의 활동을 통해서 우리들은 신정통주의가 이번 세기 중반까지 미국에서 가장 영향력 있는 신학이었음을 알 수 있다.

원숭이 재판
1925년 라디오로 중계된 재판에서 미국 테네시 주 사회 교사였던 존 스콥스는 학급에서 진화론을 가르쳤다는 이유로 유죄 선고를 받았다. 변호사였던 클레런스 대로(위)는 재판에서 비록 졌지만 모든 미국의 기독교인들이 "성서적" 진리와 "과학적" 진리를 구분하는 근본주의자들의 주장에 동조했던 것은 아니다.

공산주의가 정권을 잡자마자 1,000명 이상의 주교와 사제들이 처형되었고, 수백 개의 수도원이 파괴되었으며, 교회의 엄청난 재산이 압수되었다. 러시아 정교회의 지도자였고 모스크바의 주교였던 성 티콘(1866-1925년)은 혁명을 정죄하고 혁명의 지도자들을 파문하였다. 다른 교회 지도자들도 저항하면서 군주제로 돌아갈 것을 호소하였다.

그 결과 주교는 옥에 갇혔고 교회는 철저하게 파괴되었다. 공산주의자들은 "반하느님" 선전을 앞세우면서 기독교를 공격했으므로 기독교인들과 유대인, 회교도들은 모두 압박을 견디지 않으면 안 되었다. 18살 이하의 사람에게 종교에 대해 가르치는 것도 금지되었다.

종교에 대한 전쟁

레닌의 후계자인 요시프 스탈린(1870-1953년) 시대에는 사정이 더욱 악화되었다. 아이러니컬하게도 스탈린은 일찍이 신학교 학생이었으나 카를 마르크스의 이데올로기를 추종하면서 정교회를 떠났던 인물이었다. 스탈린의 잔혹한 독재 밑에서 수천 명의 성직자들이 투옥되거나 살해되었다. 루터 교와 침례교, 가톨릭 교회도 공산주의자들의 박해로 거의 소멸될 지경이었다.

1930년대에 교황 피우스 11세는 공산주의를 정죄하고 러시아 기독교를 위해서 기도해 줄 것을 전 세계에 호소하였다. 교황의 비판에 맞서서 소련 정부는 광범위한 반종교적 캠페인을 앞장 서서 전개할 국제 무신론 군대를 창설하였다.

제2차 세계 대전 동안 교회가 소련을 지원하자 소련 기독교인들의 상황은 조금 나아졌다. 많은 교구의 생활에도 조금 여유가 생겼고, 스탈린은 교회의 재건을 허락하였다. 수도원, 신학 아카데미, 신학교, 그리고 20,000여 개의 교회가 다시 문을 열었다. 하지만 사제는 여전히 사회에서 일을 하거나 어린아이들에게 종교를 가르칠 수 없었다.

하지만 2차 세계 대전 이후 동구 유럽 전체에 "철의 장막"이 쳐진 가운데 교회에 대한 공산주의의 탄압이 자행되었다. 1959년 권력을 잡은 니키타 흐루시초프(1894-1971년)도 교회를 공격했기 때문에 교회의 3분의 2가 문을 닫았고 사제들과 수녀들은 누명을 쓰고 체포, 투옥되었다. 1914년 51,000명에 달하던 성직자는 1988년 7,000명이 채 안 되는 숫자로 줄어들었다. 스탈린 체재 하에서 교회는 입을 봉쇄당했기 때문에 겉보기에는 조용했지만 내면의 고통은 엄청난 것이었다. 하지만 정교회는 살아 남았다. 철의 장막이 걷히고 1991년 소련이 붕괴된 후 정교회는 다시 부활하고 있다.(226쪽 참조)

검열과 억압의 종언
공산주의가 존재하는 한 정교회 사제는 자선 사업을 한다든지 사회에 대해서 무언가를 호소할 수도 없었고, 병자를 방문하는 일도 제한되었다. 그들의 설교는 비밀 경찰이 채록해 두었고 연구 그룹, 교구 도서관, 소책자, 성서 등은 모두 금지되었다. 그러나 1980년대의 페레스트로이카에 의해서 종교적 자유가 다시 찾아오자 교회는 드디어 공적인 얼굴을 되찾을 수 있었다(위).

공산주의 비판
알렉산데르 솔제니친은 여러 소설을 쓴 혐의로 체포되어서 1974년에 소련으로부터 추방되었다. 그의 작품들은 소련 정부의 처참한 비인간성의 뿌리가 무신론과 전통적 기독교 가치에 대한 거부에 있음을 고발하고 있다. 솔제니친은 1994년에 러시아로 돌아가기까지 미국에 정착하였다.

승리의 날
1917년경 만들어진 이 포스터처럼 강력한 메시지를 담고 있는 혁명군의 포스터는 공산주의자들의 일상적인 선전 형태였다.

공산주의 러시아에서의 정교회

제1차 세계 대전 동안 러시아가 처해 있던 처참한 삶의 조건들은 급기야 혁명을 야기시켰다. 이 혁명은 20세기 동구 유럽 사회의 대부분을 사로잡았다. 1917년의 러시아 혁명으로 말미암아 역사상 가장 반기독교적인 공산당 정권이 들어섰다.

급진적 혁명

세기가 전환될 무렵 러시아에서는 카를 마르크스(191쪽 글상자 참조)와 프리드리히 엥겔스의 유물론적이고 반종교적인 저작에 자극을 받아서 두 개의 공산주의 혁명당이 등장하였다. 온화한 멘셰비키와, 레닌(1870-1924년)이 주도하는 볼셰비키가 그것이었다. 레닌은 정적을 물리치고 차르를 몰아 내는 혁명을 일으켜서 절대적인 독재 권력을 정착시켰다. 잔혹하리만큼 배타적이었던 신생 공산당은 민중의 마음을 갈라 놓는다는 두려움에서 러시아 정교회를 여지없이 파괴하였다.

무신론의 선전자들
레닌(왼쪽)과 스탈린(오른쪽)은 종교를 적으로 보고 통제해야 한다고 생각하였다. 그러나 36년에 걸친 그들의 독재가 지나간 후 기독교는 러시아 사람들 속에 여전히 살아 있는 신앙임이 분명히 드러났다. 어떤 러시아 망명자의 말처럼 "신앙이 시련을 받는 곳마다 은총이 풍부하게 흘러 넘쳤다."

> "(공산)당은 종교에 대해서 중립적일 수 없다. 그것은 여하한 편견에 대해서도 반종교적인 투쟁을 수행한다."
> — 스탈린

박해의 시간
스탈린이 권력을 잡자 1920년대와 30년대에 걸쳐서 기독교에 대한 공산당의 박해가 집단적으로 이루어졌다. 종교적 이콘들은 부서지고(위) 교회는 문을 닫았으며, 박해받는 기독교인의 수는 늘어났다.

전선에서의 심야 미사

19세기 자유주의 신학의 낙관주의와 인간 본성에 대한 확신은 제1차 세계 대전에 이르러 막을 내렸다. 서부전선의 군인들은 인간성이 평화와 완전을 향해서 불가피하게 전진한다고 하는 자유주의 신학자들의 낙관적 신념보다는, 전통적인 성만찬식(위)의 영원한 약속에서 보다 큰 위로를 얻었다.

> "복음은 하느님 그분의 힘 있는 말씀으로 인간에게 내려와서는 인간 존재의 저 밑바닥까지 물음을 제기한다. 이로 말미암아 인간은 안전성과 만족감을 뿌리째 뽑히게 된다."
>
> ─ 카를 바르트

무력화된 자유주의 신학(200-01쪽 참조)으로부터 일탈을 의미하였다. 이 신학은 유럽에서 "위기의 신학"이라고도 불리었다. 그것은 제1차 세계 대전이 초래한 인류 문화의 위기와 전후 유럽 기독교가 직면한 위기 상황을 동시에 가리키는 말이었다.

신정통주의 신학은 어떤 조직적인 형태를 띤 것도 아니었고, 또 그에 대한 자세한 정의나 범위가 정해진 것도 아니었지만, 신정통주의 신학이라고 하면 으레 스위스 신학자 카를 바르트(1886-1968년)를 떠올리게 된다. 그는 20세기의 거물 신학자임에 틀림없다. 스위스 개혁 교회 목사였던 카를 바르트는 자유주의 신학을 비판하면서 성서의 근본적인 가르침과 종교 개혁의 근본 원리를 회복하고자 하였다. 자유주의 신학은 신에게보다는 인간에게 초점을 맞추었지만 신정통주의 신학은 성서의 하느님으로 돌아갔다. 바르트는 "하느님은 철학적 범주가 아니다.……(성서에서) 하느님이라고 불리는 그분은 한 분 유일하신 하느님"이라고 믿었다.

또한 신정통주의에는 독일 루터 교회의 목사인 프리드리히 고가르텐(1887-1967년)과 스위스 개혁 교회 신학자 에밀 브루너(1889-1966년) 같은 소장 신학자들도 가담하였다. 에밀 브루너는 "우리가 하느님에 대해서 알고 있는 것 중에서 가장 중요한 것은, 우리는 그분이 당신 자신에 대해 우리에게 알려 준 것 이외에는 아무것도 모른다는 사실이다."라고 말하였다.

다양한 운동

바르트나 정통주의 신학자들은 기독교의 핵심 교리에 매달리면서도 자유주의적 성서 비평(178-80쪽 참조)의 주요한 결론들을 그대로 수용하였다. 성서의 역사는 많은 부분 의심의 대상이 되었고 기독교 전통, 성서의 역사, 변증론은 더 이상 신앙과는 무관한 것이 되었다.

그래서 후기 신정통주의 신학자들은 전통적 기독교로부터 동떨어진 급진적인 견해를 끌어 안지 않으면 안 되었다. 예를 들어 폴 틸리히(1886-1965년)는 세속과 기독교 신앙을 화해시키고자 하였다. 카를 바르트의 마법에서 깨어난 신학자들은 1960년대에 "신 죽음의 신학"을 제창하기도 하였다. 그럼에도 불구하고 신정통주의는 전통적인 기독교 신앙을 현대적인 문화 속에 심으려 했던 진지한 노력이었다.

카를 바르트

바르트는 원래 동료인 에두아르트 투르나이젠과 함께 전쟁 기간 동안 신자들의 영적인 삶에 다가가고자 노력하였던 목사였다. 그는 1917년『하느님을 찾으시오. 그러면 당신은 살 것입니다.』라는 책을 내기도 하였다. 바르트는 특히 바울 서간을 집중적으로 연구한 결과 1919년에『로마서 주석』을 출간하였다. 여기서 바르트가 말하고자 했던 것은──그 자신이 후에 말한 대로──"하느님의 하느님성"이었다.

세계 대전과 새로운 신학의 등장

기독교 평화주의자
제1차 세계 대전 동안 비난을 받았던 기독교 평화주의자들은 전후 다시 인정을 받았다. 미국 퀘이커 교도인 루퍼스 M. 존스나 영국 성공회의 H. R. L. 셰퍼드 같은 평화주의자들은, 바로 즉각적인 영향을 미치지는 못했지만, 그들의 동정적인 메시지와, 전장에서 총을 드는 대신 사람들을 도와 주려는 기독교 평화주의자들의 적극적인 모습은 훗날 전쟁에 반대하는 세대들에게 영향을 미쳤다.

"나는 과거의 역사보다 미래의 꿈을 더 좋아한다." 20세기 초, 유럽과 미국의 정치가나 지성인들은 인류가 막 새로운 평화와 번영과 업적의 시대로 들어섰다는 신념을 표현하기 위해서 위의 토머스 제퍼슨의 말을 곧잘 인용하곤 하였다. 그러나 기독교의 미래에 대해서 의견을 달리하는 교회도 있었다. 보수적인 교회 지도자들은 대부분의 문화가 세속화되어 있다는 판단 하에서 경각심을 늦추지 않았다. 자유주의 신학자들은 세속화가 결국 우주적인 사랑과 정의의 "기독교 세기"로 이어진다고 생각하였다. 하지만 사랑과 정의의 이데올로기는 역사상 가장 잔혹했던 전쟁에 의해서 사라져 버렸다. 세계 강대국들이 거의 모두 참여하여 '세계 대전'이라고 불린 제1차 세계 대전은—— 종교적이라기보다는—— 경제적인 힘과 군사적인 힘, 영토 문제를 둘러싼 국가적 이해 관계 때문에 발발하였다. 기독교인들은 국가적 이해 관계와 궤를 같이함으로써 자신들의 애국심을 표출하였다. 교회 지도자들은 자기 나라의 행동이 정당한 것이며 의로운 것이라는 국가적 입장을 뒷받침했으며, 자국의 승리를 기도하였다. 기독교 평화주의자들의 견해(왼쪽 설명 참조)는 조소거리가 될 뿐이었다.

전쟁의 효과
전쟁 때문에 가톨릭 교회는 특히 어려웠다. 벨기에, 프랑스, 이탈리아 같은 전통적인 가톨릭 국가들은 전쟁으로 인해서 쇠퇴하였다. 충실한 가톨릭인 합스부르크 가(家)가 통치하던 오스트리아-헝가리 제국은 역사 속으로 영원히 사라져 버렸다. 전쟁 전에 가톨릭이 부흥했던 독일에서는 국내외적인 문제에 휩싸여 버린 나머지 종교가 국민의 생활로부터 밀려났다. 평화를 호소했던 교황 베네딕투스 15세는, 비록 받아들여지지는 않았지만, 교회가 앞장서서 전쟁으로 인해 고통당하는 사람들을 구원해야 한다고 주장하였다. 개신교는

평화의 사도, 베네딕투스 15세
지아코모 델라 치에사(1914-22년 재위)는 전쟁이 발발했을 때 교황에 선출되었다. 처음부터 그는 전쟁의 비인간성을 고발하였다. 비록 선행도 많이 했지만 어느 쪽에도 편을 들지 않았던 그는 타협적인 평화를 추구하게 되었다. 이에 대해서 많은 가톨릭 지도자들은 등을 돌렸다.

> "교회와 평화주의는 같은 말입니다."
>
> 빌리 선데이, 미국의 복음주의자, 1917년

교파의 차이를 뛰어넘어서 부상당한 자들을 돌보고, 삶의 터전을 잃어버린 가족들을 위무하며 기초 생활용품들을 제공하는 등의 큰 공헌을 하였다. 하지만 희생은 너무 컸다. 천만 명 이상이 목숨을 잃고 수백만 명의 사람들이 부상을 당하였다. 전쟁과, 전쟁이 낳은 정치적인 혁명으로 새로운 정부와 군주가 탄생하였다. 러시아 제국은 사회주의 국가인 소련이 되었다.

새로운 신학의 등장
제1차 세계 대전에 이어서 등장한 신정통주의 신학은 유럽과 미국의 개신교를 재건하고자 하였다. 새로운 신학 운동은 전쟁 전까지 개신교를 주도해 왔으며, 전쟁으로 인해서

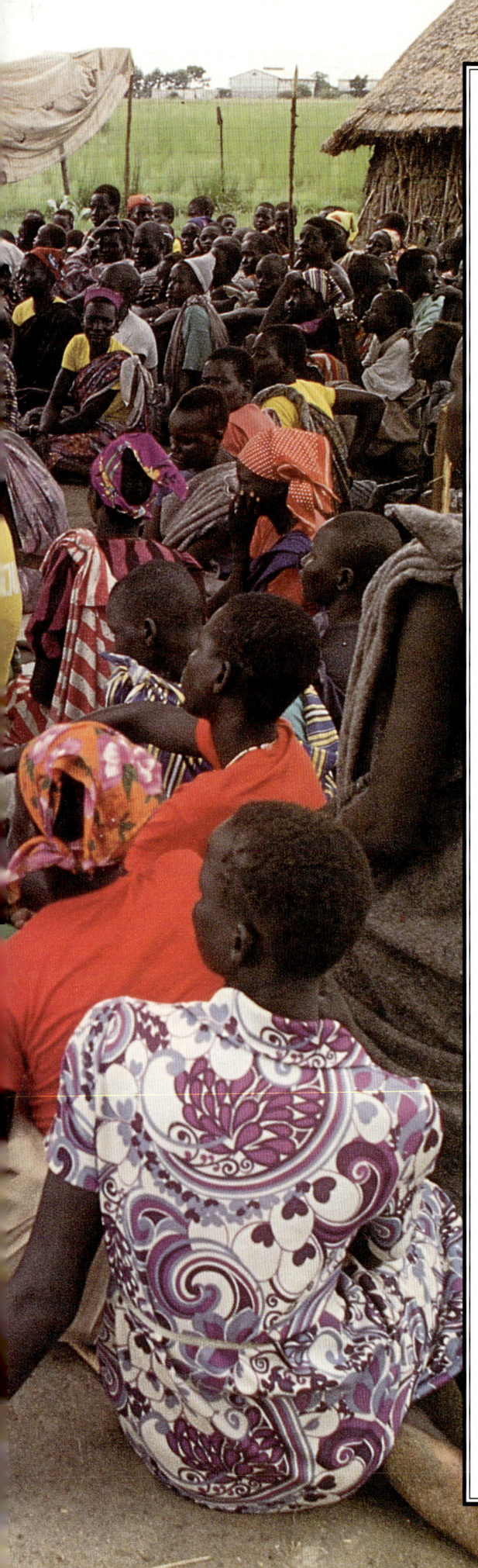

세계적 교회

1914-99

20세기에 교회는 크게 변하였다. 아시아, 아프리카, 라틴 아메리카의 신생 교회들은 선교사로부터 독립해서 자치 교회를 세웠으며, 성장 속도가 매우 빨라서 수적으로나 역동적인 측면에서 유럽의 교회를 앞질렀다. 사실 유럽 기독교는 쇠퇴하고 있었다. 카리스마 운동이나 복음 전도 운동과 같은 중요한 운동들은 국제적인 규모에서 일어났다. 미국 교회는 광범위하게 커다란 영향력을 미쳤지만 여러 종파로 나뉘어 있었고, 특히 개신교가 그러하였다.

두 차례의 세계 대전과 대량 학살, 혁명에도 불구하고 교회는 살아 남았을 뿐만 아니라 사회의 변화를 수용하고 여러 교파의 요구들을 받아들였다. 제3천년기가 밝아 오는 지금, 지상의 교회는 인간을 지지하고 돌보라는 그리스도의 명령을 여전히 따르고 있다.

남부 수단. 콩고에서의 예배

교리 등에 대한 논쟁이 있고 난 후에 새로운 교회들이 다수 등장하였다.

개신교 종파들이 많아지면서 어떤 면으로 보면 그들간의 차이가 별로 중요치 않게 되었다. 그 결과 각 종파의 구성원들은 사회적 행동 같은 문제들을 해결하기 위해서 다른 교단과 협력하게 되었다. 비교단적인 조직들, 예를 들어 선교회나 구세군 등과 같은 "초교회(Para-church)"가 19세기에 나타난 새로운 현상이었으며, 이는 수적인 면뿐만 아니라 중요성도 계속 증가하였다. 역동적인 설교자들과 영적인 지도자들은 자신들의 교회를 뛰어넘어서 활약하는 영웅이었고, 영적인 부흥은 교단적 경계와는 관계 없이 번져 나갔던 것이다.

영혼의 움직임

1906년 캘리포니아 주 로스앤젤레스 시 아주사(Azusa) 312번지의 버려진 감리 교회에서 오순절 부흥 운동이 시작되었다. 이 운동은 곧 미국과 전 세계로 번져 나갔다. 윌리엄 J. 세이무어라는 설교자 ── 그는 아프리카계 미국인이었다 ── 에게서 시작된

하늘의 왕을 섬기는 종
교회가 아무리 도전에 직면했다고 하더라도 그리스도에 대한 헌신이 중단된 적은 없었다. 여기 로마의 성 지오반니 라테란 성당에서 새롭게 사제로 서품된 이들이 그리스도를 섬기려는 열망의 표시로서 엎드려 있다. (1907년)

인종적 조화와 성적 평등을 보여 주었다. 이것은 장차 20세기의 중요한 기독교 운동의 하나인 카리스마 운동으로 발전될 수 있는 최초의 징후였다. (224-25쪽 참조) 카리스마 운동은 모든 교단의 교회들에게 흥분과 기쁨, 희망을 가져다 주었다. 사람들은 그러한 운동에 목말라하고 있었던 것이다. 19세기는 또한 격동의 세기였다. 장차 전 세계의 기초가 흔들릴 정도의 일이 일어나고야 말 그러한 세기였던 것이다.

> "하느님은 대중들의 삶으로부터 추방당하셨다."
>
> 교황 피우스 10세

이 운동은 1906년부터 1909년까지 지속되었고, 여기에 참가했던 사람들이 성령의 은사를 강조하는 부흥 운동을 전 세계에 퍼뜨리면서 전 세계적인 센세이션을 불러일으켰다. (224쪽 참조) 아주사 부흥 운동은 당시 놀라운

성서와 문학 양식

양식 비평은 문학 형식사에 과학적인 방법론을 적용한다. 이 방법은 19세기 후반 독일에서 성서학자 율리우스 벨하우젠과 요하네스 바이스에 의해서 크게 발전하였다. 벨하우젠의 이론은 20세기의 고고학적 발견에 의해서 흔들렸지만 그를 이어받은 마르틴 디벨리우스나 루돌프 불트만 같은 유명한 학자들은 양식 비평을 통해서 성서의 기원과 저자 문제와 같은 복잡한 (그리고 증명할 수 없는) 이론을 구축하였다.

미국의 묵시론

세상의 종말에 관심을 가진 섭리론, 구원의 영역, 역사와 신학은 대개 미국적 현상이었다. 많은 전도자들과 근본주의자들은 『다니엘』과 『요한계시록』을 해석하면서 역사의 종말에 앞서 오는 "말기 시간"에 대한 복잡한 이론을 만들었다. 그중 가장 인기 있던 이론은 베스트셀러였던 『스코필드 주석성서』(1909년 초판 발행)의 주석에 실렸다.

부흥의 발원지
다른 부흥 운동들처럼 카리스마 운동도 교회의 중심으로부터 멀리 떨어져 있는 가난하고 별 볼 일 없는 사람들로부터 시작되었다. 캔자스 주 토피카에 있는 찰스 파램의 베타니 성서 학교(사진)에서 파램은 1900년부터 성령 안에서의 세례의 징표는 방언이라고 가르쳤다. 윌리엄 J. 세이무어도 파램의 학생이었다.

새로운 세기를 향하여

새로운 세기의 여명이 밝아 오면서 유럽과 미국의 낙관적인 자유주의 신학은 정점에 도달해 있었다. 기독교 정통주의는 이제 시대에 뒤진 것이라고 확신하던 자유주의 개신교 비평가들과 가톨릭 현대주의자들은, 종교의 초점을 신보다는 인간, 영원보다는 '지금 여기'에 맞추고자 하였다. 그리하여 당시의 가장 극적인 종교적 인물로 존경받던 알베르트 슈바이처(1875-1965년)——그는 음악가, 개신교 신학자, 의료 선교사였다——는 확신을 가지고 기독교 교리를 다시 고쳐 쓸 수 있었다.

궁지에 몰린 정통주의

하지만 가톨릭과 개신교 모두에서 정통주의를 수호하려는 사람들은 이에 저항하였다. 가톨릭 교회는 피우스 10세(1903-14년 재위)의 전통적인 신앙을 따르고 있었다. 생존시에 성자로서 존경을 받았으며, 1954년 성자로 시성된 피우스는 가난한 자들에 대한 깊은 동정과(그도 농부로서 태어났기에 "농부 교황"이라고 불렸음) 뛰어난 조정 능력을 갖춘 인물이었다. 그에게 가장 격렬하게 저항했던 것은 개신교 신학의 회의주의를 반영한 가톨릭 현대주의자들이었다.

그들은 근원보다는 과정을, 신조보다는 실용주의를 강조한 나머지 그리스도의 메시지가 구원의 소식임을 망각하고 말았다. 그들은 지금 여기에서 행동하고 봉사하는 것이 중요하다고 믿었던 것이다. 교황은 1907년 이러한 운동과 교리들을 정죄하였고 많은 현대주의자들을 파문하였다. 그 가운데에는 알프레드 피르맹 루아지와 에두아르 르 로이도 포함되어 있었다. 불행하게도 현대주의자들은 매우 극단적인 방식으로 추방되었기 때문에 그 여파로 정통주의 학자들에게도 공포 분위기가 조성되었다. 다른 문제에 관한 한 피우스는 점잖고 사목적이었으며 자주 모임을 가짐으로써 그들을 격려하던 인물이었다. 그는 7살 된 어린아이들에게 최초의 영성체를 허락했으며, 예전을 개혁하고 신학교나 교구에서 교육을 개선하는 등의 활동을 통해서 신도들의 영성을 심화시키고자 하였다. 그는 또한 교회법을 개정하고, 모든 주교는 교황이 지명해야 한다고 주장하였다. 교황이 바티칸에서 자유주의 신학과 싸우는 동안 미국 개신교는 교회 내에서 유사한 싸움을 계속하였다.

1910-15년에 발행된——83개조의 항목으로 이루어진——12권짜리 시리즈인 "기초들(The Fundamentals)"로부터 자유주의 신학과 맞서서 정통적 개신교를 옹호하려는 운동의 이름이 붙여졌다. 이 시리즈는 3백만 부 이상이나 팔려 나갔다. 그들이 방어하고자 했던 여섯 개의 근본 조항 가운데 그리스도의 신성과 같은 교리를 제외한 나머지 교리는 가톨릭이든 정교회든, 혹은 개신교이든 모든 기독교인들에게 공통적인 교리였다. 창세기에서 말하는 대로 천지창조가 엿새 만에 이루어졌는가 하는 논쟁은 예외였는데, 이는 엄청난 찬반 논쟁을 불러일으켰다.

개신교 종파주의

1900년경 개신교는 수많은 종파로 나뉘어 있었다. 루터 교, 성공회, 감리교, 침례교, 회중 교회, 장로교 등의 큰 교단들에서는 파벌주의적인 논쟁과 갱신 운동이 있었다. 이는 금세기 후반에도 일어났던 일이었다. 예를 들어서 미국 감리교는 '그리스도의 제자들,' '웨슬리 교회,' '아프리카 감리교 성공회' 등 여러 교단으로 나누어졌다. '아프리카 감리교 성공회'는 1861년, 감리교 성공회의 인종 차별 정책에 항의해서 생겨난 교단이었다.

19세기에 들어와 급속도로 성장한 교단은 침례교와 회중 교회였다. 회중 교회는 여러 부흥 집회에 적극적으로 참가하면서 세를 모았고, 침례교는 선교와 복음 전도에 집중하면서 세계에서 가장 규모가 크고 세력이 막강한 교단으로 성장하였다. 영국에서는 1891년에 대영제국 침례교 연합이 결성되었다. 미국에서는 민족적 배경, 조직,

가톨릭 국가
사제들이 헌신적으로 활동하고, 가톨릭 계통의 학교가 늘어나고, 가톨릭 이민자들이 점점 늘어나자, 가톨릭 교회는 1800년대 중반쯤 북아메리카 대륙에서 가장 큰 교파가 되었다. 장엄한 뉴욕의 성 패트릭 성당(위)이 세워졌고 1900년대 초반에 가톨릭 선교사들은 북아메리카로부터 전 세계 구석구석으로 파견되었다.

분열의 극복
많은 글을 남긴 작가이자 존경받는 신학자이며 대중들을 위한 목회자였던 P. T. 포사이스(1848-1921년)는 19세기 말경 개신교 자유주의 신학과 보수주의를 연결하는 탁월한 조정자였다. 런던의 뉴 칼리지 학장으로서, 또한 잉글랜드와 웨일스의 회중 교회 의장으로서 포사이스는 대서양 이쪽과 저쪽에 모두 영향을 미치는 교량 역할을 할 수 있었다. 『신의 의인(義認)』, 『그리스도의 인격과 위치』, 『적극적 설교와 현대인의 마음』 등의 그의 저서들은 당시의 자유주의 신학의 여러 측면들을 반영하고 있다. 하지만 그는 그리스도의 신적 본성과 구속의 사역에 대한 복음적 입장을 견지하고 있었다.

바르셀로나의 새로운 기독교적 비전
스페인의 건축가 안토니오 가우디(1852-1926년)는 자신의 열렬한 가톨릭 신앙을 표현하기 위해서 지금까지 존재하는 그 어떤 성당보다 탁월한 성당을 건축하였다. 돌로 이루어진 이 환상적인 작품은 1884년에 시작해서 한 세기가 지난 지금까지도 건축중이다.

인도한다는 전통적 믿음이다. 피우스는 정치적 자유주의자들이나 개신교인들에게는 인기가 없었지만 전 세계의 일반 가톨릭 신도들로부터 어느 교황도 누려 보지 못한 존경을 받았다. 더욱이 1860년대에 신문과 값싼 책들이 보급되면서 과거에는 본 사람이 몇 안 될 정도로 멀리 있던 교황의 이미지가 가까워졌다. 새롭게 개발된 색채 인쇄 기술 덕분에 모든 가톨릭 신자들은 집 안에 교황의 사진을 둘 수 있었고, 실제로 많은 가정에 교황의 사진이 걸리게 되었다.

가톨릭 신앙은 계속 부흥하였다. 특히 프랑스에서 그러하였다. 교황의 격려도 있었지만 그들의 권위 역시 이러한 부흥 운동 덕을 보고 있었다. 12개의 새로운 종단이 탄생했으며, 1877년경 프랑스에서만 30,000명 이상의 남성과 130,000명 이상의 여성이 종교적 규칙 하에서 생활하고 있었다. 피우스는 200개가 넘는 주교 자리와 교황 대리 주교 자리를 새로 만들었고, 주교 임명식에서 자신이 마지막 연설을 하곤 했다. 더 특기할 사항은 아프리카와 아시아, 아메리카의 자라나는 교회들이 교황을 영적이고 교회적인 지도자로 인정했다는 사실이다. 유럽의 언어로 표현하자면 그들은 교황의 지상권을 주장하였다.(오른쪽 설명 참조)

이와 동시에 교회는 모든 진보적 정치가들과 대립 양상을 보였다. 이러한 갈등은 1870년 프랑스 혁명 때 다음과 같이 압축적으로 드러났다. 즉 공화당의 대표자 쥘 페리가 자신은 "하느님이나 왕 없는" 인간성을 원한다고 선언하자 가톨릭 지도자인 알베르 드 묑 공작은 "교회는 혁명을 죽여야 한다. 그렇지 않으면 혁명이 교회를 죽이고 말 것이다."라고 응수했던 것이다. 피우스 9세는 현대 세계를 향해서 전쟁을 선포한 것처럼 보였다.

보수적 급진주의자들

피우스의 후계자 레오 13세(1878-1903년 재위)는 재빨리 화해를 선언하고 나섰다. 그는 종교 개혁이 종교적인 갈등만 불러일으키고 그 후 기독교에 만연했던 반기독교 철학의 온상이 되었다고 비난했지만 세계 지도자들과의 담을 없애고 사회의 병적인 요소들을 드러내 보이려고 하였다.

독일의 철혈재상 비스마르크가 1872년부터 가톨릭의 교육과 종교적 규칙을 반대하는 "문화 전쟁"을 시작하자 레오는 지체 없이 이를 막기 위한 협상을 개시하였다. 그는 또한 프랑스 가톨릭 교회를 공화국과 화해시키려 하였다. 하지만 레오는 프랑스 가톨릭의 반유대주의를 종식시키지

대중들의 신심
1902년 이탈리아 피솔레 지방의 그리스도의 육체의 축제(위)는 절정에 도달해 있던 가톨릭 신앙의 대중적 측면을 여실히 보여 준다. 공동체는 신앙의 축제를 통해서 단결되었다.

못했던 것처럼 이 일도 성공하지 못하였다. 프랑스의 반유대주의는 유대인 장교가 무고하게 반역죄로 고소당한 드레퓌스 사건(1894-1906년)에서 가장 악랄하게 드러났다.

레오의 가장 중요한 사업은 1891년의 회칙인 레룸 노바룸(Rerum Novarum)이었다. 이것은 현대 가톨릭 교회의 사회적이고 정치적인 근본 교설이 되었다. 레오는 자본주의와 공산주의 모두로부터 거리를 두면서 기독교적인 "제3의 길"을 제안하였다. 그는 국가가 가난한 노동자들의 권리를 보호해야 한다고 했고, 처참한 노동 조건은 불법이라고 규정하였다. 또한 노동 조합을 허용할 것과, 모든 사람은 자신을 보호하고 재산을 모을 수 있을 만큼 충분한 임금을 받아야 한다고 주장하였다. 레오는 사회주의가 개인과 가정의 독립을 앗아가는 잘못된 처방이라고 가르쳤다.

천상에 오른 이들에게 둘러싸인 교황 레오 13세
이 벽화는 젊은 가톨릭 신자에게, 교황이 사도 베드로로부터 물려받은 권위를 지니고 있음을 가르치기 위해서 그려진 것이다. 그림에서 교황 레오 13세가 그리스도와 사도들에게 둘러싸여 있다. 레오와 피우스 9세는 자신들의 직책이 신성하다는 것을 강하게 의식하고 있었다. 그래서 그들은 언제나 혼자 식사했고, 그 누구의 반대도 참지 못했다.

> "상류 계층의 시민들은 저 밑바닥에 사는 사람들은 도와 줄 것인지 말 것인지를 선택할 자유가 없음을 알아야 한다. 그렇게 하는 것이 그들의 의무이기 때문이다. 사회에서 그 누구도 자신만을 위해 살지 않는다. 우리 각자는 모든 사람을 위해서 사는 것이다."
>
> 교황 레오 13세

교황의 권위
문자적으로 "산 너머"를 의미하는 울트라몬태니즘(Ultramontanism)은 19세기 가톨릭 운동 가운데에서 가장 영향력이 큰 운동이었다. 이 운동을 추종하는 사람들은 교황의 권위를 옹호하였다. 반대자들은 가톨릭 교회 내에서 국가 교회가 교황청으로부터 좀더 자율성을 가지기를 바랐다. 울트라몬태니즘은 교황의 무오성을 주장함으로써—그리고 이 주장이 "신앙과 도덕"의 본질에만 제한됨으로써—절반쯤의 승리를 거두었다. 교황은 새로운 교리를 만들어 낼 수 있는 허가는 받지 못했지만, 성령의 지도 하에 본래의 기독교 계시에 암시적으로 들어 있는 것을 명시화할 수 있었다.

요새 같은 로마

교황당원
추기경 헨리 에드워드 매닝(1808-92년)는 당시 가톨릭 교회의 두 가지 면, 즉 울트라몬태니즘——그는 교황 무오설의 열렬한 지지자였다——과, 영국이 가톨릭 교회를 다시 받아들이도록 하는 일을 대표하였다. 1829년에 반가톨릭 법이 마침내 폐지되었고 주교의 교회 위계가 다시 설정되었다. 매닝은 사제가 되기 전 1833년에 결혼하였고 1837년에 부인을 잃었다. 매닝은 이후 55년 동안 부인의 기도 일기책을 품에 지니고 있었다.

> "당신들은 내게 황제(프랑스의 나폴레옹 3세)를 믿으라고 말합니다. 그러나 다시 한 번 말합니다만 나는 오직 하느님 한 분만을 믿으며 그분만이 저의 후원자가 되십니다."
> 교황 피우스 9세

19세기 중반 가톨릭 교회는 영적인 열성과 선교적 에너지가 다시 살아났다.(194-97쪽 참조) 1846년부터 1878년까지 재임했던 교황 피우스 9세는 역사상 가장 오래 재임한 교황이었다. 그는 지금까지의 어떤 교황보다 인기를 누렸지만 동시에 가장 인기가 없는 교황이기도 하였다.

카리스마적 보수주의

엄청난 카리스마와 매력을 지녔던 교황 피우스는 개혁 프로그램의 실행으로 자신의 임기를 시작하였다. 하지만 이 프로그램은 1848년 혁명이 일어나면서(177쪽 참조) 교황이 자유주의와 민주주의는 결국 혁명과 파괴로 끝나고 만다는 확신을 갖게 됨으로써 막을 내렸다. 그 후 교황은 모든 정치적 자유주의자와 반란에 반대하고 기성의 군주들을 지지하였다. 1861년 통일된 이탈리아는 교황령을 흡수했고, 1870년에는 로마 자체까지 접수하였다. 그러나 교황은 둘 다 잃으려 하지 않았다. 정부는 이탈리아의 전체 주교 237명을 임명할 권한을 교황에게 넘겨 주었지만 교황은 포기하지 않았다(이탈리아에는 다른 나라보다 많은 주교가 있었음). 총대리 주교의 숫자가 엄청나게 늘어나게 되자 주교 임명에 대한 교황의 통제는 일반적인 것처럼 되었다.

교황 무오설(無誤說)과 인기

피우스는 결코 과도한 외교적 관심을 지닌 인물은 아니었다. 1864년 유럽은 현대 세계를 정죄하는 듯한 그의 "교서요목"에 큰 충격을 받았다. 그리고 1870년 제1차 바티칸 공의회는 교황의 무오성을 교리로 확정하였다.

개신교인들이 듣기에 이 교리는 교황을 계시의 또 다른 원천으로 만드는 것처럼 보였다. 하지만 이 교리는 가톨릭의 두 가지 전통적 믿음을 규정한 것에 불과하였다. 즉 성령은 교회로 하여금 신앙과 도덕의 본질적인 문제에 오류를 범하도록 허락하지 않으며, 성령은 교황을 통해서 교회를

나폴리 왕의 무리들을 축복하는 교황 피우스 9세(1849년)
교황 재임 초기에 피우스 9세는 이탈리아의 통일을 지지하는 정치적 자유주의자로 우상화되었다. 그러나 사실 그는 이탈리아를 통일시키려던 첫번째 시도를 짓밟은 오스트리아 황제와 나폴리의 왕을 축복하였다. 피우스는 인기가 떨어지자 자유주의와 민주주의는 유혈 혁명극으로 귀결되고 만다고 규정하였다.

주는 것에 그치지 않았다. 선교사들 덕택으로 많은 나라에서는 현대 의학과 농업, 학교, 문자가 처음으로 도입되었다. 굶주린 사람들은 먹을 것을 얻었고, 여성의 지위가 향상되었으며, 갈 곳이 없는 어린아이들은 고아원에 의탁되었고, 극악한 노예 제도와 아편 거래가 추방되고 사라졌다. 이 모든 일들은 그리스도가 처음 제자들에게 내렸던 명령——모든 사람에게 복음을 전하라는 명령——은 모든 시기의 모든 기독교인 개개인에게 내린 명령이라고 믿었던 사람들의 헌신적인 노력의 결과였다.

선교 사업이 불붙으면서 예상 밖의 부산물을 얻었는데 그것은 바로 에큐메니컬 운동이었다. 서로 다른 교단과 선교 단체와 성서 단체들, 구호 기관들이 협력하여 조화를 이루면서 함께 일하고 함께 예배를 드렸던 것이다. 에큐메니컬 회의는 때때로 거기 모인 사람들의 모교회로부터 새로운 협력 정신을 이끌어 내었다. 그중 가장 의미심장한 것은 1910년 에딘버러(스코틀랜드)에서 개최되었던 세계 선교회였다. 이로부터 국제 선교 회의가 탄생하였고 1925년에는 생명과 사업 운동이 생겨났다. 이것은 여러 교파의 신자들이 모여서 기독교를 사회적·경제적·정치적인 삶에 적용하려는 운동이었다.

20세기 초에 교회가 당면했던 압도적인 주제는 토착화된 교회 지도자를 양성하는 일이었다. 모든 선교 단체가 이 일에 매진하였다. 그리하여 안수받은 토착 기독교인들이 협력할 수 있게 되었으나 1914년까지 모든 개별적이고 궁극적인 주도권은 여전히 유럽에 있었다. 중국의 가톨릭 교회는 다른 교회보다 사정이 나은 편이었다. 1912년, 전체 2,200명의 사제 가운데 800명 이상이 중국인이었다. 불행하게도 이때까지 아직 중국인 주교는 없었다. 기독교는 세계 종교가 되는 도상에 있었지만 아직도 해야 할 일이 산더미처럼 남아 있었던 것이다.

> "그리스도가 인간이 되셔서 나를 위해 돌아가셨다면, 내가 그분을 위해서 바치는 그 어떤 희생도 크다고는 못할 것이다."
>
> 중국에 파송된 영국 선교사, C. T. 스터드

> "교회는 살아 계신 그리스도를 모든 살아 있는 사람들에게 전하려는 시도를 아직까지 진지하게 해 보지 못했다."
>
> 미국 감리교인 존 R. 모트, 1910년

선교사의 이미지

선교사들의 활동은 사람들에게 매력 있게 비쳤다. 1900년경 독일 뮌헨에서 그려진 이 가톨릭 교회의 그림은 먼 이국에서 이루어지는 세례와 복음화를 낭만적으로 그리고 있다. 아기 예수가 위에서 모든 것을 인정해 주면서 내려다보고 있다. 수많은 열정적 기독교인들이 선교사로 나섰기 때문에 그들이 유럽 교회의 지도력을 약화시킨다고 하는 주장도 제기되었다.

잠자는 교회

선교사들의 열성적인 활동이 부족한 곳이 라틴 아메리카였다. 그곳 가톨릭 지도자들은 정치에 사로잡혀 있었으며, 반(反)성직자적 성향의 정부들은 교회와 국가를 분리하면서 가톨릭 교회의 전통적인 권리를 잠식하였다. 파라과이의 로드리게스 대통령은 교회의 최고 대표가 되었고, 1851년 콜롬비아 대통령은 교구 사제를 임명하기까지 하였다. 풀뿌리 차원에서 대중들의 종교적 열정은 매우 강하였기 때문에 기독교와 민속 종교가 이전처럼 자유롭게 뒤섞이게 되었다.

"세계 복음화를 우리 세대에"

1910년 세계 선교 대회의 표어

아프리카 선교

1914년경 선교사들은 아프리카 대부분에서 활동하고 있었다. (위) 아프리카인들 열 명 중 한 명이 기독교 신자였다. 나머지 대부분의 사람들은 민속 종교를 그대로 갖고 있었다.

선교회, 성령신부회, 돈 보스코 회(1859년), 예수회 같은 선교 종단이 각지에서 활발하게 활동하고 있었다. 1900년경에는 선교지에서 활동하던 수녀의 수만도 44,000명에 이르렀다. 특히 가톨릭의 부흥(198-99쪽 참조)이 있었던 프랑스에서 많은 수의 선교 종단이 생겨났다. 이후로 벨기에, 아일랜드, 독일, 영국, 미국, 캐나다 출신의 가톨릭 선교사들이 대거 파송되었다.

북아프리카에서는 위대한 선교 정책가이자 알제리의 대주교인 추기경 라비게리(1852-92년)가 선교 사업을 지휘하였다. 프랑스가 북아프리카에서 식민지를 넓혀 나갔던 것에 비례해서 추기경 라비게리도 영적 사업을 펼쳐 나가는 데 열정적으로 앞장섰던 것이다.

그러나 이슬람교 국가에서 그랬던 것처럼 그곳에서도 선교사들의 활동은 거의 성공을 거두지 못하였다. 하지만 사하라 사막 이남의 아프리카, 특히 우간다와 콩고, 그리고 부분적으로는 중국, 스리랑카, 한국에서 그들은 성공적으로 교회를 개척해 나갔다. 일본 가톨릭 선교사들은 1600년대부터 존재해 오던 일본 교회(151쪽 참조)의 신도들을 재발견해 냈다. 끔찍한 박해를 피해서 숨어 지내던 10,000명에 이르는 이들 잠복 기독교인들이 가톨릭 교회로 다시 들어왔다. 베트남에는 미미하게나마 가톨릭 교회가 이미 존재하고 있었다. 이 교회는 1833-41년과 1856-62년 사이에 황제의 잔혹한 박해를 겪지 않으면 안 되었다. 그 결과 약 300,000명에 이르는 기독교인들이 목숨을 잃었지만, 그 후 교회는 다시 급속히 성장하였다.

모든 대륙에서

1800년에 성서는 70여 개의 언어로 번역되었지만, 1900년에 이르러서는 성서 전권이 약 100개 이상의 언어로 번역되었고 부분역까지 합치면 약 400여 개의 언어에 이르렀다. 거의 모든 나라에 교회가 세워졌으며 때로 폭발적인 성장을 기록하였다. 여기에서는 그중 몇 가지 예만을 살펴보기로 하자.

인도에서는 사회로부터 억압받는 사람들을

젊은 중국 기독교인(1900년경)

1912년경 중국에는 1,430,000명의 영세 받은 가톨릭 교인과 500,000명 이상의 개신교인들이 있었다. 그러나 기독교인들 가운데는 외국인들의 권력과 부를 이용하기 위해서 기독교를 믿는 경우도 많았다.

위한 여러 대중 운동으로 말미암아 1851-90년 사이에 개신교인의 수가 10배 가까이 증가하였다. 인도네시아에서는 수마트라의 바탁 민들이 기독교 복음을 '집단적으로' 받아들였다. 남태평양의 여러 섬 주민들이 기독교로 개종한 것도 이와 마찬가지였다. 1835-61년까지 26년 동안 마다가스카르 섬에서는 혹독한 박해가 있었지만 기독교인의 숫자는 4배 가까이 증가하였다. 아프리카를 통틀어서 백만 명에 이르는 사람들이 교인이 되었다.

중국에서는 수십만 명의 사람들이 기독교로 개종하였으며 한국에서도 개신교와 가톨릭 모두 대단한 호응을 얻었다. 그래서 독립적이고 열성적인 한국 교회가 설립되었다. 일본에서는 속도가 더디어서 기독교인의 숫자가 인구의 1퍼센트에 지나지 않지만, 그들은 나라 전체에 대단한 영향력을 발휘하고 있다.

그러나 선교사들은 세계인들에게 단순히 복음을 전해

1871년 리빙스턴이 발견되자 사람들은 그에게 집으로 돌아오라고 설득했으나 허사였다. 리빙스턴은 1873년 자신의 집 옆에서 무릎을 꿇고 기도하다가 세상을 떠났다. 그의 유해는 다시 한 번 믿기 어려운 여행을 거쳐서 웨스트민스터 사원에 안장되었다. 그의 유해가 영국까지 올 수 있었던 것은 그를 돕던 원주민 조수들의 노력 때문이었다. 그를 돕던 원주민 조수들은 2,400킬로미터 이상을 걸으면서 리빙스턴의 유해를 아프리카 해안까지 극진하게 운구했던 것이다. 거기서 그의 유해는 배로 영국으로 건너갔다.

중국 선교

제임스 허드슨 테일러는 1832년 요크셔 반슬리의 경건한 감리교 집안에서 태어났다. 그는 1854년, 중국 상하이에 선교사로 파송되었다. 테일러는 처음부터 중국 선교에 관심을 가지고 있었다. 그는 17살 무렵 신으로부터의 직접적인 소명을 체험하고는 만다린어로 번역된 『누가복음』을 공부하면서 중국어를 배우기 시작하였다. 어렸을 적부터 가난과 내핍 생활이 몸에 젖어 있던 테일러는 다른 곳에 손을 벌리지 않고도 선교가 이루어지도록 신이 도와 주시리라는 확신을 갖고 있었다.

테일러는 원주민들에 대해서 대단한 존경심과 애정을 가지고 있었으므로 그들의 문화에 적응하기 위해서 옷도 원주민들처럼 입었다. 이것은 가톨릭 선교사들에게는 일상적인 일이었으나(147쪽 설명 참조) 개신교의 경우에는 획기적인 발전이었다. 또한 리빙스턴처럼 테일러도 해안 지역을 벗어난 내륙 지방에 관심을 가지고 있었다. 그는 어릴 때부터 앓고 있던 지병 때문에 결국 영국으로 돌아올 수밖에 없게 되자, 5년에 걸쳐서 '영국과 해외 성서 보급회'에서 발행한 신약성서를 닝포 중국어 방언으로 번역하였다.

1866년 그는 부인 마리아와 아이들, 그리고 동료 선교사들과 함께 중국으로 돌아왔다. 그들은 힘을 모아서 중국 내지 선교회를 결성하였다. 부인이 콜레라로 사망하는 어려움을 겪으면서도 테일러는 각 교단으로부터 자신을 도우러 온 800명 이상의 선교사들과 같이 일해 나갔다. 그가 1905년 창사에서 세상을 떠났을 무렵, 약 500,000명의 중국인들이 개신교 선교회를 통해서 기독교를 받아들였다. 이들 중에는 중국 공화국의 초대 총통이 된 쑨원(孫文)도 포함되어 있었다. 이러한 사건들은 고대로부터 내려오는 전통적인 종교를 지닌 나라, 더욱이 외국이라면 의심의 눈초리로 바라보는 나라에서 이루어진 특기할 만한 업적이었다.

가톨릭 교회의 선교 사업

같은 기간 동안 가톨릭 교회도 선교와 구제 사업에 매우 열심이었다. 마리스트(Marist, 1817년 창설), 성모 아프리카

북청 사변
1900년 무렵 중국에서는 서구 제국주의에 대한 원한이 들끓었으며 의화단으로 알려진 민족주의 비밀 결사가 조직되었다. 의화단은 1900년에 갑자기 궐기했으며 유럽 사람들은 발견 즉시 사살되었다. 그 와중에 수백 명의 선교사들과 20,000-30,000명에 이르는 중국 기독교인들도 살해되었다. 그러나 조금 지나자 선교 활동이 다시 재개되었고 교회 생활도 이전보다 더 확고히 계속되었다. 수천 명의 선교사들이 다시 활동하면서 중국 기독교인의 숫자도 계속 증가하였다.

복음을 위한 고난
위의 그림은 1838년, 베트남 황제 민-망이 기독교를 멸절시키려던 때의 박해를 보여 주고 있다. 1836년 황제는 "십자가를 밟지 않는 자는 가차없이 때리고 고문하고 죽여라."라고 명령하였다.

> "살아 계신 하느님이 계십니다. 그분은 성서에서 말씀하십니다. 그분께서 하신 말씀이 그분의 뜻이며, 그분은 약속하신 모든 일들을 하실 것입니다."
>
> 제임스 허드슨 테일러

세계 복음 선교

선교 잡지

선교는 선교사들을 지원하는 기독교인들의 기도와 재정적 후원에 의존하였다. 19세기 선교의 가장 중요한 발전은 선교사들과 후원자들 사이의 커뮤니케이션이 발달했다는 사실이다. 이것은 1817년 리용에서 '신앙 전파 협회'를 만든 프랑스 여인 폴린 자리코에 의해서 시작되었다. 이 사업은 1822년부터는 정기적인 잡지를 발간하면서 일반 기독교인들에게 선교에 관한 뉴스를 전달해 주었는데, 전 세계적으로 이와 유사한 단체와 잡지가 연이어 등장하였다.

노예 제도의 종식

기독교인들은 노예 제도에 맞서서 세 가지 투쟁을 벌였다. 첫번째는 1833년에 영국 제국에서 노예 제도를 폐지시킨 것이었다.(180쪽 참조) 두 번째 투쟁은 1865년 미국에서 노예 제도가 사라진 것이다.(186-87쪽 참조) 또 하나의 투쟁은 ─ 그중 일부는 데이비드 리빙스턴과 추기경 라비게리의 영향을 받은 것이었다 ─ 아프리카인들을 노예로 붙잡아서 중동으로 팔아 먹던 마지막 노예 거래를 공격한 것이었다. 1890년에 브뤼셀에서 열렸던 회의는 전 세계적으로 노예 매매를 근절시켰다.

1850년 이후 선교 활동은 세계의 거의 모든 나라에서 이루어졌으므로 마치 전 지구적인 사업과도 같았다. 서방 교회 선교사들이 사람들의 열렬한 지지를 받는 영웅이 되었을 뿐만 아니라 여성들도 선교회에 들어갈 수 있었다. 그리하여 1900년경에는 여성이 남성보다 수적으로 우위를 차지하게 되었다. 중국도 전쟁에서 패하자 1844년과 1860년에 외국인을 받아들이는 조약을 체결하지 않을 수 없었다. 그 후 서구인들에게 문호를 개방하지 않은 나라는 사실상 없게 되었다.

아프리카 한가운데로

데이비드 리빙스턴은 19세기가 낳은 위대한 선교사였다. 1813년 스코틀랜드의 빈곤한 가정에서 태어난 리빙스턴은 독학을 하다시피 하면서 1830년 글래스고 대학에 들어가 신학과 의학을 공부하였다. 그는 처음에 중국 선교사가 되려 했으나 중국은 당시 아편 전쟁 때문에 외국인의 입국이 허용되지 않았다. 그래서 런던 선교회는 그를 남아프리카로 파견하였다. 리빙스턴은 진보적인 사상가였으므로 백인

리빙스턴의 아프리카
리빙스턴은 노예 매매에 맞서는 투쟁의 일환으로 아프리카 지도자들에게 노예 매매 외의 다른 수입원을 마련해 주기 위한 상업을 일으켜 주었다. 불행하게도 이것은 영국 상인들과 그들을 뒤따라 온 정착민들이 아프리카인들을 착취할 수 있는 길을 열어 주고 말았다.

거주자들이 흑인들을 다루는 모습을 비판하였다. 그는 기독교로 개종한 아프리카인들을 복음 전파 사업에 참여시켜야 한다고 주장하였다. 북아프리카의 부족과 마을에 선교사의 손길이 미치지 못함을 알고 있던 리빙스턴은 1852년, 부인 메리와 아이들을 영국에 있는 집으로 돌려보내 놓고서 4년에 걸친 여행에 들어갔다. 이 기간 동안 리빙스턴은 수천 마일을 걸으면서 대륙을 횡단하였다.

노예 매매

리빙스턴의 탐험과 발견에 대한 소식이 영국에 전해지면서 그는 영웅이 되었다. 하지만 리빙스턴은 중앙 아프리카에서 자행되고 있던 노예 매매를 비판했으므로 많은 단체 지도자들과의 관계가 불편해졌다. 1861년 부인이 세상을 떠나고 난 후 리빙스턴은 1865년 아프리카로 되돌아가 아프리카 선교에 매진하였다. 거기서 그는 자신의 남은 생애 8년을 바쳤다. 한때 리빙스턴이 사라져 버리자 『뉴욕 헤럴드』지의 헨리 모턴 스탠리의 유명한 탐험이 시작된다. 그리고

아프리카의 백인 신부들
1868년에 추기경 라비게리가 창설한 선교 사제들 ─ 이들은 백인 신부라고 불리었다 ─ 은 새롭게 창설된 다른 가톨릭 선교 단체와 힘을 합쳐서 북·서 아프리카의 많은 지역을 복음화시켰다.

비교파주의적 조직 중 하나였다. 1844년 런던의 포목상인 조지 윌리엄스는 자신의 거처에서 기도회를 열던 중 YMCA를 결성하였다. YMCA의 독특한 선교—기도회나 성서 공부와 같은 영적 활동을 운동 경기나 교육 사업과 같은 현실적인 관심사와 결합시켜서 복음을 전하는 선교 방식—는 세계 전역에 퍼져 나갔고 특히 미국에서 급속도로 성장하였다. YMCA의 자매기관인 YWCA는 1894년에 조직되었다.

신학의 발전

이러한 비교단적인 단체들이 성공을 거두자 동일한 원리를 채택한 외국 선교 사업과 여러 초교파적 선교회(197쪽 참조), 그리고 개신 교회들은 점차 그리스도의 분열된 몸을 화해시키고자 하였다. 이러한 생각은 20세기에 만개한 에큐메니컬 운동으로 발전되었다.(214-15쪽 참조)

하지만 민감한 논쟁에만 정력을 소비하는 것은 그렇게 긍정적이지는 못하였다. 자유주의 신학(178-80쪽 참조)은 보수적 기독교인들로부터 배척을 받았다. 근본적인 기독교 신앙을 희석시키거나 포기해 버린다는 이유에서였다. 그럼에도 불구하고 이 운동은 개신교 교회에 꾸준히 파고들었다. 도시 노동자의 빈곤이라는 문제는 복음의 사회적 차원을 둘러싼 의견 차이를 노정시켰다.(191쪽 글상자 참조) 하지만 1859년에 『종의 기원』이 출간되자 과거와는 다른 엄청난 논쟁이 불붙고 말았다. 영국의 생물학자 찰스 다윈이 쓴 이 책으로 말미암아 많은 이들은 성서가 말하는 창조론에 대해서 의문을 가지게 되었다. 어떤 이들은 모든 영적인 요소가 사라진 순수히 물질적인 우주를 가정하기도 했으며, 성서의 창조론은 비역사적인 텍스트라고 주장하기도 하였다. 이 논쟁은 1990년대에도 여전히 계속되고 있다.

어두움과 절망의 자리

산업과 기술의 발전이 지니고 있던 어두운 측면은 가난과 질병이 만연하던 슬럼 가(위)에 나타나 있다. 지저분한 셋집에서 살던 가난한 사람들은, 술에 취하거나 극도의 곤궁 상태로 빠져들 수밖에 없었다. 범죄가 끊이지 않았으므로 외부인은 좀처럼 이 절망의 바닥에 발을 들여놓지 않았다.

진화에 대한 반응

찰스 다윈(1809-82년)의 진화론은 인간이 단순하게 원숭이로부터 진화했다는 사실을 암시했으므로 다윈을 원숭이로 풍자한 위와 같은 풍자화가 등장하였다. 신학자들과 성직자들의 반응도 엇갈렸다. 캔터베리의 대주교 프레데릭 템플이나 미국의 저명한 목사 라이먼 애보트, 스코틀랜드의 생물학자이자 목사인 헨리 드러먼드 등은 진화란 신의 섭리의 징표이며 피조물 속에서 계속 진행중이라고 주장하였다. 그러나 대부분의 기독교인들은 진화론이 점차로 인정되는 것을 비판하였다.

> "하느님의 빛을 받지 못하는 어두운 영혼이 하나라도 있는 한 나는 싸울 것이다."
>
> 윌리엄 부스

1912년 무렵까지 50여 개 나라에 구세군의 복음 전도 사업과 사회 사업을 확장시킬 수 있었다(왼쪽 그림 설명 참조). 구세군은 도시 노동자들에게 다가갔던 여러

아이작 마이어, "주일 학교반"

가난한 가정의 아이들을 가르치기 위해서 약 1730년대에 시작된 주일 학교(181쪽 설명 참조)는 곧 (주에서 보통 교육을 실시하면서) 모든 학년의 어린이들에게 종교 교육을 시키는 장이 되었고 1900년대까지 변함없이 그 역할을 수행하였다.

실천적 작업

영국 간호사 플로렌스 나이팅게일(1820-1910년)은 직업을 바꾸었다. 나이팅게일은 깊은 기독교 신앙에 의해서 부유한 가정의 반대를 무릅쓰고 간호사 훈련을 받았으며, 38명의 간호사로 팀을 만들어서 크리미아 전쟁(1854-56년)에 참가하였다. 그녀가 도착하기 전에 영국군 부상병 중 42퍼센트가 병원에서 죽었다. 나이팅게일은 이 수치를 3퍼센트로 낮추었다. 나이팅게일은 밤중에 들고 다니던 등불 때문에 "등불의 여인"으로 유명하다.

주택 문제, 광산이나 공장 청소 같은 위험한 작업장에서 자행되는 아동 착취나 노동력 착취 등에 관련된 법률을 개정하고자 하였다. 그는 여러 복음 전도회와 자선 단체의 회장으로 봉직하였는데, '영국과 외국 성서 보급회'와 '아동 학대 반대회'에서도 활동하였다. 그를 도와 준 탁월한 기독교인으로는 네 번이나 수상을 지낸 윌리엄 글래드스턴(1809-98년)을 들 수 있다. 반 세기 이상 지속된 이 복음 전도 사업으로 가난한 자들과 연관된 영국의 법은 훨씬 유연성을 지니게 되었다.

독일에서는 가톨릭 주교 케텔러(1811-77년)가 대중들의 생활을 개선하기 위해 투쟁했고, 그의 동료이자 실업가인 루치엔 하르멜과 프랑스의 공작 알베르트 드 문도 케텔러를 도와 주었다. 하르멜은 현대식 주택과 저축 제도, 건강 복지 보험, 사업을 관장하는 노동자 협의회 등을 도입하였다. 그는 심지어 1889년, 교황 레오 13세가 사회적 문제에 관심을 가지도록 하기 위해서 자기 밑에서 일하는 노동자 만 명과 함께 로마로 순례를 떠나기도 하였다.(199쪽 참조)

1884년부터 프랑스와 독일, 오스트리아, 이탈리아, 벨기에, 스위스의 가톨릭 사상가들은 매년 프리부르에서 만나 사회적 문제들을 토론하였다. 반면 미국 가톨릭은 영국의 감리교도들이 이미 만들었던 바와 같은 조합을 구성하기 시작하였다. 유럽 대륙에서도 비정한 고용자로부터 노동자를 보호하기 위해서 가톨릭 무역 조합이 등장하였다.

비교파주의를 넘어서

1861년 감리교 목사 윌리엄 부스(1829-1912년)와 부인 캐서린은 런던 동쪽에서 선교 활동을 하던 중, 1878년에 이르러 이 선교 사업을 구세군이라고 명명하였다. 군대 계급과 규율로 운영되는 구세군에서 부스는 초대 사령관으로 취임하였다. 비록 기질과 방법면에서 독재적이었지만 부스는

장 프랑수아 라파엘리, "구세군 설교자"

구세군은 극장이나 공장에서 밴드 음악을 동원한 독특한 예배를 드림으로써 군중들을 모았다. 이러한 방식과, 가난한 사람들을 돌보는 봉사 활동을 통해서 구세군은 착취당한 자들과 교회에 나오지 않는 사람들에게 다가가면서 성장하였다. 구세군 사령들은 노동자 계층이었고 여인들도 남자들과 똑같이 사령, 설교자, 전도자가 되었다. 이는 당시의 기준으로 보면 대단히 특이한 모습이었다.

기술 혁명에 대한 기독교인의 책임

새로운 산업 사회를 찬양하다
1851년의 런던 대박람회는 당시 진행되고 있던 산업 혁명을 위한 무대였다. 하이드 파크에 세워진 크리스털 팰리스(위)가 중심이 된 박람회는 다섯 달 가량 계속되었고, 600만 명 이상이 관람하였다. 박람회는 전 세계의 신기술을 집결시켰으며 서구 사람들에게 중국, 러시아, 인도, 오스트레일리아, 아프리카로부터 가져온 미술, 과학, 종교를 선보였다.

산업 혁명은 기독교인들에게 많은 문제를 안겨 주었다. 기술의 발전은 부유한 계층들에게 인류가 모든 문제를 해결할 수 있는 새로운 유토피아를 향해서 나아간다는 희망을 심어 주었다. 이러한 확신을 지탱해 주었던 것은 당시의 유명한 철학자들의 진보주의적 주장이었다. 이 철학자들은 헤겔(178쪽 참조)의 영향을 받아서, 새로운 발명의 가시적인 발전과, 유럽의 비교적 평화로운 시기(1815-1914년)는, 인간 사회와 지식이 완전을 향해서 발전해 나가는 징표라고 전제하였다. 대박람회가 개최되자 그것은 과거의 문제들이 기술적 발전에 의해서 해결된다는 명백한 증거로 여겨졌다. 많은 자유주의 신학은 이러한 낙관주의의 영향을 받았고 인류에 대한 장미빛 미래를 예언하기도 하였다. 그러나 제1차 세계 대전은 이러한 낙관주의를 여지없이 무너뜨려 버렸다.

지상에서의 타자에 대한 지옥
소수의 사람들이 부와 사치를 누리던 때, 수백만 명의 사람들은 가난과 병의 노예가 되어 있었다. 공장은 일하는 노동자들과 돌아가는 시계로 분주했고 상당수의 어린이들이 위험한 조건 하에서 땀 흘리고 있었다. 하지만 고용주들은 이들을 소모품이나 교환 가능한 부품으로밖에는 취급하지 않았다. 이러한 상황에서 사회의 어두운 부분을 직시하던 사람들은 그 사회의 기본적인 부분에 대하여 물음을 제기하였다. 기독교인들은 사회가 완전을 향해 나아가고 있다고 생각하는 사람들과, 사회의 법률과 제도를 ― 복음적 개혁가와 교황청 같은(199쪽 참조) ― 기존의 방법을 통해서 바꾸어야 한다고 믿는 사람들, 그리고 오직 혁명적 변화만이 정의를 이룰 수 있다고 믿는 사람들로 갈라졌다. 이 마지막 그룹에 속한 기독교인들은 때때로 카를 마르크스로부터 큰 영향을 받은 사람들이었다.

산업의 부를 만든 고통
위의 프랑스 광산 노동자들처럼 많은 사람들은 극히 적은 보수를 받고 하루에 16시간 이상, 일주일에 엿새를 일하였다. 공휴일은 거의 없었고 아예 없는 경우도 있었다.

카를 마르크스와 기독교 사회주의
마르크스는 종교를 "민중의 아편"이라고 일축해 버린 것으로 유명한 무신론자였다. 종교는 인류의 잘못되고 파괴적인 고안품이라는 것이다.

많은 기독교인들은 마르크스의 무신론을 비판하면서도 그의 철학의 여러 측면에 대해 매력을 느꼈다. 영국에서는 J. F. D. 모리스, 토머스 휴즈, 찰스 킹슬리 같은 몇몇 기독교 지도자들이 기독교 사회주의 운동을 창시하였다. 미국의 목회자들은 거의 예외 없이 사회주의를 반대하였다. 예외적인 사람은 얼마 안 되었는데, 그중에서 가장 유명한 사람은 월터 라우센부시였다. 그는 뉴욕의 헬스 키친 슬럼 가의 침례교 목사로서 "사회 복음"을 주장하였다. 즉 하느님의 나라는 지상적인 것으로, 경제적·정치적인 정의를 통해서 실현된다는 것이었다.

산업 사회 속의 기독교

19세기 후반, 서방 교회는 급속하게 성장하는 대도시, 우울한 도시의 가난, 끊임없는 변화가 일어나는 새로운 세계에 직면하였다(191쪽 글상자 참조). 어떤 기독교인들은 가난한 이들의 고통을 제거하기 위하여 사회의 구조를 바꾸려 하였고, 구세군과 같은 비교파적인 단체를 만들기도 하였다. 구세군은 자신들의 목회 활동을 가장 유연한 방식으로 이끌어 갔다. 새롭게 형성된 노시의 대중들을 위한 영적이고 사회적인 목회 활동을 교단 차원의 주요 업무로 정한 교단도 있었다.

교회의 재조직

역사가 오래된 교회들은 경직된 구조로 말미암아 장애 요소가 많이 있었다. 예를 들어 교구 제도는 도시의 폭발적인 인구 증가에 신속하게 대처하기 어려웠다. 영국 국교회 목회자 구제회(1836년에 결성됨)와 같은 단체는 보다 많은 성직자들을 안수하고 지원하였다. 거대 교구가 분할되면서 새로운 교회가 생겨났으며, 부유한 교구는 재정적으로 가난한 교구를 도와 주었다.

감리교와 침례교는 이제 막 형성되기 시작한 중산층과 빈민층의 영적인 요구에 대해서 가톨릭 교회나 성공회보다 한층 신속하게 대응할 수 있었다. 각 교단들은 비공식적인 만남의 기회를 가지고, 각 지역의 설교자들이 대중들의 요구와 관심을 자신의 것으로 여기며, 교회 지도자들이 노동자들과 함께 적극적으로 노동 문제를 상의하면서 복음의 메시지를 대중들에게 전파하였다. 전도자들은 적빈층(赤貧層)이 필요로 하는 것을 마련해 주기 위해서 교회당(chapels)이라고 불리는 선교 교회를 세워 나갔다. 이들은 이제 새로운 선교 영역이 전개되고 있음을 깨달았던 사람들이었다. 교회당은 기본적인 음식으로부터 시작해서 옷가지들, 고아원과 학교에 이르기까지 모든 것을 장만해 줌으로써 사람들의 영적이고 물질적인 요구에 부응하고자 노력하였다.

가정 선교 현장

가장 크고 영향력 있는 선교 교회당은 런던에 있는 대도시 장막 교회였다. 이 교회는 거기서 사역하던 명설교가 찰스 해던 스퍼전 목사의 이름을 따서 지어졌다. 회중교회 목사의 아들이었던 스퍼전(1834-92년)은 1850년 회개한 이후 침례 교회에 합류하였다. 20대부터 설교가로서의 능력을 발휘했던 그가 설교하던 교회당은 설교를 들으러 오는 청중을 모두 수용하지 못할 정도였다.

1850년대에 그를 위해서 거대한 교회가 지어지는 동안, 스퍼전은 매주 서레이 음악 홀에서 만 명이 넘는 청중 앞에서 설교하였다. 그가 지은 대도시 장막 교회는 1861년에 완공되었다. 약 6,000명을 수용할 수 있는 이 다기능적인 교회는 스퍼전이 세상을 떠날 때까지 그의 모교회가 되었다. 그는 매달 『칼과 흙삽』이라는 잡지를 발행하고, 2,000편이 넘는 설교집과 『나의 학생들을 위한 강의』, 『주석하기와 주석』이라는 책을 발간하는 등 많은 업적을 남겼다. 또한 그는 500명의 원아를 수용할 수 있는 스톡웰 고아원을 설립하고, 성서와 소책자를 보급하는 콜포테이지 회를 만들었으며, 목회자 대학을 설립하였다. 영국에 미친 그의 영향은 미국에서의 무디의 역할과 비슷하다. 두 사람 모두 복음 전도의 영웅으로 기억되는 것이다.

사회 개혁자들

많은 지도자들은 국가가 복음의 가치를 확실하게 인식하도록 법을 바꾸어 나갔다. 영국 새프츠베리의 귀족인 앤터니 애슐리 쿠퍼(1801-85년)는 윌리엄 윌버포스(180쪽 그림 설명 참조)로부터 복음 전도 운동의 지도자 자리를 물려받아서 버림받은 사람들을 위한 기독교 자선 운동을 펼쳐 나갔다.

쿠퍼는 정신병을 앓는 사람들의 문제, 가난한 자들의

기도에 힘입은 사랑

독일의 복음주의자 게오르게 뮐러(1805-98년)는 깊은 신앙이 어떻게 끔찍한 문제를 해결할 수 있는가를 잘 보여 준다. 목회자로서 일하기 위해 영국에 온 뮐러는 하느님이 필요한 모든 것을 주시리라 믿고 봉급을 받지 않았다. 브리스톨 근처의 애슐리 다운에 가난한 사람들과 집 없는 아이들을 위한 집을 지을 때에도 그는 그 원칙을 고수하였다. 즉 뮐러는 기금을 마련하지 않고 하느님께 기도했는데 다섯 개의 고아원을 지을 정도로 충분한 돈을 마련할 수 있었다. 그는 70살에 17년간 지속한 복음 전도 사업을 시작하면서 수백만 명의 사람들에게 가까이 다가갔다.

크리스털 팰리스에서 설교하는 스퍼전(1857년)

스퍼전은 정기적으로 대중들 앞에서 설교하였다. 이것은 가장 큰 집회였는데 23,654명이 모여서 하루 동안 금식하고 기도하였다. 그는 이렇게 설교하였다. "죽은 자들이 있습니다. 여러분들은 그들을 일으켜야 합니다. 고난을 당하는 사람들이 있습니다. 여러분은 그들을 위로해 주어야 합니다. 무거운 짐을 진 사람들이 있습니다. 여러분은 그들에게 짐을 지워 주시는 분을 가리켜 주어야 합니다."

표도르 도스토예프스키

표도르 미하엘 도스토예프스키(1821-81)는 러시아 문학사 중에서도 가장 뛰어난 소설가로 꼽힌다. 그의 작품은 인간의 제도가 사회에 떠넘긴 악을 그려 내고 있으며 그리스도의 고난을 통해서 삶의 슬픔으로부터 구원되는 모습을 그린다.

그는 한때 이렇게 예언하였다. "인간의 자족함을 설파하는 유물론과 무신론의 설교자들은 개선과 부활을 가장하여 말할 수 없는 어두움과 공포를 준비하고 있다."

망명과 투옥, 가난, 간질병, 가족을 잃어버리는 고난에도 불구하고 도스토예프스키는 『죄와 벌』, 『지하생활자의 수기』, 『백치』, 『카라마조프 가의 형제들』 등의 명작을 남겼다.

이 작품들은, 인간은 하느님을 필요로 하며 인간 관계와 제도가 부적절함을 강조하고 있다.

70세에 모스크바의 원로 대주교가 된 존 베니아미노프(1797-1879년)에 의해 큰 추진력을 얻었다. 베니아미노프는 모든 교인들에게 선교에 대한 확신을 심어 주었다. 러시아 선교사들은 중앙 아시아의 오지(奧地)인 알타이 산으로부터 중국과 일본에 이르기까지 교회를 설립하였다. 그러나 교회의 지도층들은 국가와의 밀월을 즐기고 있었다. 교회의 부패와 사치로 인해서 톨스토이와 같은 이상주의적 지성인들은 교회로부터 멀어졌으며 심지어 교회를 버리기도 하였다.

> "하느님의 모든 피조물을 사랑하라. 피조물 전체를 사랑하고, 피조물 안의 모래 알갱이 하나에도 사랑을 주어라. 잎사귀 하나도, 하느님의 빛 한줄기도 사랑하라…… 만일 그대가 모든 것을 사랑한다면 그대는 모든 것 안에서 하느님의 신비를 알게 될 것이다."
>
> 표도르 도스토예프스키

러시아에서 기독교라는 이름은 불의와 외국인 혐오증과 통하는 말이 되었다.

이 기간 동안 러시아 교회의 힘은 중심에서가 아니라 뿌리로부터, 다시 말해서 수많은 농부들의 깊은 신앙과 정교회 예전이 지닌 초시간적인 아름다움, 그리고 장로(startsy)들로부터 나온 것이었다. 장로란 다른 이들을 영적으로 지도하던 은둔자들이었다. 장로 중에서 가장 유명한 인물은 전국적인 영향력을 가지고 있던 사로프의 성 세라핌(오른쪽 설명 참조)이었다. 그 다음으로는 레오니드(1768-1841), 마카리우스(1788-1860년), 암브로스(1812-91) 등 오프티노의 수도원과 연결된 일련의 은둔자들이 있었다.

러시아 사람들은 은둔자들에게 자신의 문제에 대해 물었고 은둔자들은 지성인과 작가들에게 직접적인 영향을 주었다. 도스토예프스키와 톨스토이도 그들의 영향을 받았다. 영적인 열정을 지닌 사람들은 비단 그들만이 아니었다. 아토스 산에서 훈련받은 우크라이나 출신의 수도사 성 파이시 벨리크코프스키(1722-94년)로부터 시작된 수도원 재건 운동으로 말미암아 러시아 수도원은 크게 증가하여 1810년에 452개에 불과하던 수도원이 1914년에는 1,025개로 늘어났다.

외방 선교

정교회의 내적 갱신 운동은 선교를 향한 새로운 비전으로 그 열매를 맺었다. 이 운동은 40년 이상 알류샨 열도와 동시베리아에서 활동하다가 수도원으로 은퇴하고, 다시

은자의 삶

19세기 러시아의 은자 가운데서 가장 유명한 인물은 사로프의 성 세라핌(1759-1833년)이었다. 그는 19세에 사로프의 수도원에 들어갔으며 35세에 은둔 생활에 들어갔다. 1,000일 밤을 계속해서 기도하는 등의 고행을 거친 후 그는 56세에 자신을 방문하는 사람들의 요청에 응하기로 결정하였다. 하루에도 수백 명의 사람들이 그를 찾아와 만나고 간다는 사실은 사람들에게 널리 알려졌다. 그는 병자를 치료하고, 묻기도 전에 그 사람에게 대답했다고 한다.

교황을 떠나는 차르와 차리나

마지막 차르 니콜라스(1881-1917년 재위, 위의 사진에서 황비 알렉산드라와 함께 있음)처럼 몇몇 차르는 개인적으로 경건한 사람이었던 반면에, 사회적 질서를 개혁하려는 황제는 아무도 없었다. 이러한 상황에서 러시아 정교회는 말없이 순종하고 있었고, 심지어는 침례교나 루터 교같은 다른 기독교 종파를 억누르는 데 국가의 힘을 이용하기까지 하였다.

동방 교회

> "하느님의 성령이 사람에게 내려와 그 임재의 충만함으로 뒤덮으면 그 사람의 영혼은 말할 수 없는 기쁨으로 넘치게 된다. 왜냐하면 성령은 그가 만지는 모든 것을 기쁨으로 채우시기 때문이다."
>
> ─ 사로프의 세라핌

19세기는 러시아나 동구 유럽의 정교회에게 위대한 세기였다. 러시아에서는 정교회의 영성과 문학이 꽃을 피웠고, 오토만 제국의 패배로 말미암아 그리스 교회와 발칸 반도의 교회가 과거의 족쇄를 벗었다.

국가 교회

19세기에 들어오면서 오토만 제국의 국경은 점점 후퇴하고 있었다. 이와 함께 새롭게 독립한 국가들은──러시아 교회가 이미 1453년 이후 그러했던 것처럼──교회를 콘스탄티노플 주교의 관할로부터 떼어 냈다. 콘스탄티노플의 주교는 에큐메니컬 주교라는 명칭을 다시 얻으면서 명목상의 우위권은 회복했지만, 동유럽 교회를 더 이상 장악할 수 없게 되었다. 그리스 교회는 1833년에, 루마니아 교회는 1864년에 세워졌다. 수세기 전부터 독립을 주창해 오던 불가리아 교회와 세르비아 교회는 1871년과 1879년에 각각 자율권을 획득하였다.

교리나 예배 형태는 전혀 변한 것이 없었다. 변한 것은 오직 콘스탄티노플 주교와의 관계뿐이었다. 정교회는 신앙에서는 일치를 보였지만 구조면에서는 그렇지 않았다. 이처럼 교회 구조가 재조직화된 것은 정교회 세계에서 교회와 국가가 점점 일치해 가고 있었기 때문이다. 하지만 그 결과 교회는 때때로 국가를 지지하는 잔혹한 국수주의로 빠지거나, 소수파의 사람들을 박해하는 데 앞장서게 되었다.

러시아의 영광과 독재

국가와 교회의 결합이 가장 확실하게 이루어졌던 곳은 러시아였다. 국민들의 모든 생활에 영향을 미쳤던 교회도 정치와 관련된 사안만큼은 국가의 지도를 받았다. 교회는 국가가 행하는 모든 일마다 축복을 내려 주었다. 국가가 유대인들이나 가톨릭교인들, 그리고 다른 소수파 사람들을 박해할 때에도 교회는 똑같이 되풀이하였다. 그 결과

러시아 쿠르스크 지방의 종교 행렬

19세기 러시아의 평범한 농부들의 깊은 신앙은 서방 사람들을 놀라게 했다. 교회의 힘은 광활한 러시아에 흩어져 있는 수많은 마을에 깃들어 있었고 그곳에서는 생활의 리듬이 교회의 축제와 성사에 의해서 운행되고 있었다. 정교회의 교리와 실천은 여기에서 변함없이 지배적이었지만, 서방에서는 종교 개혁 이래로 이러한 현상이 이해할 수 없는 일이었다.

도망나온 노예들의 기도회

남북 전쟁 이후 자유를 얻은 노예들은 자신들만의 교회를 형성하면서 침례교나 감리교와 연합하였다. 하지만 교회 내의 인종 차별주의는 사라지지 않았다. 사람들은 인종 차별주의와 싸우기 위해서 여러 가지 운동을 벌였다. 초기의 오순절 교회(201쪽 참조)가 가장 두드러졌지만 이 교회도 곧 흑백으로 갈라졌다. 인종 차별주의는 1890년대까지도 남아 있었다.

사람도 있었다. 해리어트 비처 스토 역시 노예 제도의 불의함과 수치스러움을 상세하게 다룬 소설 『톰 아저씨의 오두막집』을 통해서 반노예 제도 운동에 기여하였다. 이 책이 가져다 준 충격은 대단한 것이어서 링컨도 그녀를 만나자 "아! 당신이 이 엄청난 전쟁을 일으킨 그 자그마한 부인이시군요."라고 말했다고 한다.

남부에서는 주요 교단의 대표적 목사와 지도자들이 노예 제도를 찬성하고 나섰다. 침례교와 감리교, 장로교 같은 교단은 이 문제로 인해서 분열되었다. 전쟁이 끝난 후 적대감은 사라졌지만 북부와 남부 교회 사이의 균열은 거의 모든 교단에 남아 있어서 교회는 20세기 초까지 계속 갈라져 있었다. 그 결과 미합중국은 문자 그대로 수백 개의 크고 작은 교단의 근거지가 되었다.

위대한 복음 전도자

이처럼 종교적으로 조각난 상황 속에서 미국 종교가 낳은 하나의 거대한 인물이 역사 속으로 성큼 들어섰다. 드와이트 L. 무디(1837-99년)가 바로 그 사람이었다. 그는 매사추세츠 주 이스트 노스필드의 가난한 가정에 태어났다. 17살에 집을 나와 구두 판매원이 되었던 그는 교육이라고는 거의 받지 못했으며, 당시의 보고에 의하면 대단한 연설가도 아니었다. 그러나 그는 대략 1억 명에 이르는 사람들 앞에서 설교했고 수천 명을 회개시켰다. 또한 그는 두 개의 학교와 성서 대학, 두 개의 기독교 출판사까지 설립하였다. 그는 실로 엄청난 영향을 미쳤던 복음 전도 운동의 중심 인물이었다. 무디의 영향으로 수천의 젊은이들이 선교사로 파송되었다. 무디나 다른 복음 전도자의 활동으로 말미암아 미국 교회의 에너지가 다시 한 번 소생함으로써 미국 기독교는 19세기 말 아마도 세계 기독교 중에서 가장 큰 세력으로 부상하였다.

무디의 주일 학교

무디는 특히 도시의 가난한 사람들을 대상으로 한 부흥 사역에 관심을 갖고 있었다. 1860년에 그는 직업을 그만두고 전도자로서 지역 YMCA(193쪽 참조)와 함께 일하면서 1,500명 이상의 어린아이들을 가르치는 주일 학교 사역을 시작하였다.

> "나는 이 세상을 난파한 배로 여기고 있다. 하느님은 내게 구명선을 주시면서 말씀하셨다. '무디, 네가 구할 수 있는 모든 사람들을 구원하여라.'"
> ─ 드와이트 L. 무디

파니 크로스비

의사의 부주의로 말미암아 기독교 역사상 가장 위대한 찬송가 작사가 중 한 사람이 태어난 지 6주 만에 실명하였다. 이러한 핸디캡에도 불구하고 파니 크로스비(1820-1915년)는 2,000곡이 넘는 찬송가를 작곡했으며 그보다 더 많은 종교시를 썼다. 1850년의 부흥회에서 그녀는 자신의 삶을 그리스도에게 바쳤고, 1858년에는 자신이 가르치고 있던 뉴욕 맹인 기관에서 맹인 교사이자 음악가인 알렉산더 반 앨스타이어와 결혼하였다. 파니의 심오한 영적 찬송가를 작곡해 준 것은 바로 남편이었다. "예수로 나의 구주 삼고,"(204장/역자 주) "하느님께 영광을," "자비한 주께서 부르시네,"(321장/역자 주) "내 기도하는 그 시간,"(482장/역자 주) "나의 갈 길 다 가도록"(434장/역자 주)이 그녀의 작품이다.

> "하느님께서는 너무 선해서 진리가 될 수 없는 약속은 결코 하지 않으셨다."
> ─ 드와이트 L. 무디

새로운 종교

19세기 미국에는 새로운 종교들이 우후죽순처럼 생겨났다. 몰몬 교, 여호와의 증인, 크리스천 사이언티스트, 그리고 이보다는 덜 인기를 끌었던 여러 소종파들이 만들어진 것이다. 이러한 새로운 종파들은 카리스마적인 창시자와 — 성서와 연관된 — 새로운 "계시"를 결합시키면서 다양한 신앙을 만들어 냈다. 참가자들에게 요구되던 에너지와 헌신은 교회에 충실하게 나가지 못하던 사람들을 부끄럽게 만들었다. 이 새로운 종교들은 전 세계로 퍼져 나갔다.

1851년부터 1866년까지 학장으로 재직하였다. 피니는 1875년 세상을 떠나기까지 계속해서 부흥 집회를 인도하였다. 어떤 이들은 피니의 부흥 집회를 통해서 약 50만 명이 넘는 사람들이 회개했다고 한다. 또한 피니는 여권(女權) 신장이나 노예 제도의 폐지와 같은 사회적 문제를 위해서도 적극적으로 활동했던 인물이었다.

노예와 남북 전쟁

미국 역사상 가장 아프고 부끄러운 부분인 노예 제도로 말미암아 1861-65년의 남북 전쟁이 일어났다. 이 전쟁은 미국이 경험했던 가장 피비린내 나는 전쟁이었다. 당시 미국에는 400만 이상의 노예들이 있었는데, 남북 전쟁의 도화선이 되었던 것은 1860년 에이브러햄 링컨이 대통령으로 선출되면서부터였다.

링컨은 노예 폐지론자는 아니었지만 노예 제도를 개탄하면서 노예 제도가 남부 이외의 지역으로 확산되는 것을 반대하였다. 그가 대통령으로 선출되자마자 노예 제도를 합법적으로 인정하던 남부의 주들은 미합중국으로부터 탈퇴해서 독립적인 남부 연방을 구성하였다. 처음에 그들은 곳곳에서 승리를 거두었다. 그러나 남부 연방의 장군 로버트 E. 리가 게티스버그에서 처참하게 패배한 이후 전세는 역전되기 시작하였으며, 2년 후인 1865년 4월 9일, 리 장군은 애퍼매톡스에서 북군의 사령관 율리시스 S. 그랜트에게 항복하였다. 전쟁이 끝난 후 13차 헌법 수정안은 노예 제도를 완전히 삭제해 버렸다. 불행하게도 링컨은 한 암살자의 흉탄에 쓰러졌기 때문에 백인과 흑인, 남과 북이 화해하려고 애쓰는 모습을 볼 수는 없었다.

노예 제도의 폐지와 분열

19세기 전반부에 노예가 엄청나게 불어나면서 노예 제도의 폐지를 둘러싼 격렬한 논쟁이 전국적으로 일어났다. 전쟁 이전이나 이후, 그리고 전쟁 기간 동안에도 교회는 노예 제도를 찬성하는 측과 반대하는 측 모두에게 중요한 역할을 하였다. 노예 폐지론을 주장하는 기독교인들은 노예 제도는 악으로 규정해야 한다는 도덕적 분위기 형성에 일조하였다.

첫번째 행동주의자들 속에는 프레드릭 더글러스와 같은 기독교인 지도자들이 포함되어 있었다. 더글러스는 한때 노예였지만 훗날 노예 폐지를 주장하는 잡지 『북극성』의 편집장이 되었다. 또 북부에서 노예 제도를 반대하는 설교를 하였던 뜨거운 복음주의자 시어도어 드와이트 웰드와, 대통령에 출마했던 노예 폐지론자 제임스 G. 버니 같은

노예, 헌법, 대통령, 교회

1700년대 남부의 기독교인들 대부분은 노예 제도가 잘못된 것임을 인정하면서도 필요악이라고 생각하였다. 그러나 19세기에 그들은 노예 제도를 변호하기 시작하였다. 사람들은 설교와 팜플렛 등을 통해서 성서를 해석하면서 노예 제도를 정당화했고, 대다수의 의견에 저항하는 목사들은 교단이 검열을 통해서 막았다. 헌법이 초안될 때 노예 제도를 없애려는 움직임이 있었지만 노예 제도가 없어질 경우 자신들의 경제적 기반이 붕괴될 것을 우려한 남부 대표들의 반대로 좌절되었다. 결국 승리한 것은 탐욕이었다. 미국의 헌법은 대통령 선거를 결정하는 선거 위원단을 헤아리기 위해서 노예를 한 사람의 5분의 3으로 등록했던 것이다.

시간과 인간

교회의 공식 지도자들과 달리 평신도들은 노예 제도에 맞서 싸웠으며 기독교 정치가들도 헌법상의 오류를 수정하기 위해 투쟁하였다. 에이브러햄 링컨(1809-65년)은 보잘것없는 배경으로 등장해서 미국의 16대 대통령이 되었다. 위대한 영적 깊이를 지닌 인물이었던 링컨의 연설과 행동은 그의 종교적 확신을 반영하였다. 그가 노예 제도를 증오함으로써 남북 전쟁이 발발하게 되었다. 인디애나의 개척지에서 자란 링컨은 하드셀 침례 교회를 다녔으며, 책을 구하기 어려웠기에 『천로역정』과 성서를 되풀이해서 읽었다. 당시에는 으레 그랬지만 링컨은 자신의 신념을 말로 나타내기보다는 그리스도에 대한 신앙을 표현하면서 때때로 연설에서 성서를 인용하였다. 그는 친구에게 이런 글을 썼다. 그대가 할 수 있는 대로 이성에 의해서 이 책을 읽고 신앙에 균형을 유지해 보시오. 그러면 그대는 보다 나은 삶과 죽음을 맞이하게 될 것이오." 링컨은 이렇게 말한 적도 있다. "이 나라가 우리의 선택에 의해서 노예의 나라가 된다면 우리는 자유로운 사람이 될 수 없습니다. 다른 사람의 자유를 부정하는 사람은 자유를 누릴 자격이 없습니다." 불행히도 링컨은 노예 제도가 남겨 놓은 분열과 불평등을 끝내지 못하고 세상을 떠났다.

해방 선언을 하는 링컨
1863년 1월 1일, 이 대통령의 선언은 남북 전쟁의 목표 중 하나가 노예 제도의 폐지임을 선언하였다. 링컨 자신은 "위대한 해방자"라는 별명을 얻었다.

보기 시작하였다. 급작스럽고 감정적인 회개, 교육도 별로 받지 못한 채 스스로 목사가 된 사람들의 적극적인 활동은 보수적인 교단 지도층의 경계심을 불러일으키기에 충분하였다. 그 결과 '그리스도의 제자들'이나 '컴버랜드 장로교회'처럼 기성 교회로부터 일탈한 소종파들이 생겨났다. 이 그룹들은 제도에 얽매이지 않는 자신들만의 회중 교회 형태를 정착시켰으며 서쪽으로 펼쳐지는 개척지에 부흥의 불길을 계속 지펴 나갔다.

1810년경 시작된 제2차 대각성 운동의 다음 단계는 뉴 잉글랜드 주에서 시작되었다. 예일 대학교 총장이자 조너선 에드워즈(168쪽 글상자 참조)의 손자인 티모시 드와이트의 영향을 받은 이 부흥 운동은 제1차 대각성 운동보다 더 보수적이고 국수적인 색채를 띠었다. 이 운동의 지도자 가운데 보스턴의 웅변가이자 장로교 목사였던 라이먼 비처는 국가의 장래가 도덕적·영적·교육적 개혁과 발전에 달려 있다고 주장하였다.

부흥의 대가

찰스 피니(1792-1875년)는 신학의 냉철한 이론을 설교하는 사람들의 부흥 집회에서 감정적인 힘을 모았다. 그는 그렇게 함으로써 자신을 따르는 복음 전도자를 위한 설교 방식과 지적 내용 모두의 기준을 마련하였다.

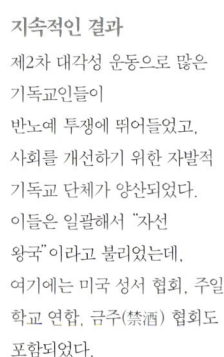

찰스 피니

제2차 대각성 운동의 마지막 단계는 1825년에 시작되었다. 이번 대각성 운동의 중심은 찰스 G. 피니였다. 회개한 후 변호사라는 직업마저 버리고 장로교 목사가 되었던 피니는 뉴욕 주 서쪽에서 설교하였다. 그는 법정에서 사용하던 수사학적 기술을 설교에 많이 이용하였다.

피니가 성공을 거두자 종교 지도자들은 처음에는 반신반의하였다. 라이먼 비처는 피니가 보스턴에 들어와서는 안 된다고 주장하였다. 하지만 그의 주장은 실효가 없었다. 북동쪽을 순회하면서 여러 교회에서 설교하던 피니는 마침내 뉴욕으로 가서 제2 자유 장로 교회의 목사가 되었고, 후에는 브로드웨이 성막회중 교회에서 시무하였다. 1835년 그는 오하이오로 가서 오벌린 대학의 신학 교수를 지냈으며,

> "부흥이란 바로 하느님에게 새롭게 순종하기 시작하는 것이다."
>
> 찰스 피니의 "종교 강의"에서

기도의 능력

매사추세츠 주의 이스트햄에서 있었던 집회에서 기도하는 이 그림은 제2차 대각성 운동의 특징이었던 열렬한 헌신과 확신을 상기시켜 준다. 이러한 부흥 운동은 가시적인 효과를 낳았다. 피니가 1830-31년에 뉴욕 주 로체스터에서 선교한 이후, 범죄율은 삼분의 이 가량 감소하였다. 뉴욕 주의 한 교구는 "불타 버린 교구"라는 별명까지 얻었는데 그 까닭은 그 교구가 부흥의 불길을 여러 차례 경험했기 때문이었다.

지속적인 결과

제2차 대각성 운동으로 많은 기독교인들이 반노예 투쟁에 뛰어들었고, 사회를 개선하기 위한 자발적 기독교 단체가 양산되었다. 이들은 일괄해서 "자선 왕국"이라고 불리었는데, 여기에는 미국 성서 협회, 주일 학교 연합, 금주(禁酒) 협회도 포함되었다.

제3차 대각성 운동

1840년 이후 제2차 대각성 운동은 시들해져 갔지만 1857년 부흥 운동이 다시 일어나 2년 동안 지속되면서 미국 전체에서 수많은 기도 집회가 끊이지 않았다. 뉴욕에서만 하루에 10,000명의 사람들이 기도하기 위해서 모였으며 미국 전역에서 여러 집단 개종이 보고되었다. 이것은 온 나라의 뉴스거리가 되었고 많은 미국인들이 외국 선교에 자원하게 되었다. 1858년에 부흥 운동은 대서양을 건너갔고 영국 교회에서도 집단적인 기도와 개종, 거룩함과 선교에 대한 관심의 물결이 일어났다.

미국의 기독교

엘리자베스 앤 세턴

"마더" 세턴으로 더 잘 알려진 엘리자베스(1774-1821년)는 뉴욕의 성공회에서 자라났지만 1803년 남편이 세상을 떠나자 가톨릭으로 개종하였다. 1809년, 수년 동안 교사 생활을 하면서 다섯 명의 아이들을 돌보던 엘리자베스는 아이가 있는 미망인과 고아들을 위해서 매릴랜드 주 볼티모어 근처에 기숙 학교를 세웠다. 엘리자베스와 다른 부인들은 청빈과 순결을 요구하는 프랑스의 성 뱅상 드 폴의 자애의 자매회(159쪽 참조)에 서약했으며, 1812년에는 미국에 자애의 자매회를 설립하였다. 그녀의 지속적인 영향으로 미국에 가톨릭 교구 학교 제도가 생겨났다. 1975년 그녀는 미국에서 태어난 기독교인으로서는 처음으로 성인으로 시성되었다.

주요 교단들은 미국의 독립 전쟁을 강력히 지지했지만 전쟁이 교회에 미친 일차적인 충격은 대단한 것이었다. 교회 건물들이 불타거나 파괴되었을 뿐만 아니라 수백 명의 목사들과 교인들이 전사함으로써 생겨난 지도력의 공백은 쉽게 메워질 수 없었다.

제2차 대각성 운동

더욱이 경험주의나 합리주의와 같은 세속적인 유럽 철학들이 인기를 누리면서 위에서 말했던 부정적인 상황은 더욱 심각해졌다. 그 결과 교인들의 수가 줄었고 사람들은 종교에 대해서 무관심해져 버렸다. 하지만 18세기가 끝날 무렵 다시금 부흥 운동이 미국 전역을 휩쓸게 되었다. 제2차 대각성 운동이라고 불리는 이 운동은 1795년 켄터키와 테네시의 개척 마을에서 제임스 맥그레디나 바턴 W. 스톤과 같은 열렬한 복음주의자들의 야외 집회에서 시작되었다. 수만 명의 시골 개척자들이 기독교에 대한 감정을 격양시키는 이러한 집회에 참석하였다. 대부분의 사람들은 집회 장소에 여러 날 동안 머물면서 격렬하게 쏟아져 나오는 설교를 경청하고 찬송가를 수없이 불렀다. 그리고 그들은 마침내 강에 들어가 세례를 받고, 친구들과 가족의 구원을 위해서 열심히 기도하게 되었다.

야외 집회가 인기를 끌면서 부흥 운동이 서쪽으로 계속 번져 나가자 기존 교회들은 이 운동을 의심과 경멸의 눈으로

"하느님의 능력이 모든 집회를 뒤흔드는 것 같았다."
부흥 설교자
제임스 맥그레디

유럽의 팽창 시기

유럽인들이 이전보다 선교에 더 관심을 기울이게 된 데에는 여러 가지 이유가 있었다. 18세기 말, 유럽의 항해사들은 모든 대양을 항해하면서 대부분의 대륙들의 윤곽을 그려 냈으며 신세계의 상당 부분을 식민지로 삼았다. 남대양을 가로질러 항해했던 영국 선장 제임스 쿡 같은 탐험가들은 영웅 취급을 받았는데, 그는 신화에 나오는 남쪽의 거대한 대륙이 실제로는 존재하지 않는다는 사실을 밝혀 냈다. 유럽인들이 멀리 떨어져 있는 대륙에 대해 알게 되자 그들 가운데 기독교인들은 예수 그리스도의 이름을 들어보지 못한 그 지역의 사람들을 생각하게 되었다.

여행 수단

동시에 유럽의 무역과 제국이 팽창하면서 배들이 정기적으로 모든 대륙으로 항해하게 되었다. 유럽, 특히 영국, 프랑스, 독일에서 괄목할 만한 영적 부흥 운동(177-78쪽, 196쪽 참조)이 일어남으로써 많은 사람들이 기꺼이 선교사로 활동하겠다고 자원하였다. 유럽의 세력이 강대해지자 선교사들의 활동도 편해졌고 선교사들도 세력과 타협하게 되었다. 기독교는 식민지 사람들의 눈에는 상업과 유럽 문명과 불가분의 관계로 비쳤다. 많은 선교사들이 식민지 사람들을 착취하려는 장사꾼이나 노예 상인들에게 저항했지만 식민지 사람들에게 기독교는 때로 억압자의 종교로 보이곤 하였다.

영감과 모방

외방 선교가 발전하면서 영웅적인 선교사들의 노력이 유럽과 북아메리카로 들려오게 되자 그것은 많은 기독교인들에게 '선교 현장'에 가서 그리스도의 복음을 섬기려는 신앙과 용맹성을 심어 주게 되었다. 가장 오지라고 할 수 있는 티에라 델 푸에고에서 1850년 추운 겨울날 아사(餓死)한 일곱 명의 영국 선교사들의 이야기가 유명한 예가 될 것이다. 그들 중 한 명인 앨런 가디너는 죽기 전에 이런 일기를 남겼다. "우리는 가난하고 약하나……하느님이 여기 계심을 느끼고 있다. 잠들든지 깨어 있든지 나는 말할 수 없을 정도로 기쁘다." 이러한 자기 희생의 이야기가 많은 청년들의 마음에 불을 지폈던 것이다.

쿡 선장의 배, "발견자"

> "하느님으로부터 위대한 일들을 기대하고 하느님을 위해서 위대한 일들을 시도하라."
>
> 윌리엄 케어리의 표어

개발되었다. 수많은 사람들이 케어리의 선교 사역을 도왔는데, 그중에는 천재적 언어학자인 헨리 마틴(1781-1812년)도 끼어 있었다. 그가 세상을 떠나기 전 완성했던 우르두어 성서 번역은 지금도 현대어 번역의 기초로 남아 있다. 마틴은 또 페르시아어와 아랍어로 성서를 번역하는 일에도 폭넓게 관여하였다.

런던 선교회(1795년 설립)와 교회 선교회(1799년 설립)를 위시해서 다른 영국의 선교회들도 오세아니아, 중국, 인도, 아프리카, 아시아, 중동, 극동 아시아에 선교사를 파송하였다. 그들은 대개 '선교 본부(mission station)'를 기독교 센터로 세우고 나서 교회와 학교, 병원 등을 갖추는 방식을 택하였다.

가톨릭 선교사들은 교황 그레고리우스 14세(1831-46년 재위)의 각오를 새롭게 하였다. 스페인과 포르투갈 왕은 여전히 유럽 밖에 있는 모든 선교사들을 관장하려고 하였다. 그러나 그레고리우스는 교황 대리 주교(특정 교구가 없는 주교로서 교황에게 직속되어 있음)를 임명함으로써 왕들의 요구를 피해 갔다. 그는 195명의 선교사 주교를 임명하였고, 노예 제도와 노예 매매를 정죄하였다. 또한 그레고리우스는 더욱 많은 원주민들을 사제로 서품하도록 권했으며——이 일은 그다지 성공적이지는 못하였다——주교 임명권을 둘러싸고서 라틴 아메리카의 새로운 정부들과 싸웠다. 라틴 아메리카의 대부분의 나라들은 19세기 초에 독립을 쟁취하였다.

세상에 말씀을 전하기

1800년대에는 성서와 소책자 협회가 번성하였다. 이민자들이나 미국 원주민, 그리고 성서를 접할 수 없었던 사람들에게 성서를 보급하기 위해서 1816년에는 미국 성서 협회가 창립되었다. 1804년에 창립된 영국과 외국 성서 협회는 전 세계의 개신교와 가톨릭 내에 이와 유사한 단체가 생겨나는 효시가 되었다. 스코틀랜드, 아일랜드, 오스트레일리아, 뉴질랜드, 러시아, 독일, 네덜란드, 노르웨이, 스웨덴, 덴마크, 캐나다에도 협회가 생겨났다. 이들 협회들은 오늘날까지도 집단적인 작업을 계속하면서 모든 사람들에게 그들의 언어로 번역된 성서를 보급하고 있다.

선교의 새로운 시대

선구자

미국의 선구적 복음주의자 데이비드 브레이너드(169쪽 참조)의 잡지들은 초기 선교사들에게 큰 영감을 불어넣었다. 조너선 에드워즈(168쪽 글상자 참조)가 1747년에 썼던 책, 『종교의 부흥과 지상에서의 그리스도 왕국의 발전, 성서의 약속을 믿도록 하고 마지막 때에 관한 예언을 위한 특별한 기도 안에서 하느님의 백성들의 가시적인 일치와 분명한 동의를 촉진하기 위한 조그만 시도』는 이와 유사한 영향력을 가졌다. 이 책은 50년 이상에 걸쳐서 재판을 거듭하였다.

18세기가 막을 내릴 무렵 유럽인들은 점점 더 해외 선교에 관심을 가지게 되었다. 19세기에 들어오면서 선교사의 수가 증가하고 12개나 되는 선교 단체가 생겨났다. 북아메리카와 유럽의 거의 모든 나라가 선교사들을 지원하고 있었던 것이다. 선교 지원 사업은 영국, 프랑스, 독일, 벨기에에서 특히 활발하였다.

지도자와 선구자들

개신교 선교의 위대한 지도자요 추진자였던 윌리엄 케어리(1761-1834년)는 영국 노스앰프턴셔의 가난한 가정에서 태어났다. 그는 14살에 구두장이가 되었지만 개인적으로 공부에 전념한 결과, 이미 십대에 여섯 개의 언어를 구사할 수 있었다. 선교 사업에 대한 열정을 가졌던 그는 영국 침례교 선교회를 조직하는 일에 참여했고, 그 자신도 인도에 갔던 첫번째 선교사 중 한 사람이었다. 케어리와 동료들의 노력에 의해서 수많은 교회와 120개 이상의 학교가 인도에 설립되었다. 또한 40개 이상의 언어로 성서가 번역되었고, 의료 센터와 신학교가 문을 열었으며, 여인을 천시하던 전통을 개혁하는 사회적인 프로그램들이

선교사의 선구자 윌리엄 케어리

"현대 (개신교) 선교의 아버지"라고 불리는 영국의 침례교도 윌리엄 케어리는 독학으로 공부한 후 지칠 줄 모르고 봉사하면서 수많은 사람들을 선교 사업으로 인도하였다.

건초더미 그룹

매사추세츠 주의 윌리엄스타운에서 온 학생들이 1806년 폭풍 속에서 건초더미를 보관하는 오두막에 모여서 전 지구적인 선교 운동을 위해서 기도하는 가운데 선교 역사상 희귀한 일이 일어났다. 그들은 1808년에 형제회를 구성했지만 사람들은 그들의 중요한 모임이 있었던 상황을 떠올리면서 "건초더미 그룹"이라고 불렀다. 1810년 그들은 외방 선교를 위한 미국 위원회를 결성하였다. 이것은 미국에서 세계 선교를 위해서 만들어진 최초의 모임이었다.

남아프리카 부족과 협상하고 있는 선교사 존 캠벨(1812년)

선교사들의 집단적인 활동은 전 세계의 교육에 크게 기여하였다. 그들은 성서를 번역하기 위해서 많은 문자를 발명했기 때문에 그 동안 구두로 전달되어 내려오던 여러 문명들을 보존할 수 있었다. 1800년대 초, 성서 번역은 주로 개신교가 담당했고 후에 가톨릭도 참여하였다.

선교와 혁명

"신앙은……
신자들을
계속해서
몰아붙이기
때문에 신앙인은
이 세상에 안주할
수 없다."

쇠렌 키에르케고르

존 헨리 뉴먼

존 헨리 뉴먼(1801-90년)은 옥스퍼드 운동을 창시하도록 도왔으며, 1845년에 가톨릭으로 개종해서 1879년에는 마침내 추기경이 되었다. 학자로서도 유명한 뉴먼은 광범위한 분야에서 해박한 지식으로 쓴 글을 남겼다. 특히 그는 종교적 신앙의 본성에 근거하여, 기독교 교리의 발전에 관한 글을 많이 썼다. 뉴먼은 예리한 통찰력으로 이성과 상상력, 감정, 신앙 사이의 관계를 연구했고, 인간의 지식의 한계를 자각하면서도 이성에 현명하게 의지하였다.

뉴먼이 남긴 영향은 엄청난 것이었다. 제2차 바티칸 공의회(220-21쪽 참조)는 "뉴먼의 공의회"라고 불렀는데, 그 이유는 그의 생각이 공의회에 크게 기여했기 때문이었다. 위대한 신앙의 사람인 그는 "참된 종교는 마음에 숨겨진 생명이다."라고 말하였다.

"이른바 교육받은
세대의
죄는……눈에
보이는 사물에
의지하고, 눈에
보이지 않는 것을
잊어버린 나머지
그것들을
무시하는 것이다."

존 헨리 뉴먼

일하는 어린이들을 위한 생명선

19세기 초 많은 어린이들은 적은 식량을 벌기 위해서 하루에 16시간씩 일해야만 하였다. 그들은 일주일에 6일이나 일했으므로 교육을 받을 기회란 전혀 없었다. 그들의 생활을 개선하기 위해서 기독교는 주일 학교 운동을 일으켜서 일요일마다 가난한 아이들에게 읽기와 쓰기, 산수를 가르쳤다. 또한 아이들에게 성경 이야기도 가르쳤으며—아이들은 성경을 읽으면서 읽기를 배웠다—예배도 드렸다. 이런 주일 학교가 처음 시작된 것은 1780년경 영국에서였다. 이 운동은 로버트 레이크스(1735-1811년)에 의해서 널리 보급되었으며, 1835년까지 약 200만 명의 영국 어린이들이 주일 학교에 다니고 있었다. 이 운동은 유럽, 아일랜드, 스코틀랜드, 미국으로 신속하게 번져 나갔다.

외로운 천재

기독교 실존주의의 아버지로 알려져 있는 덴마크의 철학자 죄렌 애비 키에르케고르(1813-1855년)는, 자신이 무능하다는 의식과 죄책감으로 고통을 겪던, 우수에 찬 병적인 인물이었다. 그는 다른 사람과 함께 신조나 외우고 성사에 참여하는 것으로는 완전한 기독교를 결코 경험할 수 없다고 보았다.

키에르케고르는 신을 "절대 타자"라고 불렀다. 그러므로 신과 교통하기 위해서는 인격적인 "신앙의 비약"을 이루는 것이 본질적으로 중요하다. 이것은 객관적 진리나 종교적 교리와는 아무런 관계도 없다.

키에르케고르는 인간의 실존에 세 가지 단계가 있다고 보았다. 첫번째 미적 실존은 한 사람이 불완전성의 감정으로 말미암아 고통받으면서 순간을 위해서 사는 모습이다. 다음 단계인 윤리적 실존은 도덕적 삶을 살려고 하지만 좌절을 경험하고 자신의 불충분함을 발견한 후 죄의식을 지니는 실존을 말한다. 마지막 최고의 단계가 종교적 실존이다. 이는 개개인이 신의 완전한 뜻에 복종하지 않고서는 완전해질 수 없다는 사실을 깨닫는 단계이다.

윌리엄 윌버포스
윌버포스는 클래팜 파(派)라고 불리는 강력한 압력 집단을 이끌면서 사회 개혁을 위해 투쟁함으로써 기독교를 노동 현장에 다가가도록 만들었으며, 그 결과 노예 매매와 아동의 노동을 근절시켰다.

예수를 찾아서

사람들은 자유주의 신학의 유물론적 가정에 힘입어서 신약성서로부터 기적적이거나 초자연적인 것을 벗겨 내고 그 뒤에 있는 일상적인 인간 예수를 드러내고자 하였다. 페르디난트 바우르의 제자였던 다비드 프리드리히 슈트라우스(1808-74년)는 『예수의 생애』(1835년)를 출간하였다. 이 책에서 슈트라우스는 그리스도를 당시의 메시아적 기대에 의해서 역사의 무대에 던져진 윤리적 설교자로 묘사하였다. 프랑스의 철학자 요제프 에르네스트 르낭(1823-92년)도 1863년에 『예수의 생애』에서 예수를 매혹적인 지방의 설교자로 그려 냈다. 알베르트 슈바이처는 『역사적 예수 연구』(1906년)에서 이러저러한 예수 연구들을 소개하였다. 이 책의 제목이 바로 유명한 연구 주제인 "역사적 예수 연구"라는 명칭이 되었다. 슈바이처는 "역사적 예수"를 찾다 보면 바로 연구자 자신과 유사한 어떤 존재를 만나게 된다고 지적하고 있다.

(1759-1833년)가 노예 제도나 노예 매매에 반대하는 투쟁에 앞장섰다. 노예 매매는 결국 1807년 폐지되었으며, 노예 제도 자체도 1833년 모든 영연방 내에서 사라져 버렸다. 윌버포스는 임종하면서 이 소식을 들을 수 있었다. 그가 세상을 떠난 후 또 다른 복음주의자 섀프츠베리의 얼(192-93쪽 참조)이 자선 사업을 계승하였다. 그는 정신 장애를 가진 사람들과 관계된 법률을 개혁하고, 가난한 사람들에게 집을 지어 주며, 광산이나 공장 청소 등으로 착취당하는 어린아이들을 돌보고, 학대받는 노동자를 위한 일들을 펼쳐 나갔다.

사회 개혁을 위한 투쟁은 1833년 존 케블과 에드워드 푸시에 의해서 시작된 옥스퍼드 운동에 의해서도 추진되었다. 이 운동은 영국 국교회를 다시금 가톨릭 전통으로 되돌리려는 시도였다. 이 운동의 결과 1845년부터 1862년까지 약 250명의 성직자들이 가톨릭으로 돌아갔으며 장기간에 걸쳐서 영향력을 발휘하였다. 가톨릭으로 간 인물들 중에는 뛰어난 사상가인 존 헨리 뉴먼도 포함되어 있었다.

교회에 대한 도전
이 그림은 산업 혁명(192-95쪽 참조) 기간의 슬럼가의 생활을 풍자적으로 그린 것이다. 주민들의 생활의 질은 처참했으며 희망이라곤 거의 찾아볼 수 없었다. 도와 주려는 기독교인도 많이 있었지만 이들은 교회나 복음과 접촉할 기회가 매우 부족하였다.

기독교적이고 동시에 낭만주의적인 예술

카스파르-다비드 프리드리히(1774-1840년)는 "구름 바다 위에서 놀라는 사람"(위)을 1818년에 그렸다. 프리드리히는 낭만주의를 이용해서 확고한 기독교 신앙을 표현하고자 했던 미술가의 한 사람이었다. 그와 같은 기독교 낭만주의 미술가와 작가들은 자연의 아름다움을 신적인 아름다움의 메아리로 보았고, 자연이 주는 초월과 장엄함과 경외심을 오직 신에게만 속하는 궁극적 초월과 장엄함에 대한 표지(標識)로 이용하였다.

개신교 내의 새로운 움직임

낭만주의와 신앙
독일의 작곡자 펠릭스 멘델스존(1809-47년)은 기독교 신앙을 낭만주의의 특징이었던 감정과 직관, 상상력, 자연의 아름다움에 대한 강조와 결합시켰던 인물이다. 또 다른 낭만주의자로는 멘델스존의 동료인 독일의 화가 카스파르-다비드 프리드리히(1774-1840년)와 철학자 프리드리히 폰 슐레겔(1772-1829년), 영국의 시인 새뮤얼 테일러 컬러리지(1772-1834년)를 꼽을 수 있다.

새로운 비평
슐라이어마허가 죽은 후 당시 가장 영향력이 컸던 자유주의 신학자는 페르디난트 바우르와 알브레히트 리츨이었다. 바우르는 기적적인 것은 진리가 아니라는 전제를 성서신학에 적용했던 첫번째 인물이었다. 그는 이 신념을 가지고 신약성서를 여러 구성층으로 벗겨 내려 하였다. 리츨은 종교적 경험을 강조하는 슐라이어마허의 입장과 신에 대한 일체의 형이상학적 지식을 거부하고 그 대신 윤리와 사회적 행동에 초점을 맞추었다.

19세기 전반부는 개신교에게 대단히 창조적인 시기였다. 독일은 기독교 낭만주의와 자유주의 신학의 선두 주자였다. 영국에서는 종교 개혁 이래 처음으로 일군의 개신교인들이 가톨릭과 정교회와 손을 잡으려 하였다. 덴마크에서는 외로운 천재 죄렌 키에르케고르가 기독교 실존주의를 창시하는 책들을 펴 냈다. 그 동안 개신교도 꽃을 피웠고 특히 영국, 노르웨이, 개신교 지역의 스위스, 독일을 중심으로 세계 선교를 위한 노력도 더 활발해졌다.(182-83쪽 참조) (독일에서는 1850년대에 의미 있는 루터 교 부흥 운동이 절정에 달하였다.)

새로운 신학

자유주의 신학의 창시자인 프리드리히 슐라이어마허(1768-1834년)는 계몽주의 사상을 배운 사람들이 기독교 신앙을 수용할 수 있도록 노력하였다. 그가 창안한 신학의 전통은 오늘날에도 여전히 중요한 의미를 지니고 있다. 사람들은 그것을 "자유주의"라고 부른다. 왜냐하면 이 신학은 어떤 권위의 지시도 받지 않는 가운데 자신의 신앙을 스스로 결정할 수 있는 권리를 강조하기 때문이다. 이러한 생각은 낭만주의 운동과 궤를 같이하였으니, 슐라이어마허는 독일 낭만주의로부터 다대한 영향을 받았던 것이다. 하지만 그의 신학적 회의주의는 세속적인 계몽주의 사조가 신학 내에 들어오도록 허용하고 말았다.

슐라이어마허는 성서가 영감받은 하느님의 말씀이라든지, 우리들이 개인의 경험을 초월해서 어떤 것을 확실히 알 수 있다고는 생각하지 않았다. 하지만 그는 우리들이 신 의식을 가지고 있다고 확신하였다. 그가 말하는 신 의식이란 우리를 초월하는 어떤 것에 의존하는 감정이다. 우리들은 전적으로 신에게 의존해 있기 때문에, 죄란 그 의존 상태로부터 벗어나 독립하려고 하는 것을 의미한다. 슐라이어마허는 우리가 신약성서에 등장하고 신조로 고백하는 예수를 신으로 이해하는 것은 잘못이라고 보았다. 예수는 순수한 신 의식을 가졌던 인물이라는 것이다.

슐라이어마허와 동시대인으로서 역시 엄청난 영향을 미쳤던 독일의 철학자 헤겔(1770-1831년)은 지식이란 종합의 과정에 의해서 완전을 향해 발전되는 것이라고 보았다. 이 말 속에는 초기 기독교란 아직 세련되지 못한 원시적인 형태의 신앙이라는 의미가 포함되어 있다. 그의 사상에 힘입어서 사람들은 기독교의 교리도 시간이 가면서 변화하고 완전해져야 한다고 생각하게 되었다. 이것은 자유주의 신학의 매우 중요한 신념이었다. 슐라이어마허의 작품은 페르디난트 바우르(1792-1860년)나 알브레히트 리츨(1822-89년)에 의해서 발전되어 여러 학파로 파급되었으며, 거의 모든 학파가 그의 사상을 수용하게

> *"종교란······우리들 자신과 세계 안에서 발견되는 신성에 대한 의식이다."*
>
> 프리드리히 슐라이어마허

되었다. 이렇게 해서 교회보다는 개인에 초점이 맞추어졌고(따라서 개인에 대해서 성서나 교회가 권위를 내세울 수 없게 되었음), 또한 슐라이어마허의 사상은 이성을 무용지물로 만들어 버리는 기독교의 여러 신비들, 예를 들어 성육신이나 삼위일체, 기적 등을 받아들이지 않았다. 이러한 초자연에 대한 회의는 초대 교회 이래로 예수가 오해되어 왔다는 생각으로 이어졌고 "역사적 예수"는 "신앙의 그리스도"로부터 분리되기에 이르렀다. 자유주의 신학자들은 또한 심리학을 조직 신학에 도입하였다. 그래서 신적인 것에 대한 경험을 강조하면서 기독교를 세속 철학에 적응시켜 나갔다. 그들의 생각은 순식간에 독일 밖으로 퍼져 나갔으며, 곧 교회에 속해 있던 많은 기독교인들로 하여금 전통적인 기독교 신앙의 중요한 부분들을 포기하도록 만들어 버렸다.

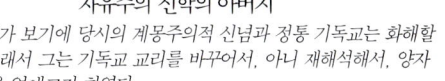

자유주의 신학의 아버지
슐라이어마허가 보기에 당시의 계몽주의적 신념과 정통 기독교는 화해할 수 없었다. 그래서 그는 기독교 교리를 바꾸어서, 아니 재해석해서, 양자 사이의 모순을 없애고자 하였다.

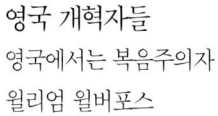

영국 개혁자들
영국에서는 복음주의자 윌리엄 윌버포스

관계가 급격히 악화되자 나폴레옹은 교황 파우스 7세를 투옥시켜 버렸다.

승리와 분열

1814년 프랑스가 패배하자 승리감에 들떠서 로마로 돌아간 교황 피우스는 자신의 의도와는 관계 없이 나폴레옹이 교황권을 강화해 주었음을 알게 되었다. 나폴레옹은 군대를 이끌고 가는 곳마다 수도원을 파괴해 버리고, 종교 교육을 금지시켰으며, 교회 땅을 몰수하였다. 이전에는 교황 따위는 안중에도 없던 국가 교회들도 나폴레옹에 의해서 억눌리고 파괴되자 이제는 로마를 향해서 도움의 손길을 요청하게 되었던 것이다. 더욱이 18세기의 교황들이 응석이나 부리는 철없는 왕자와 같았던 것과는 달리, 역경을 딛고 일어선 피우스 6세와 피우스 7세는 바티칸의 권위를 회복시켰기 때문에 교황은 이제 새로운 도덕적 권위를 누릴 수 있게 되었다.

게다가 프랑스와 벨기에, 남독일 등에서 가톨릭 교회의 신앙 부흥 운동이 잇달아 일어났다. 교회에 출석하는 신자의 수가 늘어나고 선교 활동과 교회의 영향력도 증대되었다. 혁명을 통해서 수많은 교회의 부패가 일소되었기 때문에 프랑스에는 괄목할 만한 변화가 나타났던 것이다.

그러나 프랑스 혁명가들이 교회를 냉대하거나 학대하는 바람에 기독교인들의 정치관은 분열되었다. 열정적인 기독교인들은 교회가 정치적 자유주의를 지지해서 민주주의를 확장시켜야 한다고 주장하였다. 이것이야말로 정의를 위한 소박한 투쟁이라고 여겼기 때문이다. 그러나 보수주의 신자들은 사회적 변화를 위한 급진적인 프로그램은 예외 없이 피의 혁명으로 귀결되며, 결국 기독교를 공격하게 될 뿐이라고 보았다.

이러한 의견 대립은 특히 가톨릭 교회에서 심각하였다. 거의 한 세기 동안 교황들은 또다시 혁명이 일어나지 않을까 하는 두려움에 사로잡힌 나머지 유럽의 기성 정치가들과 손을 잡았다. 그러자 사태는 더욱 악화되었다. 피우스 7세와 그의 후계자들은 교황령을 다시 회복하지 않으면 난폭한 독재자에게 좌지우지될 것이라고 여긴 나머지 이탈리아를 재통일하려는 모든 민주주의적인 시도조차도 거부했던 것이다. 정치적 자유주의를 지지하는 가톨릭 신자들은, '왕관과 제단'의 결탁을 옹호하는 교회의 지도층과는 뜻을 달리하였다. 1848년 유럽의 절반이 혁명의 소용돌이에 휘말려 있을 때에도(아래 그림 설명 참조) 교회는 요지부동으로 억압하는 기성 정치가들 편에 서 있었던 것이다.

정치적 진보와 교황청

유럽의 절반이 들고 일어났던 1848년 "혁명의 해"에, 새로운 테러를 두려워했던 교황 피우스 9세는 겁에 질려 있었다. 프랑스 사제이자 작가인 펠리시테 드 라망네스가 인도하는 많은 가톨릭 신자들은 정치적 자유주의와, 자유주의가 요구하는 "자유로운 국가에서 자유로운 교회"라는 모토를 지지하였다. 그러나 그들의 슬로건인 "하느님과 자유"는 로마의 지지를 얻어 내지 못하였다. 교황청은 자유와 진보에 반대하는 것처럼 보였다.

훌륭한 교구 사제

19세기 초 혼란의 와중에서도 장차 교구 사제들의 수호 성인이 될 사람은 프랑스의 아르에서 조용하게 교인들을 돌보고 있었다. "아르의 신부"인 장-밥티스테 마리 비안니(1786-1859년)는 겸손과 지혜로 유명하였다. 그는 "하느님을 사랑하는 마음은 언제나 봄입니다."라든가 "참회는 언제나 새롭게 시작하는 것입니다."라고 말하곤 하였다. 그가 행했던 자기 희생적인 봉사는 프랑스 가톨릭 부흥 운동의 핵심이었다.

지상에서의 하늘 나라에 대한 비전. 기독교적인가 세속적인가?
1848년에 그려진 이 그림은 하늘에서 그리스도가 내려다보는 가운데 유럽 사람들이 연합해서 인권 상(像)을 지나면서 행진하는 모습을 보여 주고 있다. 어떤 기독교인들은 정치적 자유주의를 지지했고 심지어는 혁명조차도 단지 정의를 위한 투쟁이라는 명목으로 지지하였다. 또 어떤 사람들은 혁명이 지상에서의 환상일 뿐인 ─ 기독교인들의 관심을 영원한 것으로부터 일탈시키는 ─ 세속적인 하늘 나라를 창조하려는 헛된 시도라고 보았다.

공격받고, 분열되며, 번성하는 기독교

> "자연의 막강한 제국은 더 이상 선입견이나 광신, 미신, 거짓에 휩싸여 있지 않다. 진리의 불꽃이 어리석음의 구름을 없애 버렸던 것이다."
>
> 프랑스의 혁명가 올랭페 드 구르지

18세기가 막을 내리면서 프랑스에서는 기독교를 파괴하려는 경악스러운 일들이 벌어졌다. 1789년 프랑스가 정치 혁명을 경험한 후 이러한 공격이 시작되었다.

혁명 정부는 우선 교회의 부패상이나, 주교와 수도원장의 엄청난 재산 등에 대해서 공격을 퍼붓기 시작하였다. 이러한 현상은 많은 기독교인들도 확인할 수 있는 내용이었다. 성직자들의 특권은 폐지되었고 교회의 재산은 국유화되었다. 그러나 얼마 가지 않아서 새로운 정부는 교회의 내적인 생활마저 간섭하기 시작하였다. 새로운 정부는 평신도가 사제와 주교를 선출해야 한다고 선언했으며 프랑스 교회에 대한 교황의 지배력을 제한하였다. 교황은 물론 이러한 조치를 정죄하였다. 그 후 사태는 더욱 악화되었다. 프랑스가 1792년 전쟁에 돌입하자 온건한 지도자들은 추방되었고 급진적인 정부가 들어서게 되었다. 정부는 "헌법 제정 교회"를 세워서 교회를 강력하게 통제했으므로, 가톨릭 교회는 심한 억압을 받게 되었다.

법으로 금지된 교회

무단 통치가 이루어진 다음 2년 동안은 과거 여느 왕 때보다 더 잔혹한 기간이었다. 이 기간을 상징하는 것으로 왕족과 귀족, 성직자, 그리고 반혁명 분자라고 고발된 사람들의 목숨을 끊던 기요틴이 꼽힐 정도였다. 기독교는 법으로 금지되었고, 3만 명의 성직자들이 망명을 떠났으며, 수백 명의 성직자들이 목숨을 잃었다.

과거의 유산을 완전히 청산하면서 동시에 무신적이고 부도덕한 정부라는 외부의 비판을 무마하기 위해서 프랑스 정부는, 1794년 6월 7일 '공식적인' 이성의 종교를 만들어 냈다. 본성상 이신론적인 이 종교는 최고의 존재를 인정하면서도 그 최고의 존재가 기독교의 하느님은 아니라고 주장하였다. 교회에는 이성의 여신상이 설치되었으며, 성직자들에게 주던 급료가 끊겼고, 성직자들은 학교에서도 더 이상 가르칠 수 없게 되었다. 또한 성인의 날은 세속적인 축제로 바뀌었다.

그래도 기독교는 살아 남았다. 이러한 세속화는 대중들의 인기를 얻지 못했으므로 1795년, 급진주의자들이 물러나고 종교의 자유가 회복되자마자 사라져 버렸다. 그리고 1799년, 젊은 천재적 군인 나폴레옹 보나파르트가 프랑스의 독재자로 등장하였다. 독재자 나폴레옹은 기독교에 대해서 우호적인 인물은 아니었지만, 안정된 종교가 절대적 통치에 필요하다고 믿고 있었다. 교황 피우스 6세(1775-99년 재위)는 나폴레옹과의 타협을 완강히 거절하였기 때문에 프랑스에 감금된 채 세상을 떠났다. 1801년 피우스 7세(1800-23년 재위)는 혁명을 공식적으로 인정했으며, 최고 집정관에게 프랑스의 가톨릭 교회에 대한 상호 통제권을 인정하였다. 동시에 교황 피우스 7세는 이러한 타협을 통해서 프랑스 교회에 대해 더 큰 영향력을 지니게 되었다. 이제 주교들은 교황의 동의 하에, 오직 나폴레옹의 계획에만 동의했기 때문이다. 그러나 1808년 교황 피우스 7세와 나폴레옹의

혁명 전, 베네치아를 방문한 교황 피우스 6세(1782년)

1782년, 그 누구도 10년 후 프랑스의 교회와 전제 군주가 무너지고, 교황 피우스 6세가 투옥(1799년)되리라고는 상상하지 못했다. 교황이 그처럼 고통을 당한 후 교황의 영향력이 다시 일어나리라는 것 또한 아무도 예견할 수 없는 일이었다.

기독교와 미국의 헌법

미합중국의 새로운 헌법은 교회와 국가의 관계를 재정립하였다. 이전에 교회와 국가는 일치된 관계였다. 기독교가 지배적인 종교가 되는 곳이면 어디에서나 교회는 법적으로 정치나 국가와 연결되면서 정부에게 자신의 권위를 넘겨 주고, 대신 정부의 보호를 받았다. 통치자와 국가를 조정하고자 했던 교황에 의해서건, 이와는 반대로 교회를 국가의 한 부서로 만들려던 18세기의 절대 군주에 의해서건, 교회와 국가는 전적으로 뒤엉켜 있는 것으로 보였다. 하지만 신생 미합중국에서 양자는 철저하게 분리되었다(헌법은 하느님에 대해서는 언급조차 하지 않음). 교회는 국가의 통제를 받지 않으며, 국가 역시 교회의 간섭에서 벗어나 있다. 이것은 마치 경제 분야의 "자유 시장"에 유비될 수 있는 분위기를 종교 분야에 정착시켰다. 모든 종교는 국가의 지원이나 방해 없이 스스로 살아 남거나 소멸될 수 있는 자유가 있었다. 그것은 점차 현대 세계를 위한 모델이 되었다. 미국이나 다른 국가에서 교회와 국가가 이처럼 분리된 결과 국가를 '교회 국가'로 만들기는 더욱 어렵게 되었다. 국가의 법률은──미국처럼 기독교를 믿는 사람이 다수인 경우에도──기독교의 계시 이외의 어떤 것에 기초해야만 하였다. 교회와 국가는 서로에 대하여 애매모호한 위치에 있었다. 교회는 국가의 행위에 영향을 미치되 또한 자유로운 위치에 있기 때문이었다. 이러한 결과 기독교는 때때로 국외로 밀려나기도 하고, 교육에 관해서 교회와 국가가 갈등을 빚기도 하였다. 미국의 공적인 분야에서 기독교는 '시민 종교'──덜 세련된 신앙으로서 이신론과 애국심이 혼합된──로 대체되곤 하였다. 예를 들면 1954년 대통령 아이젠하위는 미국인들에게 이렇게 말하였다. "만일 우리나라가 깊은 종교적 신앙에 기초해 있지 않다면 아무런 의미도 없을 것입니다. 그리고 나는 그 신앙이 무엇이든 상관 없습니다." 이러한 모호한 신앙은, 미국을 영광스러운 미래로 인도하는 '분명한 운명'에 대한 신앙을 포함하여, 정부에 도전하기보다는 정부를 도와 주도록 요청받고 있는 것이다.

이신론의 영향
미국 헌법에 미친 이신론의 영향은 특히 토머스 제퍼슨으로부터 받은 것이었다. 헌법이 기초되는 동안 제퍼슨은 주(州)를 떠나 있었지만 그의 영향력은 대단한 것이었다.

> "우리는 홀로……싸우는 것이 아니다. 정의로운 하느님이 함께 계신다."
> ─ 패트릭 헨리

썼음). 하지만 그는 정기적으로 교회에 출석하는 교인은 아니었다. 당시의 이신론자인 벤자민 프랭클린, 토머스 제퍼슨, 존 애덤스, 제임스 메디슨 등도──비록 교회에 대해서는 그렇지 않았지만──기독교와 기독교의 창시자를 매우 존경하였다.

아메리카에 있던 여러 종파와 교단들은 대개 독립 전쟁을 지지하였다. 청교도 목사가 설교나 소책자를 통해서 사람들을 선동했으므로 회중 교회 강단은 독립 운동의 선전장이 되었다. 장로교 목사 존 위더스푼은 독립 선언문에 서명하였으며, 루터 교회는 많은 사람들을 전장으로 내보냈다. 다만 평화주의를 주장하던 교회들만이 이 싸움에서 멀찍이 떨어져 있었다. 아미시, 메노나이트, 퀘이커 교도들, 그리고 모라비안 교도들은 무기를 들지 않았다. 결국 그들은 미움과 조소를 샀고, 심한 경우에는 박해를 당하기도 하였다.

새로운 교회의 풍경

침례 교회는 강력하게 독립 운동을 지지한 덕분에 전쟁이 끝난 후 교회의 수가 크게 증가하였다. 1783년 이후 감리교 역시 매우 급속하게 성장하였다. 여러 교단 가운데에서 가장 손실이 컸던 것은 아메리카의 영국 국교회였다. 이 교회는 1789년 영국 국교회를 전신으로 하는 개신교 성공회로 다시 설립되었다. 미합중국의 새로운 종교 지도는 다른 지역의 경우와는 달랐다. 여러 교단이 연합했으며, 그중 어느 교단도 전체를 지배하지 못하였다. 미국 교회가 누리던 자유와 활력은 유럽인들이 보기에는 놀라운 일이 아닐 수 없었다.

소극적인 증언자
미국에서는 기독교의 힘이 얼마나 강했던지 기독교를 신랄하게 비판하던 토머스 페인(1737-1809년)조차도 혁명을 정당화하기 위해서 성서를 거론하였다. 베스트 셀러였던 『상식』에서 페인은 "군주적 정부"는 성서에서도 정죄되고 있으며, 그것은 "불경스럽게도 하늘의 특권을 침해하는 것"이라고 선언하였다.

선교와 혁명

1776-1914

종교 개혁자들과 계몽주의 사상가들이 종교와 사회에 미쳤던 영향은 18세기 말과 19세기에도 계속되었다. 종교 개혁이 불을 지핀 대중 운동은 이후 두 세기 내내 폭발했고, 미국의 애국자들이 영국을 겨냥해서 일으킨 피비린내 나는 혁명과, 그보다 더 살벌한 프랑스 혁명으로 절정에 도달하였다. 정부는 비틀거렸으며 교회의 권위도——불과 몇 세대 전만 해도 아무런 도전 없이 우선권을 누리던 나라들에서조차——땅에 떨어졌다. 자유주의 신학자나 기회주의적인 정치 선동자들도 교회의 근본 교리와 확신을 비판하면서 공격에 가담하였다.

그러나 교회의 경계는 모든 차원에서 확장되었다. 윌리엄 케어리 같은 선교사들은 복음을 알지 못하던 사람들에게 복음을 전했으며, 찰스 피니나 찰스 스펄전 같은 설교가들은 엄청난 부흥의 힘으로 기독교의 생명력을 강화하였다. 그리고 윌리엄 부스 같은 사회 개혁자들은 도덕적 권위를 가지고 노예 제도나 노동자 착취 같은 불의에 강력하게 대항하였다.

1850년대의 천막 집회, 미국 테네시 주

자유로운 신세계

> "설교할 때가 있고 기도할 때가 있다. 그러나 또한 싸워야 할 때가 있으니, 이제 그때가 도래한 것이다."
>
> 존 피터 가브리엘 뮐렌버그, 혁명 군대의 장군이 된 루터 교 목사

1770년, 제1차 대각성 운동의 종교적 열정은 북아메리카 식민지 13개 주(이들이 후에 미국이 됨)에서 점차 쇠퇴하고 있었다. 교인은 사 반세기 동안 급격하게 줄었다. 그러나 기독교는 여전히 막강한 영향력을 지니고 있었다. 예를 들어 미국 독립 전쟁중(1776-83년) 대륙 회의는 매년 추수감사절과 금식일을 지킬 것을 선포하였다. 전쟁중에도 정기적으로 예수 이름을 부르며 축복을 빌었다.

혁명적 발상

1776년경 하나의 중요한 '혁명'이 많은 아메리카 식민지 사람들의 마음속에 이미 자리 잡고 있었다. 그들은 교회가 국가로부터 독립하기를 바랐던 것이다. 이것은 당시 유럽의 어떤 나라 사람들도 갖지 못했던 생소한 발상이었다. 식민지에는 여러 교파의 개신교인들이 혼재해 있었는데 그들은 정부가 개인의 영적 생활에는 아무런 역할도 할 수 없다고 믿고 있었다. 그들은, 모든 사람은 하느님께 응답하는 것이지 세속 군주나, 신성하다고 임명된 교황에게 응답하는 것이 아니라고 믿었을 뿐만 아니라, 국민을 대표하는 정부와 자유에 대한 영국인들의 태도를 견지하고 있었다. 즉 자신을 다스리고 자신의 종교를 신봉할 자유는 불가침의 권리라고 생각했던 것이다. 박해를 피해서 이곳으로 온 청교도들의 후예인 식민지 사람들의 각오는 대단하였다. 독립 전쟁을 이끌었던 이신론자들도 같은 생각이었으므로 결국 이러한 생각은 1787년에 기초된 미합중국 헌법에 포함되었다(오른쪽 글상자 참조).

독립 전쟁의 지도자들은 패트릭 헨리나 존 제이, 알렉산더 해밀턴처럼 경건한 기독교인들이었다. 조지 워싱턴은 신실한 신앙인이었다(그는 기도 일기에 하느님이 "당신의 아들 예수 그리스도의 공로"로 자신을 받아 주신다고

이신론자 선언 즉 기독교 국가 대헌장(?)에 서명하는 사람들

1776년 7월 4일, 13개의 미국 식민지 주 대표자들은 독립 선언을 받아들였다. (위) 선언서를 작성했던 토머스 제퍼슨은 이신론자였지만 제1차 대각성 운동(166-69쪽 참조)의 부흥 정신을 살리는 용어를 선택하였다. 제퍼슨은 기독교인과 이신론자 모두가 수용할 수 있도록 조심스럽게 언어와 개념을 선택하였다. 그래서 신성을 "자연의 하느님," "창조자," "세상의 최고 심판자," "신적 섭리" 등으로 표현하였다.

수도원을 세울 수 없다는 칙령을 반포하였다. 모든 수도사들은 은자가 될 수 없었고, 50살이 되지 않은 부인들은 종신 서원도 할 수 없었다. 페테르의 후계자 엘리자베스(1741-62년 재위)와 카타리나

> "하늘에 계신 왕께서 그대에게 편지를 보내셨다……그대가 복음을 읽을 때마다 그리스도 자신께서 그대에게 말씀하신다."
>
> 차돈스크의 티콘

2세(1762-96년 재위)는 더욱더 수도원의 권한을 제한하였다. 그리하여 18세기 말경에는 절반 이상의 수도원이 억압되었고, 당시까지 운영되던 수도원들도 수도사의 수를 제한하는 등 엄격한 통제를 받았다. 이러한 변화의 충격은 수도원이 문화와 교육, 자선 사업의 유일한 중심지였던 변방 지역에서 더욱 클 수밖에 없었다.

아토스 산

한편 터키의 지배를 받던 정교회 교인들은 그들의 신앙을 그럭저럭 지켜 나갔고, 1672년의 예루살렘 시노드처럼 중요한 시노드를 개최하기까지 하였다. 예루살렘 시노드는 개신교와 가톨릭의 반종교 개혁이 제기한 물음에 대해서 정교회의 신앙을 다시 한 번 확인하였다. 정교회에는 에게 해로 뻗은 반도에 있는 "거룩한 산"인 아토스 산이 큰 역할을 하였다(오른쪽 설명 참조). 수도원 공동체는 성 코스마스 아에톨리안과 같은 영적인 지도자를 배출하였다. 그는 18세기 그리스의 종교적·문화적 부흥 운동을 시작했던 인물이다.

아토스 산의 성 바울 수도원
당시의 정치적 동요와는 무관하게 아토스 산의 수도사들은 정교회의 종교적 중심으로 남아 있었다. 이곳 수도 공동체에 들어오기 위해서 그리스뿐만 아니라 전 세계 정교도로부터 사람들이 몰려왔다. 오늘날처럼 당시에도 여성이나 동물, 수염이 없는 청년들은 이 반도(半島)에 발을 들여놓을 수 없었다.

성 코스마스는 '그리스의 존 웨슬리'로서 지칠줄 모르고 여행하면서 수많은 군중들에게 복음을 설교하고 가르쳤다. 그러다가 결국 그도 오토만 제국에 의해서 희생된 수많은 순교자들과 운명을 함께하였다.

거룩한 장소

처음으로 수도원이 건립되었던 것은 972년의 일이었지만 아토스 산은 1045년에 와서 성소로 지명되었다. 비잔틴 시대부터 이 산은 전 세계 정교회의 수도(修道) 중심이었다. 이 반도에는 20개의 '다스리는' 수도원이 있었으며, 소문에 의하면 그곳에서는 일시에 약 4만 명의 수도사들이 거주할 수 있다고 한다.

이성의 시대의 동방 정교회

17세기, 대부분의 정교회 교인들은 오토만 터키의 압제에 시달리고 있었다.(123쪽 참조) 이슬람교도의 지배를 받던 기독교인들은 과도한 세금과 군대 복무 등에 시달렸으며, 종교 행위는 금지되었다. 교회를 새로 지을 수 없었으며 이슬람교도에 대한 선교도 금지되었다. 이를 어길 시에는 사형당하였다. 더욱이 많은 종교 학교가 문을 닫아서 교육받은 성직자가 탄생할 수 없게 되었다. 사방에 부패가 만연했으며, 터키 관리들은 돈을 받고 주교직을 팔았다. 따라서 외국의 지배를 받지 않는 러시아 교회가 정교회의 중심이 될 수 있었다.

러시아 교회의 분열

17세기 중엽에 모스크바의 주교 니콘(1605-81년)은 예전을 변화시켰는데, 이것이 결국 러시아 정교회를 분열시키는 원인이 되었다. 니콘은 권위주의자였으며 그리스의 모든 것을 대단히 존경하고 있었다. 니콘은 십자가의 징표를 그리스인들이 만들었던 대로 만들어야 한다고 주장하였다. 하지만 대부분의 러시아인들은 그리스 정교회에 대해서 존경심을 품고 있지 않았다. *자신들이 십자가를 만들던 방식이 가장 오래된 것인데, 무엇 때문에 그리스 사람들의 방식을 억지로 따라야 한단 말인가?* 이로 말미암아 소위 '옛 신앙인들'이 교회로부터 일탈할 만큼 논쟁은 확산되었다. 정교회는 언제나처럼 예전과 상징을 특히 강조했기 때문이다. 니콘은 단호한 개혁을 주장하면서 자기를 반대하는 사람들을 박해했지만 결국 그는 망명길에 오르는 신세가 되고 말았다.

종교 개혁

1682년 페테르 대제(1682-1725년 재위)가 러시아의 차르가 되었다. 잔혹한 독재자였던 그는 나라를 끊임없는 전쟁의 도가니로 몰아넣었으며, 심지어는 자기 아들도 반역죄로 처형하였다. 반면 정치적 개혁자였던 그는 러시아 사회에 많은 변화를 도입하였다. 그는 개혁을 위하여 기독교식 달력을 다시 사용하고 알파벳을 단순화하였으며, 수도를 성 페테르부르크로 옮겼다.

1721년 페테르는 영적 규칙을 반포하면서 모스크바 주교 자리를 폐지하고, 교회와 사제를 12명의 성직자로 구성된 영적인 대학, 또는 거룩한 시노드에 종속시켰다. 하지만 이 12명의 성직자들은 결국 세속의 압력을 받아들일 수밖에 없었다. 러시아를 서구화하려는 페테르의 계획의 일환으로서 시노드는 정교회의 교회법에 기초하지 않고 독일의 개신교 교회 헌법을 따랐으므로, 황제는 교회의 일들에 대한 마지막 결정권을 가지게 되었다. 또 그는 거룩한 시노드의 구성원을 자기 마음대로 임명할 수 있는 권한도 가지고 있었다.

여러 측면에서 볼 때 이슬람의 지배를 받고 있던 콘스탄티노플 주교가 러시아 교회 시노드보다 자신의 권리를 제한 없이 사용할 수 있었다. 그러나 이 기간 동안 러시아는 사회 구석구석에서 여전히 정교회로 남아 있으면서 보로네프의 주교인 차돈스크의 성 티콘(1724-83년)과 같은 위대한 지도자요, 설교자를 배출할 수 있었다. 국가로부터 수도원의 영향력을 배제하려던 차르는 국가의 허락 없이는 새로운

차르 페테르 대제
페테르 대제의 교회 개혁은 볼셰비키가 권력을 잡았던 1917년의 혁명 때까지도 여전히 영향력이 남아 있었다.

거룩한 러시아
수세기 동안 러시아 교회에서는 독특한 교회 건축이 발전하였다. 나무로 지어진 교회(위)는 때로 양파 모양의 돔으로 이루어져 있었다.(123쪽 그림 설명 참조) 독특한 것은 단지 러시아의 건물만이 아니었다. 러시아인들의 영성이 매우 뜨거웠던 나머지 1650년경, 차르의 국가인 무스코비(러시아의 옛 이름/역자 주)는 "거룩한 러시아"라고 불릴 정도였다. 성직자와 평신도들은 규칙적으로 금식하고 매일 여러 시간 동안 기도해야만 하였다. 차르와 전체 황실은 일곱 시간, 또는 그 이상 진행되는 예배 시간 내내 서 있었다.

정교회 선교
1700년대 초반에 러시아 정교회 선교사들은, 거친 시베리아에서 활동하기 시작하였다. 캄차카와 야쿠츠에 정교회 공동체가 형성되었고 1749년에는 알래스카에까지 선교사들이 파견되었다. 정교회 성직자들은 계속 남하해서 샌프란시스코에까지 교회를 건설하였다.

휩쓸었다. 새뮤얼 데이비스는 버지니아의 장로 교회 설립에 기여하였으며, 다니엘 마셜은 캐롤라이나 주의 침례교인들을 대상으로 목회하였다. 뉴 브런즈빅의 길버트 테넨트는 목회자를 양성하기 위해서 펜실베이니아에 "통나무 대학"를 창건한 걸출한 학자였다. 그는 영국 장로교와 스코틀랜드 장로 교회를 두루 거치면서 일하였다. 화이트필드도 그 동안 여러 차례 미국을 다녀갔으며 극적인 설교와 초교파적인 활동을 통해서 수많은 사람들의 마음을 움직였다.

미국은 서로 다른 기독교인들이 성장하고 발전할 수 있는 종교적 상황 하에 있었다. 18세기 말 무렵 미국 헌법의 초안자들은 모든 형태의 예배를 허용하는 법률을 통과시켰던 것이다.(175쪽 참조)

미국 원주민들

미국 식민지에서 이루어진 대부분의 활동은 유럽의 종교적 박해를 피해서 떠났던 개신교도들에 의해서 이루어졌지만 캐나다 인디언들에 대한 선교는 주로 프랑스 예수회가 담당하였다. 그들의 노력은 가히 영웅적이었으나 그들의 사역에는 한계가 있을 수밖에 없었으며, 상당수가 순교하였다.

미국 원주민 선교에 성공한 경우는 "인디언의 사도"라고 불리던 영국 장로교 목사 존 엘리엇(1604-90년)이었다. 그는 매사추세츠 주에 미국 원주민들을 위한 최초의 교회를 세웠으며, 역시 처음으로 그들의 언어로 성서를 번역하였다(오른쪽 그림 설명 참조). 그리하여 1675년까지 4,000명의 피쿼트 인디언들이 개종하였다.

강사를 비난했다는 이유로 예일 대학에서 쫓겨난 강인한 의지의 설교자 데이비드 브레이너드(1718-47년)는 18세기에 뉴욕과 뉴저지, 펜실베이니아 부족민들을 선교하는 데 성공을 거두었다. 그의 목회 윤리와 영웅적 활동의 영향으로 많은 미국 원주민들이 개종하고서 세례를 받았다. 그는 조너선 에드워즈의 절친한 친구였는데, 조너선 에드워즈는 브레이너드의 장례식에서 설교를 했고 나중에는 그의 잡지를 출간하였다. 당시 이 잡지를 읽고 선교사로 지원하는 이가 적지 않았다고 한다.

중앙 아메리카와 남아메리카에서는 스페인 성직자들이 부지런히 토착민들에게 선교하고 있었다. 사제와 주교들은 나후아틀이나 케추안 같은 지역의 언어를 배워서 메시지를 전달했으며, 또 원주민들이 익히 알고 있는 이미지를 통해서 설교함으로써 그들에게 다가가려고 하였다. 하지만 유감스럽게도 그들은 토착민을 훈련시키는 일에는 성의를 보이지 않았다. 인디언이 사제로 서품된 것은 1794년의 일이었으며, 여전히 기독교는 토착민들에게 낯선 종교로 남아 있었다.

종교적 부흥의 사회적 효과

18세기에 일어났던 종교 부흥은 다음 세대의 사회·정치 구조에 대단한 영향을 미쳤다. 부흥 운동가 중 많은 이들은 높은 교육을 받은 사람들이었으며, 그들의 영향으로 다수의 성서 대학이 설립되었다.

특히 미국에서는 제1차 대각성 운동을 통해서 러트거스 대학과 다트머스 대학 같은 훌륭한 학교가 설립되었으며, 프린스턴 대학이나 브라운 대학, 컬럼비아 대학의 전신(前身)들이 등장하였다. 다른 사람을 도와 줌으로써 신앙을 실천하려는 기독교인들은 의미 있는 사회적 프로그램들을 개발하기 시작하였다. 계몽주의 사상가들과

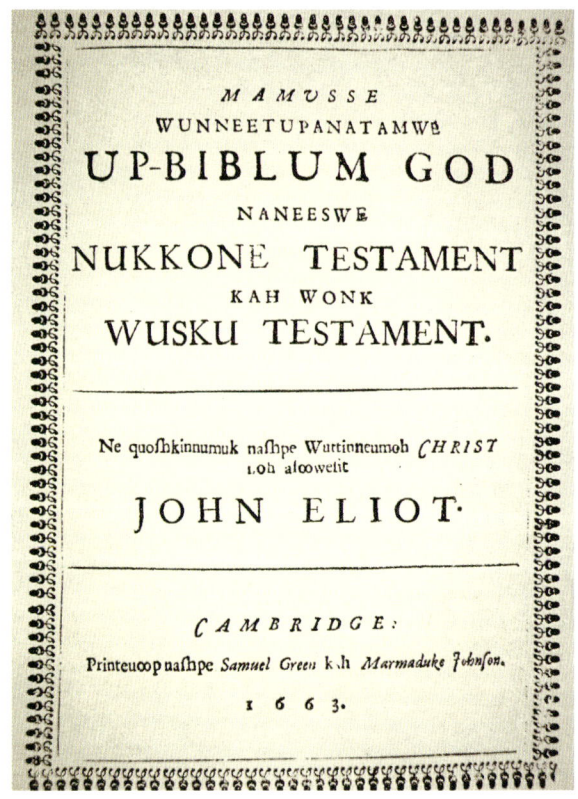

매사추세츠 주 인디언 성서의 표지
존 엘리엇은 피쿼트 인디언의 언어를 배우고 나서 처음으로 성서를 그들의 언어로 번역하였다. 이 성서는 1663년 매사추세츠 주의 케임브리지에서 출판되었다.

기독교 개혁자들의 영향으로 민주적 이상향이 촉진되었던 것이다.

영국에서는 수없이 많은 선교 단체와 자선 단체가 국내외적으로 설립되어서 희망과 구원의 메시지를 확산시켜 나갔다. 사람을 섬기는 일에 헌신했던 목회자나 평신도들은 서로 힘을 합쳐서 가난한 아이들이나 과부들, 집 없는 사람들, 실직자들, 죄수들, 그리고 알콜과 도박에 중독되어서 고통당하는 사람들에게 안식과 도움을 주고자 노력하였다.

선교와 문화
1659년 로마의 가톨릭 선교 본부는 선교 태도에 관한 가이드라인을 발표하였다. "종교나 건전한 도덕에 현저하게 위배되지 않는 한, 사람들의 태도나 습관 등을 바꾸기 위해서……어떠한 압력도 가하지 마라." 그러나 유럽 문화를 수출하지 말라는 이러한 경고는 자주 무시되곤 하였다. 과라니(오늘날의 파라과이) 인디언들이 만든 17세기의 조각품(위)은 유럽의 영향을 분명하게 보여 주고 있다.

아프리카 선교
아프리카에서 선교사들의 활동은 15세기 포르투갈 가톨릭 교회에 의해서 시작되었다. 그들은 처음에는 콩고에서, 그 다음에는 앙골라에서 성공을 거두었다. 17세기에 프랑스 선교사들은 아이보리 코스트, 세네갈, 마다가스카르 등지에서 활동하였다. 그러나 영혼을 구하는 일보다는 국가의 이익이 우선시되었다. 1665년 콩고의 왕 안토니오 1세는 포르투갈인들이 자신의 영토에서 광산을 여는 일에 반대하다가 붙잡혀서 참수되었다. 아프리칸들을 노예로 팔아 먹는 행위도 선교사들의 노력의 빛을 잃게 하였다.

"……회개 사역은 정말 놀라운 방식으로 이루어졌다. 점점 더 많은 사람들이 회개하였다. 영혼은 무리를 지어서 예수 그리스도에게로 왔다."

조너선 에드워즈

조너선 에드워즈

미국인 조너선 에드워즈(1703-58년)는 6살에 라틴어를 공부하고, 13살에 히브리어와 그리스어에 능통하였다. 17살에는 최고 학점으로 예일 대학을 졸업했고, 24살부터 회중 교회 목사로 활동했던 현명한 학자이자 신학자였다. 1734년에 그는 신앙의인에 대한 칼뱅주의적 메시지를 설교하면서 매사추세츠 주의 작은 마을 노스햄프턴을 사로잡았다. 그의 영향은 1년 만에 그 마을의 성인 전체가 죄를 뉘우치고 개종할 정도였다. 그는 1758년에 천연두로 세상을 떠났다.

미국의 제1차 대각성 운동

독일에서 경건주의가 일어나고 영국에서 감리교가 교회를 부흥시키고 있을 때, 미국에서는 제1차 대각성 운동이 일어났다. 부흥의 씨앗은 펜실베이니아에 정착한 재세례파 사람들(138쪽 참조)과 모라비아 교인들이 뿌린 것이었다. 그러나 진정한 의미에서의 부흥 운동은 독일의 경건주의자 테오도르 J. 프렐링휘센이 형식적인 교회 출석이 아닌 내적 변화의 필요성을 설교하면서부터 시작되었다. 프렐링휘센의 인기가 높아지자 그의 메시지나 방식에 대한 비판도 자연히 뒤따르게 되었다. 그럼에도 불구하고 그는 다른 사람들을 위한 영적인 토대를 마련했고, 그의 노력은 마침내 1737년 미국 내 네덜란드 개혁 교회의 창립으로 결실을 맺었다. 제1차 대각성 운동이 일어난 기간 중 가장 의미있는 사건은 매사추세츠 주의 젊은 조합 교회 목사 조너선 에드워즈(왼쪽 글상자 참조)의 활동이었다. 유명한 "진노하신 하느님의 손에 있는 죄인들"을 위시해서 그의 설교들은 교구민들을 무릎 꿇게 만들었으며 그의 저술은 선교사와 설교자들을

"은총은 시작된 영광이고 영광은 완전해진 은총이다."

조너선 에드워즈

감동시켜서 복음 전파에 기여하였다. 심오한 신학적 저술을 남긴 에드워즈는 일찍이 북미에서 배출된 신학자 중에서 가장 영향력 있는 인물이다.

1742년까지 제1차 대각성 운동은 뉴 잉글랜드를

셰이커들의 이상한 모양의 춤

1747년의 영국 퀘이커 부흥 운동에서 비롯된 극단적인 카리스마 기독교인 그룹인 셰이커들(Shakers, 흔드는 사람들이라는 뜻/역자 주)은 영적으로 흥분하게 되면 몸을 부들부들 떤다고 해서 이런 이름이 붙었다. 그들은 음주를 철저히 멀리했고 엄격한 독신 생활을 주장하였다. 마더 앤이라고 알려진 앤 리는 1774년에 북아메리카 셰이커 연합을 구성했는데, 당시 부흥 운동의 바람을 타고 성장할 수 있었다. 그들은 자신들만의 춤과 노래, 미술 양식을 가지고 있었다.

계몽주의와 신앙의 부흥

존 콜렛, "설교하는 조지 화이트필드"

1740년 조지 화이트필드는 뉴 잉글랜드, 뉴욕, 필라델피아, 찰스턴, 사바나 등지에서 몰려든 수많은 회중들에게 설교하였다. 칼뱅주의 성공회 목사였던 그는 원죄, 신앙의인, 중생(重生)에 기초한 자신의 신학을 열정적인 설교로 토해 냈다. 어떤 농부는 화이트필드의 설교를 "옛 사도들 중 한 사람"의 설교, 즉 "수천 명의 무리가 그를 따라와 복음을 들었으며, 수많은 사람들이 그리스도에게 회개했던" 설교와 비교하기도 하였다.

어머니의 영향

수산나 웨슬리(1669-1742)는 훌륭한 여인으로서 자녀들의 삶에 큰 영향을 미쳤다. 비국교도 목사의 딸로 태어나 가정의 질서를 지켜 나가면서 자녀들을 가르쳤던 수산나는 기독교적 경건과 자선의 모범이었다. 그녀의 삶은 아들 존과 찰스의 가치관을 형성했고 그들의 목회 활동의 바탕이 되었다.

민주적 복음

존 웨슬리가 확신을 가지고 설교했던 복음은 모든 사람을 똑같이 취급하는 것이었다. 그러나 이러한 이유 때문에 버킹엄의 공작 미망인과 같은 귀족은 헌팅던 백작부인에게 ─ 그녀는 웨슬리의 지지자였다 ─ 편지를 보내면서 이것이 '범죄'를 일으킨다고 비난하였다. "감리교 설교자에 관한 정보를 주신 데 대해 감사드립니다. 그들의 교리는 가장 불쾌하고, 높은 분들에 대한 무례함으로 얼룩져 있습니다. 모든 계급을 똑같이 만들어서 차별을 없애 버리려고 애쓰고 있으니 말이죠. 당신의 마음도 땅바닥을 기어다니는 별볼일 없는 불쌍한 자들과 같이 죄로 가득 찼다는 소리를 들을 때에는 정말 괴물 같았습니다. 이건 정말 모욕적이에요. 그러니 당신께서 높은 분들이나 성장 배경이 좋은 분들과 불편해지시면서까지 그들을 어여삐 여기신다니 저는 그저 놀랄 뿐입니다."

감리교가 급속하게 성장하면서 지속적인 개혁이 필요했기 때문이었다. 연회에서는 시골에 순회 설교자를 '돌아가면서(circuits)' 파송하는 것에 대한 문제라든지, 회중들의 증가에 응해서 목사를 안수하는 등의 문제가 논의되었다.

웨슬리는 신학적으로 아르미니우스주의자(160쪽 참조)였다. 그는, 선택과 예정에 대한 칼뱅의 입장은 이단인 율법 폐기주의(Antinominianism)와 거의 유사하다고 보았다. 율법 폐기주의란 십자가 상에서의 그리스도의 구원의 사역으로 선택받은 자는 어떤 도덕적 책임도 없다는 이론이다. 그는 아르미니우스주의에 찬성함으로써 부흥 운동을 이끈 또 한 명의 지도자였던 조지 화이트필드(1714-70년)와 1740년 결별하였다. 화이트필드는 '거룩한 클럽' 출신의 오래된 친구였으며 웨슬리보다 훨씬 유명한 설교자였다. 그들은 공식적으로는 같은 편이었지만 신학적으로는 결코 화해하지 못하였다. 화이트필드는 개혁 신학의 충실한 변호자였으므로 감리교 운동에 동참하지 않고 끝까지 영국 국교회에 머물렀다.

웨슬리의 유산

웨슬리는 자신의 가까이에서 도와 주던 많은 사람들과의 관계에서 어려움을 겪었다. 그의 동생은 웨슬리가 평신도에게 안수를 주는 것에 대해 완강하게 반대하였다. 그들 가운데 상당수는 교육을 받지 못했으며 자기 일에 책임을 질 수 있을 만큼 훈련받은 사람도 아니었기 때문이다. 웨슬리 자신도 처음에 자신에게 커다란 영감을 주었던

> "만일 그대의 마음이 나의 마음과 같다면 나와 손을 잡읍시다."
>
> 존 웨슬리

아르미니우스주의자들에게 실망을 하였다. 그들은 자신이 구원받았다는 사실에 만족한 나머지 그것을 다른 사람들을 돌보는 일에까지 연장시키지 못했기 때문이다. 결국 감리교도들과 아르미니우스주의자들은 갈라서게 되었다.

웨슬리는 또 진젠도르프 백작이나 윌리엄 로와 같은 사람들은 지나치게 신비적이어서 오류를 범할 수 있다고 선언하였다. 즉 그들은 웨슬리가 음울한 젊은이였을 때 품었던 열정의 감각을 증발시켜 버렸던 것이다.

교회 안에서의 거룩함에 대한 웨슬리의 가르침은 많은 영향을 주었지만 동시에 논란거리가 되기도 하였다. 많은 사람들이 웨슬리를 지지했는데, 그중에서도 존 윌리엄 플레처나 드 라 플레셔르는 초창기 감리교 신학의 탁월한 변증론자였다. 웨슬리는 자신이 죽은 후에도 감리교 운동이 지속되기를 바라는 마음에서 필요한 조치를 강구하였다. 1743년 그는 구역의 법규를 만들었고, 1763년에는 감리교 설교자들을 위한 기준을 제정하였다. 1784년에는 구역의 법적인 권리를 확보했으며, 아메리카에서 가장 활발하게 사역하던 토머스 코크와 프랜시스 애스베리를 초기 감독으로 안수하였다.

스코틀랜드와 웨일스에서의 부흥 운동

1741년 화이트필드는 소위 '탈퇴자들(Seceders)'로부터 스코틀랜드 교회에서 횡행하는 이단에 대해서 설교해 달라는 부탁을 받았다. 몇몇 종교 지도자들은 일종의 이신론을 받아들였고, 온건주의자라고 불리는 사람들은 단순한 도덕성의 인문주의적 메시지를 설교하고 있던 상황이었다. 에베네저 어스킨(1680-1754년)에 의해서 조직된 탈퇴자들은 이러한 운동에 대한 저항으로 독립 장로 교회를 창립했으나 1740년에 스코틀랜드 교회는 개혁 성향을 지닌 지도자들을 추방하였다.

소종파적인 싸움 때문에 자신의 입장을 굽힐 리 없는 화이트필드는 탈퇴자들 사이에서 일하기 시작하였다. 그런데 이것이 스코틀랜드 교회 자체의 부흥으로 이어졌다. 윌리엄 매컬로를 위시하여 화이트필드를 도왔던 사람들은 기존 교회로부터 열심당이라고 해서 배척당했지만, 그들의 노력은 마침내 열매를 맺게 되었다. 부흥의 불길은 평신도로부터 시작해서 새롭게 영감을 받은 개방적 교회 지도자들에게로 번져 나갔다.

웨일스에 있었던 '기독자 지식 진흥회'는 18세기 초부터 사회 개혁과 종교적 부흥의 원동력이 되었다. 대표적인 인물로는 웨일스에 순회 학교를 창건한 그리피스 존스를 꼽을 수 있다.

1735년 학교 교사였던 하웰 해리스는 성만찬을 통해서 회개한 후 평신도 목회자가 되었다. 영감에 가득 찬 그의 설교는 다니엘 롤런즈와 같은 사람의 노력과 맞물리면서 웨일스를 부흥의 물결로 뒤덮었다. 1752년 해리스는 헌팅던 백작부인(왼쪽 설명 참조)의 지지를 얻어 냈다. 헌팅던은 트레베카에 복음과 목회를 가르치는 공동체를 건설할 수 있도록 자원을 조달해 주었다. 해리스의 노력으로 웨일스에 칼뱅 감리 교회가 창건되었다.

평범한 사람들을 위한 찬양

"왜 악마가 가장 좋은 곡조를 가져야만 할까?"라는 말은 종교 개혁의 아버지인 마르틴 루터에게서 나왔다고 한다. 배우지 못한 사람들이 성서를 이해하도록 도우려는 일념에서 루터는 회중 전체가 노래 부를 수 있는 단순한 멜로디의 음악을 작곡하는 전통을 세웠다. 18세기는 위대한 찬송가의 시대였다. 아마도 가장 잘 알려진 찬송가일 듯한 "나 같은 죄인 살리신(Amazing Grace)"(찬송가 405장/역자 주)은 과거 노예 상인이었다가 부흥 운동의 지도자가 되었던 존 뉴턴(1725-1807년)의 곡이다. 신의 사랑과 용서하심을 단순하게 표현한 이 곡은 전세계적으로 가장 애창되는 찬송가이다.

또 다른 위대한 찬송가 작가는 찰스 웨슬리였다. 그는 1756년 건강상의 이유로 더 이상 전도 여행을 할 수 없게 되자 찬송가 제작에 심혈을 기울였다. 대략 6,000곡 이상의 찬송가를 쓴 찰스 웨슬리는 많은 이들이 즐겨 부르는 "만 입이 내게 있으면"(찬송가 23장/역자 주)과 크리스마스 캐럴인 "천사 찬송하기를"(찬송가 126장/역자 주)의 작사자이다. 개혁 교회 회중들을 더 많이 예배에 모으기 위한 수단으로서 찬송가는 계속 인기를 얻게 되었다. 그러나 찬송가를 반대하는 이들도 있었다. 예를 들어 어떤 퀘이커 교도들은 기도와 찬양은 침묵 속에 이루어져야 한다고 주장하기도 하였다.

토마스 웹스터, "마을 성가대"

대개 찬송가는 예배에서 중요한 위치를 차지하였다. 특히 웨슬리 형제는 18세기 무렵부터 회중들이 찬송가를 많이 부르게 하는 데 기여하였다.

목사 아우구스투스 슈판겐베르크와 사귀었다는 점이었다. 모라비안 목사 아우구스투스 슈판겐베르크는 복음의 열정 속에서 웨슬리를 격려하면서 예수가 자신을 믿는 사람들의 삶 속에 내재하는 인격적 구세주임을 말해 주었다. 그러나 이러한 충고도 웨슬리의 내면적 혼돈을 씻어 주기에는 역부족이었다.

1738년 웨슬리가 마침내 영국으로 돌아왔을 때 그는 목회자로서 대단한 좌절감과 실패를 느끼지 않을 수 없었다. 하지만 같은 해 웨슬리 형제는 그렇게도 간절히 찾던 평화를 발견하였다. 찰스는 성령 강림 주일에 참된 회개를 경험함으로써 마침내 내적인 자신감을 얻었다. 그 자신감은 다름 아니라 폭풍 속을 항해하면서도 모라비안들의 얼굴에서 사라지지 않던 바로 그 자신감이었다. 3일 후인 5월 24일, 마지못해서 모라비안들의 집회에 참석했던 존 웨슬리도 깊고도 오래토록 계속될 회개를 경험하였다(164쪽 왼쪽 설명 참조).

감리교의 부흥 운동

회개를 경험한 지 며칠 후 존 웨슬리는 담대하게 옥스퍼드에서 설교하였다. 설교의 핵심은 그의 전 생애를 지배했던 이 한 마디에 대해서였다. "은총에 의한 신앙으로 그대는 구원받았다."

존은 경건주의자인 진젠도르프 백작과 함께 얼마 동안 지낸 후 찰스와 함께 영국으로 돌아와서 지역 교회나 길거리, 공식 집회 등에서 설교하기 시작하였다. 영국 사회를 변화시켰던 감리교의 부흥 운동은 이렇게 태동했던 것이다. 웨슬리는 "세계는 나의 교구이다."라고 외치면서 성공회 제도를 무시하였다. 성공회는 웨슬리가 신앙만으로 이루어지는 개인적인 구원만을 지나치게 강조한다고 비판하였다. 웨슬리는 유능한 설교자였지만, 그의 참된 능력은 감리교 운동을 조직하고 성장시키는 데서 발휘되었다. 그는 자신을 따르는 신자들을 '구역'으로 묶고, 각 구역은

> "복음은 두 가지 일을 하라고 한다. 믿고 실천하라는 것이다."
>
> 수산나 웨슬리, 존 웨슬리와 찰스 웨슬리의 어머니

또 '속(屬)'으로 세분화하였다. 각 속에는 '속장(屬長)'을 두어서 신자의 영적인 문제에 응하도록 했으며, '탁사(託事)'로 하여금 각 속의 재정을 살피도록 하였다. 각 구역의 문제나 행정을 논의할 모임의 필요성을 느낀 웨슬리는 1744년 런던에서 첫 연회(年會)를 개최하였다.

> "나 같은 죄인 살리신 그 은혜 놀라워! 잃었던 생명 찾고 광명 얻었네."
>
> 존 뉴턴

부흥의 불길

> **자신의 회심에 대한 존 웨슬리의 설명**
>
> "나는 마지못해 올더스게이트 거리 집회에 갔다. 거기에서 누군가가 루터의 『로마서 주석』 서문을 읽었다. 아홉 시 십오 분 전쯤 되었을까, 그가 하느님께서 그리스도에 대한 신앙을 통해서 역사하시는 변화를 말하고 있을 때 나는 마음이 이상하게 뜨거워지는 것을 느꼈다. 나는 내가 그리스도를 믿고 있다는 사실과, 구원은 오직 그리스도로 말미암는다는 사실을 느끼게 되었다. 나아가 그분이 나의 죄를 없애 버리셨고 나를 통째로 취하셔서 율법의 죄와 죽음으로부터 구원해 주셨음을 확신하게 되었다."

경건주의가 루터 교회를 영적 형식주의로부터 건져 내려 했던 것과 마찬가지로 감리교 운동은 영국 국교회가 빠져 있던 침체 상태를 변화시키기 위해 노력하였다.

웨슬리 형제

감리교 탄생에 가장 기여했던 인물로는 존 웨슬리(1703-91년)와 그의 동생 찰스 웨슬리(1707-88년)가 있다. 존 웨슬리는 열네 번째 자녀였고, 살아 남은 아들 중에서는 두 번째였다. 6살 때 집에 화재가 나서 집 전체가 소실되었지만 존 웨슬리는 무사히 살아 남았다. 이것은 그의 삶과 소명에 지속적인 영향을 미친 사건이었다(존 웨슬리는 이 경험에 영향을 받아 스스로를 가리켜서 "불에서 꺼낸, 타다 남은 나무 조각"이라고 불렀음).

1720년부터 1724년까지 옥스퍼드 대학에서 공부한 존 웨슬리는 돌아와서 동생 찰스 웨슬리와 힘을 합쳤다. 동생은 학부 학생들을 상대로 성경 공부와 기도, 그리고 상호 격려를 위한 모임을 이끌고 있었다. 동료들은 그들의 경건성과 거룩함에 대한 열정과 헌신을 비웃으면서 그들을 '거룩한 클럽(Holy Club)'이라고 놀려 댔다. 이 모임에 참가하던 사람들은 '법식론자(Methodist)'라고도 불리었는데, 그들이 규칙과 개인간의 질서를 엄격하게 준수했기 때문에 그렇게 불리었던 것이다. 그들은 런던 부근의 고아원이나 감옥, 학교 등지를 찾아다니면서 선한 일을 하였다. 그들이 어찌나 열심히 선행을 베풀었던지, 타협을 모르는 철저한 도덕주의자로서『경건과 거룩한 삶에 대한 진지한 소명』(1728년)을 썼던 윌리엄 로도 그들의 행동에 대해 언급하였다. 즉 웨슬리 형제는 규칙에 얽매이지 아니하고 자발적으로 서로 사랑하는 삶에 헌신하는 신앙을 실천하고 있다고 말했을 정도였다.

모라비안들의 대담함

1735년, 웨슬리 형제는 아메리카로 건너갔다. 두 형제는 이 여행에서 받은 인상을 잊을 수 없었다. 존 웨슬리는 자신의 영적인 우울함 때문에 괴로워하고 있었다. 가난한 사람들 사이에서 열심히 일하고 매일 성경을 읽으며 매주마다 금식했지만, 그는 기독교인으로서 자신이 걸어가는 삶의 방향에 대해서 만족할 수 없었기 때문이다. 그런데 신세계로 가는 뱃길에서 그의 절망이 더욱 깊어지는 사건이 일어났다. 사나운 폭풍우가 몰려왔을 때 배 위에 있던 모라비안들은 명랑하고 자신감에 넘쳤으며 냉정함을 잃지 않았던 반면, 웨슬리는 그 폭풍우로 말미암아 거의 정신 착란 상태에까지 이르렀던 것이다. 아메리카에서의 경험은 더욱 나빴다. 존은 조지아의 주지사인 제임스 오글레토르프의 초청으로 식민지 지배자들과 아메리카 원주민들을 상대로 목회 활동을 했지만, 그의 행실과 우울한 인상으로 말미암아 사람들의 인기를 끌지 못하였다. 그나마 다행스러웠던 것은 모라비안

감리교 운동의 창시자, 존 웨슬리

광범위한 전도 사역과 팽대한 저술, 수만 번의 설교(아마도 40,000회 이상으로 추정됨), 천재적인 조직화를 통해서 웨슬리는 감리교가 멸절되지 않고 생존해 나갈 수 있도록 길을 마련하였다. 오늘날 감리 교회는 미국에서 두 번째로 큰 개신교 교파이며, 영국에서는 가장 큰 독립 개신교 그룹이다.

능력 있는 사람을 임명했을 법도 했건만 그는 영적인 지도 능력보다는 자신에 대한 충성도나 출신 성분에 따라서 임명하는 경우가 더 많았다. 프랑스 혁명 전야에 130명의 프랑스 주교들 가운데 한 사람을 제외하고는 모두 귀족이었다. 프랑스의 마지막 수상은 무신론자임에도 불구하고 툴루즈의 대주교이자 추기경으로 임명되었다. 그러나 그러한 전횡에도 한계는 있었다. 루이 16세는 그가 파리의 대주교에 취임하는 것을 반대하였다. 프랑스 교회의 대표만은 '최소한 하느님을 믿어야 한다'는 이유에서였다. 예전에 다른 무신론자 수상인 뒤부아가 대주교이자 추기경이 되었던 적이 있었다. "그는 모든 악과 더불어……누가 더

침묵의 공부와 기도
더 많은 평신도들이 글을 읽을 수 있게 되자 개신교 신앙은 개인적인 성서 연구를 더욱 강조하였다. 개신교도들은 또한 성구집(聖句集)을 가지고 공부하였으며(위), 여러 경건 문학도 읽었다.

> "우리들은 모든 종교를 관용으로 대해야 한다. 모든 사람들은 자신의 방식대로 하늘에 도달해야만 하는 것이다."
>
> 프러시아의 프레데리크 대제

악한지를 다툰다."고 하는 말이 떠돌았지만 아무런 문제도 되지 않았던 것이다.

이전에는 교황이 타락했기에 가톨릭 세계의 개혁이 마비되었지만 이성의 시대가 도래해도 교황, 심지어 가장 훌륭한 교황조차도, 아무것도 할 수가 없었다. 왜냐하면 이탈리아 외의 중요한 성직 임명권은 이미 그들의 손에 있지 않았기 때문이다. 루이 14세가 프랑스의 개신교도를 박해하자 교황 이노켄티우스 11세는 이에 항의했지만 루이 14세는 꿈쩍도 하지 않았다.

교황이 가장 무력했던 시기는 1773년이었다. 당시 군주들은 교황 클레멘스 14세에게 종교 개혁 이래로 교황의 가장 충성스럽고 막강한 보루였던 예수회를 없애라고 압력을 가하였다. 그 결과 예수회가 과라니 인디언들을 위해서 오늘날의 파라과이(150-51쪽 참조)에 설립한 평화스러운 공동체가 파괴되기도 하였다. 자신들을 보호해 주는 사람들을 잃어버린 인디언들은 곧 노예로 팔려 나갔다.

개신교도 사정이 나쁘기는 마찬가지였다. 영국 국교회의 주교들은 군주가 임명하였다. 임명된 사람들은 영적인 인물이 매우 드물었고 대개는 줄을 잘 대는 사람들이었다. 루터 교를 따르는 독일의 상황은 가톨릭 국가보다 더 형편없었다. 교회는 국가의 한 부분에 지나지 않았던 것이다. 그 결과 종교 지도자들은 복음에 대한 충성보다는 정부에 대한 지지도에 더 마음을 쓰지 않을 수 없었다.

대다수는 아무런 영향을 받지 않았다

하지만 대다수 사람들의 종교적 생활은 예나 당시나 별로 다름이 없었다. 대부분의 개신교인과 가톨릭 신자들은 지성인들 사이에서 벌어지던 철학 논쟁에 관심이 없었다. 가톨릭은 대개 예식과, 공공 예배와, 개인적 기도의 종교였던 반면, 18세기 개신교는 평신도를 지향했고, 대단히 성서적이었으며, 교회보다는 가정에 초점을 맞추고 있었다.

> "오늘날 기독교는 숨김없이 비난과 조롱을 당하고 있는데, 특히 기독교 교사들에 대한 비난과 조롱은 참담할 지경이다."
>
> 캔터베리의 대주교 토머스 세커

공격받는 교회

비판적 영향

독일의 지성 고트홀트 에프라임 레싱(1729-81년)은 학자이자 극작가, 비평가, 시인이었다. 그는 전통적 기독교에 대한 계몽주의 시대의 탁월한 비판자였다. 그 자신의 종교관은 주로 도덕적인 것이었다. 그는 신학적 교리의 수용은 종교의 본질이 아니며, 역사적 사실은 신적 계시를 증명해 주지 못한다고 보았다. 신적 계시에 대한 우리의 이해는 역사를 통해서 진전되기 때문이다. 레싱의 이러한 견해와 성서에 대한 비판적 탐구로 말미암아, 레싱은 다음 시대(178-80쪽 참조) 자유주의 신학의 중요 선구자가 되었다.

18세기 중엽 부유한 상류 사회 계급들이 새로운 철학 사조를 받아들이면서 기독교는 갈수록 곤경에 처하게 되었다. 유럽의 여러 지도자들은 계몽주의가 교회 ─ 개신교든 가톨릭이든 ─ 의 힘을 제거할 수 있는 세속적이고 매력적인 분위기를 제공해 준다고 보았다. 당시 가장 막강한 세력을 형성하고 있던 프러시아의 황제 프레드리히 대제(1712-86년)는 종교에 대해서는 별로 신경을 쓰지 않았지만 당시의 철학적 사유에 대해서는 존경의 마음을 품고 있었다. 그는 볼테르를 궁정으로 초대하기도 하였다. 프레드리히는 기독교에 대해서 관대했는데 그 이유는 모든 종교는 불합리하다고 믿었기 때문이다.

한편 이신론에 대한 비판적인 반론도 가톨릭과 개신교로부터 제기되었다. 성공회 주교 조지프 버틀러는 기독교 교리를 수호하였다. 하지만 버틀러를 위시하여 많은 기독교인들은 철학자들 ─ 볼테르, 루소, 칸트 등 ─ 에 대하여 지나치게 방어적이었다.(156-57쪽 참조) 칸트는 주관적인 세계상을 주장하였다. 그에 의하면 종교나 철학의 모든 지식은 순수 이성에 제한되어 있으며 우리가 경험이나 역사로부터 얻는 지식과는 완전히 분리되어 있다. 그러므로 그는 개인의 양심이야말로 도덕성의 유일한 참된 기준이라고 보았다.

절대 권력의 남용

이 시기는 국가의 모든 것을 독점하려는 절대 군주의 시대였다. 러시아의 페테르 대제(1682-1725년 재위)는 러시아 교회의 수장이 되었다.(170쪽 참조) 가톨릭을 신봉하는 스페인과 프랑스, 신성 로마 제국은 자신들의 영토에서 교황이 세력을 행사하지 못하게 하면서 교회를 직접 다스리고자 하였다. 경건한 오스트리아 황제 요제프 2세(1765-90년 재위)는 오스트리아 백성들의 종교적 삶을 규정하는 칙령을 6,000개 이상 반포하였다. 그는 다른 가톨릭 군주들처럼 주교나 수도원장, 그리고 다른 교회 지도자들을 마음대로 임명하였다. 요제프와 같은 신심 깊은 통치자라면

교회 음악의 번성 ─ 『시편』, 찬송가, 오라토리오

종교 개혁자들의 비판 중 하나는 상당수 가톨릭 교회 음악이 난해하다는 것에 있었다. 예전을 위한 정교한 곡조가 발전하면서 가사를 알아들을 수 없게 되었던 것이다. 또 다른 문제는 플랑드르, 독일, 프랑스, 스페인, 이탈리아의 몇몇 작곡가들이 연애곡이나 군가에 기초해서 교회 음악을 만들었다는 사실에 있었다. 트리엔트 공의회(148-49쪽 참조)는 성가곡에 세속 음악의 음조를 사용하지 못하도록 금했으며, 가사를 알아들을 수 있도록 크게 부르라고 요구하였다. 이로써 가톨릭 교회 음악의 르네상스가 시작되었다.

17세기 후반에 교회 음악은 꽃을 피웠다. 찬송가, 무반주 다성 성가곡, 『시편』에 곡을 붙인 곡, 때때로 풍부한 오케스트라 편곡으로 반주한 곡들은 사람들의 마음을 보다 높은 신앙심으로 인도했으며, 또한 대단히 대중화되었다. 여러 도시들은 앞다투어 자신들의 교회를 장식하고 훌륭한 합창단과 오케스트라를 갖추려고 하였다. 17세기 베네치아의 성 마르코 교회에서는 회중들이 몬테 베르디나 가브리엘리 형제의 음악뿐만 아니라, 나아가 여러 작곡가들의 유명한 음악을 들을 수 있었다. 성서 구절에 기초한 경건한 음악회가 교회에서 오라토리오로 연주되었던 것이다.

이러한 음악의 유행은 하나의 교단이나 문화에만 한정된 이야기가 아니었다. 개혁 교회 전통은 바흐 가문이나, 위대한 오라토리오 작곡가인 헨델(1685-1759년)을 위시하여, 이들보다는 덜 유명하지만 훌륭한 음악가들을 다수 배출하는 데 영향을 끼쳤다. 개신교 작곡가 바흐(1685-1750년)는 남부 가톨릭 음악을 예배에 기꺼이 도입하였다. 위대한 가톨릭 작곡가인 모차르트(1756-91년)도 이와 동등한 훌륭한 음악을 만들어 냈다. 가톨릭이나 개신교를 불문하고 당시 교회의 음악적 성과는 모든 기독교인들이 누릴 수 있는 유산이 되었다.

헨델의 "메시아" 연주, 웨스트민스터 사원, 1785
경건한 루터 교 신자였던 헨델은 성서로부터 영감을 받은 여러 곡을 작곡하였다.

독일의 할레 대학
프랑케가 교수로 취임하면서 할레는 경건주의 학문의 중심이 되었다. 프랑케는 경건주의적 이상에 기초해서 사람들을 하나로 묶었는데, 그들은 신학교, 서점, 가난한 이들을 위한 기숙 학교, 의료 기관과 여타의 봉사 기관을 만들었다. 경건주의자들의 기본적인 관심사 중 하나는 이웃의 영적인 사정뿐만 아니라 그들의 물질적인 삶을 돌보아 주는 일이었다.

> "우리들은 단순한 지식만으로는 참된 기독교가 될 수 없음을 사람들에게 알려야 한다. 참된 기독교는 행동의 문제인 것이다."
> — 필리프 야코브 슈페너

의지와 자유가 있음을 강조했던 아르미니우스주의는, 루터나 칼뱅보다 훨씬 낙관적인 소식을 들려 주었기 때문이다.

경건주의의 따뜻함

커다란 영향력을 지닌 또 하나의 갱신 운동이 종교 개혁의 고향인 독일에서 일어났다. 경건주의라고 불리는 이 운동은 새롭게 정착된 루터 교회가 기계적 예식과 형식주의에 빠져 버린 데 대한 반작용이었다. 한 세기 전에 마르틴 루터는 가톨릭 교회를 갱신하기 위해 정열을 쏟았지만 이제는 루터의 이름을 지닌 교회가 기독교인들을 영적으로 둔감하게 만들었다는 비판의 대상이 되어 버렸고, 따라서 그들의 마음과 영혼을 새롭게 해야 한다는 갱신 운동이 나타났던 것이다.

필리프 야코브 슈페너(1635-1705년)는 경건주의의 지적인 창시자로 알려져 있다. 스트라스부르의 루터 교회에서 재직하던 그는 프랑크푸르트에서 설교자와 선생이 되었다. 라바디주의자들(장 드 라바디[1610-74년]를 따르는 사람들. 라바디는 한때 예수회에 속했다가 개신교로 개종했고 마침내 분리주의적 경건주의 공동체를 창시하였다/역자 주)라고 알려진 기독교 공동체로부터 영감을 받은 슈페너는 루터 교회를 갱신하려는 열망에 사로잡혔다. 슈페너는 자기 수련, 그리스도와의 인격적 관계의 필요성, 일상의 기도와 성경에 대한 묵상의 중요성들을 설교하였다. 비록 루터 교회의 행정 조직을 따르면서도 그는 만인 사제설을 믿었으며, 자기 집에서 2주일에 한 번씩 성경 공부를 인도하였다. 이 모임이 대중화되고 다른 교회에까지 퍼져 나가자 사람들은 그들을 경건자들의 모임(Collegia Pietatis)라고 불렀다. (여기에서 경건주의(pietism)라는 말이 유래하였다.) 그러나 슈페너는 동료들과의 불화로 결국 프랑크푸르트의 자리를 사임하고 드레스덴으로 옮겨가지 않으면 안 되었다.

1687년 슈페너는 드레스덴에서 아우구스트 프랑케를 만났다. 프랑케는 성서 언어를 공부하는 총명한 학생이었다. 프랑케는 1684년 라이프치히에서 교수직을 얻자 학생들과 동료 교수들과 함께 성서 연구를 시작하였다. 이 모임은 사회 개혁에 대한 프랑케의 강력한 의도와 맞물리면서 대학 내에 부흥 운동을 불러일으켰다. 그러나 상황이 이렇게 되자 보수적인 행정 당국은 프랑케를 주목하기 시작했으며 결국 그는 사임하지 않을 수 없었다.

경건주의의 영향

1692년에 할레 대학으로 옮긴 프랑케는 이전보다 훨씬 많은 지지를 얻었고 얼마 안 가서 경건주의적 이상(위의 그림 설명 참조)을 따르는 모임이 태어났다. 경건주의는 하나의 교파도 아니었고 영국의 성공회나 독일의 루터 교회처럼 어떤 국가적 정체성을 띤 운동도 아니었지만 이 운동은 이미 정착된 기독교 전통 내에서——가톨릭도 물론 포함해서——커다란 변화를 일으키는 원동력이었다. 경건주의의 주장이 고스란히 18세기의 부흥 운동으로 전환되지는 않았지만 부흥 운동을 주도했던 사람의 삶 속에는 경건주의가 살아 움직이고 있었던 것이다.

진젠도르프와 모라비아 형제단

할레의 뛰어난 학생이었던 진젠도르프 백작(1700-60년)은 독일 작센 지방 정부에 직책을 가지고 있던 부유한 귀족이었다. 그는 보헤미아와 모라비아에서 박해를 받던 후스 파 피난민들을 받아 주면서 자신의 베르텔스도르프에 정착하도록 도와 주었다.(1722년) 피난민들은 곧 헤른후트(주의 모자)라고 불리는 공동체를 이루었다. 진젠도르프는 그들의 노력에 큰 감동을 받아서 백작의 지위를 버리고 영적 지도자가 되었다. 결국 모라비아 형제단은 할레의 경건주의자들과 합류해서 현대 개신교 선교 운동을 시작하였다.

아르미니우스주의와 경건주의

필리프 야코브 슈페너의 『경건한 욕망』

1675년 슈페너는 『경건한 욕망』을 발간하였다. 이 책은 일반 교회, 그중에서도 특히 루터 교회를 개혁하려는 목적으로 쓰여진 책이었다. 무엇보다도 슈페너는 소규모 그룹의 성경 공부와 신학 훈련을 제안하였다. 그는 또한 개신교 목사들에게 전통적인 복음의 메시지로 돌아오라고 호소하였다. 슈페너는 경건주의 운동을 통해서 이러한 바람을 실천에 옮길 수 있었다.

1600년대 말, 태어난 지 한 세기가 채 안 된 개신교 내부에서는 지나치게 세부적인 신학적 문제를 둘러싸고 논란이 벌어지면서 전통적인 프로테스탄트적 열정은 거의 사라져 버린 듯하였다. 그러자 신과의 인격적이고 영원한 관계만을 추구하던 사람들은 새로운 영적 운동을 전개하였다. 그리하여 갈수록 냉정하고 고독해져 가던 세계 속에서 희망과 사랑의 복음을 제공하던 목회자들과 교사들은 그들의 메시지를 환영하는 청중을 만나게 되었다.

아르미니우스주의와 칼뱅주의

17-18세기에 일어난 갱신 운동 중에서 가장 영향력이 컸던 것은 아르미니우스주의였다. 이 운동도 종교 개혁이 일어난 직후에 태동된 운동이었다. 아르미니우스주의는 네덜란드의 개혁 교회가 칼뱅주의를 비정하고 융통성 없이 적용하자 이에 대한 반작용으로 등장하였다. 특히 그들은 하느님이 이미 창조 전에 각 사람의 운명을 예정하였다는 생각에 반대하였다. 예정, 인간의 사악함, 신의 은총의 불가항력성을 지나치게 강조하는 칼뱅주의를 거부한 사람들은 항의자, 또는 아르미니우스주의자라고 불리었다. 이것은 네덜란드의 개혁 교회 신학자 야코부스 아르미니우스(1560-1609년)의 이름에서 비롯된 것이었다. 아르미니우스는 칼뱅주의의 폭을 넓혀서 신은 몇몇 선택된 자만이 아니라 모든 사람들——비록 모든 사람들이 구원을 받아들이기로 선택하지는 않지만——을 구원하려 한다고 주장하였다. 이런 입장에서 그는 칼뱅주의가 말하는 그리스도의 구원 사역의 불가항력성을 후퇴시켰다. 아르미니우스를 반대하는 사람들은 이를 빌미 삼아 그가 신의 능력과 권위를 축소시켰다고 비판했던 것이다.

아르미니우스가 죽고 난 후에도 추종자들이 그를 변호하고 나서자 네덜란드는 국가적 위기에 직면하였다. 이 위기는 도르트 시노드(1618-19년)에서 끝을 보았다. 시노드는 아르미니우스주의자들의 끈질긴 변호에도 불구하고 그들을 정죄하였다. 그러나 아르미니우스주의는 개신교에서 매우 중요한 역할을 하였다. 인간이 선과 악에 대해서 선택할

17, 18세기의 신앙과 일상적 삶

17, 18세기 위대한 사상가들의 내적인 본성과 그들이 이끌었던 영적 부흥 운동으로 말미암아 가정의 가치가 다시 평가되고 가정이 어떻게 사회에 적응해야 하는가를 재고해 보게 되었다. 특히 어린아이들에게 좀더 애정 어린 관심을 가지게 되었고, 가정에서의 기도와 경건 생활은 경건한 사람들의 일상적인 삶의 일부가 되었다. 또한 많은 경건주의자들과 부흥사들이 여성을 저술가와 선교사로 고용하면서부터 여성의 능력과 사회적 역할에 대한 태도가 서서히 변하기 시작하였다. 17세기에는 일과 가정에 대한 태도가 매우 변하였다. 오늘날 한 사람의 지위가 그의 경력과 업적을 통해서 평가되는 것과 달리, 훨씬 정적이고 사람들의 이동이 적었던 당시 사회에서 사람의 지위는 그들의 가정이나 가문의 지위에 따라서 결정되었다. 오늘날의 기준으로 보면 사회는 매우 엄격하게 계층화되었고 제한적이었다. 하지만 이러한 상태는 신이 우리 모두에게 삶의 위치를 만들어 주셨고, 우리는 그렇게 존재하는 것이 마땅하다고 믿었던 시대에는 분명히 드러나지 못하였다. 이러한 태도는 나무는 나무라는 사실로써 신에게 가장 잘 봉사한다는 루터의 말에 잘 나타나 있다.

당시의 유명한 영적 지도자들은 가난한 사람들도 일하면서 기도하도록 인도하였다. 이 분야에서 가장 뛰어난 인물이었던 프랑스 주교 프랑수아 드 살레(1567-1622년)는 유명한 『경건한 생활로의 입문』을 썼는데, 거기에서 살레는 "인간 삶의……고난의 한복판에서도 하느님께 매달리며" 생활의 조그마한 일이라도 "위대한 사랑으로" 하라고 훈계하였다. 또 다른 유명한 인물은 프랑스 카르멜 수도회의 평신도 수사, 형제 로렌스(1611-91년)였다. 그는 "일하는 시간은 기도하는 시간과 다르지 않다."고 말하였다.

소박한 네덜란드인의 생활
17세기 후반의 이 그림은 당시 가정에서의 경건 생활과 개인의 경건 생활을 보여 주고 있다.

그들은 프랑스에서 많은 박해를 받았다. 그러나 얀센주의는 앙투안 아노와 장 뒤 베르기에 같은 인물들에 의해서 살아남았다. 얀센주의의 최고봉은 수학자이며 철학자이고 과학자였던 블레이즈 파스칼(1623-62년)일 것이다. 그가 죽고 난 후 1670년에 출간된 『팡세』는, 기독교의 가치는 계시와 역사의 무게로 분명하게 증명될 수 있다고 해도, 우리는 오직 신과의 인격적인 관계를 통해서만 기독교를 확실히 알 수 있다는 신념을 훌륭하게 드러낸 고전(古典)이었다.

헌신과 봉사

프랑스라고 해서 모든 것이 논쟁의 대상이 되었던 것은 아니다. 프랑스는 당시를 풍미하고 있던 퀘이커 운동의 중심이었다. 퀘이커 교도들은 신에 대한 인격적 경험을 중시한 나머지(오른쪽 설명 참조) 교리를 무시하였다. 또한 위대한 추기경 보슈에(1627-1704)가 설교와 성서 읽기 운동을 주도하면서 세속적 정치가들에게까지 파고들었다. 성 뱅상 드 폴(1580-1660년경)이 창설한 라자로 교단은 가난한 사람들에게 복음을 전하면서 돌볼 사제를 양육하였다. 반면 자선 수녀회는 농부들의 끔찍하게 가난한 생활로 인한 부담을 덜어 주었다. 여성 교단이 대개 수녀원에 한정되었던 이전과 비교한다면 이것은 대단히 창조적인 변화였다.

글을 읽을 줄 아는 평신도

계몽주의의 영향으로 일반 사람들도 교육을 받아서 글을 읽고 쓸 줄 알게 되었다. 이에 부응해서 성서가 새롭게 번역되었고 경건 문학이 널리 유행하였다. 교구 학교도 다수 등장해서 사회 모든 계층에게 교육의 문이 열렸다. 로마는 원래 평신도들에게 성서를 읽도록 가르치지 않고 라틴어 성서에 집착하였다. 이것은 모두가 성서를 읽는다면 교회 내에 분열이 일어날지도 모른다는 불안감 때문이었다. 하지만 1752년, 권위 있는 주석이 실린다면 새로운 성서 번역도 가능하다는 허락이 내려졌다. 18세기 말경 가톨릭 교회에서는 70개가 넘는 언어로 성서가 번역되었다. 이제 성서는 독일어, 이탈리아어, 스페인어, 프랑스어, 폴란드어는 물론 세계 여러 나라 언어로 번역되었다.

블레이즈 파스칼

파스칼은 1623년 프랑스의 클레어몽에서 태어났다. 법률가였던 그의 아버지는 자녀들에게 보다 나은 교육 환경을 만들어 주기 위해서 파리로 이사하였다. 1654년 파스칼은 사고를 당해서 거의 죽을 뻔한 후, 남은 생애를 그리스도와 깊은 인격적 관계를 맺는 데 헌신하기로 결심하였다. 그는 당시 과학 세계의 동료들보다 훨씬 경건하고 정통적인 기독교적 세계관의 소유자였으며, 이성을 거의 신성시하던 이성의 시대에도 이성의 한계를 인식하고 있었다. 그는 말하였다. "이성의 마지막 발걸음은 이성을 초월하는 무한히 많은 것들이 있다는 것을 아는 것이다.……마음에는 이성이 있지만 이성은 그것을 알지 못한다."

내적인 평화

스페인 사제 미구엘 드 몰리노(1628-96년)의 가르침에서 영감을 받은 정적주의는 참된 기독교란 교리나 선행에 집착하는 것이 아니라 기도와 명상을 통한 신의 임재 속에서 자신을 완전히 방기(放棄)하는 것이라고 믿는다. 정적주의 운동의 성공은 잘못된 결혼 생활에서 비롯되었다고 할 수 있다. 정적주의를 가장 열렬히 지원해 준 사람은 기용 부인이라고 더 잘 알려진 프랑스의 신비주의자 잔느 기용(1648-1717년)이었다. 남편이나 시어머니와의 복잡한 문제로 괴로워하던 기용 부인은 내적인 삶에 몰두해서 하느님의 마음과 연합하기로 결심하였다.

파리의 포르트-루아얄 수도원
포르트-루아얄 수도원은 17세기 얀센주의자들의 중심이 되었다. 여기에서 많은 귀족, 국회의원, 지성인들이 피정(避靜)의 시간을 보냈다. 1709년 루이 14세는 수도원을 폐쇄했으며, 결국 다음해에는 철저하게 파괴되었다.

> "십자가를 사랑하지 아니하고 하느님을 사랑할 수는 없습니다. 그리고 십자가 안에서 기뻐하는 마음은 가장 고통스러운 것도 달콤한 것으로 받아들입니다."
>
> 잔느 기용 부인,
> 프랑스의 정적주의자

가톨릭의 움직임

> "그리스도를 떠나서 우리는 생명이나 죽음이 무엇인지 알지 못하며, 하느님이 누구이며 우리 자신은 또 누구인지도 알지 못한다."
>
> 블레즈 파스칼

가톨릭 신자들은 계몽주의의 큰 영향을 받은 결과 하나의 종합적인 단체로서의 교회보다는 개인에 관심을 기울이게 되었다. 그 결과 오랫동안 교회의 교리와 예전 속에 안주하면서 영적인 편안함과 확신을 느껴왔던 사람들이 개인의 구원 문제와 신과의 인격적 관계에 대해 새삼스럽게 묻기 시작하였다.

얀센주의의 발흥

이러한 분위기 속에서 아우구스티누스의 은총의 신학은 코르넬리우스 오토 얀센의 유고(遺稿)를 통해서 재생되었다. 1585년에 태어난, 플랑드르 지방의 가톨릭 신학자 얀센은 루뱅의 성 풀케리아 신학교의 총장이자 주석학 교수였다. 그는 이프레(현재의 벨기에)의 주교로 봉직하던 중 1638년 페스트로 세상을 떠났다.

얀센이 세상을 떠난 후 그의 강의록들이 책으로 출판되자 많은 사람들은 성 아우구스티누스(68-69쪽 참조)에 대한 그의 연구에 관심을 기울였다. 1640년에 세 권으로 출간된 『아우구스티누스』에서 얀센은 아우구스티누스가 말하는 예정과 인간의 철저한 죄성, 그리고 예수 그리스도를 통한 신의 구원의 은총에 대해 면밀히 분석하였다. 이 책에서 얀센은 예수회 윤리의 신학적 근거를 공격했으므로 『아우구스티누스』는 1643년 교황 우르바노스 8세에 의해서 금서(禁書)가 되었다. 얀센주의자들은 예수회의 인간 이해가 너무 낙관적이며, 죄를 고백한 사람들에게 너무 쉽게 죄를 사면해 준다고 비판하였다. 얀센주의자들은 오직 진정으로 뉘우치는 사람에게만 죄의 용서가 이루어져야 하며, 영성체는 진정한 두려움과 경외심으로 이루어져야 한다고 주장하였다.

1653년 교황 이노켄티우스 10세는 "쿰 오카시오네(Cum Occasione)"라는 교령에서 얀센의 명제들을 정죄하는 가운데 특히 얀센의 예정론을 이단이라고 선언하였다. 1713년 클레멘트 11세도 얀센주의자들을 정죄했으므로 18세기 내내

고트프리트 라이프니츠(1646-1716년)를 거쳐서 임마누엘 칸트(1724-1804년)에 이르러 완성되었다. 칸트는 경험론과 합리론을 종합하는 체계를 구축하였다(그렇게 해서 그는 사람들에게 신의 존재가 증명 불가능하다는 사실을 납득시켰음). 그런데 이 두 학파의 창시자들은 모두 기독교인이었다. 데카르트와 로크, 버클리는 모두 신앙인이었다. 하지만 다른 이들은 기독교와 반목하는 방식으로 자신들의 이론을 전개하였다. 로크의 비정통적인 신앙도 그를 기독교와 멀어지도록 만들었다(아래 본문 참조). 경험론이 기독교의 초자연적인 요소에 대한 신앙을 침식시켰다면, 합리론은 도덕과 신앙과 교리를 성서적 계시의 역사적 토대로부터 뿌리째 뽑아 버린 것이다.

이신론(理神論)

경험론과 합리론은 이신론의 모습으로 교회 안에 들어왔다. 이신론이란 최상의 지적인 존재(보통 신을 두고 하는 말임)가 우주와, 우주의 자연스러운 법칙을 작동시켰지만 그는 인간사를 포함해서 우주의 일상사들을 통제하지는 않는다는 생각이다. 기독교인과는 달리 이신론자들은 신이

> "어떤 철학은 사람들의 마음을 무신론으로 기울게 만들지만 철학의 깊이는 사람의 마음을…… 종교로 인도한다."
>
> 프랜시스 베이컨

인간으로부터 떨어져 있다고 보았고, 따라서 그들의 주된 관심은 신에 대한 연구가 아니라 신이 피조물로 하여금 독립적으로 움직이도록 만들었던 창조의 법칙을 정확하게 밝혀 내는 일이었다.

역사가들이 영국 계몽주의의 아버지라고 인정하는 존 로크는 강력한 이신론적 교육을 받은 기독교인이었다. 그는 신앙의 본질을 두 가지 근본적인 진리로 종합하였다. 즉 예수는 메시아였으며 기독교는 그의 가르침에 따라서 살아야 한다는 것이다. 그의 종교적인 신념은 『종교적 관용에 관하여』(1667년)와 『기독교의 합리성』(1695년)에 잘 나타나 있다. 이 두 권의 책에는, 종교적 신앙의 실천은 자유롭게 이루어져야 한다는 것과, 계시는 이성이 알려 주는 것을 고양시키는 것이지 결코 그것과 모순되지 않는다는 로크의 신념이 표현되어 있다. 그는 기독교 신앙을 변호하고자

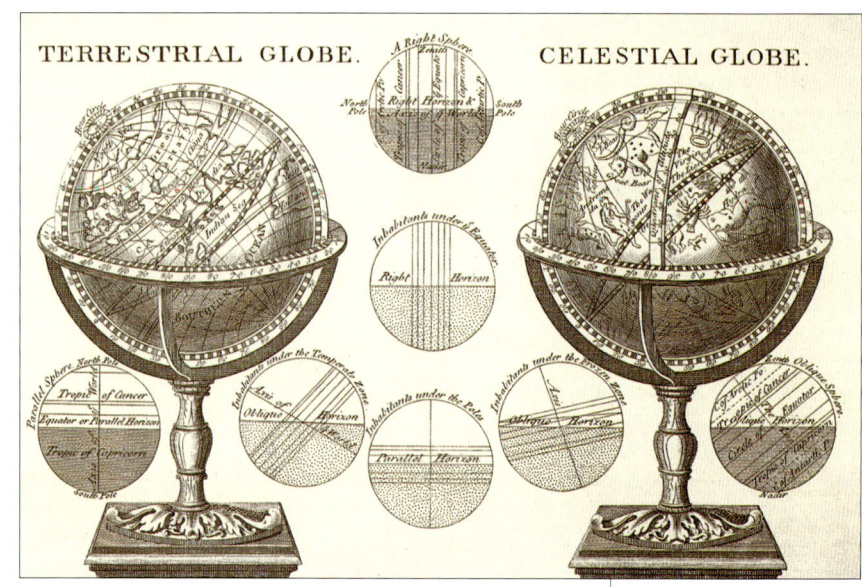

지구의와 천구의
계몽주의 시대의 철학자들은 우주를 질서정연한 기계처럼 생각하였다. 물론 그 질서 뒤에는 신이 계신다.

했지만 기독교인들보다는 이신론자들이 그의 신학을 더 잘 받아들였다.

이신론은 과학과 수학에 다대하게 기여한 아이작 뉴턴(1642-1727년)에 의해서 더욱 널리 알려졌다. 영국 국교회 신자였던 뉴턴은 예수가 인간을 구원하기 위해서 신으로부터 파송된 구원자라고 믿고 있었지만 그리스도의 신성에 대해서는 의심하였다. 뉴턴에게는 관찰과 실험이야말로 참된 지식에 이르는 유일한 길이었던 것이다. 자연 법칙에 대한 그의 견해는 그를 따르는 이신론 철학자들에게 큰 영향을 미쳤다.

위대한 반기독교적 인물이었던 볼테르(1694-1778년)는 영국에서 3년 동안 망명 생활을 하던 중 로크와 뉴턴의 이신론적 저작을 읽고서 큰 영향을 받았다. 얀센주의자(158쪽 참조)의 아들인 볼테르는 자신의 생각을 자유자재로 펼칠 줄 아는 다산(多産)의 작가였다. 특히 가톨릭 교회에 대한 증오를 언어로 옮기는 데서 그는 탁월한 재능을 발휘하였다. 널리 알려진 『캉디드』에서 그는 모든 형태의 정통적 기독교를 비난했으며 선하고 전능한 신의 존재도 부인하였다.

볼테르와 동시대인이었던 장-자크 루소가 던졌던 충격은 보다 직접적이고 극적이었지만 시간이 지나면서 대부분 잊혀졌다. 칼뱅주의 교육을 받았던 루소는 이신론과 자연에 대한 경외를 묘하게 혼합한 사상으로 귀착하였다. 그의 정치 이론은 프랑스와 아메리카를 뒤흔든 피의 혁명에 기여한 바가 많았다.

새로운 정치 사상

많은 계몽주의 철학자들은 정치를 종교보다 우선시하였다. 토머스 홉스(1588-1679년)는 『리바이어던』에서 신은 결국 알 수 없으며, 종교적 불일치는 혼돈과 전쟁만을 야기시킨다고 주장하였다. 그러므로 강력한 정치가라면 자신의 영토에서 무엇이 진리이고 무엇이 진리가 아닌가를 결정하기 위해서 어떤 형태의 종교가 수용되어야 하는가를 결정해야 한다. 루소는, 사회는 나름대로의 집단 의지가 있으며, 이것은 개인의 저항할 권리를 무시하는 여하한 신적 계시에도 종속되지 않는다고 보았다. 이것은 후에 공산주의와 나치 정부의 대헌장을 마련해 준 신념이었다. 이와는 달리 근본적으로 기독교적 세계관을 지니고 있던 존 로크는 정부란 개인의 권리를 보호하기 위해서 존재하므로 개인의 권리가 정부보다 우선한다고 보았다.

계몽주의의 충격

과학의 선구자

초기 계몽주의의 가장 위대한 사상가는 프랜시스 베이컨(1561-1626년)이었다. 경건한 기독교인이었던 베이컨은 만년에 과학적 탐구에 몰두하였다. 그는 귀납적 추론, 즉 기존의 관찰 가능한 사실에 기초해서 이론을 발전시키는 일이야말로 과학 법칙을 이해하기 위한 유일한 참된 기초라고 확신하였다. 이후의 경험론 철학은 베이컨의 이러한 신념에서 지대한 영향을 받았다.

개신교와 가톨릭 개혁자들은 병에 걸린 교회 ─ 그 병이 어떤 것이든지 간에 ─ 를 치료하고자 하였다. 즉 신학적 신념이 어떠한 것이었든 관계 없이, 그들의 궁극적인 목적은 한결같이 사람들을 신에게로 더 가까이 인도하는 일이었다. 그러므로 하느님 나라를 위한 그들의 진지한 노력이 다음 세대의 위대한 학자들로 하여금 종교에 등을 돌리게 만들고, 보다 인문주의적인 형태의 신앙으로 접근하도록 고무할 줄은 누구도 예측하지 못했을 것이다.

1648년 베스트팔리아 평화 협정이 조인되면서 30년 전쟁은 끝이 났지만, 이것은 종교 개혁을 둘러싼 보다 심각한 종교적·정치적 갈등을 야기시켰다. 종교 개혁 이후, 곧 계몽주의 또는 이성의 시대라고 불리는 시기의 특징은 바로 기존의 사유와 신념에 대한 비판적 재평가에 있었다. 비록 계몽주의로부터 야기된 과학적이고 사회적인 혁명이 활발하게 번져 나갔던 것은 18세기에 이르러서였지만, 계몽주의의 기초는 일찍이 세속적인 사유 체계의 등장과 함께 마련되었다. 이전에는 기독교 교리가 사유의 근간에 살아 있었고, 중세 철학과 종교 개혁은 그 위에 설 수 있었다. 그러나 계몽주의 시대의 철학은 더 이상 기독교 교리에 의존하지 않았다. 기독교 교리를 믿는 이들도 거의 없었던 것이다.

새로운 철학과 교회

두 개의 철학 학파가 유럽의 사상을 지배하였다. 영국에서는 경험론자들이 감각을 통해서 얻는 정보를 기초로 해서 모든 것을 설명하였다. 반면 프랑스와 독일에서는 철학을 일종의 수학처럼 여기는 합리론자들이 이성을 제1 원리로 삼아서 일체를 풀어 내고자 하였다. 경험론자 중에서 가장 탁월한 인물로는 존 로크(1632-1704년), 조지 버클리(1685-1753년), 그리고 데이비드 흄(1711-76년)을 꼽을 수 있다. 흄은 경험론은 논리적으로 회의주의에 귀착됨을 밝혔다. 그의 주장은 곧 다대한 영향력을 발휘하여서 많은 사람들이 기독교의 초자연적 측면을 의심하게 되었다. 합리론은 르네 데카르트(1596-1650년)로부터 시작해서 바루흐 스피노자(1632-77년)와

"나는 신을 믿는다. 그러나 내가 믿는 신은 신비주의자나 신학자의 신이 아니라 자연의 신이다. 그 신은 위대한 기하학자이며, 우주의 건축가, 제1 원동자(原動者), 불변의 초월적이며 영원한 신이다."

볼테르

과학자이자 기독교 이신론자, 아이작 뉴턴 경

우리들은 물리학자이며 수학자였던 뉴턴의 과학적 업적만을 주로 기억한다. 그러나 그는 비록 정통 기독교 신앙을 가지고 있지 않았지만 매우 종교적인 인물이었다. 뉴턴은 여러 권의 책을 썼지만 1733년에 출간된 『다니엘의 예언에 대한 관찰』과 『성 요한의 묵시』에서는 천년왕국에 대해서 고찰하였다.

계몽주의와 신앙의 부흥

1648-1776

종교 개혁 기간 동안 일어났던 피비린내 나는 종교 전쟁은 기독교에 대한 강한 반작용을 불러 왔다. 교회의 권위를 탈중심화했던 종교 개혁자들은 17-18세기의 철학자, 과학자로 하여금 세상과 인간의 일들을 순수하게 세속적인 개념으로 설명하도록 길을 예비해 준 셈이었다.

그러나 이 기간에는 역사상 가장 위대하고 철저한 부흥 운동도 있었다. 한편에는 계몽주의의 두 기둥인 볼테르와 루소가 있었고 다른 한편에는 부흥 운동의 두 거두인 웨슬리와 화이트필드가 있었던 것이다. 자주 인용되는 찰스 디킨스의 말처럼, 이 시기는 정말 "신앙의 시기이자 의심의 시기"였다. 그래서 교회로서는 "이 시기가 최고의 시간인 동시에 최악의 시기였다." 이처럼 서방 세계가 거대한 투쟁의 소용돌이에 휩싸여 있는 동안 이국에 대한 선교의 열정은 쇠퇴하고 있었다.

존 웨슬리가 런던에 있는 아버지의 무덤에서 설교하고 있다

종교 개혁

30년 전쟁
1631년의 마그데부르크에서의 승리(위)와 함께 가톨릭은 개신교 잔당들을 소탕하였고, 시 주민 수천 명을 학살하였다. 전투는 중부 유럽 전역에서 벌어졌는데, 이는 그곳의 교회가 영적으로 계속 불안했음을 보여 주고 있다.

국가들은 황제와 손을 잡았다. 마침내 베일이 걷히자 이 전쟁은 국가적 이익에 관계된 것이지 종교적 논쟁 때문은 아니라는 사실이 밝혀졌다. 특히 독일은 이 기간 동안 고통을 겪었다. 독일에는 군대가 쳐들어왔고 외국 용병들이 마을을 불태우고 무고한 농민들을 닥치는 대로 죽였던 것이다.

결국 1648년에 베스트팔리아 평화 조약이 조인되었다. 이 조약에서는 제국 내의 모든 제후들이 자신들의 영토에서 어떤 종교를 따를 것인지를 결정할 수 있다고 천명하였다. 루터 교와 가톨릭 교회와 더불어 칼뱅주의도 합법화되었다. 제국의 정치적 미래를 위해서 가장 중요했던 일은 스위스와 네덜란드가 독립을 쟁취하고, 프랑스와 스웨덴, 브란덴부르크-프러시아가 그들의 영토를 확장했다는 사실이었다.

자유의 대가

본질적으로 종교 개혁은 서방 교회를 정화하고 인간과 국가의 권리와 양심의 자유를 쟁취하기 위한 투쟁이었다. 그리고 이러한 것들을 얻기 위해서 사람들은 막대한 희생을 치르지 않으면 안 되었다. 종교적 자유를 얻기 위해서 많은 사람이 희생되었지만 다음 세대의 사람들은 그 자유를 누리면서 종교 그 자체의 가치를 묻게 되었다는 사실은 아이러니컬한 점이 아닐 수 없다. 이 질문과 함께 우리들은 계몽주의 시대로 진입하게 된다.

마련된 평화는 마침내 1618년에 깨지고 말았다. 보헤미안의 귀족들이 황제 페르디난트 2세의 섭정관을 창 밖으로 내던져 버리는 사건이 일어나자, 그들 사이의 적대감은 수면 위로 표출되기에 이르렀던 것이다. 페르디난트 2세는 스페인의 필리프 3세의 지원을 받아서 개신교도인 보헤미아의 왕 프레데리크 5세에게 전쟁을 선포하였다. 1620년 페르디난트 2세는 개신교도들의 땅을 접수하였고, 보헤미아, 오스트리아, 모라비아의 루터 교와 개혁 교회, 그리고 학교들을 없애 버렸다.

변하는 시간

전쟁은 1623년과 1629년 사이에 새로운 국면을 맞았다. 북유럽의 루터 교 신자인 제후들이 1625년 덴마크의 크리스티앙 4세, 영국, 네덜란드 군대와 손을 잡고서 빼앗긴 영토를 복원하겠다고 나선 것이다. 하지만 가톨릭 군대는 결정적인 승리를 거두었다. 1629년 황제 페르디난트는 1552년 이래 개신교의 손에 넘어갔던 가톨릭의 소유지들을 회복하는 칙령을 반포하였다.

30년 전쟁의 마지막 국면인 1635년부터 1648년 사이에는 가장 대규모의 유혈 사태가 발생하였다. 당시는 그야말로 세력간의 합종연횡이 이루어지던 시기였다. 가톨릭 국가인 프랑스는 개신교 국가인 스웨덴과 연합하였고, 몇몇 개신교

종교 개혁의 유산

개신교의 등장과 함께 문자의 혁명이 일어났다. 예전(禮典)보다는 기록된 말이 더 강조되면서 책이 다량으로 출간되었다.

존 버니언(1628-88년)은 이 변화가 낳은 시대의 아들이었다. 성공회 교구의 허락 없이 설교한 죄로 투옥된 버니언은 12년 이상을 감옥에서 보내면서 오늘날 청교도 문학의 고전으로 남아 있는 책을 썼다. 비유적 이야기인 『천로역정』은 크리스천이라는 인물의 영적인 여행을 묘사하고 있다. 크리스천은 고향 집, 곧 파괴의 도시를 벗어나 하늘 나라로 여행한다. 이 책은 수세기 동안 베스트셀러였다.

위치의 차이
종교 개혁이 끝나갈 무렵, 남·북 유럽의 기독교인들은 자신들이 예배 드리는 곳이 서로 크게 다르다는 사실에 충격을 받았다. 로마의 성 베드로 대성당(오른쪽 위)과 네덜란드의 개혁 교회(위)는 대단한 차이를 노정하고 있다.

막을 내린 종교 개혁

> "(형제단의 신앙을 지키기 위해서) 사람들이 도와 주지 않는다면…… 하느님도 도와 주시지 않을 것이다."
>
> 얀 코메니우스, 보헤미아 형제단의 지도자

인간의 역사는 내적인 갈등과 국가간의 다툼으로 점철되어 있다. 이러한 갈등은 종종 전쟁의 참사를 겪은 후에야 풀리곤 하였다. 종교 개혁이 막을 내릴 때에도 같은 일이 반복되었다. 개신교와 가톨릭 사이의 혼돈과 폭동은 결국 전 유럽에 걸친 전쟁으로 귀착되었다. 이 시기를 가득 메웠던 것은 종교적 분리, 박해, 이단의 쟁론 등이었다. 그러나 그들이 싸운 원인이 모두 종교적인 이유에서만은 아니었다. 예를 들어 네덜란드는 독립을 쟁취하기 위해서 싸웠고, 스페인은 저항하는 백성들을 억압하기 위해서 전쟁을 치루었다. 전쟁이 끝나자 유럽의 새로운 정치·종교 지도가 그려졌지만 가톨릭이 다수를 차지하는 일은 이미 과거지사가 되어 버렸다.

공공연한 적대감

30년 전쟁으로 불리는 종교 개혁의 마지막 30년 동안은 특히 피로 얼룩진 시기였다. 교회가 성공적으로 개혁되자 이에 고무된 가톨릭 교회는——특히 그 가운데에서도 예수회가 그러하였다——개신교에게 빼앗긴 영토를 되찾으려는 의욕 때문에 루터 교인들과 갈등을 빚었고, 마침내 전쟁도 불사하기에 이르렀다. 칼뱅주의자들도 불만에 가득 차 있었다. 왜냐하면 칼뱅주의자들은 사실상 불법 집단이었기 때문이다. 1555년 아우크스부르크 평화 협정으로 어렵사리

휴고 그로티우스

네덜란드의 신학자요 정치가인 그로티우스(1583-1645년)는 칼뱅주의자들과 아르미니우스주의자들의 싸움에 말려들었다.(160쪽 참조) 그가 아르미니우스주의자들을 지지하자 1619년의 도르트 공의회는 그를 정죄하고 투옥하였다. 감옥에서 탈출한 그로티우스는 훗날 개신교와 가톨릭의 일치를 주장하는 책을 펴 냈다. 그로티우스는, 신은 기적적인 계시에서와 마찬가지로 자연법 속에서도 계시되었다고 주장했으며, 전체주의는 전 세계에서 가장 사악한 악마라고 선언하였다.

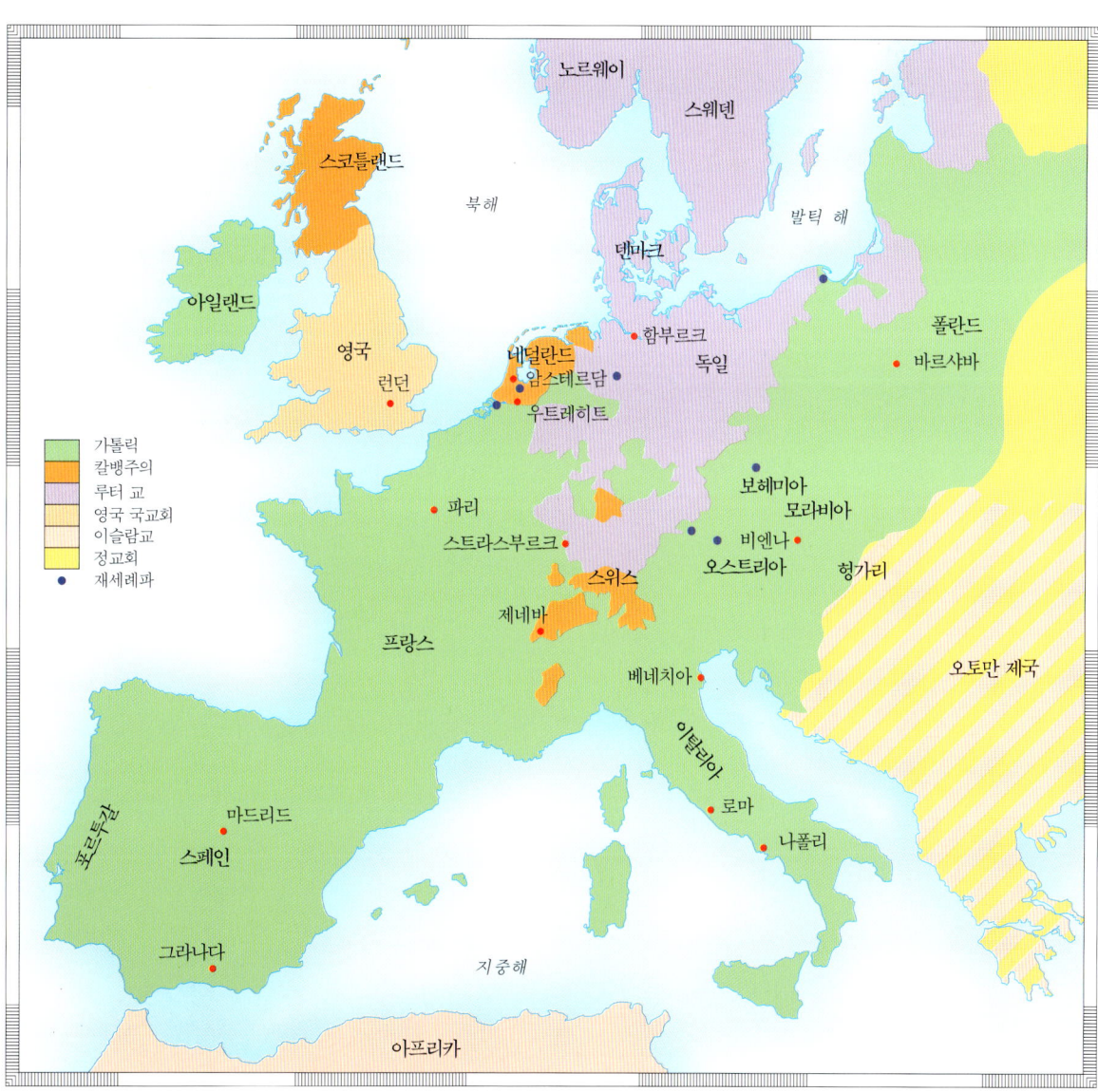

종교 개혁이 끝난 후의 유럽

영국, 스칸디나비아, 네덜란드, 스코틀랜드의 대부분, 스위스 일부와 독일은 개신교 지역이었고, 재세례파는 유럽 각지에 흩어져 있었다(지도 위의 푸른 점이 재세례파가 집중적으로 몰려 있던 곳임). 서방 유럽의 나머지 지역은 가톨릭으로 남아 있었고, 여기서는 프랑스, 헝가리, 폴란드 등에서처럼 개신교들은 소수에 불과하였다. 페르디난트 2세는 무력으로 보헤미아와 모라비아를 다시금 가톨릭 신앙으로 돌려 놓았다.

사람들도 함께 개종하였다. 그래서 10년쯤 지났을 때에는 800만이 넘는 멕시코 사람들이 기독교인이 되었다. 그러나 이처럼 많은 사람들이 개종했지만 원주민들의 신앙은 기독교적인 것과 이교도적인 요소가 뒤섞여 있었다. 그들은 잔혹한 정복자들에게 반항하였고 때때로 행렬중인 선교사들을 살해하기도 하였다.

동쪽

선교사들은 동쪽으로 아시아나 극동 지역까지 이르렀지만 이곳에서는 이렇다 할 만한 성과를 거두지 못하였다. 1623년부터 1645년까지 동남 아시아에서 선교하였던 프랑스 예수회 소속의 알렉산드르 드 로데스는 "베트남의 사도"라고 불린다. 17세기 중엽쯤 베트남에는 약 30,000명의 기독교인이 있었다. 1565년부터 예수회(146-47쪽 참조), 도미니크 회, 아우구스티누스 회가 필리핀에서 선교하였다. 필리핀은 기독교에 대해 호의적이어서 나라 전체가 기독교 국가가 되어 버렸다. 인도의 고아와 포르투갈 식민지에도 소규모 기독교 공동체가 자리 잡았다. 그러나 동쪽에서 가장 놀라운 성공을 거둔 곳은 일본이었다. 프란시스 자비에르(147쪽 그림 설명 참조)와 같은 선교사들은 기독교를 일본 문화 속에 정교하게 도입함으로써 1600년경 약 30,000명이 넘는 기독교인이 생겼다. 하지만 일본 정부는 가톨릭이 유럽 세력의 일본 진출을 위한 교두보가 될 것을 두려워한 나머지 1597년부터 기독교인들을 박해하고 선교사들을 추방하였다. 그러자 30년 이내에 기독교의 흔적은 거의 사라져 버렸다.

중국 역시 잠시 선교가 성공한 듯 보였다. 1704년까지는 중국어로 미사를 드렸다. 하지만 교황이 미사는 라틴어로 드려야 한다고 선포한 이후 자존심이 상한 황제는 모든 선교사들을 추방하고 기독교를 믿는 것을 법으로 금하였다.

스파이 혐의
스파이 혐의를 받아 물 고문을 받고 있는 이 나가사키의 선교사는 박해를 받았던 많은 선교사들 중 하나였다. 수만 명의 일본 기독교인들이 고문을 받고 살해되었던 것이다.

> "나와 나를 동행한 형제들은 멕시코 지방에서 200,000명 이상의 사람들에게 세례를 주었다. 사실은 너무 많아서 정확한 숫자를 헤아리기가 어려울 정도이다. 때때로 우리는 하루에 14,000명에게 세례를 주었으며, 때로는 10,000명에게, 또 어떤 때에는 8,000명에게 세례를 베풀었다."
>
> 겐트의 페터, 프란체스코 회 선교사, 1529년

라스 카사스

이제 갓 서품을 받은 스페인 도미니크 회 수도사였던 바톨로메우 드 라스 카사스(1484-1566년)는 1502년에 신세계에 도착하였다. 그는 처음에는 다른 식민지 정복자들과 함께 살았으나, 1514년에 이르자 "지금까지 원주민들에게 자행한 일들은 모두 잘못된 것이며 잔혹한 짓이었다."는 확신을 하기에 이르렀다. 그는 이후 50년 동안 기독교의 양심으로 살면서 원주민의 권리를 위해 싸웠다. 스페인 왕이 1542년 노예 제도를 폐지함으로써 그의 노력은 결실을 맺었다.

신세계에 대한 선교

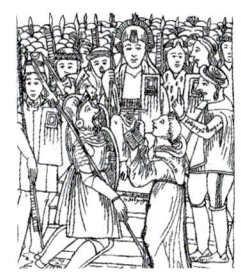

잉카 정복

스페인의 정복자 프란시스코 피사로(1478-1541년경)는 '저들(잉카인들)의 금을 빼앗아 오려는' 욕망에 사로잡힌 채 1531년 페루에 도착하였다. 이 판화는 수도사를 대동한 피사로(위 그림 왼쪽에 무릎 꿇고 있는 사람)가 도착 직후 궁정에서 황제 아타후알파를 만나는 유명한 장면을 묘사하고 있다. 수도사는 십자가와 성서를 증정했지만 황제는 거절하였다. 잉카인들을 죽이고 제국을 정복한 피사로는 리마에 새 수도를 건설하였다.

1493년 교황 알렉산더 6세는 포르투갈 앞바다의 아조레스 제도 서쪽을 남북으로 가르는 가상의 선 동쪽에 있는 나라들은(후에는 브라질까지 포함되도록 변경되었음) 모두 포르투갈의 땅이라고 선포하였다. 이 선 서쪽은 스페인의 지배를 받는다는 것이었다. 그는 스페인과 포르투갈이 정복한 땅──만일 그 땅이 아직 기독교인의 땅이 아니라면──을 다스릴 권리를 부여하였다. 도미니크 회, 프란체스코 회, 아우구스티누스 회, 그리고 후에는 예수회까지 가세해서 수도사들은 새로운 땅을 정복하고 금을 캐내려던 정복자들과 동행하면서 기독교를 전 세계에 퍼트리게 되었다.

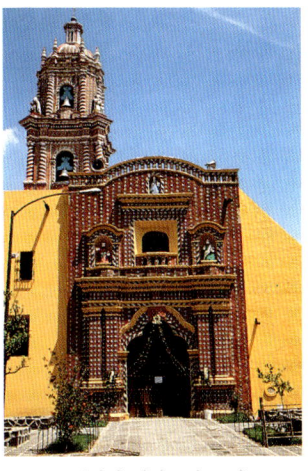

16세기 멕시코의 교회

가톨릭 교회는 아메리카를 종교적으로 정복하는 데 대단한 성공을 거두었다. 인디언 개종자들은 마을에 정착하였고 교회와 학교가 세워졌으며 집단 세례가 거행되었다.

포르투갈인들을 태운 배는 서아프리카, 콩고, 앙골라, 모잠비크, 인도, 스리랑카, 브라질, 중국, 일본까지 당도하였다. 스페인의 배들은 멕시코, 페루, 서인도, 콜롬비아, 파나마와 칠레까지 이르렀다. 그들은 중앙 아메리카와 남아메리카를 신속하게 정복하였다. 정복자들은 원주민 인디언들을 노예로 삼고 학대하였다. 원주민들이 기독교인이 되었던 데에는 여러 가지 이유가 있었다. 어떤 이들은 두려워서 개종했고, 수도사들이 그들을 존중하고 그들의 권리를 보호해 주었기 때문에 개종한 이들도 있었다. 또한 어떤 이들은 깊은 신앙을 갖게 되어서 개종하기도 하였다. 예를 들어 멕시코의 한 노동자는 1531년 예수의 어머니 마리아가 자신에게 나타났다고 주장했으며, 그의 말을 믿었던

캐나다
퀘벡
프랑스
스페인
북아메리카
대서양
모로코
멕시코
멕시코 시티
산 도밍고
시에라 레오니
태평양
콜롬비아
브라질
리마
페루
산 산바도르
카라카스
파라과이
칠레
선교 사업의 중요 센터
약 1500년까지의 선교 활동 범위
1550-1750년경 사이의 선교 활동 범위
1700년경 예수회의 감소
프랑스 왕의 명에 의한 최초의 선교 항로
포르투갈 왕의 명에 의한 최초의 선교 항로
스페인 왕의 명에 의한 최초의 선교 항로

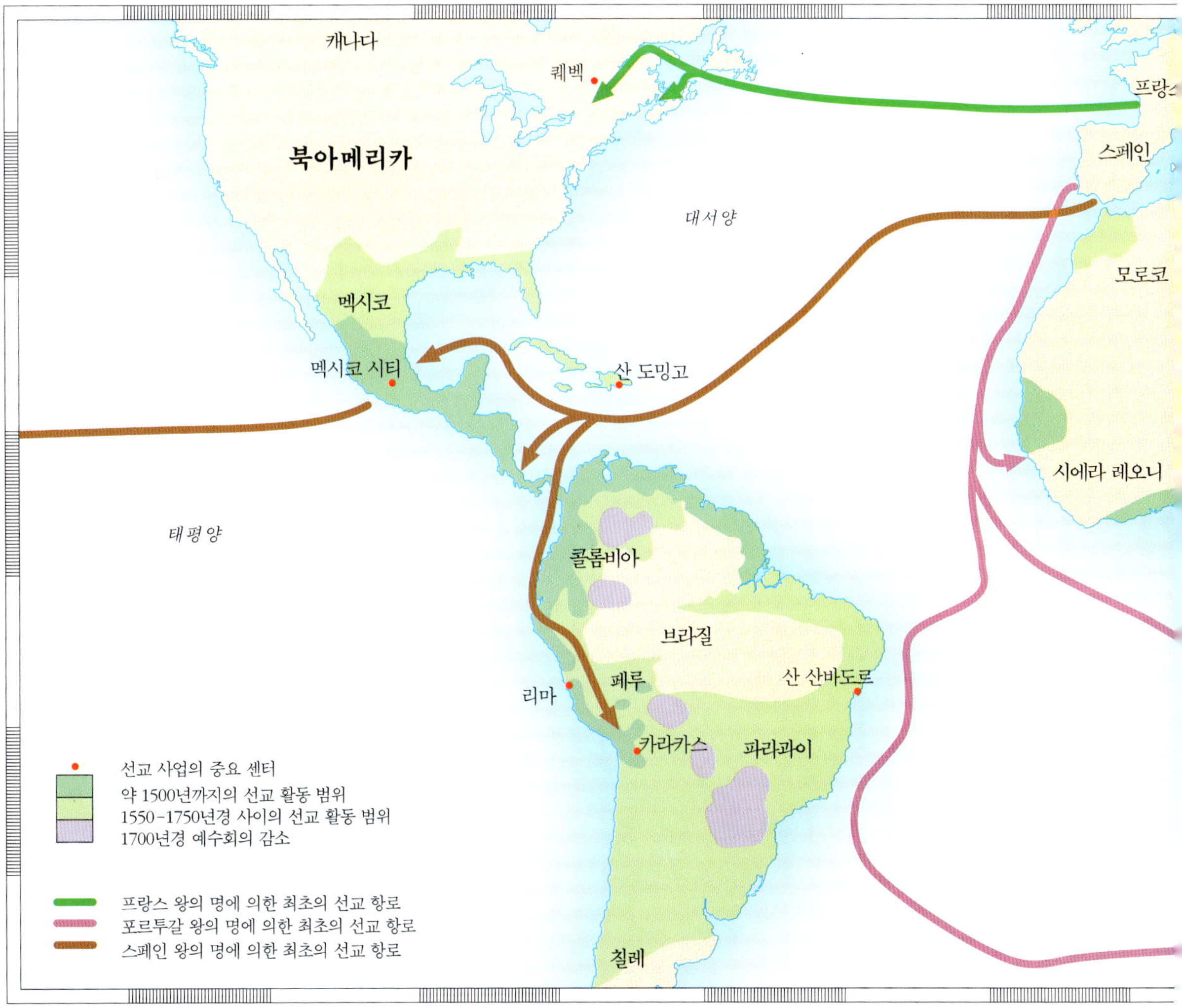

세계 선교

종교 개혁 기간 동안 시작된 선교 활동(오른쪽)은 서방에서 지속적으로 이루어졌다. 특히 라틴 아메리카에서 그러하였다. 그러나 일본이나 중국 같은 극동 지역에서는 미미한 성과만을 거두었을 뿐이다.

예배와 종교 개혁

동정녀 마리아 숭배, 브뤼셀(16세기)

유럽 전역에 걸쳐서 종교 개혁자들은 교회 예배의 모습을 변화시켜 놓았다. 개신교 예배는 보다 단순해졌으며 성만찬이 아니라 설교에 초점이 맞추어졌다. 화려한 색깔의 의복은 라틴어와 더불어 사라졌고 일상적인 언어가 대신 사용되었다. 때때로 검은 성직자 가운(학자들이 입는 가운과 비슷함)을 입었다. 교회 건물 역시 급격하게 변하였다. 종교 개혁자들은 신과 성인의 상이 우상 숭배적일 뿐만 아니라, 시각적 화려함이 사람의 시선을 혼란스럽게 만들어서 기독교인들에게 그 어떤 예술가라도 그려 낼 수 없는 영적 실재에 대한 잘못된 상을 전달해 준다고 보았다. 따라서 그림과 조각들은 파괴되고 정교한 장식들도 하얀 색으로 덧칠해 버렸다. 루터 교와 성공회는 『시편』을 인용하여, 신은 예배 시 모든 종류의 음악을 사용하기를 원한다고 하면서 회중의 찬송을 장려하였다. 칼뱅은 반주 없이 『시편』만을 노래할 수 있도록 허용하였다. 개신교가 설교를 보다 강조함으로써 제단이 아니라 강단이 교회의 중심이 되었다. 성만찬의 빵에 그리스도가 실제로 임재한다고는 믿지 않았던 츠빙글리는 제단을 보통의 탁자 정도로 격하시키고, 그 둘레에 신자들이 둘러서서 성체를 나누도록 하였다.

정교한 표현

반면 가톨릭 교회는 보다 정교한 방향으로 변화하였다. 바로크 미술——빛과 어두움의 효과를 강조하는 르네상스 미술 양식보다 더 화려한 양식——은 가톨릭 종교 개혁의 목표를 잘 보여 준다. 인상적인 장식과 화려한 규모의 가톨릭 교회는 보다 압도적인 모습으로 지어졌고, 마리아와 성인들이 보다 더 강조되었다. 신자들에게는 성만찬에 참석하고 보다 자주 고해성사를 드리라고 장려했으며, 행렬과 헌신이 더 많아졌다. 반면 정교회는 서방의 대변혁기에도 거의 아무런 변화를 겪지 않았다. 그들의 교리나 예배 역시 이전과 동일하였다.

자신들의 교구를 개혁하는 작업에 착수하였다. 이로써 가톨릭 교회가 향후 400년 나아갈 진로가 마련된 셈이었다. 이것은 제2차 바티칸 공의회가 있었던 1960년대까지 변하지 않았다. 그러나 1648년에 30년 전쟁이 끝나기까지 트리엔트 공의회는 효력을 발휘하지 못하다가, 그 후에야 비로소 가톨릭의 개혁은 완성되었다.

아빌라의 테레사
아빌라의 테레사는 하느님의 심오한 사랑을 추구하던 중에 그리스도와 천사, 성인들에 대한 신비로운 환상을 보았다고 쓰고 있다. 테레사는 기도하는 중에 황홀경에 빠져들었다고 한다.

늦어진 칙령

이그나티우스 로욜라나 아빌라의 테레사와 같은 인물들의 영성에 의해서 교회 내에서 남용되어 왔던 많은 사항들이

> "만일 성서의 인도를 받는다면 우리는 잘못을 범하지 않을 것이다. 왜냐하면 성서 안에서 말씀하시는 분은 성령이시기 때문이다."
>
> 십자가의 요한

교정되기는 했지만 개혁자들은 보다 높은 수준의 개선을 계획하였다. 가톨릭 교회의 심장에는 이제 새로운 영적 에너지가 흐르고 있었던 것이다. 만일 그 에너지가 계속 살아남을 수 있다면 이는 실제적인 힘이 될 수 있었다. 가톨릭의 개혁이 시작된 지 거의 20년이 되어 갈 무렵, 교회는 이러한 문제들을 해결하고자 하였다. 개혁에 적극적이었던 교황 바울 3세(1534-49년 재위)는 수많은 변화를 이룩하였다. 그는 개혁 성향의 인물들을 추기경회에 임명했고, 교황 개혁 위원회도 설치하였다. 그러나 위원회가 제출했던 보고서에서는 아이러니컬하게도 교회를 지배하고 있는 불만이 바로 교황의 영성 부족이라고 비난하였다.

트리엔트 공의회

교황 바울 3세가 당면 문제를 해결하기 위해서 취했던 가장 중요한 행동은 아마도 1542년 공의회를 소집한 일이었을 것이다. 이 공의회는 결국 더 늦게 1545년에야 북이탈리아의 트리엔트에서 개최되었다.

1549년으로 또다시 연기된 공의회의 1차 회기에는 의인(義認)의 문제와, 주교가 자기 교구에 살아야 한다는 의무에 대한 문제를 다루었다. 그들은 니케아 신조(62쪽 참조)를 신앙의 기반으로 재확인했으며, 일곱 개 성사의 신학을 규정하였다.

공의회는 1551년 잠깐 다시 열렸지만 루터와 칼뱅, 그리고 츠빙글리의 교리를 반박하고는 겨우 일 년 만에 해산되었다. 규율의 개혁을 위한 새로운 교령을 반포하고, 가톨릭 교리를 분명히 피력하기 위해서 마지막 회기가 열렸던 것은 그로부터 또 10년이 지난 후였다.

1562년에 시작된 마지막 회기에서 공의회는 성직자의 독신 문제나 연옥의 존재 등, 대부분의 중세적 교리와 실천을 재확인하였다. 또 루터가 말한 노예 의지에 반대해서 자유 의지를 옹호했으며, 루터의 신앙의인(信仰義認)의 교리(오직 신앙에 의해서만 신으로부터 의롭다고 인정된다는 교리/역자주)를 배척하고 사랑과 희망 역시 구원에 필요함을 역설했고, 성직의 겸직이나 매매를 금하였다. 1563년 트리엔트 공의회가 끝났을 때 주교들은 교황에게 공의회가 제정한 칙령과 규범들을 선언하라고 요구하였다. 이는 로마가 가톨릭 교회와 교인의 중심임을 다시 한 번 강조하기 위해서였다. 이러한 칙령에 의해서 성직자를 훈련시키기 위한 신학교가 건립되고, 교리문답이 인쇄되었으며(이것은 원래 교구 사제들을 위한 것이었음), 대중적인 신심이 다시 일어났고, 주교들은

트리엔트 공의회(1545-49년)의 제1차 회기
30여 명의 가톨릭 주교와 몇몇 루터 교 신학자들만이 제1차 회기에 참석하였다. 마지막에는 255명의 청중이 들어오기도 하였다. 트리엔트 공의회는 가톨릭 교회와 개혁자들 사이의 갈라진 틈을 메우지는 못했지만, 1960년대까지 가톨릭 교회 내에서 유효했던 종교적·실천적 조항들을 결정하였다.

귀족들을 개종시켰고, 개혁을 진행시킴으로써 개신교의 확산을 막아 주었다. 예를 들어 1565년, 폴란드에서 창립된 예수회는, 교황의 사절 같은 성직자들은 변화를 거부했지만 개혁에 소극적인 교회들을 개혁으로 끌어들였다.

> "우리 단체에 들어오려는
> 모든 사람들은……
> 삶 속의 영혼과
> 기독교 교리가 발전하기
> 위해서, 그리고 신앙을
> 선전하기 위해서
> 노력해야 한다."
>
> 예수회의 기본 규칙(1540년)

예수회의 선교에 대한 열정에 불을 붙인 트리엔트 공의회의 개혁 이후 예수회는 해외에서 맹활약을 펼쳤다.(150-51쪽 참조) 그들은 동쪽으로, 남쪽으로 진출하면서 아메리카, 특히 파라과이로 갔다. 프란시스 자비에르는 인도와 일본에서 선교 활동을 했고, 마테오 리치는 중국까지 갔다. 그들의 선교 활동은 위험한 것이었다. 일군의 예수회원들은 캐나다에서 아메리칸 원주민들에게 무참하게 살해당하기도 하였다.

옛 교단

새로운 교단들이 왕성하게 활동하는 동안 오래된 교단들도 성공적으로 자기 개혁을 이룩하였다. 1524년 교황 클레멘스 8세는 프란체스코 회의 한 분파에게 독립된 개혁 교단을 설립하도록 허락해 주었다. 카푸친 회——이것은 이 수도회원들이 썼던 뾰족한 두건 때문에 붙은 이름이었다——는 엄격한 내핍과 청빈을 고수하였다. 그들은 지금도 널리 알려져 있으며, 세계 도처에서 선교사와 설교자, 고백자로서 인정받고 있다.

가톨릭 국가인 스페인은 아메리카 신대륙으로부터 가져온 재화 덕분에 앞서 가는 국가가 될 수 있었다. 스페인의 교회와 국가는 종교적으로 똘똘 뭉쳐 있었다. 개신교는 어느 형태든지 곧바로 스페인 종교 재판소(124-25쪽 참조)에 의해서 진압되었다. 이러한 경직된 분위기 속에서도 아빌라의 테레사(1515-82년)와 십자가의 성 요한(1542-91년)과 같은 인물들의 영성이 꽃을 피웠다.

스페인 한복판에 위치한 아빌라에서 태어난 십자가의 성 요한과 아빌라의 성 테레사는 가톨릭 역사상 가장 유명한 신비주의자였다. 이 신비주의자들의 목표는 전심(專心)의

귀족 선교사
가난하고 병든 자들을 돌보고 교육과 선교에 헌신하려는 수도회가 많이 생겨났다. 스페인 바스크 귀족 가문에서 태어난 프란시스 자비에르 (1506-52년)는 예수회 창립 멤버의 한 사람으로서 선교 사업에 평생을 바쳤다. 그는 인도, 스리랑카, 일본까지 갔으며, 중국으로 가다가 세상을 떠나기까지 수만 명의 사람들을 개종시켰다.

명상과, 신에 대한 전적인 포기였다. 이것은 인격적이고 감정적인 황홀경을 동반했지만, 가톨릭 교회는 딱딱한 신학 논쟁을 하면서도 이러한 일들을 금지하지 않았다. 이들은 시와 책을 통해서 신비적 경험을 상세하게 표현했고, 교회 개혁에도 헌신하였다. 또한 이완된 카르멜 수도원을 개선하는 데에도 앞장섰다. 1562년 테레사는 카르멜 수도원의 수녀들을 위해서 아빌라에 수녀회를 조직하였다. 이 수녀회는 카르멜 수도회가 따르고 있던 "완화된 규칙"보다 철저한 "본래의 규칙"을 추종하였다. 테레사와 요한은 스페인 종교 재판소의 의심을 사서 그들의 반대에도 부딪쳤으나 힘을 합쳐 카르멜 수도회를 위한 16개의 수도원을 건립하였다. 이른바 "테레사의 개혁"이 제시했던 차원 높은 기준을 결국 다른 수도원들에서도 채택하였다.

영성 훈련

로욜라의 가장 중요한 책인 『영조(靈操)』는 기도 훈련에 관한 책이다. 로욜라는 자신의 경험을 바탕으로 해서 모든 신자들이 특정한 규율에 복종함으로써 자신의 의지를 조절할 수 있다고 믿었다. 그는 "무서운 자기 의지의 결과"를 깨닫기 위해서는 한 달 동안 철저히 홀로 머물면서 훈련해야 한다고 보았다. 『영조』는 예수회뿐만 아니라, 개신교와 가톨릭을 망라하여 여러 기독교인들에게 큰 도움을 주었다.

중국 선교

1552년 부유한 이탈리아 가문에서 태어난 마테오 리치는 1571년 로욜라 교단에 가입하였다. 그는 1582년 중국 남쪽의 마카오로 파송되었고, 후에 차오칭으로 가서 수년 동안 머물면서 중국어와 중국의 관습을 배우고 불교 승려처럼 옷을 입었다. 그는 중국 문화와 역사를 깊이 이해했으므로 1601년 베이징에서 정부를 위한 지도 제작과 시계 제조를 도왔다. 그는 조정의 환심을 사서 선교를 허락받았으며, 공자의 사상을 통해 복음을 설명하였다. 리치가 세상을 떠난 1610년 이후 그의 노력들은 이어지는 예수회의 선교 사업의 확고한 바탕이 되었다.

가톨릭의 종교 개혁

하느님의 사랑

1515년경 로마에서 설립된 '하느님 사랑의 오라토리오회'는 아마도 가톨릭 종교 개혁이 낳은 최초의 새로운 가톨릭 형제단일 것이다. 이 수도회의 목적은 매일매일의 기도와 선행을 통한 성화(聖化)였다. 여러 고위 성직자들도 이 수도회에 가입하였고 그중 두 명은(오른쪽 본문 내용 참조) 티에틴 회를 설립하였다.

몇몇 국가들이 개신교를 받아들이자 서방의 가톨릭 교회는 어쩔 수 없이 개혁 운동에 대한 열정을 키울 수밖에 없었지만, 한편에서는 자신들만의 방식으로 스스로를 개혁하려는 움직임도 있었다. 때로 반(反)종교 개혁이라고 불리는 이러한 움직임은 수세기 동안 가톨릭 교회가 우수한 교육을 받은 도덕적인 사제들과 주교를 양성하지 못했던 점을 개선하기 위한 운동이었다. 갱신을 열망하는 최초의 징표는 1520년대에 새로운 교단들이 등장하면서 나타났다. 카푸친 회, 티에틴 회, 바나바 회, 그리고 성 이그나티우스 로욜라에 의해서 설립된 예수회(1534년)가 그것이다. 이 기간 동안 사람들은 교황의 지지를 얻어서 규칙과 영적 생활의 갱신을 이루고자 애썼다. 그 결과 1545년, 마침내 트리엔트 공의회가 개최되었다.

풀뿌리 차원의 개혁

1500년대 초엽, 교황청과 일부 교회들은 경건함과 규율과 질서의 측면에서 중세의 타락(124-27쪽 참조)을 벗어나야 한다는 사실을 분명히 자각하였다. 게다가 많은 가톨릭 국가에서는 교회와 군주가 밀접하게 연결되어 있었기 때문에 건설적인 변화가 나타나 군주들을 위태롭게 할 경우란 거의 없었다. 가톨릭 개혁을 위한 최초의 시도는 밀라노의 대주교 카를로스 보로메오 같은 개체 교회 구성원이나 몇몇 교단에 의해서 이루어졌다. 1524년 티에느의 성 게타노와 지안 피에트로 카라파(후에 교황 바울 4세가 됨)는 로마에서 티에틴 회를 창설하였다. 티에트의 주교의 이름을 딴 티에틴 회는 성직자들에게 새로운 활력을 불어 넣었다. 회원들은 독신 서원을 엄격하게 지켰으며 규칙에 순종하였다. 티에틴 회는 이탈리아와 스페인을 거쳐서 프랑스, 포르투갈과 기타 여러 곳으로 퍼져 나갔으며, 페루나 보르네오, 수마트라 등을 향한 교황의 초창기 선교를 담당하였다. 이 교단은 비록 작지만 오늘날까지도 존속해 있다.

거의 동시에 바나바 수도회가 교육과 교구 학교, 그리고 선교 사업을 위해서 창설되었다. 그들도 종교 개혁(136-37쪽) 이래 비판의 대상이 되어 온 가톨릭의 성만찬에 대한 이해를 심화시켜 나갔다. 이렇듯 가톨릭 종교 개혁의 특징은 성만찬에 대한 신심이 대중화되었다는 점이었다. 그 결과 성체를 모시는 장엄한 벽감(壁龕)이 카톨릭 교회의 중심이 되었고, 성만찬의 행렬이 늘어나고 대중적 신심이 더욱 깊어졌다.

이그나티우스 로욜라
예수회를 창건하기 전 로욜라는 그리스도에 대한 순종과 자기 부정에 몰두하였다. 그는 한밤중에 일어나 매일 7시간씩 기도하였고, 손톱과 머리를 길게 기르고 탁발하면서 자기 자신을 채찍질하였다.

예수회

새로운 교단 중에서 가장 지대한 공헌을 했던 것은 예수회였다. 예수회(Societa Jesu)는 1534년 스페인의 이그나티우스 로욜라(1491-1556년경)와 그의 여섯 친구에 의해서 창설되었다. 로욜라는 교단을 세우기 전부터 자기 부정의 엄격한 삶을 살았던 인물이다. 하지만 루터처럼(133쪽 글상자 참조) 내적인 평화를 맛볼 수 없었던 로욜라는 교회의 지도자들을 따르기로 결심하였다. 그래서 예수회원들은 순결과 복종과 청빈이라는 세 가지 서원을 지키는 것 이외에도, 교황의 명령이라면 무엇이든지 복종하겠다고 서원하였다. 루터의 신앙이 루터를 저항으로 인도했다면, 로욜라의 경우는 이와 반대로 그를 철저한 복종으로 이끌었던 것이다.

기독교인으로서 보다 완전하게 살려고 하였던 로욜라와 그의 동료들은 무엇보다도 교육에 헌신하였다. 어떤 예수회원들은 트리엔트 공의회를 이끄는 가장 우수한 신학자가 되었고, 나아가 17세기의 위대한 사상가가 되었다. 1640년에 예수회는 500개의 학교를 세우고 몇 개의 신학교(세미나리)와 대학을 세웠다. 이 학교들은 중앙 유럽에서 권력을 잡고 있던

밀라노의 보로메오
카를로 보로메오(1538-84년)는 가톨릭 종교 개혁의 지도자로서 다대한 영향력의 보유자였다. 그는 예수회를 후원했고, 자신의 교구를 개혁하기 시작했으며, 트리엔트 공의회에 참가하였다.

개신교도들에게 종교적 자유를 보장해 주었다. 하지만 가톨릭 교도들에게 이러한 권리가 주어진 것은 19세기가 되어서야 가능한 일이었다. 이처럼 영국은 비교적 늦게 종교 분쟁에 휘말리면서 갈등을 극복하는 과정을 겪었다. 하지만 독일에서와 마찬가지로 이들 영국의 종교 개혁자들로 말미암아 종교 개혁의 영향력은 더욱 확산되었다. 특히 미국으로 피난을 가서 종교적 자유에 기초한 정부를 구성하였던 많은 이탈자들의 공헌도 대단한 것이었다.

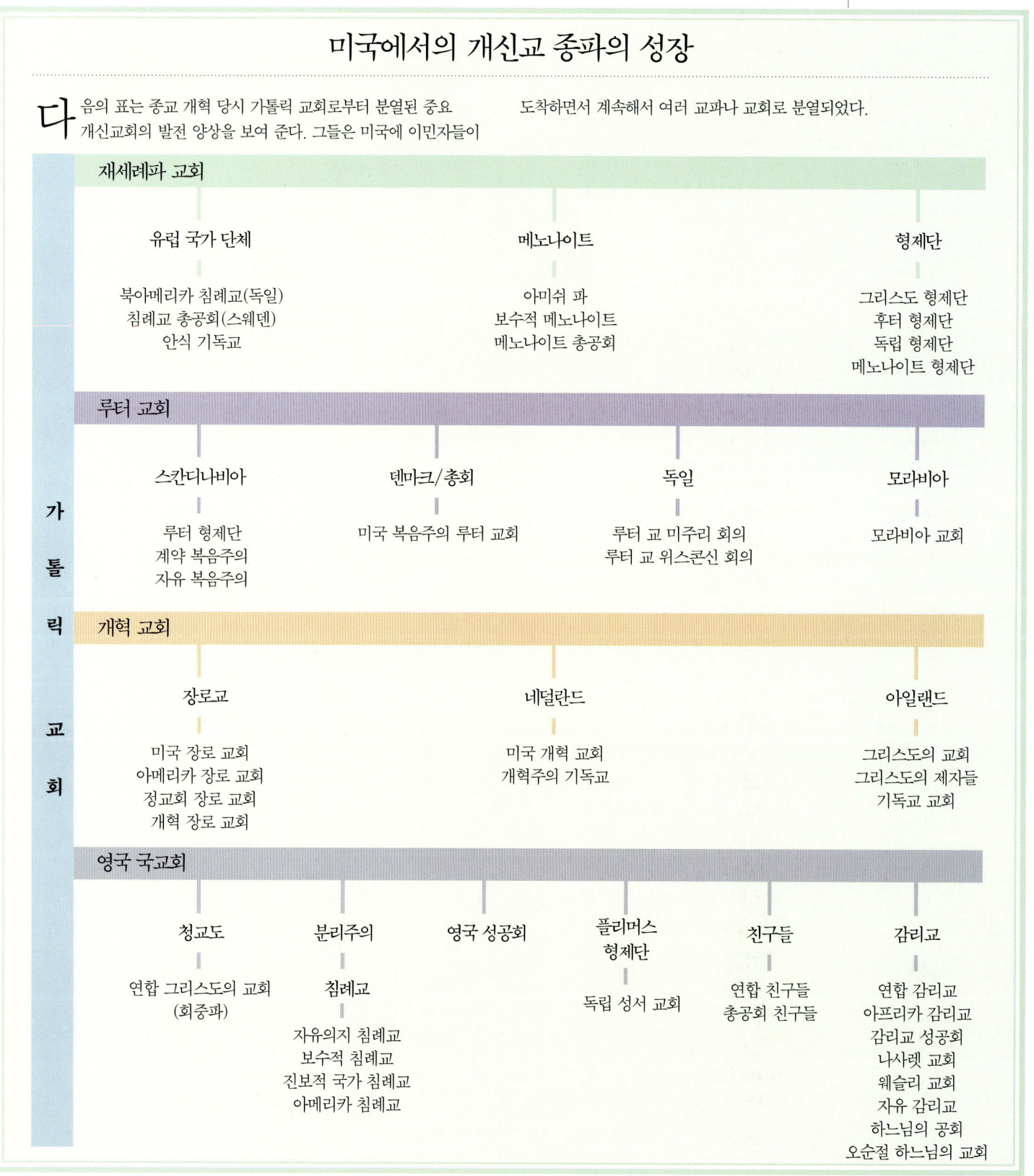

미국에서의 개신교 종파의 성장

다음의 표는 종교 개혁 당시 가톨릭 교회로부터 분열된 중요 개신교회의 발전 양상을 보여 준다. 그들은 미국에 이민자들이 도착하면서 계속해서 여러 교파나 교회로 분열되었다.

가톨릭 교회

재세례파 교회

- 유럽 국가 단체
  - 북아메리카 침례교(독일)
  - 침례교 총공회(스웨덴)
  - 안식 기독교
- 메노나이트
  - 아미쉬 파
  - 보수적 메노나이트
  - 메노나이트 총공회
- 형제단
  - 그리스도 형제단
  - 후터 형제단
  - 독립 형제단
  - 메노나이트 형제단

루터 교회

- 스칸디나비아
  - 루터 형제단
  - 계약 복음주의
  - 자유 복음주의
- 덴마크/총회
  - 미국 복음주의 루터 교회
- 독일
  - 루터 교 미주리 회의
  - 루터 교 위스콘신 회의
- 모라비아
  - 모라비아 교회

개혁 교회

- 장로교
  - 미국 장로 교회
  - 아메리카 장로 교회
  - 정교회 장로 교회
  - 개혁 장로 교회
- 네덜란드
  - 미국 개혁 교회
  - 개혁주의 기독교
- 아일랜드
  - 그리스도의 교회
  - 그리스도의 제자들
  - 기독교 교회

영국 국교회

- 청교도
  - 연합 그리스도의 교회 (회중파)
- 분리주의
  - 침례교
  - 자유의지 침례교
  - 보수적 침례교
  - 진보적 국가 침례교
  - 아메리카 침례교
- 영국 성공회
- 플리머스 형제단
  - 독립 성서 교회
- 친구들
  - 연합 친구들
  - 총공회 친구들
- 감리교
  - 연합 감리교
  - 아프리카 감리교
  - 감리교 성공회
  - 나사렛 교회
  - 웨슬리 교회
  - 자유 감리교
  - 하느님의 공회
  - 오순절 하느님의 교회

로저 윌리엄스

미국의 첫번째 침례 교회를 창건하고 로드 아일랜드를 발견한 로저 윌리엄스는 원래 성공회에서 서품을 받았다. 하지만 그는 교회의 조직과 의식이 비성서적이라고 느껴서 성공회를 탈퇴했으며, 청교도에 가담하였다. 1631년 그는 부인과 함께 매사추세츠 만(灣) 식민지를 여행하였다. 하지만 그가 청교도 정착민들이 아메리칸 원주민들을 대하는 태도나 정부가 교회에 미치는 영향력을 함께 비판하고 나서 목회자와 교사로서의 그의 인기는 떨어졌다. 윌리엄스는 1635년 식민지를 떠났으며, 하느님께서 자신을 보호해 주신 것을 감사드리다가 발견한 섭리를 따르라고 사람들에게 호소하였다. 그는 후에 침례교인이 되었지만 이 교단도 거부하고 평생 "참된 교회"를 "추구하는 사람"으로 남아 있었다.

신세계 상륙

이 이상향적인 그림(17세기)은 청교도들이 유럽에서 온 최초의 정착민들로서 제임스타운, 즉 오늘날의 버지니아 주에 도착하는 모습을 그린 것이다. 이 그림은 이들이 맞닥뜨렸던 거친 상황을 왜곡하고 있다.

1620년 일군의 분리주의자들과 청교도들——청교도는 일반적으로 '순례자'라고 불리었다——은 버지니아를 향해 돛을 올렸다. 하지만 그들이 실제로 상륙한 곳은 매사추세츠 주의 플리머스였다. 그해 12월, 102명의 순례자 중 41명이 메이플라워 계약을 초안하였다. 이것은 미국 역사상 최초의 헌법으로서 다수에 의한 지배를 확고히 하고 통제로부터의 이탈을 막는 것이었다.

청교도들의 이상

양식과 물자의 부족, 질병 등의 혹독한 조건 속에서도 정착민들은 살아 남을 수 있었다. 1630년 존 윈스롭은 약 1,500명의 청교도들을 매서추세츠 식민지로 인도하였다. 이후 수십 년 동안 찰스 1세(1629-40년 재위)의 치세 하에서 로드의 영향력이 더욱 강해지자 약 20,000명이 넘는 사람들이 신대륙으로 건너갔다. 하지만 역설적이게도 신세계로 갔던 청교도들은 자신들과 다른 신앙이나 예배 형태에 대해서는 대단히 편협한 자세를 보였다. 그러나 대부분의 박해의 경우와 마찬가지로 신세계에서 자행된 박해도 박해받는 사람들을 더 조직화하고 강화시켜 줄 뿐이었다. 로저 윌리엄스(1603-83년경)는 1636년 로드 아일랜드에 새로운 식민지를 개척하고 자유로운 신앙 생활을 영위하였다. 조지 캘버트(1580-1632년경)는 가톨릭 신자들을 위한 피난처로서 메릴랜드에 식민지를 개척하였다. 퀘이커 교도들——1650년경 영국에서 탄생한 개신교의 한 교파——은 화려한 예배 형식 때문에 미국에서도 비슷한 박해를 당하였다. 그러자 퀘이커 교도인 윌리엄 펜(1644-1718년)은 1670년대부터 퀘이커 교도들과 메노나이트 교도들, 그리고 루터 교 신자들을 위해서 영토를 개척하기 시작했는데, 이것이 후에 펜실베이니아와 델라웨어가 되었다.

영국에서의 혼란

영국에서 종교 개혁은 계속되고 있었다. 스코틀랜드 사람들에게 장로교를 버리고 성공회를 받아들이도록 강요하였던 로드는 파멸하고 말았다. 분노한 스코틀랜드 사람들이 1640년 북영국을 침공함으로써 마침내 1642년 시민 전쟁이 발발했기 때문이다. 영국 국회의 일원이었던 올리버 크롬웰(1599-1658)은 1646년, 영국과 스코틀랜드 군인들을 인솔해서 영국의 찰스 1세를 누르고 승리하였다. 1649년 그는 영어권에서 "주(主)의 보호자"라는 칭호를 얻었다. 크롬웰은 대부분의 기독교 신앙 형태에 대해서 관대한 태도를 취했지만 가톨릭에 대해서만큼은 예외였다. 비록 청교도들이 끊임없이 그의 세력을 잠식해 들어갔지만 크롬웰은 여전히 그들을 지지함으로써 나라를 안정시켜 나갔다. 1660년부터 찰스 2세(1660-85년 재위)와 제임스 2세가 (1685-88년 재위)가 은밀하게, 또는 공공연하게 가톨릭 교회를 지지함으로써 영국은 심한 혼란 상태에 빠져들었다. 제임스 2세가 권좌에서 물러난 후 국회는 신교자유령(1689년)을 통과시켜서 모든

올리버 크롬웰

크롬웰은 청교도들의 종교적·정치적 관점을 모두 지지하였다. 그는 또 자신을 신이 지명한 지도자라고 여겼다. "나는 이런 것들을 찾아 나서지 않았다. 진실로 말하노니, 나는 주님에 의해서 이러한 일을 하도록 불림받았다."

종교 개혁

개신교 순교자
영국의 많은 개신교 지도자들처럼 크랜머도 결국 여왕 메리 1세의 명령에 의해서 화형당하고 말았다.

신자였다 — 자신의 어머니인 아라곤의 카테리나의 복수를 위해서 개신교의 모든 특권을 박탈하였고, 개신교 지도자들을 수백 명이나 처형하였다. 하지만 그녀가 죽자 가톨릭을 재건하려던 그녀의 꿈도 사라져 버렸다. 사람들은 그녀에 대한 반작용으로 오히려 개신교를 지향하면서 자립적인 국가 교회를 소망하게 되었다.

헨리와 앤 보일렌의 딸인 엘리자베스 1세(1558-1603년 재위)가 영국의 통치권을 쥐자 국가는 정신적으로 개신교와 가톨릭 극단주의로 양분되었다. 하지만 그녀는 이 두 가지 신앙 사이에서 타협점을 찾음으로써 진정한 의미에서의 성공회 창설자가 되었다. 성공회는 교리적으로는 칼뱅주의와 가까우면서도 주교의 직책과 미사 제복 등과 같은 전통적인 요소들은 그대로 고수하였다.

신세계를 향한 항해

엘리자베스가 죽은 후 제임스 1세(1603-25년 재위)가 안식일을 존중하고 정부의 간섭으로부터 성직자들을 자유롭게 하는 정책을 펴자 청교도들은 불만을 품게 되었다. 대주교 윌리엄 로드(1571-1645년)는 통일성을 강조하고 모든 대중 집회를 억압함으로써 분리주의자들과 청교도들을 진압하였다. 로드는 저들이 반대하는 모든 교회의 규칙과 부속물들을 상징하는 인물이 되어 버렸다. 그 결과 신앙인들은 자신들의 신앙을 실천할 수 있는 새로운 세계로 이민을 떠났다. 1608년 일단의 분리주의자들은 영국을 떠나 네덜란드로 넘어갔지만, 종교적 자유를 위해서는 신세계가 선망의 대상이었다.

침례교인들

오늘날 가장 큰 개신교단 가운데 하나인 침례교는 1608년 영국에서 네덜란드로 망명한 존 스미스(1554-1612년경)가 이끄는 분리주의자들로부터 비롯되었다. 분리주의자들은 영국 칼뱅주의로부터 파생되었으며 스미스의 지도 아래 처음으로 오늘날의 침례 교회를 만들었다. 침례교인들이 1612년 영국으로 돌아오자 많은 사람들이 모여들었다. 이 교단은 훗날 미국에서, 그리고 나중에는 유럽에서도 인기를 끌었다. 침례교 교리의 특징은 성인 신자의 세례를 주장하며, 세례는 전신을 완전히 물에 담그는 방식을 채택한다는 점이다.

왕과 종교

통치자들은 비단 신성 로마 제국 내에서뿐만 아니라 모든 나라의 종교적 삶에 막대한 영향을 미쳤다. 군주가 가톨릭 신앙을 고수하느냐, 개신교로 개종하느냐에 따라서 백성들 대다수도 그리하였기 때문이다.

왕의 종교

엄격한 가톨릭 정부가 다스리던 스페인과 이탈리아에서 종교 개혁은 조그만 기미만 보여도 즉시 철퇴를 맞았다. 프랑스에서는 왕이 끝내 거절하는 바람에 개신교는 소수자의 종교로 머물게 되었다. 막강했던 나바르의 앙리조차도 파리 시가 자신을 왕으로 인정하고, 프랑스의 종교 전쟁을 끝내기 위해서는 가톨릭으로 개종하지 않으면 안 되었다. 신앙보다는 정권에 더 관심이 있었던 그의 종교에 대한 태도는 개종 전에 했다고 하는 그의 말에 잘 나타나 있다. "파리는 미사만큼 가치가 있다."
종교 개혁이 원래 의도한 바는 아니었지만, 결과적으로 국가는 교회에 대해서 더 강력한 힘을 행사할 수 있었고, 이는 종교 개혁 전 스페인과 프랑스에서 이미 시작되었던 일련의 과정을 가속화해 주었다. (130-31쪽 참조) 헨리 8세가 교황청의 권위를 거절함으로써 그는 영국 종교 개혁에 이르는 길을 예비한 셈이었지만, 군주는 영국 국교회의 수장이 되었다. 독일 귀족들은 종교 개혁으로 말미암아 자신의 영토에 있는 교회를 통제할 수 있는 기회를 얻게 되었다. 루터는 귀족들에게 교회를 개혁하라고 호소했지만 이들은 자신들의 국가 교회를 확실하게 통제하기 위해서 "신적 귀족들"과 연대해서 이 신앙을 이용하였다.
이렇게 전 유럽에 퍼진 종교 개혁으로 말미암아 교회가 세속 권력으로부터 독립하려던 투쟁의 기세는 땅에 떨어졌다. 왕은 주교를 임명함으로써 교회를 통제하였다. 개혁자들이 국가를 전복시켰던 스코틀랜드와 네덜란드의 경우나, 교황에게 힘이 있었던 이탈리아에서만큼은 교회가 국가로부터 어느 정도의 거리를 유지할 수 있었다.

의심스러운 동기
여왕 카트린 드 메디시스는 자신의 정치적인 권위를 멋대로 이용한 군주였다. 그녀는 가톨릭 신자인 딸이 나바르의 엘리케(140쪽 참조)와 결혼하자 파리의 위그노(개신교도들) 수백 명을 학살하라는 명령을 내렸다.

윌리엄 틴데일의 신약성서

그리스어와 히브리어 학자였던 틴데일(1494-1536년경)은 평생을 바쳐서 "쟁기를 가는 소년"도 이해할 수 있는 신약성서 번역에 몰두하였다. 틴데일은 비교적 안전하게 글을 쓸 수 있는 독일에 정착한 후 번역을 계속해서 1525년에 완결지을 수 있었다. 이후 5년 간 15,000권 이상의 성서가 영국에 몰래 들어왔다. 종교 당국은 그것들을 발견 즉시 태워 버렸지만 틴데일의 성서가 비밀리에 바다를 건너는 것을 막을 수는 없었다. 틴데일은 체포되었고 구역성서 번역을 끝내지 못한 채 처형되었다.

단순화된 예배

『공동 기도서』는 중세 교회의 라틴 예배서를 한 권으로 단순화하여 응축시켜 놓은 것이다. 영어로 쓰여진 이 책은 사제와 회중이 함께 이용하도록 되어 있었다. 처음 출간된 것은 1549년이었으며, 1662년의 개정을 거쳐서 수세기 동안 손대지 않은 상태로 내려왔다. 오늘날도 전 세계의 성공회에서는 토머스 크랜머의 원작에 기초한 기도서를 사용하고 있다.

또한 라트비아, 에스토니아, 리투아니아를 포함하는 동부 발틱 지역까지 퍼져 나갔다. 보헤미아에서는 보헤미아의 개혁자 얀 후스(121쪽 참조)를 따르는 후스 파가 교황청과 대립하고 있었다.

영국의 개혁

영국 교회도 대변혁을 경험했지만 그 원인을 살펴보면 헨리 8세(1509-47년 재위)의 정치적 행각에 있었다. 헨리가 1509년 영국의 왕관을 물려받았을 때, 그는 순전히 정치적인 이유 때문에 형의 미망인이었던 스페인 아라곤의 카테리나와 결혼하였다. 그러나 얼마 후 영국 여인 앤 볼레인과 사랑에 빠진 헨리는 카테리나가 아들을 낳지 못한다는 빌미로 그녀에게 이혼할 것을 강요하였다. 표면적으로는 가톨릭 신자였고, 또 루터 교를 정죄하는 글을 쓴 이후 레오 10세로부터 "신앙의 수호자"라는 존칭마저 듣고 있었지만, 그는 결국 로마에 이혼을 허락해 달라고 요청하였다. 하지만 그의 노력은 허사였다. 심지어 추기경 월시(1474-1530년경)조차도 그의 청원을 거부하였다. 헨리는 월시를 해임하고 토머스 크랜머(1489-1556년)를 캔터베리의 대주교로 임명하였다. 크랜머가 그들의 이혼을 허락하자 영국과 로마와의 재정적·행정적·사법적 관계는 단절되고 말았다. 국회에서는 왕이 지상에서 영국 교회의 최고 수장이라는 법을 만들었고, 헨리는 1533년 앤과 결혼하였다. 비록 헨리가 루터의 종교 개혁을 정죄했지만 재세례파들과 성서 번역자들도 계속 화형에 처했으므로 한동안 가톨릭의 제의와 교리가 영국 국교회에서 유지되었다.

성공회의 탄생

교회적으로는 헨리를 섬기던 많은 사람들도 국정만큼은 개신교에 가깝게 수행하였다. 영국 교회의 주교 총대리인 토머스 크롬웰(1485-1540년경)은 많은 사람들이 읽을 수 있도록 성서를 교회 안에 갖다 놓았다. 또 그는 대부분의 수도원을 폐쇄하였다. 크랜머는 개신교 신학을 영국식으로 수정한 "10개 조항"(1536년)에서 화체설과 같은 가톨릭 교리를 유지하면서 신앙과 고백과 선행에 의해서 의인이 된다고 주장하였다. 하지만 성사는 세례와 성만찬과 고해성사만을 인정하였다. 크랜머는 또한 헨리의 후계자인 에드워드 6세(1547-53년 재위)의 자문으로 일하면서 개신교를 받아들이도록 조언하였다. 1549년 크랜머가 인솔하는 그룹은 기도 방식 통일 법령 하에서 『공동 기도서』(왼쪽 그림 설명 참조)를 준비하였다. 1553년 크랜머는 영국 국교회의 신앙을 정의한 『42개조 종교론』——이후에 39개조로 축소되었다——을 초안하였다. 그러나 에드워드의 요절로 말미암아 왕위에 오른 헨리의 장녀 메리 1세(1553-58년 재위)는——그녀는 독실한 가톨릭

헨리 8세와 월시 추기경

헨리 측근의 최고 성직자였던 토머스 월시——그는 사람들의 인기를 얻지는 못하였다——는 1518년부터 1529년 그에 대한 총애가 사라지기까지 왕과 교황을 대표해서 영국 전역에 걸쳐 세력을 행사하였다.

개혁 교회 건물

칼뱅주의자들에게 설교는 가장 경청해야 할 사항이었으므로 1655년에 헤이그에 지어진 이 교회처럼 강단은 중앙에 놓였다. 본래 재원이 부족해서 교회는 거의 짓지 못하였다. 네덜란드에는 노천(露天)에서 예배 드리는 공동체도 있었다. 예를 들어 1566년에는 15,000명이나 되는 회중이 앤트워프 근처의 야외에서 예배 드리기도 하였다.

가톨릭 신자인 메리 1세가 등극하자 영국을 떠날 수밖에 없었다. 그는 프랑스로 갔다가 후일 제네바로 옮겨서 칼뱅 밑에서 공부하였다.

영향력 있는 개혁자와 국가의 적

메리 여왕의 뒤를 이어 엘리자베스 1세가 여왕이 되자 많은 개신교도들은 영국으로 돌아왔다. 제네바에 있던 녹스의 교인들도 마찬가지였다. 그러나 녹스는 엘리자베스를 공격하는 글을 써서 여왕의 미움을 샀다. 따라서 1559년 녹스는 배로 스코틀랜드로 가서 에딘버러에 있는 성 길스 교회의 목사가 되었다. 스코틀랜드의 개신교도들은 여전히 소수였다. 차후 몇 년 동안 개신교와 가톨릭 사이의 종교적인 다툼으로 말미암아 내전과도 같은 유혈극이 벌어졌다. 양측은 각각 영국과 프랑스의 지원을 받고 있었다. 개신교 지도자들과 스코틀랜드의 메리 여왕과도 갈등이 있었는데, 여왕은 가톨릭 신자였다.

1587년 엘리자베스를 전복하려는 음모로 말미암아 메리가 처형되자 그의 아들인 제임스 6세가 왕관을 물려받았다. 그리고 제임스가 엘리자베스의 뒤를 이어서 영국의 왕 제임스 1세가 되자, 교회와 조국의 독립을 꿈꾸었던 녹스의 희망은 마침내 실현되었다. 정치와 교회를 둘러싸고서 1세기에 걸친 싸움이 있은 후 장로교는 마침내 스코틀랜드의 국가적 신앙으로 자리 잡았다.

종교 개혁은 유럽의 정치 지도와 종교 지도를 바꾸어 놓고 있었다. 루터 교의 신조는 1530년 덴마크의 프리드리히 1세로부터 열렬한 지지를 받았다. 덴마크로부터 독립한 지 얼마 되지 않던 스웨덴은 1524년 로마와의 관계를 끊었다. 하지만 스웨덴에서 루터 교 교리가 공식적으로 허가된 것은 1593년의 일이었다. 루터 교회는 스웨덴의 지배를 받던 핀란드의 국가 교회가 되었다. 유사한 일이 노르웨이에서는 프레데리크 1세의 노력을 통해서 이루어졌고, 노르웨이가 조종하고 있던 아이슬랜드에서도 마찬가지였다. 루터 교는

스코틀랜드 여왕 메리

신하들은 통치자의 종교를 받아들여야 했지만 녹스는 개신교가 가톨릭 군주의 압력에 단호하게 저항해야 한다고 믿었다. 그는 스코틀랜드 여왕 메리와 끊임없이 충돌하였다. 녹스는 여왕이 "신과 신의 진리와 어긋나는, 자만심과 교활함과 무감각성"의 소유자라고 여겼다.

종교 개혁의 전파

> "사도 시대 이래 지금까지 지상에 존재했던 가장 완벽한 그리스도의 학교"
>
> 제네바에 있는 칼뱅의 개신교 센터에 대해서 존 녹스가 한 말

루터와 루터 교회가 그랬던 것처럼 장 칼뱅이 죽은 후에도 그가 일으켰던 신학적 운동은 계속 퍼져 나가서 (어떤 곳에서는 혹독한 박해를 받으면서도) 16, 17세기에 꽃을 피웠다. 그들이 살아 남을 수 있었던 것은 조직적인 교회 행정을 펼쳤던 칼뱅의 유산 덕분이었다.

네덜란드 개혁 교회

종교 개혁 초기 수십 년 동안 네덜란드는 개신교 운동을 위한 비옥한 토양이었다. 오늘날의 벨기에와 네덜란드에 해당되는 이 지역에서는 사람들에게 덜 알려져 있는 여러 소종파와 더불어 루터 교, 공동 생활 형제단, 왈도 파, 메노나이트 교회를 모두 받아들였다. 이것은 네덜란드가 스페인 카를로스 5세의 통치 아래에 있음에도 불구하고 어느 정도의 종교적 자유를 누리고 있었기 때문에 가능한 일이었다. 그러나 카를로스의 아들 필리프 2세가 1556년 스페인 왕좌에 오르자 네덜란드는 스페인 종교 재판소의 공포에 떠는 지역이 되고 말았다. 곧 전쟁이 발발했으며, 가톨릭 신자였던 농부, 오렌지의 윌리엄은 스페인에 대항하여 싸웠다. 윌리엄은 1584년 전사했으나, 네덜란드가 자유를 쟁취하고 주 연방으로 인정된 1648년까지 이 전쟁은 멈추지 않았다.

이 기간 동안 네덜란드 개혁 교회가 형성되어 눈에 띄게 발전하였다. 가톨릭을 포함하여 다른 종교 단체에 대해서도 너그러웠던 이 교회는 장로교 형태의 조직을 갖추었고, 벨기에(왈룬 지방)의 "신앙 고백"(1561년)과 "하이델베르크 신앙 고백"(1563년)을 받아들였다. 이들은 성사나 성서의 권위, 기독교인들을 훈련시키는 통일된 기관으로서의 교회, 선행의 중요성, 영혼의 예정 등과 같은 문제에 관해서는 개혁 교회적인 견해에 동의하였다.

위그노

프랑수아 1세가 스페인과의 전쟁에 몰두하느라 개신교도들에 대한 박해가 뜸한 사이, 프랑스에서는 칼뱅주의 개신교 목사인 위그노――그는 제네바에서 공부하였다――가 활동하고 있었다. 프랑스 개혁 교회의 수는 1559년에 50개가 채 안 되던 것이 1561년에는 무려 2,000개로 늘어났다.

이처럼 개신교가 급작스럽게 발전하자 정부나 로마로서도 좌시할 수 없었고, 결국 1562년에는 개신교와 가톨릭 사이에 전쟁이 일어났다. 제1차 프랑스 종교 전쟁은 이른바 성 바르톨로메오의 학살이 일어난 1572년에 절정에 달하였다. 이 악명 높은 사건은 개신교도인 나바라의 엔리케와, 카트린 드 메디시스의 딸――그녀는 가톨릭교도였다――의 결혼식장에서 일어났다. 카트린은 위그노를 따르는 무리들을 결혼식으로 유인해서 학살하라는 참혹한 명령을 내렸던 것이다. 이 유혈 참사극으로 갈등의 불은 더욱 타올랐다. 그래서 전쟁은 엔리케가 1594년 프랑스의 왕 앙리 4세로 등극하기까지 계속되었다. 비록 앙리는 가톨릭으로 개종하였지만, 위그노를 따르는 무리들을 보호하기로 맹서하고 그 내용을 1598년 낭트 칙령으로 공포하였다. 하지만 이 칙령은 1685년 루이 14세에 의해서 철회되었고, 수천 명의 위그노를 따르는 무리들은 유럽의 다른 지역이나 아메리카로 피난 갈 수밖에 없었다. 프랑스에서 위그노를 따르는 무리들이 법적인 보호를 받게 된 것은 한 세기가 훨씬 지난 1802년의 일이었다.

스코틀랜드 장로 교회

비록 역사적으로 볼 때 루터나 칼뱅처럼 탁월한 인물은 아니었지만, 스코틀랜드에는 위대한 종교 개혁자 가운데 한 사람인 존 녹스(1513-72년경)가 있었다. 1536년에 가톨릭 사제로서 서품받고, 1540년에는 교황의 공증인까지 지냈던 녹스가 어떻게 개신교로 전향했는지는 베일에 가려져 있다. 일찍이 설교자요 선생으로서 스코틀랜드 종교 개혁에 참가했던 녹스는 1553년에 에드워드 6세가 죽고 독실한

네덜란드 독립 전쟁

가톨릭 신앙이 가장 돈독했던 강국(强國) 스페인은 16세기 후반 네덜란드를 다스렸다. 17세기까지 몇 차례의 전쟁이 이어진 후 네덜란드는 개신교 국가가 되었다. 이 그림에서는 벨라스케가 1625년의 브레다 조약을 기념하고 있다.

아미시 소녀들—급진적인 종교 개혁의 유산

박해를 받은 다른 그룹들이 그러했듯이 재세례파 역시 자신들의 신앙을 비교적 평화롭게 지켜 나갈 수 있는 신대륙으로 이주함으로써 살아 남았다. 그 결과 많은 무리들이 북아메리카에 정착하였다. 아미시 메노나이트의 대부분은 현재 펜실베이니아에 거주하고 있다. 그들은 지금도 현대 기술 문명이 기독교인들의 소명인 단순한 삶을 해친다고 확신하고 있다. 그러므로 그들은 현대적 발명품을 멀리한 채 자신들만의 가치를 보존하기 위해서 폐쇄적인 공동체를 이루고 있다.

있다——암만은 1693년 메노나이트 교회와 불화를 빚었고, 결국 4,000명의 추종자들과 함께 독립해서 아미시 메노나이트 교회를 창설하기에 이르렀다.

묵시문학적 재세례파

토마스 뮌처는 한때 루터의 동지였으며, 한때 루터의 도움으로 츠비카우에서 성직에 임명되기도 하였다. 그러나 뮌처는 묵시문학적인 츠비카우 예언자들의 영향을 받아서 사회적이고 정치적인 대변혁을 요구하였다. 그가 1524년 밀하우젠으로 가서 신정(神政)을 펴고 있을 때, 가톨릭과 프로테스탄트는 시민 전쟁을 외치는 그의 주장을 끝막음하기 위해서 연합 전선을 구축하였다. 그는 곧 체포되었으며 처형되었다.

1526년 스톡홀름에서 목회를 하던 멜키오르 호프만(1500-43년경)은 세상의 종말이 올 것이라는 생각에 사로잡혔다. 그는 그리스도가 1533년에 재림한다고 예언하였다. 호프만은 스트라스부르에서 재세례파들과 연합하고, 여러 곳에 설교자로 파송되었으며, 스트라스부르로 돌아와서 세상의 종말을 기다렸다. 여기서 그는 체포되어 평생을 감옥에서 보내지 않으면 안 되었다. 그러나 그를 따르는 사람들이 생겨났으며, 이들 멜키오르 파들은 재세례파 중에서도 독특한 위치를 차지하였다. 호프만의 추종자 가운데 한 사람인 얀 마티스는 뮌스터 시가 새 예루살렘이라고 믿었다. 그가 1533년 재세례파 군인들과 함께 이 도시를 휩쓸었던 것도 자신이 세상을 인수하리라고 믿었기 때문이었다. 정치적 세력들이 재세례파들을 불신했던 이유가 바로 여기에 있었던 것이다. 그 후 마티스와 그의 지지자들은 투옥되고 고문을 받아 끝내는 살해되었다.

펠릭스 만츠와 스위스 형제단의 발타자르 후브마이어를 포함해서 다른 극단적 종교 개혁자들도 사람들에 쫓기고 사형 선고를 받는 등 거의 유사한 운명의 길을 걸었다. 심지어는 평화적이고 많은 이들의 존경을 받던 야코브 후터 같은 재세례파도 법정에 섰다. 후터를 따르던 사람들은 평화주의자였고, 장인(匠人)이나 농부로서의 기술도 인정받았지만, 후터는 재세례파를 말살시키려는 페르디난트 1세의 계획에 의해서 희생되고 말았다.

『폭스의 순교자서(書)』

개신교 순교자들을 기리고 동족인 영국 사람들에게 종교 개혁을 받아들이도록 하기 위해서 쓰여진 『폭스의 순교자서』는 위대한 개신교 문학 작품이다. 개신교 성직자인 폭스(1516-87년)는 영국의 메리 1세가 가톨릭 신앙으로 돌아가자 유럽 대륙으로 피난하였다. 바젤에 정착한 폭스는 집필에 들어갔으며 결국 엘리자베스 1세 치하의 영국에서 이 책을 출간하였다. 이 책은 폭스가 살아 있는 동안에도 널리 읽혀서 4판까지 나왔다. 끔찍한 구절도 여럿 있고 적나라한 견해나 세부 묘사로 사람을 얼어붙게 만드는 이 책은, 신앙을 저버리느니 차라리 죽음을 택했던 사람들의 용기와 헌신에 대한 기록이다.

급진적 종교 개혁

루터와 칼뱅을 위시한 종교 개혁자들은 때로 자신의 안전과 편안함을 희생시킬 만큼 열정적이었지만, 그들은 대개 조상 대대로 믿어 오던 가톨릭 교회로부터 완전히 벗어나려고는 하지 않았다. 그러나 이들보다 훨씬 과격한 사람들도 있었다. 급진적인 종교 개혁자라고 불리는 이들은, 가톨릭의 종교 생활로부터 성서와 모순되는 것만을 제거하려던 루터주의자들의 의견을 완강하게 거부하였다.

극단적 신앙

극단적 종교 개혁자인 재세례파(anabaptist, 그리스어로 "다시 세례를 받다."라는 뜻)는 유아 세례를 받았던 사람도 성인이 되면 "다시 깨끗해져야 한다."고 믿었다. 그들은 성서에서 분명하게 허락되지 않은 교리나 예배, 교회 생활 일체를 거부하였다. 또한 그들은 무기를 들고 전장에 나가거나 통치자에게 충성을 맹세하는 등, 국가에 대한 어떠한 지원도 거부하였다. 성서의 권위에 대해서 이들과 유사한 생각을 가지고 있던 칼뱅주의자들조차 국가적 행사와 절연할 필요는 느끼지 못하였다. 그러므로 많은 재세례파 신앙인들은 정부나 가톨릭 종교 재판소, 그리고 심지어는 개신교인들로부터도 박해를 받고 살해되었다.

재세례파의 지도자들

재세례파는 1527년 슐레이트하임 시노드에서 인정된 "형제단"과 자유롭게 연결되어 있었지만, 재세례파의 신념은 몇몇 그룹을 조직한 사람들에게서 분명히 표출되었다. 이 중에서 가장 유명한 사람은 메노 시몬스와 야코브 암만일 것이다. 네덜란드에서 태어난 시몬스(1496-1561)는 1524년 가톨릭 사제가 되었으나, 신약성서를 공부하면서 화체설(化體說, 113쪽 참조)을 의심하게 되었다. 1536년에 재세례파로 개종한 그는 그로닝겐에서 목회 활동을 시작하였다. 그의 활동은 다른 재세례파 지도자들의 묵시문학적 사상과 비교해 보면 매우 온화했지만, 성서 해석에서만큼은 극단적인 자유주의자였다. 예를 들어 그는

> "우리는 세례를 받았다고 해서 새롭게 태어나는 것이 아니다......
> 우리가 새롭게 태어났으므로 세례를 받는 것이다."
>
> 메노 시몬스

"삼위일체"라는 말 자체를 거부하였다. 그런 용어가 성서에는 등장하지 않는다는 이유에서였다. 시몬스는 교회와 국가의 철저한 분리를 주장하였기 때문에 정부 관리들은 교회의 구성원이 될 수 없었다. 또한 그는 칼케돈 공의회(62쪽 참조)에서 정의된 그리스도의 양성(兩性)이 모호하다고 여겼다. 즉 그리스도의 본성은 오직 신적인 것이며, 그리스도는 마리아에 '의해서'가 아니라 마리아를 '통해서' 태어났다는 것이다. 메노 시몬스라는 그의 이름에서 유래된 메노나이트 교회는 시몬스의 열성적인 교회 개척 활동과 수많은 저서 덕분에 대부분 살아 남았다.

암만(1644-1711년경)은 알사스와 스위스에 살았던 메노나이트 교회의 장로였다. 지나치게 세상으로부터 도피적인 생각 때문에——이것은 메노나이트들이 1632년에 받아들인 "18개 조항의 신앙 고백"에 정의되어

시골 생활

개혁자들과 가톨릭 교회가 쟁론을 벌이고, 군주들과 황제가 충돌했지만 종교 개혁기의 농부들의 생활은 거의 변함이 없었다. 그들은 가족의 식량을 마련해야 했을 뿐만 아니라, 교회에 정기적으로 십일조를 바치고, 영주들에게 물건이나 노역 등의 형태로 무거운 세금을 내야만 하였다. 또한 그들은 용병들의 습격에도 경계해야 했는데, 용병들은 아무런 방어 태세도 갖추지 못한 마을을 약탈하곤 하였다. 그러므로 농부들이 이따금 폭동을 일으켜서 유혈 사태가 일어났던 것도 이해할 수 있는 일이었다. 또한 그들이 결혼식이나 성인의 축일 등에 폭음을 하고 난폭하게 굴었던 것 또한 이러한 이유 때문이었다. 교회는 이러한 행위를 정죄했지만 정치가들은 이로 말미암아 신경이 곤두서곤 하였다.

성인 신자의 세례
재세례파는 여러 그룹으로 이루어져 있었지만(각각의 지도자들이 위에 그려져 있음) 이들 모두는 뚜렷하게 기독교 신앙을 가지고 있는 성인에 대한 세례만을 허락하였다.

돈의 위력

14세기에 요하네스 푸거에 의해서 설립된 푸거 은행 왕국은 대출 업무를 통해서 중세 말기의 군주들과 교황의 운명을 주물렀다. 사실 브란덴부르크의 알베르트(132쪽 참조)가 마인츠의 대주교 자리를 사기 위해서 푸거 가문으로부터 돈을 빌린 것이 계기가 되어서 종교 개혁이 시작되었던 것이다. 이 빚을 갚기 위해서 요하네스 테첼이 돌아다니면서 면죄부를 팔자 마르틴 루터의 정죄를 받기에 이르렀던 것이다.

유럽의 경제

여러 가지 측면에서 볼 때 알베르트가 처해 있던 상황은 당시 변화하고 있던 유럽 경제 상태로부터 나온 결과였다. 땅을 소유하고 있다고 해서 당연히 부를 지닐 수 있는 것이 아니었고, 물물교환 제도는 농부들이나 이용하는 과거의 수단이 되어 가고 있었다. 팽창된 통화는 새로운 부를 만들어 냈고 금과 은은 도구와 서비스를 얻기 위한 표준이었다. 부자 야코브라고도 불리던 야코브 푸거(1459-1525년)는 현대적 사업가의 전형이었다. 아우크스부르크에 뿌리를 둔 푸거는 로마, 리스본, 부다페스트에 지사를 설립하였다. 그는 아버지의 사업을 확장해서 구리 광산과 은 광산, 제조업, 부동산, 농업에 이르기까지 손을 댔다. 푸거는 상인으로 태어났지만 공작의 작위를 얻고서 자신의 위치에 걸맞는 성에서 살았다.

재정의 힘

푸거는 자신의 장부 담당자인 마테우스 슈바르츠와 함께 1511-27년 사이에 매년 50퍼센트의 이익을 내는 거대한 금전 왕국을 꾸려 나갔다. 이 시기의 또 다른 금융 명문가로는 헤르바르츠, 호프슈테터스, 파움가르트너, 그로셈브로트를 꼽을 수 있다. 이들은 모두 금융 시장을 독점하려고 몸부림치고 있었다. 그러나 결국 승자는 푸거였다. 푸거의 세력은 대단해서 그가 신성 로마 제국에게 빚을 갚으라고 요구하자 황제 카를 5세는 순순히 응할 정도였다. 영적인 사항과 아울러 이러한 숨은 세력들이 결국 종교 개혁의 역사가 형성되도록 도왔던 것이다.

푸거와 장부 담당자
1581년의 이 그림은 푸거와 그의 장부 담당자인 마테우스 슈바르츠이다. 슈바르츠 자신이 이 그림을 그렸다고 여겨진다.

개혁자라고 불리었던 한 사람에 의해서 빛을 잃고 말았다. 그 사람은 프랑스 출신의 장 칼뱅(1509-64년)이었다.

장 칼뱅

칼뱅의 위대한 정신은 그에게 가장 위대한 종교 개혁 신학자요, 조직가라는 명성을 붙여 주었다. 그의 교회 갱신 운동과 "개혁" 신학은 오늘날까지도 영향력을 발휘하고 있다.

1532년 이후 언젠가 칼뱅은 영적인 깨달음을 경험하였다. 그는 파리에서 활동하고 있던 개신교인들과 자유롭게 교제하고 있었지만, 가톨릭 교회를 떠날 생각은 추호도 없었다. 하지만 칼뱅은 결국 1534년, 로마 교회를 떠났다. 프랑수아 1세가 모든 개신교인을 죽이라고 명령하자 칼뱅은 스트라스부르로 피신했고, 이후 다시 바젤로 갔다. 거기서 그는 『기독교 강요』의 초판을 썼다. 종교 개혁을 추진하기 위해서 이탈리아의 페레라에서 얼마 동안 지낸 칼뱅은 제네바로 갔다. 칼뱅은 제네바에서 주의 성만찬을 정례적으로 거행하고, 교회를 관리하며, 『시편』을 노래의 형태로 찬양하는 등, 대중 예배를 위한 자신의 생각을 실천에 옮기기 시작하였다.

하지만 칼뱅은 성만찬에 대해서 제네바 시의회와 논쟁을 벌인 후 쫓겨났다. 그는 1538년부터 1541년까지 스트라스부르에 정착해서, 박해를 피해 그곳에 와 있던 프랑스 개신교인들을 위한 목회 활동에 전념하였다. 동시에 그는 교회 정부와 단체 예배에 대한 자신의 신학과 신념을 더욱 다듬어 나갔다.

한편 추기경 야코포 사돌레토는 제네바 시 전체를 가톨릭으로 회귀시키려 하였다. 그러나 칼뱅이 개신교 종교 개혁의 뛰어난 변증론인 『사돌레토에게 답함』을 쓰자 그는 곧 제네바로 돌아와 달라는 부탁을 받게 되었다. 그의 말은 이제 엄청난 영향력을 지니게 되었다. 칼뱅은 제네바의 시장을 설득해서 제네바의 종교적·사회적 생활을 철저하게 바꾸어 놓았다. 그는 교회와 국가가 모두 그리스도의 지배를 받아야 한다고 생각하였다. 유토피아적인 기독교 사회를 꿈꾸었던 칼뱅으로 말미암아 제네바는 "개신교의 로마"가 되었다. 1559년에 창설된 제네바 아카데미에서는 많은 외국인들이 신학을 공부했고, 그들은 개혁 장로 교회와 청교도 운동(140-43쪽 참조)의 지도자가 되어 사방으로 퍼지면서 칼뱅을 전 세계에 소개하였다.

예정론

칼뱅의 교리는 루터의 그것과 비슷했으며 모두 성서에 기초해 있었지만, 칼뱅의 교리가 보다 조직적이었다. 칼뱅의 신학은 특히 신의 전능함과 인간의 자유 의지의 부족함을 강조한다. 왜냐하면 칼뱅은 인간의 구원을 인간의 선행이 아니라 신의 확고한 의지에 두고 싶었기 때문이었다. 때문에 칼뱅주의자들은 신이 단지 어떤 사람들만을 구원의 대상으로 선택했다는 선택의 교리를 주장하게 되었다. 칼뱅주의라고 하면 예정론을 꼽을 만큼 예정론은 칼뱅주의의 가장 분명한 특징으로 여겨지고 있다.

스위스의 종교 개혁

칼뱅의 저작
칼뱅(1509-64년)은 교회 역사상 가장 분석적이고 뛰어난 사람이었다. 1536년에 라틴어로 쓰여진 『기독교 강요(基督教綱要)』는 개신교 개혁 신학의 고전적인 저술이었다(개혁 신학과 루터교 신학은 종교 개혁 사상의 양대 조류임). 칼뱅은 훗날 이 책을 프랑스어로 번역하였다. 다른 학자들도 칼뱅을 따라서 라틴어로뿐만 아니라 프랑스어로도 집필하였다. 또한 칼뱅은 개혁 신학을 변호하는 네 권의 책을 더 썼다.

제네바의 강제적 법률
모든 생활이 신에 대한 복종 속에서 영위되어야 한다고 믿었던 칼뱅은 제네바 시 지도자들로 하여금 실천적인 도덕법 조항("억제적 법률")을 만들도록 촉구하였다. 여관에서의 행동도 규제되었다. "만일 어떤 사람이 신을 모독하거나 '제기랄(sblood, God's blood의 약자),' 빌어먹을(zounds)이라고 욕을 하거나, 악마에게 자기를 내 주거나 이와 비슷한 저주스러운 언동을 하면 처벌받는다." "여관 주인은 눈에 잘 띄는 곳에 프랑스어 성서를 비치해 두어야 한다. 누군가가 읽고자 할지도 모르기 때문이다." "여관 주인은 춤이나 주사위 놀이, 카드 놀이 같은 방탕한 짓을 허락해서는 안 되며, 방탕스러운 혐의가 있는 자를 받아서도 안 된다."

루터주의가 유럽 대륙으로 퍼져 나갈 때 또 다른 형태의 개신교가 스위스에서 등장하였다. 이때는 이미 차세대의 종교 개혁자들이 활동하던 시기였다. 개혁 교회로 알려진 이 운동은 울리히 츠빙글리와 장 칼뱅이 주도하였다.

울리히 츠빙글리
스위스에서 태어난 츠빙글리(1484-1531년)는 에라스무스(130쪽 참조)로부터 큰 영향을 받았다. 츠빙글리는 뛰어난 설교 덕택으로 1518년, 취리히 대주교 성당의 사제로 임명되었다. 신약성서를 공부한 그는 인간이 오직 신앙에 의해서만 의롭게 되며, 성서의 권위는 인간의 모든 해석을 능가한다고 확신하였다. 그가 가톨릭에서 지키는 대강절(待降節) 금식이나 성직자의 독신 등에 대해서 공격하자, 콘스탄츠의 주교는 가만히 있을 수가 없었다. 그래서 1522년 그는 츠빙글리에게 더 이상 카톨릭의 전통을 비판하지 말라고 경고하였다. 그러나 취리히 시의회는 모든 시민 법규보다 성서의 권위가 더 우선적이라는 츠빙글리의 입장을 받아들였다. 그 후 2년 동안 츠빙글리는 교회의 권위를 둘러싼 일련의 공개 논쟁으로 떠들썩하였다. 츠빙글리는 "67개 조항"(1523년)을 내세웠다. 그는 성인 숭배, 수도원, 교황의 수위권(首位權), 사면권, 면죄부, 선행 등은 모두 인간이 고안해 낸 것일 뿐 성서에 근거한 것이 아니라고 선언하였다. 그 다음해에 벌어진 논쟁에서는 십자가, 유물, 금수단(tapestry), 상(像), 미사, 오르간 연주, 그리고 합창과 벨 연주를 중지하라고 요구하였다. 시의회에서 계속 츠빙글리를 지지한 결과, 1525년에 최초의 개신교 예배가 대주교 성당에서 거행되었다.

츠빙글리의 개혁이 다른 도시로 전파되는 동안 성만찬에 대한 루터와 츠빙글리의 의견 차이가 드러났다. 루터는 축사된 빵과 포도주에 그리스도가 실제로 임재한다고 보았던 반면, 츠빙글리는 성만찬 의식이 단지 기념일 뿐이라고 주장하였다. 또 츠빙글리는 유아 세례 문제를 놓고 재세례파(138-39쪽 참조)와 갈등을 빚었다. 재세례파는 유아 세례를 인정하지 않았던 것이다. 그러나 츠빙글리가 세상을 떠난 후 그와 그의 운동은 루터 이후 가장 위대한 종교

칼뱅주의의 시작
플랑드르의 판화(1566년)는 칼뱅주의자들이 가톨릭 교회의 상을 부수는 장면을 보여 준다. 칼뱅의 사상은 빠른 속도로 퍼져 나갔으며, 그가 쓴 성서 소책자와 주석들은 널리 읽히고 연구되었다. 제네바는 칼뱅주의자들의 피난처였을 뿐만 아니라 새로운 운동의 중심지였다. 칼뱅주의는 영국, 스코틀랜드, 독일, 네덜란드 등에서도 지지자들을 만들어 나갔다.

정죄했으나 이미 엄청난 피해가 발생한 뒤였다. 결국 자신들의 개혁 운동을 도와 줄 것으로 여겨서 루터를 찾았던 사람들은 이제 그를 불신하게 되었다.

하지만 대부분의 독일 제후들은 루터를 이해하였다. 1526년 그들은 자신의 영토 내에 있는 가톨릭 교회나 프로테스탄트 교회 중에서 어느 하나를 지지할 수 있었다. 1530년 멜란히톤은 루터 교의 공식 신앙 고백인 아우크스부르크 신앙 고백을 제안하기 위해서 아우크스부르크 국회에 파견되었다. 하지만 수년 동안 종교 개혁자들은 이 고백을 둘러싸고 의견 일치를 보지 못하였다.

독일에서는 얼마 후 프로테스탄트와 가톨릭 사이에 전쟁이 발발하였다. 이 전쟁은 1555년까지 지속되다가 결국 아우크스부르크 평화 협정으로 끝이 났다. 거기서 체결된 내용은 "제후의 지역에는 그 제후의 종교를"이라는 것이었다. 모든 제후들은 자신의 영토에 사는 사람들이 루터 교나 가톨릭 중 어느 하나를 따르도록 결정할 수 있다는 말이다.

아우크스부르크의 평화와 더불어 루터 교는 신성 로마 제국 내에서 합법적인 지위를 획득하였다. 이것은 루터가 세상을 떠난 9년 후의 일이었다.

루터의 영향

루터의 신앙은 곧 다른 나라로 전파되었다. 코펜하겐의 종교 교수인 한스 타우센은 루터를 덴마크에 소개하였다. 그리고 16, 17세기 노르웨이와 스웨덴에서는 정치적인 개혁의 일환으로서 루터가 받아들여졌다. 루터의 저작에 힘을 얻은 보헤미아의 후스 파는 폴란드에서 개혁을 시작하였다.(142쪽 참조) 중앙 유럽의 다른 지역에서도 루터주의자들과 칼뱅주의자들이 연합해서 가톨릭의 권위에 대항하였다. 영국과 이탈리아, 스페인의 개혁자들을 고무한 것도 역시 루터였다.

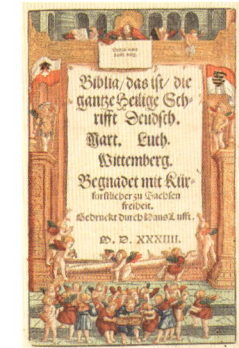

루터 성경

루터는 숨어 있는 동안 에라스무스의 그리스 성서를 독일어로 번역하였다. 그는 하루에 1,500개 이상의 단어를 옮김으로써 불과 몇 주 내에 번역 작업을 마칠 수 있었다.

루터 교회

루터는 종교적 상(像)과 교회 장식을 허용했지만 그를 추종하는 어떤 사람들은 그렇게 하지 않았다. 후기 루터 교회는 모든 비본질적인 세부 사항을 제거하고 아주 단순한 건물을 지었다. 루터는 당시의 가톨릭 미사와는 대조적으로 성만찬식에서 평신도들에게도 빵과 포도주를 주었다.

보름스 국회

1521년 4월, 루터는 황제 앞에 소환되어 자신의 신앙과 행동을 변호해야만 하였다. 황제는 이렇게 말하였다. "천 년을 지속해 온 모든 기독교에 맞서는 한 사람의 수도사가 오류를 범한 것임에 틀림없다. 나는 루터를 막기 위해서라면 나의 왕국과 영토, 친구, 나의 몸, 나의 피, 그리고 나의 영혼까지도 동원하기로 결심하였다."

위대한 대중 선동가

루터는 자신의 확신을 표현하는 몇 가지 대중적 문서를 발표하였다. 그 글은 사람들이 이해하기 쉬운 형식과 언어로 기록되었으므로 널리 읽힐 수 있었다. "교회의 바빌론 포수"에서 루터는 성사에 관한 가톨릭 전통을 정죄하였다. "독일 기독교 귀족들에게 고함"에서는 독일의 영주들과 행정관들에게 교회를 개혁하는 것은 그들의 임무라고 호소하였다. "기독교인의 자유"에서는 기독교인은 오직 그리스도에게만 복종하며 의인(義認)은 오직 신앙으로 말미암는 것이라고 주장하였다.

교황 레오 10세는 프리드리히와 소원해지고 싶지 않았다. 1519년 막시밀리안이 죽었을 때 교황은 다른 후보자와는 달리 정치적 힘이 부족하였던 프리드리히가 신성 로마 제국의 황제가 되기를 희망하였다. 이제 루터가 타협을 거절함으로써 루터를 지지하는 쪽과 교황을 옹호하는 쪽 사이에 전선(戰線)이 형성된 셈이었다. 루터가 로마와 결별하리라고 예상하지는 못했지만, 자신의 확신이 실린 몇 편의 논제에 나타난 루터의 사상(왼쪽 설명 참조)은 곧 독일 민족주의를 부추겼다. 레오는 루터의 글에 대해서 "주여, 일어나소서(Exsurge Domine)"라는 글로 대응하였다. 이 글에서 교황은 루터를 "주님의 정원을 침입한 난폭한 산돼지"라고 정죄하면서 60일 내에 굴복하지 않으면 파문될 것이라고 위협하였다. 하지만 1520년 12월 10일, 루터는 비텐베르크 시민들이 보는 앞에서 이 파문장을 불태워 버렸다. 그러자 교황도 공언한 바대로 루터를 파문해 버렸다.

루터의 입장

1519년 신성 로마 제국의 황제로 선출된 카를 5세는 교황이 이단 루터를 화형시키라고 요구하자, 1521년 4월 18일 보름스의 국회에서 청문회를 열기로 하였다. 온건한 가톨릭 신자였던 카를 5세는 루터의 정죄로 말미암아 교회가 분열되고 끝내는 파멸될지도 모른다고 두려워하였다. 그래서 황제는 루터에게 다시 한 번 자신의 입장을 재고해 볼 것을 촉구하였다. 하지만 루터는 저 유명한 말만을 내뱉었을 뿐이다. "여기에 저는 서 있습니다. 다르게는 어찌할 수가 없습니다. 하느님, 저를 도와 주소서." 카를 5세는 하는 수 없이 루터의 저작들이 불법이며, 루터와 루터를 도와주는 사람들은 모두 정죄될 것이라고 선언하였다. 선제후 프리드리히는 루터를 아이제나흐 근처의 바르트부르크 성에 숨겨 보호해 주었다. 루터가 없는 동안 잠시마나 필리프 멜란히톤이나 안드레아스 카를슈타트 같은 종교 개혁자들이 이제 막 시작되려는 독일의 종교 개혁을 이끌었다. 그러나 그들의 행동은 너무 급진적이거나 또는 반대로 너무 타협적이었다.

사실 루터는 새로운 교회를 세울 생각은 추호도 없었다. 그는 다만 복음으로 돌아가서 가톨릭 교회를 개혁하고자 했을 뿐이다. 그것이 불가능해지자 루터는 성서에 분명하게 거론되지 않은 모든 교리(성인 숭배, 면죄부, 성사 등)를

> "신앙은 마음으로 '그렇다'고 긍정하는 것이며, 우리가 삶 전체를 걸고 믿는 바의 것이다."
>
> 마르틴 루터

부정하기에 이르렀다. 루터 교회는 국가 교회가 되었다. 즉 각 주(州)마다 교회가 달랐던 것이다. 범법자 선고를 받았던 루터는 비텐베르크로 돌아왔다. 그에게는 사형 선고가 내려져 있었지만 황제가 다른 일에 몰두해 있는 동안에는 안전하게 지낼 수 있었으므로 이후 25년 동안 그는 비교적 평화롭게 살 수 있었다.

농민 혁명

독일의 종교 개혁은 유혈극을 몰고 왔다. 농민들은 지배자들 밑에서 오랫동안 억압에 시달리면서 고통을 받아 왔다. 농민들은 루터야말로 노예 상태로부터 벗어나려는 자신들의 소망을 종교적으로 정당화해 준 인물이라고 여겨서 기꺼이 그를 지지하였다. 그들은 자신들의 성직자를 스스로 선택하고, 군주를 위해서 별도로 일하는 것에 대해서는 역시 별도로 돈을 더 받아야 한다고 주장하였다. 또한 자신들도 땅의 소유권이 있다고 주장하였다.

처음에는 루터도 농민들을 지지하였다. 그러나 그들의 지도자 중 급진적 개혁자 토마스 뮌처가 바인스베르크의 주민들을 대량 학살하고 성과 교회를 불태워 버리자 루터는 농민들로부터 등을 돌렸다. 루터는 독일 제후들에게 이 폭동을 진압하기 위해서라면 수단 방법을 가리지 않아도 좋다고 하였다. "그들의 피로 당신들의 손을 씻으시오." 1524년 귀족들의 군대는 약 10만 명의 농민을 살해하였다. 루터는 재빨리 태도를 바꾸어 귀족들을 "악마"라고

팔도록 허락하겠노라고 약속하였다.

마르틴 루터(1483-1546)라고 하는 교구 사제이자 대학 교수는 이미 면죄부 판매를 반대하는 설교를 하고 있었는데, 그가 테첼과 알베르트 사이의 이 밀약을 알게 되었을 때, 그는 자신의 견해를 공적인 논쟁에 부치기로 결심하였다. 그리하여 마침내 1517년 10월 31일, 루터는 비텐베르크 성 교회 문에 "95개조 논제"를 써서 붙였다. 바야흐로 교황의 심장부에 비수를 들이대면서, 종교 개혁의 불을 지폈던 것이다.

루터의 작품

성서를 번역하던 교수 루터는 신학적으로 오직 성서로만(sola scriptura)이라는 테제를 발전시켰다. 기독교인에게 궁극적인 권위를 가지고 있는 것은 오직 성서라는 말이다. 또한 그는 오직 신앙으로만(sola fide)이라는 테제도 주장하였다. 구원은 신앙을 통해서만 주어지는 것이지 선행에 의해서 도달하는 것이 아니라는 의미였다. 루터는 또한 성서가 성직자나 학자만이 아니라 모든 사람들이 읽을 수 있는 것이라고 굳게 믿고 있었으며, 모든 기독교인들은 신앙의 사제라고 보았다. 이러한 명제들은 천 년 이상 지속되어 온 교회 전통에 정면으로 위배되는 것이었지만, 정작 루터 자신은 그저 나아갈 방향을 상실한 배를 올바른 방향으로 돌려 놓았을 뿐이라고 생각하였다. 루터가 만일 교구 사제가 아니었다면 이러한 사상은 학문의 세계에만 머물러 있었을 것이다. 하지만 교구 사제였던 루터는 당시의 정치적이고 영적인 불안의 징후를 눈치채고 있었다. 루터는 교회 안에서 벌어지는 남용과 결함과 오해에 대해서 쉬쉬하는 대신 만천하에 드러내 놓는 쪽을 선택하였다. 그래서 루터의 생각이 뿌리를 내리고, 그의 명성이 독일과 독일 너머까지 자자해지기까지는 그리 오랜 시간이 걸리지 않았다.

1518년 교황청 종교 재판관 실베스터 프리에리아스는 루터에게 이단의 죄목을 씌우면서 당장 로마로 올 것을 명령하였다. 루터는 소환에 응하는 대신, 오직 성서만이 영원히 진리일 뿐, 교황도 오류에서 벗어나 있는 것은 아니라고 주장하였다. 자신은 오직 그리스도의 권위에만 복종하겠다는 뜻이었다. 이 대담한 사제의 목숨이 위태롭다고 느낀 작센의 제후 프리드리히는 재판 장소를 아우크스부르크로 변경하였다. 그곳에서 루터는 추기경 카에탄과 대면하였다. 루터는 자신의 주장을 철회하지 않았고, 교황의 권위에는 아랑곳없이 공의회를 열어서 문제를 해결할 것을 제안하였다.

마르틴 루터

위대한 인물들과는 달리, 루터의 배경을 살펴보면 그가 교회사에서 중심 인물이 될 것임을 시사하는 것을 거의 찾아볼 수 없다. 자식이 법률을 공부하기를 원했던 부유한 광산주의 아들이었던 루터는, 몇 차례의 영적 위기를 경험하면서부터 자신은 수도자가 되지 않으면 안 된다고 느끼고 있었다. 그러나 내적 평화를 향한 그의 노력은 열매를 맺지 못하였다. 그는 선행이나 죄의 고백, 자기 부정을 통해서 자신을 구원해 보고자 했지만 이런 행동들 역시 아무런 위안을 주지 못하였다. 1510년에 첫번째 미사를 바쳤을 무렵 루터는 대단히 큰 절망에 빠져 있었으며 자신이 하느님 앞에서 아무런 가치도 없는 죄인임을 깊이 자각하게 되었다. 1510년 그는 로마 여행을 통해서 자신이 바라던 바를 얻을 수 있을 것으로 희망했지만 로마에서 만난 가톨릭 지도자들의 시니컬한 태도와 세속적인 삶의 방식에 충격을 받았다. 1517년 루터는 성서에서 새로운 용서의 확신을 발견했는데, 이것이 그의 삶과 활동에 큰 영향을 미치게 되었다. 비록 성질이 급하고 맥주를 즐기는 고집 센 사나이였지만, 루터 안에는 위대한 신앙이 꿈틀거리고 있었다. 이 신앙이 병과 좌절에 시달리던 그의 나머지 삶을 지켜 주었다. 사제는 결혼 문제로부터 자유로워야 한다고 믿었던 그는 1525년 과거 수녀였던 여인과 결혼하였으며 여섯 명의 자녀를 두었다.

강단에서의 설교
루터(그림 오른쪽)는 하느님과의 평화는 그리스도를 믿고, 예수가 십자가에서 죽음으로써 모든 인간의 죄를 사하셨다는 사실을 믿는 자에게만 주어진다고 선포하였다. (그래서 그림에도 그 상징적 이미지가 그려져 있다.) 이렇게 그리스도는 구원과 자유의 유일한 근원이었다.

논쟁을 시작하다
루터는 자신의 선언문과 논제를 비텐베르크 성 교회의 문(위)에 내걸었는데, 당시는 학자들간에 논란거리가 되는 주제에 대하여 대화나 토론을 시작하려면 으레 그렇게 하곤 하였다. 여러 이슈들을 다루고 있던 논제의 핵심은 루터가 반대하던 세 가지 교회 정책을 향해 있었다. 즉 면죄부 판매, 죄의 용서에 관한 교황의 권위, 교회의 참된 보화에 관한 것이었다. 루터는 교회의 참된 보화는 구원에 대한 복음의 메시지이지 그리스도나 성인의 선행이 아니라고 여겼다. 이 논제들은 라틴어로 쓰여 있었지만 곧바로 독일어로 번역되었다. 그러자 테첼의 면죄부 판매량이 떨어졌을 뿐만 아니라 테첼은 분노한 군중으로부터 피해야 할 처지가 되었다. 독일에서의 종교 개혁이 본격적으로 시작되었던 것이다.

"95개조 논제"
루터의 논제 중 몇 가지만을 소개하면 다음과 같다.
6) 교황은 하느님께서 죄를 사하셨다는 것을 선언하거나 혹은 시인하는 것 이외에 어떤 죄든지 사할 능력이 없다.
21) 그러므로 교회의 면죄로써 인간은 모든 형벌로부터 해방되며 구원받을 수 있다고 선전하는 모든 면죄부 설교자들은 오류에 빠져 있는 것이다.
62) 교회의 참보화는 하느님의 영광과 은총의 가장 거룩한 복음이다.

독일의 종교 개혁

"내 주는 강한 성이요"

가장 유명한 종교 개혁자였던 루터는 현대 독일어를 형성하거나 새로운 시민 정부를 발전시키는 데 기여하였고, 따스하고 안락한 가정 생활을 지지하였다. 또한 루터는 회중 찬송의 필요성을 역설하였다. 『시편』"46편"에 기초한 "내 주는 강한 성이요"(개편 찬송가 384장/역자 주)는 여러 언어로 번역되었으며 기독교 신앙을 나타내는 대표적인 찬송가로 손꼽히고 있다. 이 찬송가의 『시편』 구절은 비텐베르크에 있는 루터의 묘소에도 새겨져 있다. "하느님은 우리의 힘, 우리의 피난처, 어려운 고비마다 항상 구해 주셨으니."

종교 개혁 당시 독일은 거의 300개의 독립된 주로 나뉘어 있었고, 신성 로마 제국의 장악력은 만족스럽지 못하였다. 비록 표면적으로는 교황이 독일 교회를 다스리고 있었지만 강력한 독일 민족 국가와 그들의 반교황 정서에 힘입어 개혁 성향을 지닌 인물들은 독일에서 교황의 권위를 제거할 수 있었다.

면죄부

로마와의 결별을 재촉했던 것은 면죄부 판매라고 하는 졸렬한 행위였다. 면죄부 판매의 배경을 이루었던 것은 교회가 그리스도의 무흠한 삶과 사도들과 성인들에 의해서 쌓인 선행(善行)의 '보물'을 가지고 있다는 신학적 주장이었다. 이 보물은 신자들이 하늘 나라에 들어가기 전, 연옥에서 머무는 정화(淨化)의 시간을 단축시키거나 아예 없애 준다는 것이었다. 면죄부는 금전을 기부한다거나, 십자군에 출정하는 대가로 구입할 수 있었다. 16세기 초, 교회는 면죄부 판매에 총력을 기울였다. 독일 도미니크 수도회의 요하네스 테첼은 "금전이 헌금 궤 밑바닥에 떨어지는 순간, 영혼은 연옥으로부터 천국으로 올라간다."고 약속하면서 면죄부 판매에 열을 올렸다. 걷어 들인 돈은 로마에 있는 성 베드로 성당을 재건축하는 데 쓰일 것이라고 선전하였다. 사실 들어온 돈의 절반 정도는 방금 말했던 목적으로 사용되었다. 하지만 나머지는, 예를 들어 브란덴부르크의 알베르트 공작의

비텐베르크 교회 문 앞에서
루터가 교회 문에 자신의 논제를 내 걸자 교황 레오 10세는 "이 수도승의 입을 막음으로써……불길이 치솟기 전에 끄려 하였다." 하지만 그는 실패하고 말았다.

빚을 갚는 데 사용되었다. 알베르트는 마인츠의 대주교로 임명되기 위해서 엄청난 돈과 뇌물을 바쳤다. 그가 바쳤던 돈은 푸거 은행(137쪽 글상자 참조)에서 꾼 것이었는데, 알베르트는 돈을 꾸면서 테첼이 자신의 영토에서 면죄부를

있었지만 에라스무스의 책들은 종교 개혁으로 나아가는 길을 예비하고 있었다. 하지만 에라스무스의 작품에 대한 논쟁과 거기서 야기된 폭력은 서방 기독교를 나누어 놓았다. 16세기 사람들이 말했던 것처럼 "에라스무스는 알을 낳고, 루터는 그것을 부화(孵化)시켰던 것이다."

저항하는 로마의 권위

유럽 전체에 걸쳐서 대중들이 영적 불안에 시달리던 시기에 많은 군주들은 이 기회에 교회와 교회의 영토를 차지하려고 하였다. 민족 국가들이 갈수록 강력해지면서 정치가들은 로마의 권위에 노골적으로 도전하게 되었다. 정치가들의 관심은 교회 개혁과는 무관한 것이었지만, 그들의 움직임은 결과적으로 교황의 힘을 약화시켜서 종교 개혁이 성공하도록 만들어 주었다.

프랑스에서는 샤를 8세(1483-93년 재위)가 세력을 강화하면서 신성 로마 제국을 제패하기 위한 계획을 수립하였다.(이 계획은 결국 실패로 끝났음). 샤를이 1494년 이탈리아를 침공하여 이듬해에 나폴리의 왕을 임명하자 그의

영감을 불러일으키는 학자
에라스무스는 살아 있는 동안 유럽에서 가장 유명한 학자가 되었다. 그는 엄청난 양의 저작을 남겼는데 그중에는 『신약성서 주해서』(1516년)도 포함되어 있었다.

> "나는 성서가
> 모든 언어로 번역되기를
> 바란다.……
> 나는 농부가 쟁기를 갈면서
> 성서를 노래 부르고,
> 직조공이 베틀북에 맞추어
> 성서 구절을 콧노래로
> 흥얼거리며,
> 여행하는 사람이
> 성서 구절을 읽으면서
> 여독을 씻게 되기를
> 간절히 바라는 것이다."
>
> 에라스무스

의도는 분명히 드러났다. 1516년, 프랑스의 막강한 힘 앞에서 교황 레오 10세는 프랑스 왕 프랑수아 1세와 볼로냐 조약을 체결하지 않을 수 없었다. 이로써 프랑수아는 프랑스에서 독립된 교회의 수장(首長)이 되었다. 스페인은 1492년 그라나다를 탈환하고 무어인의 통치를 몰아내면서 이슬람교도들의 지배를 종식시켰다. 그리고 아라곤의 페르디난도가 카스티야의 이사벨라와 결혼하면서 스페인 군주가 탄생하였다. 이들은 이른바 "가톨릭 군주들"이었다. 두 사람은 교회를 교황이 아닌 군주의 통치 아래 두고 제국을 강화하기 위하여 종교 재판소를 설치하였다. 종교 재판소는 이단 혐의가 있는 수천 명의 사람들을 투옥하고 고문하였고, 때로는 사형에 처하기도 하였다.(125쪽 참조)

신성 로마 제국의 합스부르크 가(家) 출신 황제 막시밀리안(1493-1519년 재위)과 카를 5세(1519-56년 재위)는 가톨릭 신자였지만 제국 전반에 퍼져 있는 교황에 대한 반감은 심각할 정도였다. 특히 유럽 중앙에 위치한 독일이나 네덜란드에서는 그 반감이 더욱 심하였다. 중앙 유럽은 개혁에 목말라하고 있었던 것이다. 폴란드와 보헤미아(오늘날의 체코), 헝가리의 귀족들도 자신들의 영토에서 교황의 세력을 몰아내고 싶어했다. 유럽의 여러 곳에서 개혁이 거론되고 있다는 사실에 자극을 받은 네덜란드는 가톨릭 교회와 스페인의 족쇄로부터 벗어나기 위한 길고도 고통스러운 싸움을 시작하였다. 스칸디나비아에서도 로마에 대한 불만이 폭등함으로써 스웨덴, 노르웨이, 덴마크 등에서 종교 개혁의 뿌리가 내릴 수 있는 여건이 조성되었다. 그러나 교황의 타락이나 교황의 지나친 권위에 대한 종교적·정치적 분노가 맹렬한 불길처럼 타 오른 곳은 독일, 스위스, 프랑스, 영국에서였다. 이곳의 개혁자들과 정치가들은 기독교의 환골탈태(換骨奪胎)를 꿈꾸었던 것이다.

알브레히트 뒤러
루터가 종교 개혁의 목소리이고, 칼뱅이 종교 개혁을 대표하는 신학자라면, 뒤러(1471-1528년)는 이 운동의 예술적 영혼이었다. 뒤러는 또한 이탈리아에서 활동하던 르네상스 장인들과 북유럽을 이어 주던 연결 고리이기도 하였다. 뉘렌베르크에서 태어난 뒤러는 이탈리아에서 미술을 공부하고 다시 고향에 돌아와 결혼하였다. 그는 목판화와 동판화의 음양기술면에서 일대 혁신을 가져왔다. 뒤러는 황제 막시밀리안과 카를 5세의 궁정 화가였으며, 평생 가톨릭 신자로 남아 있으면서도 많은 종교 개혁가들을 존경하였다.

인쇄술
1517년 무렵 대량 인쇄 산업이 시작되었다. 인쇄기(위)는 종교 개혁이 확산될 수 있는 결정적 요소였다. 인쇄기 덕분에 많은 사람들이, 루터가 글을 쓰고 난 지 불과 수주일 뒤에 그의 글을 읽을 수 있었던 것이다.

종교 개혁 시대, 유럽에서 기독교의 모습

> "우리 이탈리아인들은 다른 이들보다 비종교적이고 부패해 있다.…… 왜냐하면 교회와 교회 지도자들이 가장 나쁜 본보기를 보여 주기 때문이다."
>
> 마키아벨리,
> 15세기 이탈리아의 정치학자

16세기의 여명이 밝아올 무렵, 서방 교회는 중세 내내 시달리던 그 많던 폭풍우를 성공적으로 헤쳐 나가고 있었다. 이슬람교가 아프리카와 아시아에서 계속 성장하고 있었지만 서방 기독교는 교황의 권위에 충성을 맹세하고 있었다. 교황의 권위는 공의회와의 경쟁에서 승리함으로써 한층 강화되었다.(124쪽 참조) 바야흐로 팽창의 시대가 시작되었고 가톨릭 선교사들은 지구 곳곳으로 파송되었다. 그러나 수없이 많은 현실적인 문제들이 여전히 산재해 있었다.

교회의 위치

모든 교구들마다 무시와 무관심, 그리고 교육받지 못한 성직자들로 인해서 골치를 앓고 있었다. 모두들 학문의 시대가 도래했다고 법석이었지만, 이들 성직자들은 요원의 불길처럼 번지는 기독교인들의 기대에 부응할 수 없었다. 교회의 돈 궤를 채우기 위해서 성직을 매매하고, 죽은 후 신에게서 받을 벌을 감해 주는 면죄부를 파는 등의 비도덕적인 관습들이 횡행하였다.(132쪽 참조) 이것은 사람들의 분노를 사게 되었고, 어떤 경우에는 농민들의 격렬한 저항에 부딪치기도 하였다. 그래서 16세기에 이르러 일단의 기독교인들은 개혁을 시도하게 되었다. 네덜란드의 기독교 인문주의자 데지데리우스 에라스무스(1446-1536년경)도 그중의 한 사람이었다.

에라스무스는 탁월한 신학자요 세련된 문필가였다. 교회의 딱한 상황을 묘사해 내는 재치와 풍자로 가득 찬 그의 책들은 대단한 인기를 끌었다. 그는 또 히브리어나 그리스어로 쓰여진 원어(原語) 성경에 대해 많은 것을 알고 있었기에, 정확한 자료에 근거해서 과거의 신학 사상을 재고해 보았다. 그는 폭력을 증오했으며 건전한 상식이 통하는 기독교를 이루어 내고 싶어하였다. 비록 유럽은 그가 생각하고 있던 것 이상의 개혁을 요구하고

면죄부 판매
직업적인 "면죄부 판매인"이 연옥에서 보내야 할 시간으로부터 구원받기를 원하는 사람들에게 ── 혹은 이미 세상을 떠난 사람들이 구원받기를 원하는 사람들에게 ── 면죄부라고 불리는 서류를 팔고 있다. 대사(大赦)라고 불리는 면죄부는 아예 사람들을 한꺼번에 연옥에서 구해 낼 수 있었다. 마르틴 루터는 이것을 가리켜서 "신자들을 신앙으로 속여 착취하는 행위"라고 불렀다.

종교 개혁

1517-1648

르네상스의 영광은 모호한 구실을 붙여서 사람들에게 팔던 면죄부같은 것 때문에 빛이 바랬다. 서방 교회는 일촉즉발의 상황에 몰려 있었다. 독일의 신학자 마르틴 루터는 이러한 일들을 공개적으로 논박함으로써 종교 개혁의 불을 붙였다. 다른 종교 개혁자들도 이에 고무되어서 그를 따라 개혁에 동참하였다. 가톨릭 교회가 이들의 제안을 모두 거절하자 기독교 세계는 삐걱거리게 되었다. 종교 개혁은 곧 단순한 개인적 양심의 문제를 뛰어넘어 확산되었다. 정치나 영토를 좌지우지하던 교회를 타파하는 것이 자신들에게 유리하다는 사실을 간파한 정치가들은 재빨리 종교 개혁자들의 편을 들었다.

가톨릭 교회의 대응은 너무 늦었다. 그 결과 17세기 중반에 이르러 유럽의 종교 지도는 완전히 다시 그려지게 되었다. 기독교의 분열은 가톨릭 국가와 프로테스탄트 국가 사이의 피비린내 나는 전쟁으로 이어졌다. 반면 가톨릭 선교사들은 남아메리카나 아프리카, 인도, 중국, 일본 등 낯선 이국에까지 가서 복음의 뿌리를 심었다.

마르틴 루터가 자신의 반대 의사를 드러내다

미켈란젤로의 환상 — 로마 바티칸 궁전의 시스틴 성당 천장

르네상스 교황을 비판하는 사람들도 그들의 취미가 고상했다는 사실만은 인정하였다. 교황 식스투스 4세는 향후 시스틴 성당이라고 불리게 된 바티칸의 교황 예배당을 재건축하였다. 이 성당을 장식하기 위해서 당대 최고의 미술가들이 동원되었다. 가장 유명한 사람은 미켈란젤로였다. 그 자신의 깊은 신앙에 불붙어서 그려진 미켈란젤로의 작품은 창조로부터 최후 심판까지의 역사 전체를 망라했고, 가장 유명한 예술적 업적으로 남아 있다. 그러나 이러한 값비싼 작품을 후원하느라 교황의 재원은 계속 고갈되었다.

신세계

1492년, 스페인 국왕과 여왕에게 고용된 이탈리아 선원 크리스토퍼 콜럼버스(위)는 최초로 유럽인들을 아메리카 대륙에 상륙시켰다. 그 후 1497년, 포르투갈 배가 유럽으로부터 아프리카를 돌아 인도까지 항해하는 데 성공하였다. 이 발견 덕택으로 유럽, 특히 스페인과 포르투갈은 엄청난 부를 획득하게 되었으며, 서방 기독교인들의 선교관 역시 크게 갱신되었다. 수백 명의 사제와 수도사들이 새롭게 조우한 사람들에게 복음을 전하기 위해서 배를 타고 여행하였다. 예를 들어 콩고에서는 초기 선교사들의 활동으로 말미암아 지역 귀족 가운데 한 사람이 주교 훈련을 받기 위해서 로마로 떠나기도 하였다. 그러나 그의 선교는 노예 상인들에 의해서 실패하고 말았다.(150-51쪽 참조)

임명된 것이다. 그가 다스리는 동안 교황청은 역사상 최악의 상태까지 추락하지 않을 수 없었다. 그에 대한 살인적인 오명은 가히 타의 추종을 불허할 정도였다. 그리하여 알렉산데르는 널리 존경받던 신실한 수도사 사보나롤라에게 탄핵을 당하였다. 사보나롤라는 1494년부터 4년 동안 피렌체를 휘어 잡았던 뛰어난 설교자였다. 그는 도시민들을 설득해서 그들의 자만과 탐욕을 뉘우치도록 했고 그들이 소유하고 있던 많은 보화들을 "허영의 횃불"로 태워 버렸다. 4년 동안 피렌체 사람들은 사보나롤라를 추종하였다. 그러나 교황은 1497년 그를 파문했고, 사보나롤라의 청교도적 지도력에 지친 시민들은 다음해 그를 화형에 처하고 말았다. 수많은 가톨릭 교회 지도자들은 교회에 충성했지만 사보나롤라에 대한 존경심은 사라지지 않았다. 자신의 비판자를 물리친 교황은 전에 자행하던 일들을 버젓이 반복하였다. 다른 사람들이 콘스탄티노플을 탈환하기 위해서 십자군을 일으킬 것을 요구했을 때에도 알렉산데르는 오토만 술탄에게 십자군을 일으키지 못하게 할 테니 그 대가로 돈을 달라고 요구하기까지 하였다.

무장한 교황

알렉산데르의 후계자 율리우스 2세(1503-13년 재위)는

르네상스 교황의 창조
성 베드로 성당은 낡고 위험했으므로 1506년에 헐렸다. 교황 율리우스 2세는 그 대신에 한 세기 이상 걸려 새 건물을 지었다.(위) 여기에는 물론 엄청난 돈이 필요하였다.

교황령을 강화하기로 결심하였다. 그래서 그는 군대와 함께 전투에 참가하였다. 기독교인들은 그에게서 영적인 지도자를 기대했지만, 완전무장을 한 채 정복된 도시 성벽 위에서 군대를 지휘하거나 대표적인 예술가들을 불러들여서 궁정의 수리를 맡기는 그는 마치 세속의 영주처럼 보였다. 1512년 율리우스가 마침내 압력에 굴복해서 공의회를 개최했을 때에도 개혁의 뿌리를 진지하게 붙잡지는 못하였다.

자신의 선임자들처럼 율리우스도 끊임없이 돈을 요구하였다. 전쟁을 치르고 건물을 짓는 돈을 조달하기 위해서 교회는 수백 개에 이르는 새로운 성직을 고안해 내서 돈을 받고 팔았다. 따라서 방대한 관직을 만들어 내면서도 정작 영적인 부흥에는 아무런 관심도 가지지 못했다. 1450년대에 교황 니콜라우스 5세의 대사는 면죄부 판매를 반대하는 설교를 했지만, 이제 율리우스 2세는 성 베드로 성당(위의 사진)을 새롭게 건축하기 위해서 면죄부를 팔기 위한 광범위한 캠페인을 벌여 나갔다.

설상가상으로 피렌체 메디치 가문의 위대한 로렌초의 아들로서 새 교황에 취임한 레오 10세(1513-21년 재위)는 행렬과 기념 의식에서 얻는 짧은 기쁨에도 면죄부를 부과하였다. 교회 개혁에 대한 요구가 증가하고 있었지만 정작 교황 본인은 교회의 중요한 직무를 내팽개친 채 사냥에 시간을 허비하였다. 그의 전임자들과 마찬가지로 레오는 면죄부 판매를 독려하였다. 레오는 다른 사람의 말을 듣지 않는 사람이었다. 그래서 1517년 정체불명의 마틴 루터라고 하는 독일의 신학 교수가 면죄부 판매에 대해서 도전하고 있다는 말도 귀담아 들으려 하지 않았던 것이다.

라파엘로의 "아테네 학당"
율리우스 2세가 라파엘로에게 자신의 방을 장식해 달라고 부탁해서 그려진 그림 중 하나인 위의 그림은 고대 그리스와 로마의 가장 위대한 철학자들을 묘사하고 있다. 이것은 기독교를 고전 예술과 문학과 만나게 해서 새로운 "휴머니즘"으로 거듭나게 한다는 르네상스의 이념을 보여 준다.

> "하느님께서 교황청을 주셨으니 그것을 즐기도록 하자."
>
> 교황 10세가 했다고 전해 오는 말

테러를 겪자 1478년 교황은 페르디난드와 이사벨라에게 그들의 영토에 있는 교황청 종교 재판소를 관장할 것을 허락하였다(당시 교황청 종교 재판소는 대개 활동하지 못하고 있었음). 1483년부터 1498년 사이에 대종교 심문관 토마스 드 토르케마다의 지휘 아래 스페인 종교 재판소는 아마도 2,000여 명을 화형시켰을 것이다. 일단 정통성이 의심되면 누구 할것없이 희생되었다. 왕과 여왕의 엄격한 통제 아래 있던 스페인 종교 재판소는 종교적이라기보다는 거의 정치적인 조직이었다. 국가를 통일하려는 염원을 품고 있던 왕은 종교적인 결합이 자신의 목적에 도움이 된다고 판단하였다. 그래서 그들은 개혁 성향의 키멘스 추기경을 톨레도의 대주교로 적극 임명하였다. 대주교는 성직자들의 사기를 진작시키고 교육 수준을 향상시켰다. 또한 대주교 자신이 속해 있던 프란체스코 수도회도 많이 발전했기 때문에 스페인이 아메리카 신대륙을 발견했을 때에도 이미 충분한 선교사들을 보낼 준비가 되어 있었다. 그리고 스페인 시민들도 당시 횡행하고 있던 교회의 부패에 대해 더 이상 불만을 품지 않게 되었다.

개혁을 향한 임계점

교황의 개혁에 대한 사람들의 요구는 점점 커져만 갔다. 이러한 임계점에서 교황청은 설상가상으로 큰 어려움에 봉착하고 말았다. 열 명이나 되는 사생아의 아버지 로데리고 보르기아가 교황 알렉산데르 6세(1492-1503년 재위)로

성서 인쇄

인쇄술의 발명으로 성서가 훨씬 많이 생산되었다. 1450년대에 성서가 처음 인쇄되었을 때부터 1522년 루터의 번역본이 등장할 때까지 독일에서만 14가지 종류의 성서가 인쇄되었다. 네덜란드에는 네 가지가 있었고, 다른 여러 나라 말로도 인쇄되었다. 그러나 영국에서는 성서 번역이 금지되었다. 그들은 공식적으로 인정된 번역본이 나오기를 기대했으나 끝내 나오지 못하였다.

르네상스와 가톨릭 종교 개혁 시기의 신앙과 예술

로마에 있는 성 베드로 바실리카의 세례실에는 정교한 청동 뚜껑을 덮어 씌운 반암(斑岩) 수반(水盤)이 있다. 이 수반은 지금은 세례반(洗禮盤)으로 쓰이고 있지만 한때는 로마 황제 하드리아누스의 석관(石棺) 뚜껑이었다. 하드리아누스의 묘는 오늘날의 성 안젤로 성에 있다. 1527년 5월, 로마가 황제 카를로스 5세에게 점령되자 카를로스의 군대는 이 석관을 파헤쳐서 보화를 캐 내려고 하였다. 무덤마저도 모욕을 당한 것이다. 몇 년 후 미술가 안토니오 산갈로가 석관 뚜껑을 바실리카로 가져와서 새로운 세례반으로 사용하였다. 이렇게 해서 한때는 죽은 자의 관 뚜껑이었던 것이 영생의 물을 담는 수반이 되었다. 이 간단하면서도 힘 있는 표현의 디자인의 상징은 미술가가 신앙의 신비를 이해하고 있었음을 보여 준다.

미술가와 신앙인

기독교 역사에서 이 시기의 위대한 미술을 언급하려면 미술가들의 열렬한 신앙과 그들의 작품이 그 이후의 무수한 기독교인들의 영적이고 감정적인 삶에 미친 영향을 함께 고려하지 않으면 안 된다. 예를 들어 보자. 아래에 있는 프라 안젤리코의 그림을 보면서 우리들은 그가 신앙과 존엄성을 가지고 거룩함과 하늘과 천사를 그렸음을 느끼지 않을 수 없다. 교회 지도자들이 너나 할것없이 타락해 있던 시절, 주교들에게 기독교인이라면 어떻게 살아야 하는가를 보여 주었던 사람들은 다름 아니라 미술가들이었다. 로마의 반종교 개혁에서도 미술가들은 보다 엄격한 신앙과 도덕을 가지고 끝까지 자기 희생의 길을 걸어갔다. 미켈란젤로는 1547년 72세의 나이에 성 베드로 바실리카에 그림을 그리기 시작해서 17년의 여생을 거기에 바쳤다. 그는 어떤 보수도 받기를 거절하였다. 왜냐하면 그는 자신의 작품이 하느님과 성 베드로에게 바치는 제물이 되기를 바랐기 때문이다. 그의 작품, 그리고 다른 신앙을 지닌 미술가들의 작품은 여전히 경외심과 놀라움을 불러일으킨다. 신앙인들은 작품에서 피조물과 역사 내에서의 역사(役事) 속에서 나타나는 신의 위엄이 반영되어 있음을 발견한다. 그림은 가르치고, 명상하며, 신의 메시지를 해석하도록 도와 준다. 미술가들의 그림은 언로로 알아들을 수 있는 것과는 전혀 다른 영적이고 감정적인 것들을 이해하도록 해 준다.

프라 안젤리코가 그린 심판의 날

프라 안젤리코(1395-1455년경)는 젊은 시절 도미니크회 수도사가 되었다. 피렌체의 산 마르코 수도원에 있는 그의 유명한 프레스코 화에 깊은 감명을 받은 교황 니콜라우스 5세는 안젤리코를 로마로 불러서 바티칸의 예배당을 장식해 달라고 부탁하였다. 귀도 드 피에로라는 이름으로 태어난 안젤리코는 천사를 그리는 기술이 뛰어났으므로 프라 안젤리코('경애하는 천사' 라는 뜻/역자 주)라는 이름으로 불리게 되었다.

르네상스

부패한 추기경들
1400년대 이탈리아의 영향력 있는 가문들이 교황청을 나누어 가졌으므로 교황은 친척들을 멋대로 승진시켰다. 식스투스 4세(1471-84년 재위)는 여섯 명의 조카들을 추기경으로 임명하였다. 그가 총애했던 율리우스 2세는 교황이 되기 전 아비뇽과 볼로냐의 대주교였고, 로잔느, 카우턴스, 비비어, 멘데, 오스티아, 벨레트리의 주교였으며, 이보다 하위직을 수십 개나 가지고 있었다.

15세기 이탈리아 사회의 특징은 창의적이고 지적인 활동이 크게 신장되었다는 점이다. 이런 움직임은 고대 그리스와 로마의 교육과 예술과 가치를 재발견한 데서 촉발된 것이었다. 오늘날 르네상스라고 불리는 이 기간 동안 여러 분야가 놀랍게 발전되었다. 그중에서도 가장 두드러진 분야는 과학과 예술이었다. 1420년을 전후해서 이탈리아 화가들은 고대의 원근법을 다시 발견하였고, 1430년대 중반 피렌체의 도나텔로는 고대 이후 처음으로 청동 조각을 만들었다. 화약의 발명은 전쟁에 혁명을 가져 왔다. 증가된 부, 늘어난 지식, 그리고 교회의 권위와 기독교 신앙에 대한 새로운 도전들은 모두 기독교 지도자들에게 강력한 대응을 요구하였다. 무엇보다도 교황 마틴 5세(1417-31년 재위)와 그의 후계자 에우게니우스 4세(1431-47년 재위)는 서방의 대분열(119-20쪽 참조) 이후 다시금 교황의 권위를 공고히 하였다.

에우게니우스는 1431년과 1449년 사이에 띄엄띄엄 열렸던 바젤 공의회와 장기간에 걸친 투쟁에 돌입해 있었다. 서방의 대분열 기간중 개최되었던 세 번의 공의회 중 마지막인 바젤 공의회에 이르러 공의회 운동은 그 정점에 도달하였다. 이 운동을 이끌었던 학자들과 교회 지도자들은 교회의 지상권을 교황으로부터 일반 공의회로 옮기려 하였다. 그러나 공의회에서 드러난 국가간의 분열로 말미암아 교황은 그러한 시도를 막을 수 있었다. 하지만 이러한 갈등의 와중에 교회 전반에 대한 개혁의 희망도 사라졌다.

르네상스 교황

그 다음 교황인 니콜라우스 5세(1447-55년 재위)는 심오한 학문을 갖춘 인문주의자로서 첫번째의 참된 르네상스 교황이었다. 교회 개혁을 지지했던 니콜라우스 5세는 다음과 같은 합리적인 근거를 갖고 있었다. "교육받지 못한 군중들의 마음속에 확고하고도 안정된 확신을 심어 주기 위해서는 사람들의 눈에 호소하는 무언가가 있어야 한다. 교리에만 의존하면 대중들의 신앙은 연약하고 흔들리게 될 뿐이다. 장엄한 건물과 불멸의 기념품을 통해서 교황청의 권위가 드러난다면 사람들의 신앙은 성장하고 강해질 것이다." 그러기 위해서 니콜라우스 5세는 로마를 재건하기 시작하였다. 마틴 5세 때부터 시작된 이 작업을 통해서 니콜라우스 5세는 도시의 고대 기념비들을 수리했고 자신의 기념비를 제작했으며 바티칸 도서관을 건립하였다.

니콜라우스 5세의 후계자들은 터키에 대항하는 십자군을 일으켰지만 번번이 실패로 끝나 버리고 말았다. 하지만 그들은 르네상스를 지지하고 선도하는 인물들이며, 그들의 업적은 괄목할 만한 것이었다. 그들은 로마를 재건하였고 학문을 장려했으며 역사상 가장 위대한 예술 작품과 건축물들을 만듦으로써 로마를 르네상스의 중심지로 부각시켰다. 하지만 그들도 교회를 개혁하지는 못하였다.

사실 유럽 중에서 진정한 개혁을 경험한 나라는 오직 스페인뿐이었다. 이는 교황이 스페인 교회의 실질적인 권한을 왕과 왕비에게 이관한 이후의 일이었다. 스페인 교회가

인간의 삶을 조종하는 운명의 바퀴

운명의 지배(위) 같은 고전적 관념들을 찬양하면서 르네상스 지도자들은 고대 그리스와 로마의 문화를 부흥시키고자 하였다. 시인 페트라르카는 그리스와 로마의 고전이 "모든 지혜와 올바른 행동의 규칙"을 지니고 있으며, 인간은 불멸의 명성을 삶의 목표로 삼아야 한다고 주장하였다.

비잔틴의 멸망

비잔틴을 황폐화시켰던 것은 다름 아니라 서방의 기독교인들이었다. 1204년 제4차 십자군(109쪽 참조)은 베네치아인들의 음모로 말미암아 예루살렘으로 가던 길을 벗어나서 콘스탄티노플을 파괴하고 그곳에 라틴 왕국을 세웠다. 이리하여 동방 교회는 반 세기 동안 서방의 지배를 받아야 했다. 1261년 그리스 황제가 나라를 되찾았지만 서방에 대한 그들의 원한은 뼈에 사무친 것이었다.

이러한 미움이 얼마나 뿌리 깊은 것이었는가 하는 것은 두 명의 비잔틴 황제가 로마 교회와 내키지는 않지만 다시 연합하려고 했을 때 사람들이 보여 준 반응을 보면 확연히 알 수 있다. 영토를 끊임없이 확장하는 오스만 제국의 침공을 막기 위해 백방으로 도움을 청해도 아무런 소용이 없자 비잔틴 황제들은 군사적인 도움을 받아 낼 수만 있다면 교리상의 타협도 불사할 생각이었다. 1274년 황제 미카엘 7세는 리용 공의회에서 재연합의 발표문에 합의하였다. 하지만 사람들과 그의 후계자들은 이것을 받아들이지 않았다. 사람들은 미카엘의 배신 행위에 분노했고 그가 죽자 그를 봉헌되지도 않은 땅에 묻어 버렸다. 미카엘 7세의 누이는 이렇게 말하였다. "정통 신앙의 순결함보다 오라버니의 제국이 번영하는 것이 더 낫다."

터키인들은 자신들의 목표인 콘스탄티노플을 향해서 집요하게 몰려왔다. 마침내 1438년 황제 요하네스 8세는 이탈리아 주교들에게 사절단을 파견하였다. 그들은 서방의 도움을 얻어 낼 수만 있다면 어떠한 협상에도 응할 용의가 있었다. 그 결과 그리스 사절단들은, 적어도 이론적으로는,

> "라틴 주교의 관(冠)을 보느니, 차라리 회교도의 터번을 보겠다."
>
> 대공작 루카스 노타라, 1438년 피렌체의 연합을 거부하면서

정교회 세계의 새로운 세력
콘스탄티노플이 무너지기까지 러시아 대주교는 콘스탄티노플 주교에게 경의를 표하였다. 하지만 러시아 대주교가 스스로 비잔틴의 영적인 후계자이고, 정교회 세계의 지도자라고 여긴 이후로, 모스크바에 있는 성 바실리우스 대성당(위)은 이 새로운 자신감의 표현이었다.

그리스 교회가 로마 주교의 통치를 받는 형식으로 동·서 교회가 통일한다는 데 서명하였다. 그러나 이것도 1274년의 경우와 마찬가지로 거센 반발에 부딪혔다. 그러다가 마침내 1453년, 상상할 수도 없는 일이 벌어지고 말았다. 터키인들이 콘스탄티노플의 성벽을 넘은 것이다. 마지막 황제는 전장에서 전사하고 콘스탄티누스 대제에 의해 세워진 천 년의 고도(古都)는 오스만 제국의 도시로 전락하고 말았다. 콘스탄티노플의 주교는 동방의 다른 주교들과 함께 오트만 술탄에게 복속되었다. 과거 비잔틴 황제가 그러했던 것처럼 술탄은 자신이 임명한 주교에게 제국 내의 모든 기독교인들을 관리하라고 명하였다. 이 제도로 말미암아 그리스 교회의 정체성은 보존될 수 있었지만 그리스 교회는 철저하게 민족적인 교회가 되었다. 또한 이 제도는 대단히 부패하기 쉬운 제도였다. 왜냐하면 터키인들은 주교들과 다른 교회 지도자들에게 그들의 직위에 맞는 돈을 내라고 요구했는데 주교들은 결국 자신들이 승진을 위해서 교인들로부터 돈을 끌어 모으지 않을 수 없었기 때문이었다. 더욱이 술탄들은 새로운 후보자들로부터 돈을 받아 내기 위해 자주 주교를 교체하였다. 동방 교회는 포로로 잡혀 있는 자신들의 처지를 뼈저리게 되새기지 않을 수 없었던 것이다.

집을 잃어버린 학자들
1,000년 동안 콘스탄티노플은 가장 세련된 그리스 학자들의 고향이었지만 1453년 이후 그들은 이탈리아나 모스크바로 탈출하였다. 오스만 제국이 다스리는 그리스와 다른 나라에서의 신학 교육은 너무 열악했으므로, 많은 정교회 학자들은 공부하러 서방이나 키에프 즉 러시아로 가지 않을 수 없었다.

동방 교회들

높은 교육 수준을 가진 비잔틴
중세 시대 내내 교육 수준은 서방보다 콘스탄티노플(위)이 훨씬 높았다. 서방의 지도층 대부분은 적어도 14세기까지는 문맹자들이었다. 이와 달리 비잔틴의 귀족들은 그리스 고전을 배우면서 성장하였다. 결과적으로 동방에서는 신학적 문제에 관해서 평신도들도 훨씬 많이 관여하게 되었다.

12세기에 신생 기독교 키에프 왕국(101-02쪽 참조)은 황금 시대를 구가하였다. 키에프 왕국의 모교회는 셀주크 터키에게 위협받았지만 예술과 지식 분야에서는 위대한 시대를 맞이하였다.

키에프에서 평화가 지속되자 기독교는 사회 곳곳에 스며들었다. 그래서 가난한 사람들을 돌보는 키에프의 제도는 당시 매우 앞섰다. 경건한 공작 블라디미르 모노마코스(1113-25년 재위)는 사형 제도를 폐지하였다. 그가 아들에게 내린 훈계를 보면 그의 신앙이 진지했음을 알 수 있다. 그것은 장래의 지도자들을 위한 모델이 되었다. "무엇보다 먼저 가난한 사람들을 잊지 마라. 네가 할 수 있는 모든 수단을 동원해서 그들을 도와 주어라. 고아들에게 먹을 것을 주고 과부를 보호하며 힘이 있다고 아무나 해치지 못하게 하여라." 이러한 규칙 밑에서 그들의 영성과 문명은 꽃을 피웠다.

몽골족
몽골족 기마 궁수(왼쪽)는 중세의 가장 무서운 군사 세력이었다. 1200년대 초, 그들은 중국에서 유럽 국경에 이르는 방대한 제국을 개척하였다.

재난의 시기

1200년에 콘스탄티노플과 키에프의 운명은 정점에 도달했지만 1250년경에 이르자 양자 모두 노예로 전락하였다. 키에프 왕국은 몽골에 의해서 갑자기 멸망하였다. 1237년 몽골 군대는 중앙 아시아로부터 휩쓸고 와서 왕국을 초토화시켜 버렸다. 『노브고로드의 역사』에서는 다음과 같이 기록하고 있다. "우리들의 죄로 말미암아 정체불명의 족속이 쳐들어 왔다. 그들이 누구이며 어디서 왔는지 아무도 모른다." 러시아의 모든 왕국은 조공을 바쳐야 했으며 키에프는 재기하지 못하였다. 1325년 키에프 왕국의 주교는 모스크바로 옮겨 갔다(1400년대부터 모든 도시마다 주교가 있었음). 그리고 1380년경 모스크바 대공(大公)이 러시아의 정치적 지도자가 되었다.

이 기간 중 동방 교회 역사상 가장 위대한 성자들과 뛰어난 예술 작품이 탄생하였다. 선교사 주교들과 수도사들은 몽골족과 오늘날의 러시아의 동쪽과 북쪽에 펼쳐져 있는 광활한 숲에 사는 이교도들에게 복음을 전하면서 그곳의 언어로 성서와 예전을 번역하였다. 가장 유명한 사람은 이교도 치리안족에게 선교했던 페름의 주교 성 스테파노스(1340-96년경)였다. 러시아 성인들 중에서 가장 존경받는 라도네츠의 성 세르기우스(1314-92년경)는 선교 활동 이외에도 러시아의 가장 위대한 수도원인 성 삼위일체 수도원을 세웠다. 이 수도원은 모스크바 북쪽의 숲에 자리하고 있다. 이러한 성인들에게 영감을 받아 종교 예술도 꽃을 피웠다. 성 안드레이 루블레프(1370-1430년경)가 세르기우스의 수도원을 위해서 그렸던 이콘은 아마 가장 훌륭하다고 할 수 있을 것이다.

몽골인의 덕을 가장 많이 본 사람들은 이라크와 이란에 있던 네스토리우스 기독교인들(75쪽 참조)일 것이다. 몽골족들이 그곳의 이슬람교 지도자들을 말살했으므로 몽골인들이 휩쓸고 지나간 후 관대한 통치자들은 기독교인들이 중앙 아시아에 선교할 수 있는 자유를 허락하였다. 14세기에 네스토리우스 교회와 주교들은 이라크로부터 중국에 이르기까지 대부분의 도시에서 자유롭게 활동하였다. 그러나 몽골의 세력이 기울고 난 후 이들 교회는 대부분 사라졌다.

동방과 서방을 나눈 싸움
1204년의 제4차 십자군(109쪽 참조)은 예루살렘을 해방시키기 위한 것이었다. 그러나 그들은 콘스탄티노플을 약탈하였다. 서방의 십자군들이 사흘 밤낮을 약탈한 일은 결코 잊혀지지 않았다. 그래서 동방과 서방이 다시 결합될 것이라는 그나마의 희망도, 불타 버린 도시의 연기 속으로 사라져 버렸다. 그 이후로 정교회 신자들은 교황의 차원에서 동·서 두 교회를 재연합하려는 모든 시도에 격렬하게 저항하였다.

대주교나 다른 고위직에 임명함으로써 자신의 참모들을 먹여 살렸다. 따라서 그러한 직책들은 결국 공석이 되었다. 더욱 나빴던 것은 교황이, 자신이 총애하는 사람을 여러 개의 성직에 임명한 것이었다. 이것은 "여러 교회를 겸해서 보는 일(pluralism)"이라고 불렸다. 국왕들과 일반 고관들도 다를 바 없어서 자신들 측근의 나이 많은 공무원들에게 특별 배당을 받는 관직을 수여하였다. 이들 공무원들은 자신이 받은 성직에 참석할 시간조차 없었다.

교황은 교구를 방문할 때 주교를 위해 지출하던 돈마저 착복하였다. 그리하여 많은 주교들은 자신의 관리를 돌볼 수 없었다. 수도회도 충분한 지도를 받지 못했다. 그래서 자기 희생이라고 하는 수도회의 본래 정신을 잃어버린 종문도 많이 있었다. 교황의 명예는 실추될 대로 실추되었으므로 교황이 교회를 훈련시키려고 시도하는 일들은 무시되기 일쑤였다.

변화를 향한 절규

상황이 이쯤 되자 교회를 개혁하려는 뜻 있는 시도들이 나타났다. 독일과 네덜란드에서는 "공동 생활 형제단"이라는 평신도 운동이 일어났다. 이것은 게르하르트 그루트(1384년 사망)가 시작한 운동으로, 선교와 사목 활동을 충실히 했으며, 훌륭한 학교도 운영하였다. 이 운동으로 배출된 가장 유명한 사람은 경건 문학의 고전인 『그리스도를 본받아』를 저술한 토마스 아 켐피스(1380-1471년경)였다. 독일과 네덜란드의 주교들은 그들을 지지하였다. 시노드는 성직자들에게 "일요일과 축일에 신·구약성서를 평이하면서도 지적으로 설교하라."라고 명령하였다. 보헤미아와 모라비아(오늘날 체코)에서는 개혁자 얀 후스(1369-1415년경)가 교회 성직자들과 충돌하였다. 존 위클리프에게 큰 영향을 받은 후스는 교회가 성서로부터 일탈했다고 선언하였다. 그는 끝내 화형을 당했지만 체코에 남아 있던 후스의 추종자들은 자신들을 말살시키기 위해서 쳐들어온 십자군들을 수차례 물리치면서 생존하였다(142쪽 참조).

당시의 기독교 평신도들은 그 어느때보다 많은 교육을 받았기 때문에 자신들의 생각을 분명하게 표현할 수 있었다. 이와는 반대로 큰 정신적 상처를 받은 교황은 장기간 로마를 떠나 있었고 성직을 여러 개 겸하는 폐단과 맞물려서 성직자들의 무질서하고 방종한 상태가 계속되었다. 수도원의 사정은 더욱 형편없었다. 모든 상황은 실로 개혁을 절실히 요구하고 있었다. 평신도들의 영적 에너지와 교회 중심부의 지도력 부재 사이의 긴장이 폭발하지 않기 위해서라도 개혁은 반드시 필요한 일이었다.

부재(不在) 주교

14세기 교회 지도자들의 상당수는 자신들의 교인에게 다가가지 않았다. 윈체스터의 샌데일 주교(샌데일의 경우는 그렇게 드문 경우도 아니었음)는 각각 떨어져 있는 20개 교회의 직책을 맡고 있었고, 10개의 서로 다른 수도원장을 겸하고 있었다 (이 직책은 교구 교회를 담당하는 사제였음). 이러한 부재 주교들은 대리인(vicar)을 임명하도록 되어 있지만 이 대리인이라는 인물들은 대개 자격 미달자들이었다. 재능이 있는 성직자들은 권력의 핵심부인 행정직에 몰려 있었다. 교구에서 사목 활동을 하던 성직자들은 질이 낮은 성직자들뿐이었다.

> "예수의 하늘 나라를 사랑하는 사람은 많으나 그의 십자가를 지려는 사람은 거의 없다."
>
> 토마스 아 켐피스

영혼의 어두움?

흑사병 이후 어떤 긴장된 병적인 상태가 중세의 예술과 신앙에 스며들었다. 그러한 징후는 죽음에 몰두한다든지, 공양당(供養堂)이 번성하는 일로 나타났다. 공양당 창시자의 영혼을 위해서 미사를 바쳤는데, 그것은 연옥에서 영혼을 정화시키고 궁극적으로 하늘 나라에 빨리 들어가기 위함이었다. 창건자가 너그러운 사람일 경우에 공양당 사제는 다른 사람의 영혼을 위해서도 기도하며 여러 날을 거기서 지낼 수 있었다.

대중들의 신앙과 성인 숭배

대중들의 신앙은 교황청을 둘러싼 혼돈과는 아무런 상관이 없었다. 기도서(祈禱書)와 복음서 사본들은 늘어만 갔다. 순례를 떠나는 사람들이 계속 있었다는 사실에서도 알 수 있듯이, 마리아와 성인에 대한 숭배는 여전히 강하게 남아 있었다. 교황과 주교들은 신임을 받지 못했지만, 하늘에 있는 성인들과 지상에 남아 있는 그들의 유물은 그렇지 않았다.

북과 남

서로 싸우던 교황들과는 멀리 북쪽에 뚝 떨어져 있던 리투아니아 왕은 마침내 1386년에 기독교를 받아들였다. 그래서 그는 폴란드의 왕좌를 이어갈 여인과 결혼할 수 있었다. 결혼을 승인하는 조건으로서 리투아니아 귀족들은 세례를 받기로 합의했으므로 폴란드의 성직자들이 그곳에 가서 사람들을 가르치고 세례를 주었다. 이렇게 해서 유럽의 마지막 이교도들이 기독교를 받아들였다. 반면 멀리 남쪽의 아프리카에서는 또 다른 기독교의 요새가 무너지고 있었다. 1300년과 1500년 사이에 아랍인들은 수단의 기독교 국가를 공격하여 마침내 함락시켰다. 아랍의 이슬람교도들이 물밀 듯 밀려 와서 그곳에 정착하자 1,000년을 이어온 기독교는 흔적만이 남았고, 사막의 교회들은 폐허가 되었다.

우르바누스와 아비뇽의 클레멘스의 운명을 가름하게 되었다. 하지만 공의회가 소집되기도 전에 교황과 반(反)교황 모두가 사망하였고, 보니파키우스 9세와 베네딕투스 13세가 각각 선임자의 지위를 이었다. 드디어 1404년 피사에서 공의회가 개최되었지만, 공의회는 그리스 출신의 추기경 피에트로 필라기를 교황 알렉산데르 5세 (1409-10년 재위)로 뽑아 놓고 위의 두 교황의 사퇴를 촉구함으로써 사태를 더욱 복잡하게 만들어 버렸다. 보니파키우스와 베네딕투스는 물론 이 제안을 거절하였다. 이제는 교황이 셋이나 존재하게 되었다. 아니 적법한 교황 한 명과, 두 명의 불법적인 교황이 있었다고 해야 할 것이다. 이러한 상황은 교황으로 선출된 이듬해에 알렉산더가 볼로냐에서 갑자기 사망하고, 한때 해적이었던 반교황 요하네스 23세(1410-15년 재위)가 그 뒤를 이었을 때 간단하게 해결될 뻔하였다. 이 시점에 황제 지기스문트는 스위스의 콘스탄스에서 공의회를 소집함으로써 이 문제에 개입하였다. 콘스탄스 공의회는 1414년부터 4년 간 지속되었는데, 당시 다투고 있던 세 명의 교황 모두에게 교회의 일치를 위해서 사퇴할 것을 종용하였다. 그리하여 1406년 이노켄티우스 7세(1404-06년 재위)를 이어서 적법한

아비뇽의 교황청

교황 베네딕투스 12세는 1334-42년에 이 요새 같은 궁전을 세우느라 재산을 허비하였다. 로마로 돌아갈 생각이 없음을 만천하에 드러낸 것이다. 훗날 서방의 대분열 기간 동안 이 궁전은 반교황 클레멘트 7세와 베네딕투스 13세의 거처가 되었다.

교황으로 선출되었던 그레고리우스 12세가 다른 두 명의 반교황과 함께 동반 퇴진하고, 마틴 5세가 새 교황으로 선출됨으로써 서방 대분열의 막이 내려졌다.

교회 위계를 위한 대가

유수와 분열을 겪는 동안 교황은 교회를 개혁할 처지가 못 되었다. 사실 교황의 자금 관계는 때때로 부패한 것이었다. 어떤 성직자는 새로운 성직을 받을 때마다 교황에게 세금을 내야만 하였다. 그들은 자기가 관장하는 사람들로부터 돈을 받아 내서 이를 벌충하였다. 많은 이들이 승진하기 위해서 아비뇽을 찾았지만 교황을 비판하는 사람의 수도 늘어 갔다.

> "나는 결국 진리가 승리할 것을 믿는다."
>
> — 존 위클리프

영국의 존 위클리프는 평신도 운동(Lollard)을 일으켰다. 이 운동은 교회의 위계 질서 전반에 대해 매우 비판적이었다. 하지만 교황의 지출은 날이 갈수록 늘어갔다. 교황이 아비뇽에 있는 동안 걷어들인 십일조의 3분의 2는 이탈리아에 있는 그들의 땅을 지키기 위한 전쟁을 치르느라 소비되었다. 교황은 추기경이나 다른 사람들을 멀리 떨어져 있는 지역의

"종교 개혁의 새벽 별" 존 위클리프

영국 옥스퍼드 대학의 신학자인 존 위클리프(1330-84년경)는 아비뇽 교황청과 교회의 부유함, 그리고 여러 신학적 문제들을 맹렬하게 비판하였다. 주교는 성서를 영어로 번역하는 데 실패했지만 위클리프와 동료들은 "백성들의 정부를 위해서" 이 일을 해 냈다.

전염병 — 중세의 빈번한 재앙

1340년대 후반에 유럽을 휩쓸었던 선(腺) 페스트는 흑사병이라고 불리었는데 중세에 일어난 많은 전염병 중 하나에 불과하였다. 1095년 투르나이 지방에서의 전염병 같은 국지적인 전염병은 언제나 사람들을 위협하였다. 그러나 흑사병은 모든 사람들에게 영향을 미쳤고 주기적으로 발생하면서 생명의 연약함과 짧음을 철저하게 자각시켜 주었다.

부과하고, 십자군을 지원한다는 명목으로 일반 행정에 들어가는 돈을 세금으로 거두어들였다. 나아가 그들은 교황청을 프랑스 사람들로 채워 버림으로써 대단한 원성을 사게 되었다. 1340년대 말 흑사병이 창궐해서 유럽 인구의 3분의 1이 죽자 많은 사람들은 이것이 당시대가 범한 죄, 그중에서도 교황의 죄에 대한 심판이라고 여겼다. 마침내 1377년, 교황의 명성이 완전히 땅에 떨어진 가운데 그레고리우스 11세(1371-78년 재위)가 초라한 모습으로 로마로 돌아왔다. 이탈리아의 신비주의자 시에나의 카타리나가 교황을 설득한 결과였다. 카타리나의 열렬한 신앙은 교황이 갖지 못했던 영성적 권위를 지니고 있었던 것이다. 하지만 그레고리우스는 자신의 이런 행동이 교황의 권위를 더욱 추락시킬 것이라는 사실을 알 리가 없었다.

서방의 대분열

1378년 추기경들은 그레고리우스의 후계자를 뽑기 위해서 교황 선거회에 모였다. 로마인들은 프랑스 출신 교황이 아니라 이탈리아 출신의 교황을 원하고 있었다. 그래서 추기경들은 바리의 대주교인 바톨로메오 프리냐노를 신임 교황으로 선출하였다. 그는 추기경이 아니었으면서 교황으로 선출된 마지막 경우였는데, 이 대주교는 적절한 때에 로마로 와서 우르바노 6세(1378-89년 재위)가 되었다. 그러나 그는 독재자적인 성향의 인물로서 곧 자신을 교황으로 뽑아 준 프랑스 출신 추기경들을 혼란에 빠뜨렸다. 한 때 그는 여섯 명의 추기경을 고문하기도 했는데, 그중 다섯 명은 온 데 간 데 없이 실종되었다. 추기경들은 로마를 떠나 아냐니로 도망가 버렸다. 그리고 우르바노를 교황으로 뽑았던 것은 로마 군중들이 폭동을 일으켜 자신들을 해칠까 봐 어쩔 수 없이 했던 일이라고 선언해 버렸다. 그 후 추기경들은 폰디로 가서 제네바의 로베르토를 새로운 교황 클레멘스 7세(1378-94년 재위)로 선출하였다. 바야흐로 서방의 대분열이 시작된 것이다.

클레멘스가 계속 아비뇽에 머물자 교회는 딜레마에 봉착하였다. 이제 그들은 누구에게 충성할 것인가? 신학자들은 오직 공의회만이 적법한 교황을 결정할 수 있다고 주장하였다. 법적인 문제가 걸려 있는 이 문제로 말미암아 서방 교회의 통일성은 풍전등화의 상태에 처하게 되었다. 피사에서 열린 공의회가, 서로 싸우고 있는 로마의

일하는 세계

7세기의 금붙이 장식공이며 설교자인 성 엘리기우스(위)는 대장장이와 금속 노동자들의 수호 성인이 되었다. 모든 직업에는 길드(guild)가 있어서 장인들을 길러 내고, 일을 조정하며, 그들이 필요로 하는 것을 도와 주었다. 그리고 모든 길드는 자신들만의 수호 성인을 갖고 있었다. 길드는 교회 행렬과 자선 사업에도 참가하였다. 다시 말해서 영적인 것과 일하는 현장 사이의 구분이 당시에는 없었던 것이다.

경건과 분열

축일과 휴일

교회가 축일(holy day)이나 축제를 만들어 낼 때마다 노동자들에게는 휴식 시간 또한 새로 제공되는 셈이었다(그래서 휴일을 홀리데이라고 함). 시장과 장터는 때때로 이날 열렸다. 사람들은 거기에서 삶의 모든 국면에서와 마찬가지로 교회의 축복을 빌었다. 예를 들어 노트르담 성당 근처에서는 해마다 6월에 장터가 열렸는데, 파리의 주교가 와서 장터에 축복을 내려 주었다.(위)

성사, 신앙, 흑사병

흑사병은 교회의 축복에 의해서 생활에 리듬을 주던 행사들과 예배 양식을 완전히 바꾸어 놓았다. 많은 사제들이 죽거나 피신했으므로 성사를 거행할 사람이 아무도 없는 곳이 여럿 있었다. 그래서 성만찬도, 세례도, 결혼식도 불가능하였다. 어떤 주교들은 비상 수단을 강구하기도 하였다. "사람들이 사제로부터 위안을 받을 수 없다면" 어떻게 하느냐는 물음에 대해서 한 주교는 이렇게 조언하고 있다. "모든 사람들을 설득해서……그들이 죽음의 자리에서 사제의 예배를 드릴 수 없다면……서로서로…… 평신도에게든지……여인에게 라도……고백해야 할 것입니다." 종유성사(116쪽 설명 참조)를 드릴 사제가 없다면 "신앙은 자족하는 수밖에 없습니다."

1294년, 교황을 선출하기 위해서 모인 추기경들의 마음은 명성이 자자한 한 거룩한 은둔자에게 쏠려 있었다. 추기경들은 이 사람을 설득해서 교황 셀레스티누스 5세로 등극시켰지만 12월에 그는 사임하고 말았다. 이로써 거룩함만 가지고 교황이 될 수는 없다는 사실이 증명된 셈이었다. 교황의 정부에는 강력한 지도자와 행정가가 필요하였다. 셀레스티누스의 뒤를 이은 사람은 보니파키우스 8세(1295-1303년 재위)였다. 그는 막강한 케타니 가문 출신이었다. 보니파키우스 앞에 놓인 미래는 거침없는 것처럼 보였다. 교회의 여러 기관들은 개혁되었고 수사들은 일반 백성들의 마음을 파고드는 설교를 하였다.

프랑스 유수(幽囚)

보니파키우스는 과거 어느 교황의 칙령보다도 더 강력한 칙령인 "우남 상탐(Unam Sanctam)"을 반포하면서 모든 이들이 교황의 권위에 복종해야 한다고 주장하였다. 이로써 교황은 프랑스와 영국이 주도하는 유럽의 새로운 정치 세력인 민족 국가 제도와 충돌하였다. 민족 국가는 교황에게 커다란 도전 세력이었다. 1303년 프랑스 성직자의 세금 징수 문제에 대해서 프랑스의 공평 왕 필립과 갈등을 빚자 연로한 교황은 아냐니의 궁정으로 철수하였다. 그것은 교황이 프랑스 왕의 대사인 노가르트의 설득에 넘어간 결과였는데, 결국 교황은 궁정에 갇힌 꼴이 되었다. 며칠 후 로마로 돌아온 교황은 뜻밖의 죽음을 당하였다.

그러자 추기경들은 페루기아에 모여서 새로운 교황을 뽑고자 하였다. 1년 가까이 논쟁을 거듭한 결과 그들은 보르도의 대주교인 베르트란트 드 고트를 교황으로 선출하였다. 그는 교황의 이름으로 클레멘스 5세(1305-14년 재위)를 택하였다. 추기경회의 일원도 아니고 추기경들이 모여서 교황을 뽑는 교황 선거회(콘클라베)에도 참석하지 않은 그였지만, 그는 프랑스 국왕의 친구였다. 사람들은 그가 교황청과 프랑스 사이의 관계를 정상화해 줄 수 있을 것으로 여겼던 것이다. 대주교 베르트란트는 대관식을 위해서 로마로 가야 했지만, 그는 리용에서 대관식을 거행하고자 하였다. 그는 로마로 가지 않고 프랑스에서 버티다가 마침내 공평 왕 필립의 제안으로 프랑스 남부 해안 가까운 아비뇽에 머물게 되었다. 교황은 이제 프랑스 국왕의 충성스러운 가신(家臣)이 되어 버린 것이다.

종교 재판—교황의 숨은 무기

종교 재판(112쪽 설명 참조)은 이단을 찾아 내서 그들을 전향시키거나 처벌할 수 있는 권한을 교황청으로부터 위임받았다. 1300년대에는 거의 실시되지 않았지만 정통성이 흔들리는 사람들에게는 종교 재판이 위협이 되었음에 틀림없다.

> "영혼은 사랑 없이는 살 수 없다.……왜냐하면 영혼은 사랑하도록 창조되었기 때문이다."
>
> 시에나의 성 카타리나

그의 뒤를 이은 여섯 명의 교황은 모두 프랑스 인이었으며 그들도 모두 아비뇽에 머물렀다. 교황이 아비뇽에 있는 것을 가리켜서 당대의 사람들은, 이스라엘 사람들이 바빌론에 끌려 갔던 일을 빗대어서 "교회의 바빌론 유수"라고 불렀다. 이것은 기독교에 하나의 커다란 스캔들이었다. 프랑스 출신 교황은 기독교 세계의 당당한 통치자가 아니라 세속의 귀족처럼 보였다. 뿐만 아니라 교황의 지출이 늘어나자 아비뇽의 교황들은 과거의 교황보다 많은 세금을 교회에 부과하였다. 그들은 주교의 세입을 착복했으며, 새로운 세금을

중세의 예배

모든 사람들은 일요일과 거룩한 날에 미사에 참석해야 했다. 실제로는 사제와 수도사, 수녀들만이 자주 성체를 받았지만 부활절에는 모든 사람이 먼저 고해를 드리고 성체를 받아야 했다. 미사는 언제나 라틴어로 드렸다. 그러나 어떤 곳에서는 먼저 라틴어로 읽고 나서 그 지역의 언어로 읽는 곳도 있었다. 하지만 설교와 몇몇 기도는 언제나 일상어로 드렸다. 모든 교회에는 라틴어로 노래 부르는 성가대가 있었다. 예를 들어 대성당에서는 성가대가 미사의 대부분을 노래하였다. 사람들은 다만 교회에 가는 것만으로 미사를 '도왔고,' 실제로 미사에 참여할 여지는 거의 없었다. 프란체스코 회는 이러한 상황을 미미하나마 개선해 보고자 하였다. 즉 성직자나 성가대가 하느님을 찬양하는 노래를 부르면 회중이 간단한 리듬이 들어간 후렴으로 "주를 찬양하라(Laudate Dominum)."라고 화답하는 식이었다. 교구 사제는 매주 일요일마다 설교를 해야 했지만 수도사들이 관할하는 곳을 제외하면 설교는 대단히 빈약하였다. 그래서 교회는 사람들을 가르치기 위한 다른 방법을 발견하였다. 즉 모든 교회는 눈으로 읽는 도서관이었다. 성서의 장면들을 벽에 새기고 스테인드 글라스에 그렸던 것이다. 십자가형은 그리스도의 수난을 말하고, 제단은 성만찬을, 세례반은 세례를 말하고, 성인들의 상은 회중 가운데 연약한 형제자매들이 그들을 닮아 가도록 고무하기 위한 것이었다. 회중은 예배중에 일어섰고, 무릎을 꿇어야 하는 순서에서는 벨을 울렸다. 모든 연령의 사람들이 다 예배에 참석했으므로 예배 시간이 그다지 조용하지는 않았을 것이다. 때로로 사람들은 예배중에 사업 이야기를 한다든지 잡담을 하기도 하였다. 예배 시간이 일주일 중 이웃과 만날 수 있는 절호의 기회였기 때문이다. 모든 사람들은 교회에 들어서면 참으로 마음이 편했을 것이다. 왜냐하면 교구 교회는 언제나 개방되어 있었으므로 일주일 내내 여러 모임에 이용되었기 때문이다. 즉 교회는 시장, 학교, 교회 법정, 사업장, 축제, 또는 사교를 위한 장소로 이용되었다.

수도원의 밤 예배
많은 축제에는 (위의 그림처럼) 평신도나 수녀, 혹은 수도사가 참석하는 철야 기도나 행렬이 포함되어 있었다.

가정에서는 부모들이 자녀들에게 "주기도문"과 니케아 신조, 아베마리아, 십계명, 칠대죄(오만, 탐욕, 사음, 분노, 탐식, 투기, 나태/역자 주) 등을 가르쳤다.

보편적인 사회 봉사

교회는 영적인 역할과 함께 사회적이고 의학적이며 교육적인 역할을 통해서 사회 구석구석에까지 영향을 미쳤다. 대주교 성당이 있는 모든 도시마다 문법 학교가 있었고, 대개 3-4개 이상의 병원이 있었다. 14세기 런던에는 17개의 병원이 있었다. 이 병원들은 본래 병자뿐만 아니라 가난한 자들과 여행자들을 돌보는 곳이었다. 그러나 흑사병(1347-50년)이 지나간 후 병원은 주로 병자들만을 치료하게 되었다. 문둥병자나 정신병자를 위한 특수 병원도 있었다(문둥병은 십자군 이후 매우 일반적인 병이 되었음). 1300년경 영국에 있는 문둥병 환자 병원만도 200여 군데가 넘었다. 이러한 병원들은 사제, 수도사, 수사, 그리고 수녀들이 운영하였는데, 이들의 수는 오늘날보다 훨씬 많았다.

교구 사제의 의무는 매일 미사를 드리는 일부터 시작해서 싸우는 교구민들을 화해시키고, 교회의 십일조를 억지로라도 징수하는 일, 병자를 방문하고 교구의 농작물에 축복을 내려 주는 일(들판을 가로질러 행렬을 나가는 일 포함)에 이르기까지 매우 다양하였다. 1300년대까지 사제나 사제의 비서 —— 이들은 대개 매우 가난하였다 —— 가 운영하는 학교가 없는 교구도 많이 있었다. 그러나 사회의 다른 극한에서는 부유한 주교들과 수도원장들이 왕 같은 호사스러움을 누리고 있었다.

사적 예배당
사적 경건의 차원을 나타내 주는 하나의 지표는 중세 후기 대부분의 집이나 성이 사적 예배당을 가지고 있었다는 사실에서 알 수 있다. 이 개인 예배당은 눈에 보이는 값비싼 신앙의 상징이었다. 여기에서 가족들은 매일 미사에 참석할 수 있었다.(오른쪽)

마지막 의식
가톨릭 교회와 정교회에서 언제나 그래왔듯이 중세에 성사(聖事)는 영적인 건강을 위한 활력소라고 여겨졌고, 특히 세례와 성만찬은 교회 생활의 중심이었다. 고백과 고해성사는 기독교인들을 보다 신실하게 만들기 위한 것이었다(프란체스코 회원들은 위대한 고백자들이었다). 마지막 성사인 종유성사(終油聖事)는 영혼이 하느님을 만날 준비를 하는 것이었다.(위)

개종시키려는 노력도 거의 결실을 거두지 못하였다. 그리하여 기독교는 대체적으로 유럽에 국한될 수밖에 없었다.

일반인들의 신앙

문맹인들이 대다수였던 사회에서 기독교인들의 신앙 생활을 파악하기란 매우 어렵다. 대부분의 사람들은 교회에 다녔고, 기독교는 유아 세례부터 임종시에 치러지는 종유성사에 이르기까지 사람의 삶의 단계에서 일정 부분의 역할을 하였다. 결혼식은 대개 혼배성사와 결혼 축제 뒤에 교회 문 앞에서 선서를 교환하는 의식이었다.

교회력(敎會曆)은 그리스도의 삶을 기리는 것이었다. 크리스마스는 성육신을 말하는 것이었다. 즉 프란체스코가 고안했다고 하는 아기 예수의 구유는 하느님이 어린아이가 되었다는 사실을 가시적으로 보여 줄 수 있는 가장 쉬운 방법이었다. 부활절마다 수난극이 상연되었는데, 이로써 모든 사람들은 그리스도의 고난과 죽음, 그리고 부활 이야기를 여러 번 반복해서 되새길 수 있었다.

축제가 증가하면서 교육의 기회도 늘어났다. 크리스마스와 부활을 기리는 축일이 각각 8일씩 있었고, 매년 거행되는 축일이 약 20-30일 가량 있었을 것이다. 이러한 축제들은 예수의 삶과 죽음, 그리고 위대한 성인들의 삶에서 일어났던 사건들을 기념하는 것이었다. 성인들과, 이들보다는 좀 못한 성인들을 위해서도 행렬이 이루어졌다. 어떤 교구에는 1년에 100회 이상의 행렬이 있었다. 이 행사 덕분에 마리아와 성인들에 대한 신앙이 점차 자라났다고 할 수 있다(성인들의 유품에 대한 숭배도 마찬가지의 효과를 지니고 있었음). 그리스도의 성만찬과 수난에 대한 헌신도

> "자녀를 사랑하는 현명한 부인이라면······아이들이 먼저 하느님을 섬기는 법을 배우고, 읽기와 쓰기를 배우고······ 기도하는 것도 틀림없이 배우도록 할 것이다."
>
> 14세기의 기독교 작가 크리스티네드 피상, "부인들의 도시의 보화" 중에서

마찬가지였다. 형제단이라는 사람들은 미사와 설교를 통해 사람들에게 그리스도의 고난에 대한 신앙을 심화시켜 나갔다. 1300년경 평신도들을 위해서 복음서와 『시편』이 책으로 만들어졌다. 이보다 더 일반적이었던 것은 수도 생활 중 자주 드리는 예배 때에 읽는 『시편』과 기도들을 모은 『성무일도서(聖務日禱書)』였다. 사람들은 기도 드릴 때마다 라틴어로 쓰여진 이 책을 사용하였다. 성서는 대단히 비쌌다. 따라서 인쇄술이 발명되기 전에는 좀처럼 보기도 힘들었다.

순례

아브라함은 약속의 땅을 향한 순례자였다. 기독교인들은 적어도 2세기 이후, 즉 사르드의 밀레투스가 순례하던 때부터(170년경) 그리스도가 지상에서 걸으셨던 장소를 보기 위해서 여행하기 시작하였다. 초기의 가장 유명한 순례자는 콘스탄티누스 황제의 어머니 헬레나였다. 헬레나는 팔레스타인에서 2년 동안(326-28년) 머물면서 베들레헴, 올리브 산, 예루살렘에 사원을 세웠다. 또 다른 인물로는 스페인의 수녀원장 에게리아(에테리아)가 있다. 그녀는 프랑스, 이탈리아, 이집트, 팔레스타인, 소아시아 등을 여행한 기억을 우리에게 생생하게 들려 준다. 11세기 혼돈의 시대 이후 사람들이 점점 더 여행을 많이 하게 되면서 순례의 길을 떠나는 사람들의 수도 증가했고, 이러한 현상은 종교 개혁 때까지 계속되었다. 초대 기독교인들의 집터 등은 순례의 장소가 되었다. 가장 중요한 장소는 예루살렘, 로마, 스페인의 산티아고 드 콤포스텔라, 영국의 캔터베리 등이었다.

순례는 가톨릭과 정교회 기독교인들에게 대단히 중요한 의미를 지니고 있었다. 개신교인들은 유적지를 방문하는 일을 중요시하지 않았지만 가톨릭 교도와 정교회 신자들은 성지를 걸으면서 지상에서의 그리스도의 생애의 여러 장면들을 묵상하곤 하였다. 초대 기독교인들과 마찬가지로 그들은 과거로부터 무언가를 배우기 위해 시간을 들여서 하는 육체적인 여행을 통해, 신을 향한 영적인 여행을 하고자 했다.

가장 유명한 순례 ─ 초서의 『캔터베리 이야기』의 주인공들

영국의 시인 제프리 초서(1343-1400년경)는 『캔터베리 이야기』에서 성인과 죄인들, 신실한 기사로부터 비뚤어진 면죄부 판매자에 이르는 다양한 모습들을 섞어서 묘사하였다. 수도사는 신랄한 풍자의 대상이 되었는데, 이는 1300년대 말경 거룩한 수도사라는 명성이 빛을 잃었음을 가리킨다. 가난한 교구 성직자가 차라리 낫다는 식이었다.

아시시의 성 프란체스코

"그리스도 이후 가장 완벽한 기독교인"이라고 불리는 프란체스코, 아시시의 "작고 가난한 사람"은 사람들에게 가장 많은 사랑을 받는 인물일 것이다. 그는 자기를 버렸고, 늘 기뻐했고, 이해 관계를 따질 줄 몰랐으며, 온 마음과 정성으로 주(主)를 사랑하였다. 그는 완전히 주와 하나가 되었으므로, 전해 오는 이야기에 의하면 생애 후반에 그리스도의 상흔(傷痕, stigmata)을 몸에 지니게 되었다고 한다.(위) 그는 가장 위대한 기도문을 썼던 인물이다. "가장 높고 영화로우신 하느님, 제 마음의 어두움을 밝혀 주시고, 올바른 믿음과 분명한 희망과 완전한 자비를 허락해 주소서."

잠을 잤다. 자신들의 지도자를 본받아 그들도 언제나 기뻐하고 즐거워했으므로 사람들은 그들을 "하느님의 광대"라고 부를 정도였다. 1209년 봄, 프란체스코는 11명의 친구들과 함께 로마로 가서 교황 이노켄티우스 3세로부터 교단 설립 인가를 얻었다. 3년 후 프란체스코의 친구인 아시시의 젊은 여인 클라라가 여성들을 위한 교단을 창설하였다.

남자들과는 달리 수녀들은 "봉쇄 교단"이었다. 즉 그녀들은 당시 모든 수녀회가 그러했던 것처럼, 수녀원 밖으로 나올 수 없었다. 1221년 프란체스코는 자신의 생활을 본받아 가난한 사람들을 도와 주면서도 "속세에 머무는" 평신도들을 위해서 "제3의 교단"을 창설하였다(도미니크 수도회도 비슷한 제3의 교단을 창설하였음). 1226년 프란체스코가 세상을 떠나자 문제가 발생하였다. 절대적 청빈을 고수하려는 사람들과, 수도회도 나름대로 집과 책을 갖추어 수사들에게 보호막이 되어 주면서 젊은이들을 훈련시켜야 한다고 생각하는 사람들 사이에 불화가 생겼던 것이다. 하지만 수사들의 수가 증가함에 따라서 교육과 조직화가 요청되자 후자의 의견이 지배적이게 되었다.

수사들의 영향

이 두 수도회는 세상을 등지고 기도에만 전념하던 전통적인 수도회와는 달랐다. 도미니크와 프란체스코의 제자들은 오히려 마을 사람들을 돌보며 복음을 전하였다. 그들은 가난한 사람들을 섬기며 복음을 설교했으며 교구 제도가 미치지 못하는 곳에 교회를 세웠다.

그들의 열정은, 적어도 초창기에는 사람을 끄는 힘이 있었으므로 이 새로운 교단에 참가하기 위해서 많은 사람들이 모여들었다. 교황 그레고리우스 9세(1227-41년 재위)는 1228년과 1234년에 프란체스코와 도미니크를 각각 성인으로 선포하였다. 얼마 안 가서 이들 교단은 교황을 배출하였다. 이노켄티우스 5세(1276년 재위)는 도미니크 수도회 출신의 첫번째 교황이었고, 니콜라우스 4세(1288-92년 재위)는 프란체스코 회가 배출한 첫번째 교황이었다. 수사들의 거룩한 생활에 가려서 기존의 수도사는 빛을 잃어버렸다. 수도회가 교육에서 차지하던 우선성도 빛이 바랬으므로, 수도회의 인기도 떨어졌고 중요성도 상실되었다. 그러자 기존의 수도사들은 무언가 열등한 무리처럼 보이게 되었다. 그 결과 수도사가 되려는 지원자들은 대개 시골 출신의 평신도들뿐이었다.(107쪽 설명 참조) 반면 수사들은 사회 각 분야에서 왔으므로 양질의 훈련을 받을 수 있었다. 중세 신학에서 거명되는 대부분의 위대한 인물들은 수사들이었다.(112-13쪽 참조) 알베르투스 마그누스와 토마스 아퀴나스는 도미니크 회 수사였고, 윌리엄 오컴, 보나벤투라, 둔스 스코투스는 프란체스코 회 수사였다.

선교사의 열정

도미니크는 이단들을 참된 신앙으로 인도하는 일에 생애를 바쳤다. 프란체스코는 이슬람교도 지도자에게 복음을 전하기 위해 이집트까지 갔다. 그들의 후계자들은 도미니크와 프란체스코의 뒤를 따라서 중세 후기의 대표적인 선교사들이 되었다. 도미니크 회 수사들은 스페인과 북아프리카까지 선교했고, 프란체스코 회 수사들은 중국에서 그리스도의 증인이 되었다. 중앙 아시아에서도 그들은 많은 사람들을 기독교로 개종시켰는데 그중에는 몽골의 지도자들도 포함되어 있었다. 하지만 그들은 자립적인 교회를 건설하지는

> "주여, 저를 평화의 도구로 써 주소서."
>
> 아시시의 프란체스코의 기도

못했으므로 기독교는 곧 사라져 버렸다. 몬테 코르비노의 요한은 1294년부터 1328년 세상을 떠나기까지 중국에 가톨릭 교회를 세우려고 노력하였다. 1308년 교황은 요한을 베이징의 대주교로 임명하였다. 하지만 베이징에는 이미 교회에 대항하는 네스토리우스 교회의 대주교가 있었다.(122쪽 참조) 1360년대, 즉 몽골 제국이 멸망하기까지 선교 활동은 계속되었지만 몽골이 몰락한 후 몽골과 친분이 있던 기독교인들은 모두 추방되었다. 이슬람교도를

> "프란체스코는 아름다운 사물에서 아름다움 자체를 보았고, 피조물에 새겨진 아름다움의 흔적을 통해 자신이 사랑하는 모든 것을 따랐다. 그렇게 해서 그는 모든 사물을 하나의 사다리로 만들었는데, 이 사다리를 타고 위로 올라가서 자신이 그렇게도 앙망하던 유일하신 분을 껴안았다."
>
> 성 보나벤투라(1221-74년), 이탈리아의 프란체스코 회 신학자

실천적 신비주의

초창기 많은 수도사들의 영혼은 그리스도와 매우 가까웠다(그래서 위와 같은 그림도 그려졌을 것임). 동시에 그들은 대단히 실천적이어서 다른 사람들을 가르치도록 도와 주는 자세한 설교 지침서도 만들었다. 설교의 아웃라인과 유용한 일화를 담은 이 설교집에는 "본보기의 책(Liber Exemplorum)"도 들어 있다. 여기에는 그리스도의 생애 중 중요한 사항에 대한 설교와 다른 주제가 총망라되어 있다(예를 들어 "자비, 성직자, 악, 육체적 생각, 혼돈" 등). 또 다른 책의 제목은 "편안하게 잠들기(Dormi Secure)"였다(설교가 이미 안에 준비되어 있으니 아무 걱정 말고 잠들라는 뜻).

수사와 신앙

성 프란체스코의 크리스마스

전설에 의하면 크리스마스에 구유를 갖다 놓기 시작한 것은 아시시의 프란체스코였다고 한다. 어느 크리스마스 이브 자정미사 전에 프란체스코는 아시시 마을 사람들과 행렬에 참가해서 찬송을 부르며 조그만 동굴로 갔다. 프란체스코는 그곳에 아기 예수, 마리아, 요셉, 산파, 목동들, 그리고 동방 박사 세 명의 상을 설치하였다. 이 전통이 움브리아 지방의 언덕 마을로부터 전 세계로 퍼져 나갔다는 것이다.

13세기 초에 이르러 교회는 지적으로 발전하고 제도적으로 개혁되면서 크게 변화되었다. 그러나 이러한 발전들은 일반 서민들의 신앙과는 무관한 일이었다. 특히 급성장하는 도시와 마을에는 많은 문제점이 있었다. 교구 제도는 원래 시골 지역을 위해서 만들어진 것이기 때문에 교구 사제들은 이러한 변화된 상황에서는 마을에 있는 가난한 사람들을 섬길 수 없었다.

이러한 때에 중세의 얼굴을 바꾸어 놓은 두 명의 걸출한 인물이 등장하였다. 한 사람은 스페인에서 태어난 성 도미니크 구스만(1170-1221년)이었다. 그는 1204년경 남프랑스에 있던 이단 알비 파 사람들과 논쟁해서 그들을 개종시켰던 인물이었다. 1215년, 교육받지 못한 성직자는 자기에게 맡겨진 신도들을 결국 이단으로 빠트리고 만다는 신념 하에 구스만은 도미니크 수도회라고 불리게 된 설교단을 창설하였다. 이들은 특히 설교와 교육에 전념하였다. 도미니크 수도회와 나란히 도미니크 수녀회도 창설되었고, 두 수도회는 많은 교육자와 학자를 양성해 내었다.

하느님의 광대

도미니크 수도회와 똑같은 중요성을 지닌 또 하나의 위대한 수도회가 거의 동시에 창설되었다. 작은 형제의 수도회, 혹은 프란체스코 수도회라고 불리는 수도회가 그것이었다.

이 수도회는 아시시의 성 프란체스코의 활동과 증언으로부터 태어난 수도회였다. 프란체스코 디 베르나도네라는 이름으로 태어난 프란체스코(1182-1226년경)는 이탈리아 투스카니의 언덕 마을인 아시시에서 한 거상(巨商)의 외아들로 태어났다. 그는 젊었을 때 이웃 마을과의 싸움에서 부상을 당해서 집으로 돌아와 치료하고 있었는데, 가난한 사람들을 돌보는 일에 헌신하기 위해서 가족의 유산을 거절했다고 한다. 그는 모든 것을 버리고 그리스도를 따르라고 한 복음서의 말을 그대로 받아들인 것이다. 전해 오는 이야기에 의하면 그는 투스카니 지방의 눈 속으로 걸어 들어가면서 노래를 불렀다고 한다. 프란체스코는 고향 근처에서 기도와 봉사의 삶에 헌신하기로 결심했고, 그의 탁월한 카리스마와 고결함에 이끌려서 많은 사람들이 그의 주위에 모여들었다.

그들은 가진 것을 서로 나누면서 단순한 언어로 복음을 설교하며 가난한 사람들을 정성껏 돌보았다. 가난한 사람들과 동질감을 느끼기 위해서 프란체스코는, 아무것도 가지지 말며, 음식은 탁발을 해서 조달하라고 가르쳤다. 그들은 병든 자를 돌보아 주었다. 특히 가장 나쁜 병이라고 해서 다들 꺼리는 문둥병자들을 돌보아 주었다. 또한 교회를 섬기고, 밤을 새워 기도하며, 노천이나 엉성한 천막에서

모든 피조물에 대한 사랑 — 새들에게 설교하는 프란체스코

프란체스코는 사랑이 넘치는 사람이었다. 그의 생애에 대한 초창기의 이야기에 의하면 그는 새들에게도 설교하였다. "태양의 노래"에서 그는 태양 "형제"와 달 "자매," 그리고 하느님의 모든 피조물이 창조자를 비추어 준다고 찬양하였다.

성 토마스 아퀴나스

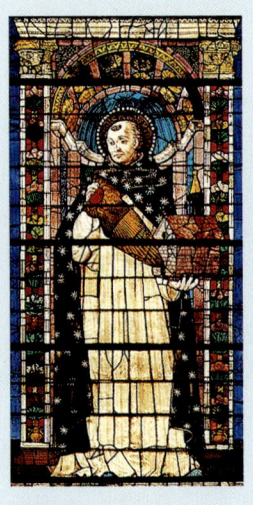

남부 이탈리아 아크비노의 귀족 가문에서 태어난 아퀴나스(아퀴나스는 아크비노의 영어식 발음/역자 주)의 가족은 그를 오래되고 존경받는 베네딕투스 교단에 보내기로 계획하였다. 그가 새로 생긴 도미니크 교단(114-15쪽 참조)에 들어가려 한다는 사실에 겁을 먹은 가족들은 그의 마음을 바꾸기 위해서 그를 가두기도 하였다. 그는 가족의 말을 듣지 않고 파리로 공부하러 갔다. 매우 조용한 학생이었던 그를 동료들은 "귀머거리 황소"라고 불렀다. 아퀴나스의 스승인 알베르투스 마그누스는 학생들의 놀림을 잠재우면서 이렇게 말하였다. "어느날인가 저 귀머거리 황소가 크게 울어서 세상을 흔들어 놓을 걸세." 아퀴나스는 스승의 말이 틀리지 않았음을 증명해 보였다.

빛을 비추어 주는 철학

아퀴나스는 기독교적 관념을 철학적 체계를 통해 장대하게 구축하였다. 그는 인간이 하느님과 행복한 관계를 맺도록 피조된 존재라고 믿었다. "하느님은……피조물에게 그 자신이시기도 한 영원한 선(善)을 원하신다." 그러나 우리는 죄 때문에 하느님을 위해서 만들어진 선에서 벗어나며, 하느님이 우리를 창조하실 때 사용하셨던 놀라운 능력은 실현되지 못한다. 우리는 행복을 잘못된 곳에서 찾고 있지만, 어쨌든 우리는 행복을 찾아 나서는 것이다. "그 누구도 기쁨 없이는 살 수 없다. 그렇기 때문에 영혼의 기쁨을 박탈당한 사람은 육체적 쾌락을 찾아 나선다." 우리는 우리를 죄로부터 구하기 위해서 "우리 안에서 은총으로 활동하시는" 하느님이 필요하다. 복잡한 아퀴나스 사상 전반의 핵심은 신의 기쁨과 사랑이다. "완전한 기쁨은 신의 것이다. 그래서 그것은 동반자를 필요로 한다."

신의 존재에 대한 증거들이 세상에서 발견되지만, 아퀴나스는 신의 존재가 자명한 것은 아니라고 보았다. 그러므로 아퀴나스는 신이 존재하는 것을 증명하는 다섯 가지 "증명"을 기술하였다. 그는 철학을 신뢰했지만 그 한계 또한 잘 알고 있었다. "최고의 존재에 대한 우리의 지식은 제한되어 있고 미약하다." 그래서 우리는 피조물에 대한 유비(analogy)가 아니라면 신이 누구인지 알 수 없다. 우리는 신을 "아버지," "주," "왕"이라 부른다. 하지만 신은 이 개념들을 초월한다. 신적인 계시에 의해서 우리가 신을 알 수 있기는 하지만 신은 여전히 신비로 남아 있다.

아퀴나스는 특별히 신학적인 주제들에 대해 많은 글을 남겼다. 예를 들어 "실제적 임재(臨在)"에 대해서 그가 말한 바를 살펴보자. 예수가 최후의 만찬에서 "이것은 나의 몸이다.……이것은 나의 피다."라고 한 말에 근거해서 신학자들은 사도 교부들(41쪽 참조) 이래로 예수가 신비한

> "그분의 뜻 안에 우리의 평화가 있다."
>
> 단테 알리기에리, 신에 대해서 쓴 글

방법으로 성만찬의 빵과 포도주에 실제로 임재한다고 말해 왔다. 그러나 문제는 어떻게 그럴 수 있는가 하는 것이다. 그러한 독특한 종류의 임재 방식을 기술하기 위해서 "화체(化體, transubstantiation)"라는 말이 만들어졌다. 아퀴나스는 이 말에 철학적 깊이를 부여하였다. 그는 빵과 포도주가 독특한 방식으로 그리스도의 살과 피로 변화되었으나 우리가 감각을 통해서 접촉할 수 있는 방식으로 그렇게 된 것은 아니라고 하였다. 성만찬 교리의 바탕이 되는 신앙은 철학자 자신이 썼던 찬송가를 통해서 어림해 볼 수 있다. "그분의 말씀에 의해서 전능의 말씀은 빵을 가지고 정말 자신의 육체를 만드신다.……하느님의 살아 있는 말씀을 깊이 믿으라! 감각은 우리를 미혹하나 오직 신앙만이 우리를 안전하게 인도할 수 있다!" 아퀴나스는 팽대한 저작을 남겼다. 그 가운데에는 성서와 아리스토텔레스에 대한 주석, 방대한 양의 변증론, 그리고 『신학대전(Summa Theologica)』이 있다. 『신학대전』은 신학적이고 철학적인 지식에 이르는 포괄적인 안내서로서 계획되었지만 아퀴나스가 세상을 떠나기 직전 신비 체험을 한 이후 미완성으로 끝나고 말았다. 그는 그 경험 이후 이렇게 말하였다. "내가 지금까지 썼던 모든 것은 나에게 계시된 것들 옆에 놓여 있는 지푸라기에 불과하다." 그는 더 이상 펜을 들지 않았다.

후기 스콜라주의

아퀴나스 이후 스코틀랜드의 둔스 스코투스(1265-1308년경), 영국의 윌리엄 오컴(1285-1347년), 독일의 가브리엘 빌(1415-95년경)이 존재 물음의 근본을 탐구하였다. 이 학자들은 오늘날 관심의 대상은 아니지만 스콜라주의자들의 저작은 모든 것을 기독교 계시의 빛에서 이해하려 했던 탁월한 시도들이었다.

기독교 교육

중세의 교육은 모든 사람들을 기독교적인 방식으로 생각하도록 훈련시키고, 세계를 기독교적인 세계관으로 보게 만들려고 하였다. 학생들이 대학에 들어가는 나이는 13-16세였다. 그들은 먼저 (성서 신학에 초점을 맞춘) 신학을 공부하고, 7가지 인문학(논리학, 수사학 등)을 공부하고 나서 법학과 의학, 그리고 신학 박사 과정으로 나갈 수 있었다. 최소한 14년 정도 걸려서 그러한 단계에 이르면 모든 신학자들은 먼저 성서를 공부하였다. 신학은 "학문의 여왕," 즉 가장 중심적이고 중요한 과목이라고 여겨졌다.

신적 비전

이탈리아 출신인 단테 알리기에리(1265-1321)는 아퀴나스에게 감동을 받아서 『신곡』을 쓰게 되었다. 『신곡』에는 지옥과 연옥, 그리고 천국으로의 여행이 묘사되어 있는데, 여기에는 신학과 우주에 대한 중세적 관점이 시적인 형태로 드러나 있다. 조그만 책을 펴 든 단테(위)는 자신의 적을 지옥에 자리 잡게 하고는 그것을 즐기고 있다. 그러나 그의 서사시들은 신의 사랑이 우주 최고의 힘이라는 믿음을 맴돌고 있다. 그는 "태양과 별들을 움직이는 것은 사랑이다."라고 말했던 것이다. 『신곡』은, 시는 라틴어로 써야 한다는 전통을 깨고서 이탈리아어로 쓰여진 최초의 위대한 시였다. 이로써 『신곡』은 세속 문학을 위한 선구자적 역할을 하였다.

알비 파

1200년경 남프랑스에서 성행하던 알비 파(카타리 파)는, 물질은 악하며 오직 정신만이 선하다고 주장하는 이원론자들이었다. 그래서 그들은 성육신을 반대하고 결혼 같은 성사도 거부하였다. 성 도미니크가 세운 새 교단은 이들을 개종시키려 했지만 실패하였다. 급기야 1209년 그들을 없애기 위해 십자군이 소집되었고 1230년대에 종교 재판소(118쪽 그림 설명 참조)가 설립되었다. 1252년 그들을 고문해도 좋다는 허락이 떨어졌으며, 이단은 서서히 자취를 감추었다.

교육의 확대

성직자들은 기독교 신앙을 바탕으로 한 교육을 발전시켰다. 12세기 이전까지 서방에서 실시되던 유일한 교육은 수도원과 성당의 학교였기 때문에(83쪽 참조) 대개의 경우 매우 제한적일 수밖에 없었다. 1100년 이후 성당의 학교는 급속하게 늘어났다. 또 통상 "문법 학교"라고 불리던 초보적인 학교와, 보다 고급의 교육을 실시하는 학교가 세분되었다. "문법 학교"에서는 어린 소년들에게 문법과 기타 중요한 과목을 가르쳤다. 1200년경, 수준 높은 교육을 실시하던 학교 중 상당수가 대학으로 발전하였다. 처음 설립된 대학은 북이탈리아의 볼로냐 대학(법학이 뛰어났음)이었고, 다음이 파리 대학(신학으로 가장 유명했음), 옥스퍼드 대학 등이었다. 오늘날까지도 그 명성을 자랑하는 대학들도 다음 세기에 우후죽순처럼 설립되었다. 이탈리아를 제외하고 교육은 성직자들에게만 국한되었는데, 이들 교육받은 성직자들의 수가 늘어났다. '학자 성직자'들이 양성되었고, 이들은 왕이나 귀족을 위해 일하게 되었다. 그들은 사제로 서품 받지 않고 점차 복잡해지는 행정 업무를 담당하였다. 대부분의 교구 사제들은 대학에서 공부한 사람이 아니었기 때문에 교육 수준이 매우 낮았다. 소수의 부유한 귀족들만이 자녀들을 교육시켰는데, 매우 드물기는 하지만 딸을 가르치는 경우도 있었다. 그러나 여전히 지배층은 문맹 상태였다.

새로운 교육으로 말미암아 고대 로마의 법과 민족적 관습이 혼합되어 있는 세속의 법과, 종교적 법(교회법)이 모두 새롭게 편찬되었다. 1148년 볼로냐의 위대한 법학자 그라티아누스가 교황의 칙령이나 일반 공의회의 칙령(법규)을 결집한 책을 편집하였다. 이 칙령들은 교황과 공의회 사이에서 교회를 다스리는 규칙들을 제공하였다. 이후의 모든 교회법은 이 책에 기초를 두었다. 법규를 성문화함으로써 교황권은 힘을 얻었으니, 교회법은 교황의 전권을 지니고 있었다고 할 수 있다. 또한 교회법은 변덕스러운 권력자가 좌지우지하던 교회의 행정을 법규로 대체시켰다.

스콜라주의의 등장

중세의 사상가들은, 자연적 지식이나 신적으로 계시된 지식을 불문하고, 모든 지식을 종합하고자 하였다. 그들은, 만일 하느님이 진리의 저자라면, 하느님은 모든 형태의 지식 속에서 발견될 것이라고 보았다. 성스러운 것과 세속적인 것은 분리되지 않았던 것이다. 그러므로 그들이 창조한 지적 체계는 신학과 철학을 결합시켰는데, 이것은 스콜라주의(Schlaticism)라고 불리었으며, 성서적 가정과 철학적 전제 모두의 위에 서 있었다. 왜냐하면 그들은 성서를 모든 질문에 대한 권위로 받아들였기 때문이다.

이 운동의 선구자로서 "나는 이해하기 위해서 믿는다."는 말로 유명한 이탈리아 출신의 안셀무스(1033-1109년경)와 프랑스의 천재적 학자 아벨라르(1079-1142년)를 꼽을 수 있다. 스콜라주의는 파리에서 가르쳤던 독일의 철학자 알베르투스 마그누스(1206-80년)와 그의 제자 토마스 아퀴나스(1225-74년경)에 이르러 절정에 도달하였다.

스콜라주의자들의 가장 큰 도전은 12·13세기에 서방에 새롭게 소개된 아리스토텔레스의 저작이었다. 이것은 스콜라주의자들에게 필요한 철학적 도구를 제공해 주었고, 동시에 새로운 범주의 문제를 제기하였다.

이 새로운 지식은 성서의 계시와 어떻게 화해할 수 있었을까? 토마스 아퀴나스는 아리스토텔레스 철학의 많은 부분을 받아들이면서 이 물음에 답하였다. 하지만 그는 성서와 충돌할 수 있는 부분들은 삭제해 버렸다. 예를 들어 아리스토텔레스에 의하면 우주는 시작도 없고 끝도 없다. 이와 달리 성서는 하느님이 우주를 창조했다고 말한다. 아퀴나스는 이성만으로는 이 문제를 결정할 수 없으며 신앙이야말로 성서를 받아들이도록 인도해 준다고 보았다.

토마스 아퀴나스와 추종자들

사람들은 아퀴나스의 철학을 기려서 "천사 박사"라고 불렀다. 아퀴나스는 계속해서 가톨릭 교회의 공식 철학자로 지명되었으며 모든 가톨릭 성직자들은 그의 사상을 공부해야만 하였다. 17세기에 그린 위의 그림은 아퀴나스에 대한 존경심을 보여 주고 있다.

위해서 보낸 편지에서 베르나르는 다음과 같이 썼다. "야망과 욕심을 가진 자들, 성직 매매자들과 신성 모독자들, 아첨꾼과 근친 성교자들, 이런 괴물 같은 인간들이 교회의 명성을 얻거나 이미 얻은 명성을 지키기 위해서 로마로 떼지어 몰려가고 있습니다." 많은 기관들을 먹여 살리기 위해서 교황은 교회의 세금을 무겁게 매길 수밖에 없었는데, 이것이 사람들의 불만을 증폭시켰다. 나아가 교황은 자기의 측근을 멀리 떨어져 있는 교구에 명목상의 주교로 임명하였다. 이들은 교황의 일을 돕기 위해서 로마에 머물러 있었지만 교황은 이들 교구에서 나오는 수입도 가져갔다. 이것이 그 교구를 팽개쳐 버리는 행위였다.

귀족이나 왕의 견제로부터 교황권을 보호하기 위한 노력의 일환으로 이노켄티우스는 중부 이탈리아에 교황령을 세웠다. 이것이 교황의 정치적 권력을 강화하기는 하였지만, 그 대가로 교황은 자신의 영역을 지키기 위해서 끝없는 전쟁을 치르고 정치 세력간의 합종연횡이 횡행하는 세계로 뛰어들지 않으면 안 되었다. 교황령은 끝없는 논쟁의 근원이 되었다. 이로 말미암아 힘과 에너지가 쓸데없이 소진되었으며, 또한 이것은 교황이 세속에 물들었다는 비판이 제기될 수 있는 좋은 구실을 제공한 셈이었다.

> **왈도 파**
>
> 1170년경 프랑스 리용 출신의 왈도라고 하는 상인은 평신도도 설교를 하고 성서 강독자가 되자는 운동을 일으켰다. 종교 개혁의 선구자라고 여겨지는 왈도 파는 교회가 성서로부터 일탈했다고 느끼고 있었다. 그들은 1184년에 이단으로 선언되었다.

고딕 건축의 영광

12세기 북프랑스에서는 르네상스까지 유럽의 건축을 지배하게 될 건축 양식이 태어났다. 1140년 한 무명의 석공장이 성 드니 왕립 수도원의 성가대 석을 재건축하라는 임무를 받았다. 그는 외부의 부벽(扶壁)과 주 건물을 연결하는 벽받이가 건물의 무게 대부분을 지탱하도록 했고, 아치형 천장을 늑재(肋材)로 받쳤으며, 이전에 지배적이던 로마네스크 양식의 둥근 아치보다 지지대가 덜 필요한 아치를 설치하였다. 그래서 내부의 기둥이 덜 필요하게 되었고, 창문은 더 크게 낼 수 있었다. 4년 후 이 건물의 수리가 끝나자 이 건물은 대륙 전체를 매혹시키게 되었다. 빛과 공간으로 가득한 이 건물은 마치 하늘로 솟아오를 듯하였으며, 석재 골격은 과거의 어느 교회보다 훨씬 가벼웠다.

돌에 크게 새겨 놓은 신앙

새 양식은 유럽 전체로 빠르게 퍼졌다. 이러한 양식이 꽃필 수 있었던 것은 당시 서방이 번영을 누리고 있었기 때문이다. 당시 사회의 가치를 반영해서 부의 증가는 교회 건축에 이용되었다. 1100년 이후 4세기 동안 500개가 넘는 대성당과 무수한 교회, 수도원과 수도회가 만들어졌다. 현대 도시의 스카이라인이야 상업용 건물로 가득하지만 중세 유럽에서는 대성당과 교회가 가장 크고 중요한 건물이었다. 대성당은 도시의 상징이었던 것이다. 고딕 양식의 대성당은 당시의 시대상과 신앙을 가장 웅장하게 표현해 주고 있다. 이 건물들을 지은 사람들 대부분은 이름 없는 사람들이었다. 그들은 자신들을 위해서가 아니라 신의 영광을 위해서 일했던 것이다.

최초의 고딕 교회

성 드니 성당의 성가대 석(위) 같은 것은 이전에는 볼 수 없었다. (제단 뒤에 있는 교회의 부분인) 성가대 석만이 새로운 양식으로 지어졌는데, 사실은 돈이 바닥나기 전에 짓느라고 그랬던 것이다. 이는 중세 시대에 교회를 건축하는 데 오랜 세월이 걸린 이유도 돈이 없기 때문이었다. 쾰른 대성당 건축에 700년이 넘게 걸린 것도 같은 이유였다.

성모 마리아에게 헌정된 노트르담 대성당

1163년부터 약 1250년까지 지어진 파리의 노트르담 대성당은 고딕 양식의 대성당 중 하나이다. 다른 고딕 대성당처럼 노트르담 성당의 문 둘레에는 문맹자들을 가르치기 위해서 고안된 성서의 장면들이 조각되어 있다.(92쪽 참조) 보다 복잡하게 조각된 장식(대개는 성서의 장면들이었음)은 고딕 건축의 주요 특징 중 하나였다. 스테인드글라스 역시 성서 장면들을 묘사하고 있는데, 이로써 교회는 눈으로 보는 도서관 역할을 하였다.

신앙, 예술, 교육의 부흥

반유대주의

유럽에서 반유대주의는 12, 13세기에 크게 증가하였다. 이것은 부분적으로는 배타적인 분위기를 만들어 낸 십자군 때문이었다. 유대인들은 이전보다 더 심한 고통과 박해를 견뎌 내야만 하였다. 예를 들어 유대인들은 1290년에 영국에서 추방되었고, 1394년에는 프랑스로부터 쫓겨났다. 교황과 교회 지도자들은 이따금씩 사람들의 편견을 없애려 했으나 별로 소용이 없었다.

12세기에 들어와서 서방은 경제, 민간 부문, 정치 분야에서 놀라운 발전을 이룩하였다. 여기에는 예술과 과학의 급속한 성장이 큰 몫을 했으며, 교회 구석구석에서 지속적으로 진행되던 영성의 부흥과 규율 준수 운동 또한 작용하였다. 침략의 세기는 지나갔다. 바이킹, 마자르인, 사라센인들은 패주하거나 기독교로 개종하였다. 마을은 매우 빠른 속도로 성장했고, 농업의 발전(수도원 농부들에 의해서 확산됨)과 무역의 증가로 말미암아 새로운 부가 창출되었다. 이렇게 축적된 부는 교육과 예술이 큰 폭으로 발전할 수 있는 재정적 배경을 형성했고, 결국 13세기의 영광이 도래하게 되었던 것이다.

신실한 서방 기독교인들은 교황의 개혁 의지와 클레어보의 베르나르(오른쪽 글상자 참조)에게 큰 영감과 영향을 받으면서 새로운 정신을 지니게 되었다. 개혁은 수도원에서 시작해서 모든 성직자에게 퍼져 나갔다. 많은 사람들이 수도원과 유사한 규칙 밑에서 공동체를 이루어 살면서 거룩한 생활을 하도록 권면하고 독신 생활을 유지해 나갔다. 이러한 성직자들은 "아우구스티누스 종규"라고 알려졌다. 그들은 히포의 아우구스티누스가 처음 정했던 규칙을 따랐기 때문이다. 수도사들처럼 그들도 엄격한 생활을 했지만, 그들은 설교와 교육, 고해성사를 들어 주는 일을 중시했고 폐쇄된 기도 생활에만 몰두하지는 않았다.

절정에 도달한 교황의 힘

교회의 힘이 이때만큼 강력한 적은 없었다. 이것을 가능케 했던 대표적인 인물은 교황 이노켄티우스 3세(1198-1216년 재위)였다. 교회를 개혁하기 위해서 교황은 새로 생긴 탁발 수도회(114-15쪽 참조)를 전폭적으로 지원하였다. 그들은 가난한 자들을 돌보고 가르치면서 왕과 황제에게도 훈계할 수 있었다. 특히 그들은 성직자의 권위로 주교나 수도원장을 선출하였다. 성직자의 선출이 논란거리가 될 때 이노켄티우스는 자신이 지지하는 후보자가 당선되도록 하였다. 그는 주교를 한 교구에서 다른 교구로 보낼 수 있는 권리와 교회 성직을 겸직한 사람의 직책을 조정할 수 있는 권리를 가짐으로써 교회에 대한 교황의 권한을 강화하였다.

이노켄티우스는 자신의 권위를 발휘하여 서방 교회에 흩어져 있는 400명 이상의 주교와 800명의 수도원 원장들을 로마 공의회로 소집하였다(1215년). 공의회에서는 주교들이 교구에 좋은 설교자를 확보하도록 하였다(구원을 위해서는 하느님의 말씀이라는 양식이 반드시 필요하기 때문임). 유능한 성직자를 구하기 위해서 주교들은 자신들의 성당 학교에 양질의 교사를 확보하라는 지침을 받았고, 대주교에게는 성직자를 교육하기 위해서 전문 신학자를 고용하라는 지시가 내려졌다. 돈을 벌기 위해서 유물을 팔아 먹는다든지 하는 성직자의 재산 축적 행위는 정죄되었다. 주교들은 이단들도 경계해야 하였다. 이 모든 것은 중세 최대의 개혁 프로그램이었다. 하지만 이노켄티우스조차 모든 성직자를 유능한 교사로 만든다든지, 모든 평신도들을 신앙심 깊은 사람으로 만들 수는 없었다.

붕괴의 씨앗

교황의 임명권과 세력이 증가하면서 새로운 문제가 나타났다. 교황을 행정적으로 보좌하는 기관이 점차 불어난 것이다. 이미 1145년에 클레어보의 베르나르는 이러한 현상을 비판한 바 있었다. 자신의 친구인 교황 에우게니우스 3세를 보호하기

> ### 클레어보의 베르나르
>
> 클레어보의 베르나르(1090-1153년)의 거룩함과 강렬한 인품은 서방 사람들에게 감동을 주었다. 베르나르는 겸손한 시토회 수도원장이었지만 그는 왕과 귀족들을 꾸짖고, 주교나 수도원장, 심지어 교황에 대해서도 영적인 스승이었다. 그는 시토회를 분규나 일삼던 수도원에서 중요한 교단으로 변화시켰고, 명설교를 통해서 제2차 십자군을 일으켰다. 철저하게 그리스도에게 헌신하고 섬김에 두려움이 없던 베르나르의 설교와 그의 인품이 풍기는 매력은 타의 추종을 불허하는 것이었다. 그가 설교할 때마다 그 설교를 듣던 사람들이 소명을 받고 수도사가 되었다고 한다. 그래서 "어머니들은 아이들이 베르나르의 설교를 듣지 못하게 했고, 부인들은 남편이, 친구들은 자신의 동료가 베르나르에게 매혹되지 못하게 하기 위해서 전전긍긍하였다."고 한다.
> 그와 그의 동료들이 불렀던 찬송가는 지금도 애창되고 있다. "구주를 생각만 해도 내 맘이 좋거든/ 주 얼굴 뵈올 때에야 얼마나 좋으랴."(『개편 찬송가』 85장/역자 주)

12세기의 지적 호기심
모든 형태의 지식에 대한 연구는 더욱 대중화되어 갔다. 여전히 비실용적인 분야였던 의학도, 영국의 『초본서(草本書)』에 있는 "의학식물의 설명"이 보여 주듯이, 대중적인 학문 분야가 되었다. 이탈리아의 살레르노는 10세기 이래로 의학 연구의 중심지였다.

지도 참조) 1190년대부터 교황은 그들을 정복해서 개종시키려 하였다. 덴마크 십자군들과, '칼의 형제들' 즉 이교도 원주민들을 개종시키기 위해서 리가타의 주교가 창설한 독일 군대는 리보니아를 정복하고 세례를 주었다. 또 다른 독일의 전사(戰士) 수도사들인 독일 기사단은 1329년 프로이센을 점령하고 원주민들을 위협해서 자신들의 국가를 세웠다. 정복당한 프로이센인들은 기독교로 개종함으로써 자신들의 영토와 권리를 지킬 수 있었다. 그렇게 하지 않는 사람들은 차별대우를 받을 수밖에 없었다.

또 하나의 커다란 십자군 운동은 회복(레콩퀴스타), 즉 스페인을 이슬람교도로부터 다시 빼앗는 일이었다. 1000년경 스페인 북쪽을 제외한 모든 지역이 코르도바의 이슬람 수장(首長)의 지배를 받고 있었다. 카스티야와 아라곤, 그리고 포르투갈 기독교 왕국들은 차례로 공격을 해 나가다가 1212년, 라스 나바스 드 톨로사 전투에서 결정적인 승기를 잡았다. 이 전투가 끝난 후 스페인의 거의 대부분 지역이 회복되었다. 하지만 최남단에 있는 그라나다 왕국만은 여전히 이슬람교도의 수중에 있었다. 기사들이 땅을 회복한 후 교회는 정당하게, 혹은 비열한 방법으로 유대인과 이슬람교도에게 세례를 주고 기독교인으로 개종시켰다.

십자군의 땅
제1차 십자군 지도자들은 네 개의 소국(小國)을 세웠다. 에데사 주는 1144년에 무너졌고 살라딘은 1180년대에 나머지 거의 대부분을 잃어버렸다. 해안을 따라 있던 안티오크, 트리폴리, 그리고 몇몇 도시들은 다음 세기까지 버텼다. 나머지는 1291년에 모두 빼앗겼다.

불행한 농민 십자군
유럽의 기사와 귀족들이 군대를 모집하는 가운데, 마음이 급한 농민들은 은자 베드로의 설교에 흥분해서, 자신들이 군사 훈련도 제대로 받지 못했고 무기도 변변치 않다는 사실을 무시하고 성지를 향해 출발하였다. 1096년 8월, 그들이 터키를 향해서 강을 건너자마자 터키 군대가 단 한 차례 전투에서 그들을 말살시켜 버렸다.

제7차, 제8차 십자군 원정도 아무 소득이 없었다. 유럽의 십자군만이 소정의 결과를 얻었을 뿐이었다.

발틱인과 회복

1155-1249년에 스웨덴이 핀란드에 파견했던 십자군에 대해서 아는 사람은 거의 없다. 이들은 스베르커 왕(1130-55년 재위)이 남부 유럽의 시토회의 도움을 받아서 이교 신앙을 막 몰아낸 직후 핀란드인들에게 강제로 세례를 주었다. 핀란드인들에게 세례를 줌으로써 스칸디나비아는 이제 명목상으로는 모두 기독교로 개종한 셈이었다. 심지어 멀리 떨어져 있는 그린랜드도 1123년에 주교를 받아들였다. 그러나 이교도의 관습과 사상들은 수세기 동안 남아 있었다. 발틱 해 건너편에 유럽의 마지막 이교도의 땅이 있었다.(아래

북방 십자군
1150년 이후 유럽의 마지막 이교도의 땅은 핀란드, 프로이센(대부분 오늘날의 폴란드 지역), 리투아니아, 리보니아(대충 말하면 오늘날의 라트비아와 에스토니아)였다. 1329년까지 십자군들은 리투아니아를 제외한 모든 지역을 점령하였다. 하지만 리투아니아는 1386년까지 교회의 손이 닿지 않는 영역이었다. (120쪽 설명 참조) 정복과 강제 개종이 이루어지고 난 후 선교사 주교들은 차차 올바른 신앙이 자라나도록 힘썼다.

십자군

과거의 갈등의 유산
크라크 데스 셰발리에("기사들의 바위")처럼 십자군이 지나간 거대한 성은 과거의 잔혹한 갈등을 상기시켜 주었다. "십자군"이라는 말은 "십자가를 잡다"라는 스페인어에서 비롯되었다. 십자군은 십자가와 칼 사이의 관계를 새롭게 정의하였다. 기독교인들이 전쟁을 거룩한 것이라고 주장한 적은 그때까지는 없었던 것이다. 십자군은 오늘날까지도 지속되고 있는 중동 지역에서의 고통을 유산으로 남겼다. 1991년 걸프전이 일어났을 때 유럽군과 미군들에 맞서 싸운 사람들은 그들을 "새로운 십자군"이라고 불렀다. 오랜 적대감이 다시 타올랐던 것이다.

1095년 11월 27일, 교황 우르바노스 2세는 클레르몽-페랑의 성벽 그늘에 있는, 나무로 만든 연단에 올라섰다. 당시 개최중이던 공의회에 참석하기 위해서 프랑스에 와 있던 교황은 연단 밑에 몰려 있는 주교와 신도들에게 성전(聖戰)을 호소하였다.

교황은 비잔틴 황제 알렉시우스 1세 콤네누스로부터 긴급한 요청을 받았다. 황제는 셀주크 터키의 공격에 직면해서 교황에게 도움을 청했던 것이다. 터키인들은 소아시아와 시리아, 팔레스타인을 침공해서 그리스와 아랍을 동시에 괴멸시키고, 성지를 순례하는 기독교인들을 공격하였다. 우르바노스는 유럽의 귀족들에게 십자가 깃발 아래 십자군을 창설해서 예루살렘으로 진군해 들어가자고 호소하였다. 도시는 교황의 말에 동의하는 군중들의 함성에 파묻혔다. "하느님께서 그것을 원하신다(Deus Vult)!"

내용 없는 정복

십자군을 결성하자는 호소는 유럽 전역으로 퍼져 나갔다. 다음해 가을, 프랑스인들과 이탈리아인들로 구성된 군대가 출군 준비를 갖추었다. 1099년 7월 15일 그들은 예루살렘을 함락시켰고, 그곳에 살던 모든 주민들을 무차별 살육하였다. 자신들의 임무가 성공을 거두자 고무된 침략자들은 예루살렘에 기독교도 왕을 옹립하고 세 개의 작은 나라를

세웠다. 에데사, 트리폴리 주, 안티오크 공국(公國)이 그것이었다. 그러나 그들의 신민이 된 사람들은 이슬람교도이든, 유대인이든, 동방 기독교인이든 누구도 이 새로운 지배자들을 지지하지 않았다. 대부분의 사람들이 십자군을 낯선 정복자로 여겼기 때문에 이슬람교도들이 세력을 만회하자마자 십자군은 곤란에 빠졌다. 결국 에데사 시가 1144년에 회교도들의 손에 넘어가자 교황 에우게니우스 3세와 클레어보의 성 베르나르(110-11쪽 참조)는 다시 한 번 십자군을 동원하기 위해 앞장섰다. 신성 로마 제국의 황제 콘라드와 프랑스의 루이 7세는 희망을 갖고 시리아에 군대를 보냈지만 1146-48년 사이에 큰 재앙을 당하고 말았다.

1187년 예루살렘이 함락되자 황제 프레데릭 바르바로사, 프랑스의 필립 아우구스투스 2세, 영국의 리처드 1세는 제3차 십자군을 일으켰다. 그들은 사이프러스와 아크르, 그리고 여러 도시를 점령해서 십자군의 명예를 회복했지만 예루살렘을 정복하지는 못하였다. 제4차 십자군 원정은 콘스탄티노플을 빼앗는 데 그쳤다.(122쪽 그림 설명 참조) 제5차, 제6차,

> "솔로몬 성전과 현관에서 남자들은 무릎과 고삐까지 피로 철벅이면서 말을 달렸다. …… 도시는 시체로 가득 찼고, 피바다를 이루었다."
>
> 예루살렘 함락 당시 아질레의 레이몽이 한 말

예루살렘 정복
제1차 십자군 원정의 정점은 예루살렘 주민들에 대한 피비린내 나는 대학살로 얼룩졌다. 오늘날에는 이것이 평화의 왕(그리스도/역자 주)을 섬기는 이상한 방식으로 보이겠지만 십자군들은 그 누구도 이것을 이상하다고 여기지 않았다.

거룩한 종문
중세 후기의 전설적인 대카르투지오 수도원. 우리들은 카르투지오 수도회의 거룩함이 유명했다는 사실을 영국의, 방탕한 생활로 유명한 헨리 7세에 관한 이야기에서 엿볼 수 있다. 폭풍을 만나 절망하면서 그는 한숨지었다. "만일 저 작은 카르투지오의 수도사 휴가 지금도 기도를 하고 있다면……하느님께서는 나를 그렇게 오랫동안 잊지는 않으셨으리." 그는 신이 휴의 기도를 들어 주어서 자신에게 은총이 베풀어지기를 바랐다. 그러자 곧 폭풍이 멈추었다고 한다.

그레고리우스가 망명중에 세상을 떠나자 이번에는 하인리히 4세가 로마를 손에 넣고 자신이 뽑은 반교황을 교황 자리에 앉혔다. 싸움은 아직 끝나지 않았던 것이다.

이 싸움은 1122년 보름스의 평화 협정에서 타협이 이루어짐으로써 겨우 끝났다. 여기에서 주교는 성직자들에 의해서 합법적으로 선출되지만 반드시 황제가 있는 자리에서 선출할 것과, 황제는 주교를 마음대로 임용하지는 않되

> "이 사람들은 ……바위 그 자체보다 더 단단하다."
>
> 그레노블의 서기, 링컨의 휴를 카르투지오 수도회에 가담하지 못하도록 설득하면서

주교는 황제에게 충성할 것을 약속하였다. 그때까지 약 50년 동안 로마가 주도권을 쥐고 교회의 논쟁을 종식시켜 줄 것을 기대하는 많은 성직자들이 나타났다. 이것은 한 세기 전만 하더라도 찾아볼 수 없던 일이었다. 그레고리우스의 개혁자들은 교회의 지위를 강화함으로써 교회를 정치가들의 압력에서 구해 내고, 교회의 권력 남용을 엄격하게 통제하였다.

영적 부흥

교황과 황제가 지상권을 둘러싸고 싸우는 동안 위대한 영적 부흥 운동이 싹트고 있었다. 당시는 경건한 사람들이 수도사나 수녀가 되어 기도 생활에 헌신하던 시대였기에 교회의 신앙은 수적인 측면이나 열정의 측면에서 수도자들의 증가에 비례해서 깊어졌으며, 또 반대로 교회의 신앙이 깊어짐으로써 수도자가 증가하는 결과를 낳게 되었다.

11세기에 서방 교회를 주도한 것은 베네딕투스 수도원이었다. 이 수도원의 종규는 베네딕투스 수도회를 위해서 제정되었지만 이제는 거의 모든 수도원들이 따르는 보편적인 것이 되었다. 클뤼니 수도원(96-97쪽 참조) 역시 많은 종문들을 개혁하였다. 그러나 이제 예배가 장엄해지고 수많은 기관들이 세워지면서 수도원 본래의 사도적인 단순성은 사라진 듯하였다. 보다 헌신적인 사람들은 여기서 만족하지 않았다. 그들은 육신적인 것을 부정하고 흐트러짐 없이 오직 그리스도에게만 영혼의 초점을 맞추고자 하였다. 그리하여 1200년경 여덟 개의 새로운 수도 단체가 모습을 갖추었다.

첫번째로 설립된 것은 카르투지오 수도회였다. 매우 엄격한 카르투지오 수도회는 프랑스의 그레노블 근처에서 1084년에 설립되었으며, 점차 유럽 전체로 확산되었다. 하지만 그들은 극단적으로 엄격한 규칙을 준수했기 때문에 많은 사람들이 따를 수 없다는 한계가 있었다. 카르투지오의 수도사들은 거의 은둔자처럼 수도원에 살면서 예배를 드릴 때나 식사를 하기 위해서 가끔씩 모일 뿐이었다.

새로운 종단 중에서 가장 인기가 있었던 것은 시토회였다. 시토회는 1098년에 소수의 수도사들이 동프랑스의 부르군디의 시토에 수도원을 건립하면서 시작되었다. 이 새로운 조직은 처음에는 서로 다투기도 했지만 베르나르라고 하는 젊은 귀족이 이 모임에 가입하면서 일대 전기를 맞이하였다. 그가 바로 저 유명한 클레어보의 성 베르나르(110-11쪽 참조)로서, 그에 대한 이야기는 곧 유럽 전역에 퍼져 나갔다.

> "나는 의(義)를 사랑하고 불의를 미워하였다. 그러므로 나는 망명을 떠나 죽게 된 것이다."
>
> 교황 그레고리우스 2세가 임종시에 남긴 말

시토회
털로 된 수도복을 검게 물들인 베네딕투스 교단과는 달리 시토회 수도승과 수녀들은 법의의 흰 부분을 남겨 놓았다.(위) 그들은 장신구를 지니지 않았으며 때때로 하루에 한 끼 채식만 하기도 하였다. 엄숙함과 중노동이라는 자신들의 규율이 지켜질 수 있도록 그들은 광야에 수도원을 세웠다. 1100년경 수도승 가운데는 사제도 있었으며, 지위가 높은 계급 출신들이 많이 있었다. 시토회는 가장 대중적으로 개혁해서 농부들도 평신도 형제가 되어 공동체의 규칙적인 노동과 간단한 기도를 함께할 수 있었다.

그레고리우스의 개혁

추기경

추기경은 원래 로마 교회 안팎에서 교황을 돕던 성직자들이었다. 추기경이라는 이름은 "경첩"이라는 뜻으로, 추기경들이 교회 행정에 필요한 위치임을 나타내고 있다. 1059년 교황 니콜라우스 2세는 추기경들만이 교황을 선출할 수 있다는 칙령을 내렸고, 로마에서뿐만 아니라 많은 나라에서 새로운 추기경들을 선발하기 시작하였다. 그렇게 함으로써 교황은 지난 2세기 동안 교황청을 자신들만의 전유물로 만들려던 로마 귀족 가문의 간섭에서 벗어나고자 하였다.

서방 교회는 1040년대에 밑바닥을 헤매고 있었다. 서방 교회의 머리인 교황권은 부패로 인해서 마비되어 있었고, 유럽 어디서나 자행되는 교회 권력의 오·남용을 살필 사람은 아무도 없었다. 강력한 교회 지도자가 없는 상황에서 정치가들은 교회를 마음대로 주무르고 있었다.

교회와 수도원을 창설한 사람들과 그 후예들은 전통적으로 이 기관을 운영할 성직자를 임명할 권리를 가지고 있었다. 10세기에 그들은 이 교회 기관과 교회에 부속된 영토를 자신의 사유 재산처럼 여겼고, 값을 많이 쳐 주는 사람에게 팔아 먹는 일도 종종 있었다. 왕과 황제들은 막대한 교회의 영토와 부를 손아귀에 넣기 위해서 자신들의 지위를 상징하는 반지와 지팡이를 든 채 주교와 수도원장에게 "투자하고" 그 대가로 그들의 충성심을 받아 내려고 혈안이 되어 있었다. 부패한 교회 지도자들은 쉽게 타협했으며, 하느님의 명령을 따르기보다는 자신들에게 투자한 정치가들의 말을 들을 수밖에 없었다. 개혁 성향을 지닌 클뤼니 수도원의 수도사들은 오직 교황에게만 복종했기 때문에 이러한 부패에 항거할 수 있었다. 하지만 그들도 교회에 이전의 거룩한 삶으로 돌아가자고 호소하기에는 너무나 무력하였다.

성직 임명의 갈등

아이러니컬하게도 평신도들이 교회를 좌지우지하는 데 반대하는 움직임은 신심 깊은 평신도들로부터 시작되었다. 1046년 황제 하인리히 3세는 세 명의 로마 주교들이 서로 싸우자 이들의 직위를 모두 빼앗고 그 자리에 독일 주교를 임명하였다. 교황 레오 9세(1049-54년 재위)는 당시 영향력 있던 추기경 페터 다미안과, 모이엔무티에르의 훔베르트의 도움으로 이탈리아, 프랑스, 독일을 두루 돌아다니면서 교회 권력의 남용과 평신도들의 간섭을 제거하려고 하였다. 그의 후계자, 특히 스테파노스 10세(1057-58년 재위), 니콜라스 2세(1058-61년 재위), 알렉산데르 3세(1061-73년 재위)는 야심적인 개혁을 추진하였다.

그들은 우선 성직 매매 행위를 근절시키고, 평신도 군주들이 지명하던 주교와 수도원 원장을 성직자나 수도사들이 직접 선출하도록 하였다. 또한 성직자들이 세속 법정의 지배를 벗어나도록 하여 군주들이 세속 법정을 이용하여 성직자들을 압박하지 못하도록 하였다. 또한 그들은 당시 거의 무시되고 있던 성직자의 독신 생활을 강화하였다. 결혼한 성직자들 중에는 자신들의 지위를 세습되는 재산인 것처럼 여기는 사람들도 있었다.

이 모든 싸움은 추기경 힐데브란트가 1073년 교황 그레고리우스 7세로 등극하던 해에 절정에 도달하였다. 그는 교황의 권한을 새로운 차원에서 전개했으니, 지상의 누구도 교황을 다스릴 수 없으며, 반대로 교황은 황제의 자리라도 빼앗을 수 있다고 선포하였다. 하지만 황제 하인리히 4세는 어떤 주장을 할 시간도 없이 1076년 밀라노의 대주교를 해임하고 자신이 추천한 후보자를 그곳에 심었다. 그러자 교황 그레고리우스는 하인리히를 파문하였다. 그리고 하인리히를 따르던 많은 귀족들이 그에게 등을 돌리자 황제는 1077년 1월, 엄동설한에 아펜닌스의 카노사에 있는 교황을 찾아가서 나흘 동안이나 눈 속에 꿇어 앉아 용서를 빌지 않으면 안 되었다. 그러나 이것은 시작에 불과하였다. 1085년

황제가 카노사에서 교황에게 무릎을 꿇다

하인리히 4세가 그레고리우스 7세와 그가 초대했던 손님 투스카니의 마틸다에게 무릎을 꿇었다는 이야기(위)는 너무나 유명하다. 그로부터 약 800년이 지난 후 독일의 철혈재상 비스마르크는 "우리는 카노사로 가지 않는다."는 구호를 가지고 가톨릭 교회에 대한 대항 의지를 천명하였다.

십자군부터 르네상스까지

1054-1517

11세기 이후의 중세 후기는 서방과 동방을 막론하고 기독교의 영향력이 극대화된 시기였다. 성직자들은 자선 단체와 교육 기관을 건립했고, 기독교 교리는 신학뿐만 아니라 철학과 법률에도 영향을 미쳤다. 개인의 신앙도 크게 변하였다. 신앙과 도덕이 몰락하면서 이름만 기독교인이었던 사람들에게 보다 깊은 신앙을 체험하도록 하는 운동들이 일어났던 것이다.

선교사들의 활동은 적대지간인 이슬람교도들에게 남쪽과 동쪽으로 막혀 있었다. 이슬람교도들을 개종시키려는 시도가 있기는 했지만, 스페인을 제외하고는 대체로 실패하였다. 다만 북쪽에서는 선교가 잘 진행되어서 발틱 해 주변에서는 유럽의 마지막 이방인들이 복음을 받아들였다.

유럽이 전쟁과 침공의 세기를 벗어나면서 기독교 예술과 교육도 발전되었다. 곧 르네상스로 가는 길을 준비하게 된 셈이다.

영국 링컨 대성당의 전경

1054년 이후의 기독교 세계

위의 지도에는 1054년 이후의 가톨릭과 정교회의 경계, 그리고 당시 이슬람교가 얼마나 팽창해 있었는지가 나타나 있다. 이슬람교도 지역에는 상당수의 정교회, 단성론자들, 네스토리우스 교회들이 이슬람교도들의 지배를 받으면서 살고 있었다.

교황은 추기경 훔베르트 드 실바 칸디다를 사절로 급파하여서 콘스탄티노플 주교를 만나도록 하였다. 하지만 설사 그들 사이에 협상이 시작되었다고 하더라도 그 협상은 교황의 사절이 미카엘과 그의 궁정을 파문함으로써 결렬되었을 것이다.

최종 분열

1054년 7월 16일, 훔베르트는 하기아 소피아 대성당에 성큼성큼 걸어 들어가 거친 몸짓으로 높은 제단 위에 파문장을 내걸었다(정작 파문장을 썼던 교황은 훨씬 전인 4월에 세상을 떠났음). 주교 역시 똑같은 행동으로 응수했고 그리스 교회는 그를 지지하였다. 로마와 콘스탄티노플 사이에 뜨거운 논쟁이 일어났지만, 일정 기간의 냉각기가 지나면서 점차 식어 갔다. 이것은 일어나서는 안 될 일이었다.

1136년 동방의 한 주교는 어떤 서방 주교에게 편지를 썼다. 그는 문제의 핵심을 간결하게 요약하였다. "우리와 아무런 상의도 없이, 우리도 모르게 작성된 칙령을 우리가 어떻게 받아들일 수 있겠습니까? 로마의 주교께서 높이 들린 영광의 면류관으로부터 우리에게 그의 명령을 내리고자 하신다면, 만일 그분께서 우리의 충고를 듣지 아니하고 자기 마음대로 우리를 정죄하고 우리 교회를 다스리고자 하신다면, 그것이 무슨 형제애입니까? 어떤 부모가 그렇게 하겠습니까?"

화해를 이룰 희망이 있었는지는 알 수 없지만, 어쨌든 1204년 베니스인과 십자군의 손에 의해서 콘스탄티노플은 약탈을 당하였다. 기독교 전통은 끝내 분열되었으며, 이 분열은 오늘날까지도 치유되지 못한 채 있다. 동쪽 교회는 동방 교회라고 불렸고, 서쪽 교회는 가톨릭 교회라고 불렸다. 이 두 공동체는 교리나 실천면에서 대단히 밀접하게 연결되어 있다. 그들 모두 성서에 굳게 의지하고, 주교와 사제가 이끄는 교회 구조를 유지하며, 일곱 성사(聖事), 성인의 날, 여러 축제들과 마리아 숭배 등을 잘 행하고 있는 것이다.

그러나 그들은 각자 나름대로 발전해 오는 가운데 문화적으로 점점 더 분리되었다. 교황의 지상권(至上權)에 대해서는 격렬하게 대립하였고 지금도 대립하고 있다. 동방 교회는 역사적으로 교황권이 "명예상의 우선 순위"와 "사랑의 관할권"을 지니고 있다고 인정할 뿐, 교황이 그들을 지배할 권한이 있다고는 결코 인정하지 않았다.

정교회 달력

율리우스 카이사르가 인증하였고 중세에 전 유럽에서 널리 사용되던 율리아누스 달력은 오늘날까지 정교회에서 따르고 있다. 율리아누스 달력은 서방의 그레고리우스 달력(교황 그레고리우스 8세가 1582년에 율리아누스 달력을 개정하여 만든 것)보다 13일이 늦기 때문에 정교회는 서방 교회보다 거의 두 주 늦게 축일을 기념한다.

> "천지를 창조하신 하느님, 당신의 백성을 내려다보소서…… 그리고 주여, 그들에게 다른 나라 기독교인들이 당신을 알게 되었던 것처럼 당신을 참된 하느님으로 알아보게 허락하소서."
>
> "러시아인과 루마니아인의 사도" 블라디미르(956-1015년)

잃게 될 것이다." 그러나 블라디미르가 비잔틴 형식의 신앙을 받아들이기로 결심했던 것은 아마도 정치적 동기에서였을 것이다. 다음해 그는 콘스탄티노플 황제의 누이동생과 결혼함으로써 불멸의 세계 같은 동방 제국과 유대 관계를 맺고자 했던 것이다.

깊어만 가는 균열

11세기 초에 동·서의 문화적·종교적 차이는 문제가 될 정도로 커졌다. 동방은 1,000년 동안 헬레니즘 전통을 변함 없이 계속 유지했으므로 많은 사람들은 더 이상 라틴어를 알지 못하였다. 서방에서는 그리스어를 알아듣는 사람이 거의 없었다. 동방은 서방을 무식하고 문명화되지 못한 야만인처럼 취급하였다. 동방에서는 사제뿐만 아니라 평신도들의 교육 수준도 매우 높았다. 반면 서방의 교육이란 교회 교육이 전부였다. 로마가 여러 차례 야만족의 침략에 시달렸던 반면 콘스탄티노플의 황제들은 계속해서 제국의 수도를 아름답게 번창시켰다. 동방과 서방은 정치적으로도 각각 다르게 성장하였다. 서방은 동방을 모든 이단의 원천이라고 보았고, 동방은 서방을 과거의 영광의 그림자에 지나지 않는다고 보았다. 사실 동방과 서방은 모두 공통의 적을 가지고 있었다. 그것은 곧 이슬람이었다.(88-89쪽 참조) 이슬람은 동방과 서방을 하나로 묶어 줄 수 있었다.

동방과 서방 사이가 분열된 또 하나의 원인은 노르만족이 남부 이탈리아를 침공하였기 때문이었다. 당시 남부 이탈리아는 정치적으로는 동방의 지배를 받고 있었지만 사실상 서방에 속해 있었다. 비잔틴 황제는 노르만인들을 정복하기 위해서 서방의 도움을 필요로 했지만, 교황은 선뜻 도와 주려고 하지 않았다. 왜냐하면 그는 남부 이탈리아를 콘스탄티노플 주교의 손에서 다시 찾아오려 했기 때문이다. 교황 레오 9세(1049-54년 재위)는 자신의 영적인 권위를 내세우면서 비잔틴과 격렬하게 충돌하였다. 그는 시칠리아 교회를 개혁하기 위해서 시노드를 개최하여 새로운 대주교를 세웠다. 그러자 콘스탄티노플 주교 미카엘 세룰라리우스가 격렬하게 반대하였다. 세룰라리우스는 아마도 동방의 황제로부터 사주를 받았을 것이다. 세룰라리우스는 교황 레오가 협력을 거절한 것에 대한 복수로 콘스탄티노플에 있는 서방 교회의 문을 닫도록 명령했고, 사제들을 추방하였다.

비잔틴의 성반(聖盤)

마침내 정교회와 가톨릭 사이가 갈라졌지만 그것은 놀랄 만한 일이 아니었다. 보통과는 다른 이 성반에는 그리스도가 두 무리의 사도들에게 동시에 성체를 주고 있다. 마치 분열을 예감하고 있었던 것처럼 말이다. 처음부터 동방과 서방은 자신들만의 기독교 전통을 발전시키고 있었다. 그들이 갈라선 데에는 신학적 차이보다 문화적 차이가 더 큰 이유로 작용하였다.

> "우리와 프랑크족(서방) 사이에는 넓디넓은 만(灣)이 가로놓여 있다. 우리들의 생각에 공통된 것은 아무것도 없다."
>
> 12세기 비잔틴 역사가

유럽의 개종

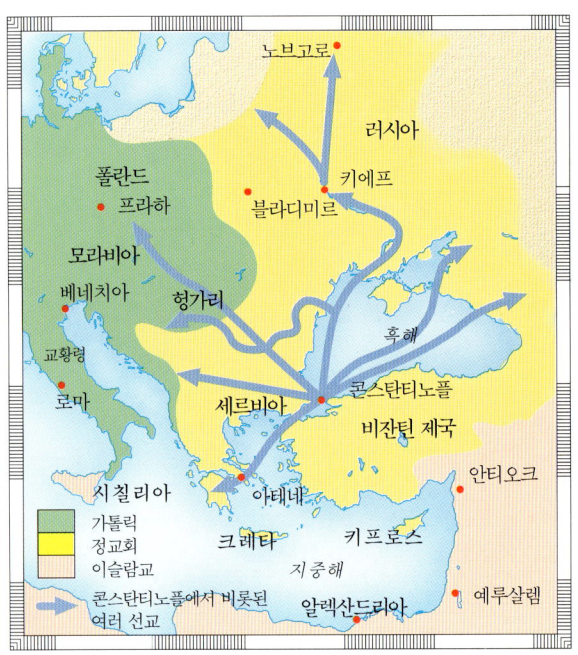

동방에서의 정교회 선교

동방 교회의 경계는 9-11세기 동안 콘스탄티노플로부터 파견된 선교사들의 활동으로 크게 확장되었다. 동방 교회는 사람들에게 자신들의 언어로 예전을 거행하도록 허락하였다.

결국 블라디미르는 비잔틴 형식의 신앙을 선택하였다. 그래서 988년 그는 모든 신하들에게 자신과 함께 세례를 받으라고 명령하였다. 그리고 그렇게 하지 않으면 황제의 진노를 살 것이라고 천명하였다. "누구든지 내일 세례 받으러 강으로 오지 않는 사람은, 가난하든 부유하든 나의 총애를 흘러 들어갔다. 864년 불가리아 왕(차르)은 세례를 받았고, 그를 따라서 백성들도 루마니아와 세르비아 사람들과 함께 점차 동방 교회에 속하게 되었다. 그러나 모라비아는 800년대 말경에는 분명히 서방 교회 안에 있었다. 보헤미아(오늘날 체코의 일부)도 볼레슬라브 2세 왕자(967-99년 재위)의 영도 하에 10세기에 불가리아처럼 기독교를 믿었다. 한편 모라비아 북쪽의 폴란드는 라틴 형식의 기독교로 개종하였다. 폴란드의 지도자는 대략 967년경 세례를 받았고, 그의 아들 볼레슬라브 크로브리(992-1025년 재위) 밑에서 백성들이 기독교를 믿기 시작했는데, 그 전파 속도는 대단히 빨랐다.

러시아가 동방 교회를 받아들이다

보다 동쪽으로는 러시아라는 광활한 영토가 자리잡고 있었다. 수년 동안 동·서방의 선교사들은 러시아에 복음을 전하려고 애를 썼지만 성과는 별로 없었다. 10세기 말쯤 키에프의 황제 블라디미르는 기독교를 공식 종교로 받아들이기로 결정하였다. 그는 기독교의 분열 양상을 잘 알고 있었으므로 가능한 한 순수한 형태의 기독교를 수용하려고 하였다. 따라서 그는 대사들을 이리저리 파견해서 러시아인의 기질에 맞는 기독교가 어떤 것인지 알아보도록 하였다. 대사들은 콘스탄티노플의 화려함에 놀랐다. 특히 6세기에 황제 유스티니아누스가 세운 하기아 소피아 대성당(76쪽 참조)을 보았을 때 그들의 놀라움은 극에 달하였다. 그들은 거기에서 드려지는 신비스러운 예배에 대해 이구동성으로 증언하였다. 그들은 황제에게 돌아가서 자신들이 보았던 아름다움을 입에 침이 마르도록 찬양하면서 보고하였다.

> "우리가 하늘에 있는지 땅에 있는지 알지 못하였습니다. 왜냐하면 지상에는 그와 같은 찬란함이나 아름다움은 존재하지 않기 때문입니다. 우리는 그 광경을 어떻게 말해야 할지 모를 지경입니다."

블라디미르가 보낸 대사들이 콘스탄티노플의 하기아 소피아 대성당을 묘사한 말

로마와의 연합

그리스 선교사가 슬라브 지역에 들어서고 그곳 사람들을 개종시키는 데 성공하는 동안, 서방 기독교 역시 그곳에서 활동할 터전을 얻게 되었다. 크로아티아, 보헤미아, 슬로바키아, 모라비아, 폴란드인들이 서방 교회로 들어왔다. 더욱이 헝가리에 정착한 마기야르인들도 자신들의 왕 스테파노스 1세(997-1038년 재위)가 기독교로 개종하면서 나라 전체를 기독교화하자 서방 교회에 포함되었다. 때때로 개종의 과정은 교황이 주교를 취임시킨다든지, 정치적으로 연합한다든지, 혹은 경건한 통치자의 도움으로 이루어졌다.

블라디미르가 동방 기독교로 세례받다

블라디미르는 이슬람교도들이 자신의 사자(使者)를 받아들이지 않는다는 사실을 알고서 그리스 정교회에 귀의하기로 결심하였다. 이는 유대교가 백성들에게 알맞지 않으며 서방 교회는 너무 단순하다는 그의 생각 때문이기도 하였다. 위의 그림은 『네스토르의 연대기』에 들어 있다. 이 책은 블라디미르의 생애를 말해 주는 것으로는 가장 오래된 것이다.

키릴로스와 메토디우스

9세기 후반에 태어난 이 그리스 형제는 사제가 된 후 862년에 모라비아인들을 개종시키기 위해서 선교 여행을 떠났다. 그들은 신약성서와 예전을 그곳 사람들의 언어로 번역하였다(이를 위해서 두 사람은 당시까지 문자가 없던 슬라브어의 문자를 고안해 내었음). 교황은 868년에 이러한 일들을 승인해 주었다. 키릴로스는 다음해 로마에서 세상을 떠났으며, 메토디우스는 모라비아의 대주교로 임명되어 884년 죽는 날까지 그곳에 남아 있었다.

좋다고 다시 인정하였으나, 성상들이 존경의 대상은 될지언정 예배의 대상은 아니라고 분명히 밝혀 놓았다. 하지만 813년 황제가 성상 파괴를 명령하자 이 논쟁은 다시 불거져 나왔다. 843년 여황제 테오도라 2세가 정교회 공의회를 소집해서 성상에 대한 숭배를 다시 허락함으로써 마침내 이 논쟁은 종식되었다. 결국 성상을 둘러싼 논쟁은 동방 교회들이 얼마나 황제의 의지에 철저하게 종속되어 있었는가를 여실히 보여 준 사건이었다. 오늘날 동방 교회는 매년 이 공의회를 기념하고 있다.

포티우스 논쟁

858년 콘스탄티노플의 주교 이그나티우스는 포티우스의 뜻에 의해서 자리를 내 놓았다. 이그나티우스는 성상 파괴론에 반대하였을 뿐만 아니라 성상을 반대했던 사제들을 다시 사제로 받아들이는 것도 거부하였다. 사람들은 그를 영웅처럼 우러러보았다. 왜냐하면 성상 파괴가 그토록 심한 유혈극을 초래했기 때문이다. 3년 후 콘스탄티노플 시노드가 포티우스를 주교로 임명하자 이그나티우스는 이번에는 로마에 도움을 청했고 결국 교황의 지지를 얻어 냈다. 새롭게 지명된 주교 포티우스는 반격에 나서서 교황이 콘스탄티노플의 일에 부당하게 간섭했다고 비난하였다.

결국 867년 콘스탄티노플에서 또 다른 시노드를 소집한 포티우스는 주교들을 설득해서 교황을 출교시켜 버렸다. 10년 후 이그나티우스가 세상을 떠난 후에야 로마와 콘스탄티노플은 겨우 관계를 회복할 수 있었다.

그러나 상처의 골은 너무 깊었고, 그로부터 1054년 완전히 분열될 때까지 동·서 교회는 갈라져서 실질적으로 두 개의 교회가 되었다.

슬라브족 선교

한편 복음은 동쪽으로 계속 전파되고 있었다. 모라비아(오늘날 체코의 일부)에 파견된 첫번째 선교사들은 게르만 출신이었다. 그러나 그들은 원주민의 언어를 말할 줄도, 쓸 줄도 전혀 몰랐기 때문에 선교 활동은 커다란 벽에 부딪치고 말았다.

862년 북부 그리스 데살로니카 출신의 두 형제 키릴로스와 메토디우스는 황제 미카엘 3세의 호의에 힘입어서 모라비아인들에게 복음을 전하기 시작하였다. 그들은 성서를 모라비아어로 번역했고, 그들의 언어로 성찬식을 거행하였다. 그들의 선교 사업은 성공을 거두었고 많은 사람들이 기독교로 개종하였다. 그러나 이 두 형제가 환영만을 받은 것은 아니었다. 그리고 기독교 역사에서 종종 일어나는 일이듯이, 그들을 배신했던 사람도 다름 아니라 바로 그들을 따르던 사람들이었다. 그들은 게르만 주교들이 속어(俗語)로 성사를 거행하지 못하게 해야 한다고 교황에게 탄원했던 것이다. 하지만 교황 아드리아누스 2세는 두 형제에게 민중의 언어를 그대로 사용해도 좋다는 허가를 내렸다. 그러나 수년이 지난 후 교황 스테파노스 5세는 슬라브어로 예식을 거행하는 것을 금했기 때문에 키릴로스와 메토디우스를 따르던 사람들은 망명길을 떠나 불가리아로

포티우스 주교의 재판

포티우스(왼쪽에서 세 번째)가 자신을 고발한 사람들 앞에서 손을 들어 보이고 있다. 이 재판은 886년 비잔틴 법정에서 온 그의 적들이 그에게 잘못된 혐의를 씌움으로써 벌어졌다. 솔직하고 급진적인 포티우스는 불가리아에 대한 라틴 선교를 비난했고, 신조에 들어 있는 필리오케(98쪽 설명 참조)라는 말을 부정하였으며, 교황 니콜라스를 "주님의 포도밭을 파괴한 이단"이라고 고발하였다. 포티우스는 주교였으나 한 번 자리에서 물러났다가 다시 그 자리에 오르기도 하였다. 하지만 결국 886년에 그는 주교직을 사임하였다.

그리스와 러시아 이콘 — 신앙의 상

동방 신학과 미술, 경건, 이콘(그리스어로는 에이콘(eikon)인데, 이것은 상(像)을 의미함)의 본질적인 부분은 그리스도, 마리아, 성인들을 그려 넣은 조그마한 목제 패널이다. 케사리아의 주교 유세비우스에 의하면 가장 먼저 그려진

> *"문자를 아는 사람에게 글씨가 있듯이, 이콘은 글을 모르는 사람들을 위한 것이다. 말이 귀로 듣는 것이듯이, 이콘은 눈으로 보는 것이다."*
>
> 성 다마스커스의 요하네스

이콘은 베드로와 바울이었는데, 이것들은 현존하지 않는다. 1세기의 기독교 박해 시에 소실되었기 때문이다.
8·9세기 내내 여러 동방 황제들은 공공 예배에서 이콘을 사용하는 것을 금지하였다. 그리스도를 나타내는 것으로서 유일하게 허락된 형태는 고대의 키-로 상징이나 알파와 오메가 상징이었다(41쪽 그림 설명 참조). 보석을 박은 십자가 역시 허락되었다. 그러나 이콘을 사용하지 못하게 하자 전쟁이 일어났다. 이콘을 누구보다도 열렬히 숭배하던 수도사들은 박해와 고문을 받았고, 그러다가 순교하기도 하였다. 그래서 762년부터 775년 사이는 "피의 시대"라고 불리기도 하였다. 일단 제2차 니케아 공의회(787년)가 이콘의 사용과 마리아, 성인 숭배를 다시 허락하자 9세기 중엽부터 이콘 제작이 봇물 터지듯 이루어졌다. 이러한 현상은 1453년 콘스탄티노플의 함락과 함께 종식되었다.
이슬람교도들이 콘스탄티노플을 점령한 이후 이콘 제작의 중심은 크레테와 러시아로 옮겨졌다. 이때부터 이콘의 양식은 거의 변하지 않았다. 8·9세기 동안 맹렬한 공격을 받으면서도 지켜 온 고대 동방 전통에 충실하겠다는 생각 때문이었다.
그러나 서방에서는 이콘의 사용이 동방에서처럼 발전되지 못하였다. 이것은 동방과 서방의 예배의 차이에서 비롯된 것이었다. 이콘은 역사적 인물을 나타내는 것이지만, 사람들은 그것이 현실적이라기보다는 영적인 초상화가 되기를 원하였다. 그들은 영적인 것과 신학적인 진리를 교통시키려 하였다. 동방 교회에서 이콘은 "하늘로 이르는 창"이다. 즉 그것을 통해서 신자들은 하느님과 교통하고 은혜를 받는다는 말이다. 이콘을 통해서 성인에게 다가갈 수 있다. 과거 동방 기독교인들은 집에 성인을 그린 조그만 이콘을 가지고 있었다. 또 여행할 때도 그것을 가지고 다녔다. 전투에 나가는 군대도 이러한 상을 통해 축복을 받았다.
동방 정교회에서는 이콘으로 장식된 화상칸막이(iconostasis)로 지성소를 가려 대중들이 보지 못하게 한다. 의식을 거행하는 동안 향을 피우고 사람들은 성인에 대한 존경과 숭배의 의미로 가득 찬 화상에 입을 맞춘다. 오늘날까지 신자들은 교회를 방문해서 모든 화상에 입을 맞추고 이콘으로 그려진 성인에게 기도를 드린다.

수난의 하느님의 어머니
동방 교회는 "하느님을 낳으신 분" 또는 "하느님의 어머니"로서의 마리아의 역할을 대단히 중요시한다.

그레고리우스 팔라마스(1296-1359년)의 이콘
14세기 그리스 신학자 그레고리우스 팔라마스는 죽은 지 얼마 안 있어서 성자의 명부에 올랐으며, 정교회의 아버지이자 박사로 불리었다.

둥근 천장으로 덮인 내부가 한낮을 삼키네.
촛불을 밝혀 기도하는 그곳에서
촛불은 성인의 갸름한 눈을 비추네.
그분은 놀란 기색도 없이
순교자들이 그려진 벽을 바라보고 있네.
벽 위에는 창문을 통해 들어온 한낮의
빛이 희미하게 내려앉고,
촛불이 오돌토돌한 나무와 그 위에 칠한
금이 간 색깔(푸른 빛을 띤 초록색,
붉은 색, 금색)을 비추면,
수없이 입을 맞춘 이콘이 드러나네,
아마도 14세기쯤에 만들어졌을
이콘이······

— 존 베트예만의 "그리스 정교회" 중에서

영광과 분열

서방이 붕괴되어 가던 600년대에 동방은 서방과는 대조적으로 괄목할 만한 르네상스기를 구가하고 있었다. 동방의 황제는 자신이 콘스탄티누스의 후예임을 잊지 않았다. 그래서 그는 첫번째의 기독교 황제의 도시인 콘스탄티노플에서 살았다. 콘스탄티노플은 화려한 건물로 가득 찼으며 무역에서도 성공을 거두고 있었다. 황궁을 방문한 사람들은 황제를 둘러싸고 있는 호화찬란함에 경외심마저 느꼈다. 값비싼 실크 옷을 입고 황금 권좌에 앉은 황제는 마치 신처럼 보였다. 그의 주위에는 향긋한 향기가 감돌았으며, 타조 깃털 부채를 부쳐 일으킨 바람이 부드럽게 맴돌고 있었다. 황금으로 모자이크된 황궁의 아름다움은 콘스탄티노플에 머물고 있는 각국의 대사들이나 학자들, 그리고 입궁이 허락된 교회 성직자들을 압도하기에 충분하였다. 그러나 10세기 말 동방과 서방의 문화적·정치적·종교적 차이가 너무 커져서 머지않아 분열될 것임을 알리는 위험한 징조들이 도처에서 감지되고 있었다.

성상 파괴

8세기에 황제 레오 3세(717-41년 재위)가 콘스탄티노플의 권좌에 앉아서 서방을 불편한 심기로 바라보기 시작하면서부터 하나의 중요한 분열 양상이 처음으로 표면화되었다. 6세기 말의 그레고리우스 대교황때부터 로마 주교는 그들의 영지를 충실히 관리함으로써 확실한 권리를 지닌 영지의 소유주가 되었다. 레오 역시 터키인들이 파죽지세로 쳐들어오는 것을 보고 있었지만, 그들의 진격을 저지했던 것은 다름 아니라 무식한 프랑크족이었다는 사실에 마음이 불편하였다. 차제에 그는 성상 반대론자들을 편들어 줌으로써 군대의 지지를 받아 수도사들과 교회 지도자들을 공격하고자 하였다.

성상 파괴론자들은 성상 숭배를 격렬하게 반대하던 사람들이었다. 그들은 『출애굽기』에 기록되어 있는 우상 금지 명령을 강하게 믿고 있었다. "너희는 위로 하늘에 있는 것이나 아래로 땅 위에 있는 것이나, 땅 아래나 물 속에 있는 어떤 것이든지 그 모양을 본따 새긴 우상을 섬기지 못한다."(『출애굽기』 20:4) 726년 드디어 레오는 콘스탄티노플 시 정문에 걸려 있는 거대한 그리스도 상을 철거하라고 명령하였다. 이어서 그는 모든 그리스도 상과 성자 상을 부수라고 명령하였다. 이러한 행동으로 성상 파괴론자들의 지지와 칭찬을 받아 내는 데 성공하자 황제는 차제에 자신의 권위를 서방 세계까지 확장시키려 하였다. 그는 시칠리아에 있는 영토를 병합했고 남부 이탈리아도 자신이 다스려야 한다고 주장하였다.

성상을 둘러싼 논쟁은 787년 제2차 에페소스 공의회에서 해결을 본 듯하였다. 이 공의회는 거룩한 상을 사용해도

"필리오케(filioque)" 논쟁
서방 교회와 동방 교회의 중요한 신학적 차이는 성령을 둘러싸고 야기되었다. 589년의 톨레도 공의회는 니케아 신조(61-63쪽 참조)에 "나는 아버지와 그리고 아들로부터(라틴어로 filioque) 나오는 성령을 믿습니다."라는 구절을 첨가하였다. 9세기의 주교 포티우스는 "그리고 아들로부터"라고 첨언한 것에 반대하면서 그 말을 사용하는 자들을 이단이라고 정죄하였다. 그는 공의회가 이 구절을 삽입할 권한이 없으며, 그러한 구절은 정통 신앙이 아니라고 주장하였다. 이것이 오늘날까지 동·서 교회를 나누어 놓는 이유 중 하나였다.

그리스도의 상을 회칠하거나 창으로 찌르는 성상 파괴론자들

이 11세기의 사본은 8세기의 성상 논쟁을 그리고 있다. 종교적 성화를 파괴하고 성상을 예배하는 사람들(iconophiles)을 박해함으로써 동방 교회는 크게 분열되었다. 일반적으로 수도사와 평신도들은 성화를 옹호했던 반면 많은 황제들은 잔인하게 화상을 파괴할 방법을 모색하였다. 많은 성상 예배자들이 화상을 옹호한다고 해서 박해를 당하였다. 그들은 화상이 자신들의 종교적 삶에서 필요하다고 생각했던 것이다.

봉건 제도와 교회

중세 유럽에서 일반 사람들은 거룩한 질서를 지닌 사회에 살고 있다고 느끼고 있었다. 당시의 경제·정치 제도는 엄격하게 위계적이었으며, 신에 의해서 승인되었다고 여겨진 피라미드 모델에 기초해 있었다. 대부분의 사람들은 가난에 시달렸다. 그들은 남의 땅, 즉 부유한 사람의 땅을 부쳐 먹으면서 한 해 한 해 근근이 살아 가고 있었다. 그들은 극소량의 식량을 위해서 일해야만 하는 농노(노예에 가까움), 농부이거나 또는 이보다도 못하였다. 사회의 대부분을 차지하는 이런 사람들 위에 땅을 소유한 영주가 군림하고 있었다. 또한 대개 노동자들을 감독하고 지휘하는 일련의 중간 계급 사람들이 있었다. 영주는 공작이나 왕의 신세를 지고 있었다. 이들은 영주로부터 봉사나 공물을 받고서 적은 군대를 가지고 영토를 지켜 주었던 것이다. 수도원도 이러한 봉건적 위계 질서를 모델로 구성되었다. 수도원장이나 주교는 영주와 가신(家臣)의 역할을 하면서 수도원이 갖고 있는 영토를 다스렸다.

수도원이 급격하게 부유하게 된 데에는 여러 가지 이유가 있었다. 대개 수도사들의 가족들은 수도원에 무언가를 기증하였다. 지역의 영주가 싸움터에라도 나가게 되면 그들은 자신의 재산을 돌보아 달라고 수도원에 맡겼다. 하지만 만일 영주가 돌아오지 못하게 되면 그 재산은 고스란히 수도원의 재산이 되어 버렸다. 수도원 내의 지위 가운데에는 보다 젊은 귀족 자제들의 구미에 잘 맞는 자리가 있었다. 왜냐하면 귀족의 칭호와는 달리 그들은 세습을 통해서 물려받은 칭호가 아니었기 때문이다. 이렇게 수도원들이 군주들로부터 부와 보호를 누리면 누릴수록 그들의 생활 양식은 점점 쾌적하게 되었다.

기도하는 수도회

봉건 중세 사회에서 수도원은 중요한 역할을 하였다. 그들은 매일 매일의 기도와 찬양을 본질적인 것으로 생각하였다. 전쟁이 일어나거나 전염병이 돌 때에는 특히 그러했다. 농노들은 일하고 기사들은 싸우고 있는 동안에 수도사들은 신에게 기도를 드렸다.

인물이었다. 오딜로는 농사를 짓는 데 많은 시간을 보낸다는 베네딕투스 교단 본래의 전통에서는 조금 벗어나서 교회 음악과, 예식에서 노래를 부르는 일을 장려하였다. 나아가 오딜로는 "먼 지역에서 가져온 기둥과 보석으로 수도원들을 아름답게 장식하였다."

수도원장과 부원장을 자유 선거에 의해서 뽑는다는 사실을 제외하고서라도 클뤼니 수도원은 여러 방면에서 효과적인 개혁을 단행하였다. 그들은 교구와 지역 시노드에서 지역 개혁을 추진했는데, 특히 성직자의 독신 생활을 강화하였다. 또한 그들은 "신이 내린 휴전"(일시적 사투 중지령, 개인간의 싸움을 중단하는 명령/역자 주)이라는 캠페인을 벌이면서 개인간의 평화를 촉진시켰다. 이것은 성직자와 부인, 어린아이들, 그리고 교회 건물을 도적이나 기타의 공격으로부터 보호하려는 시도였다. 클뤼니 수도원의 수도사는 교구의 주교로 임명되었으며, 교회의 권력 남용을 없애 달라고 교황에게 진정하는 가운데, 특히 교회 성직 매매를 근절시킬 것을 촉구하였다. 클뤼니 수도원이 교황청을 복구하는 데 중요한 역할을 했으므로 몇몇 교황들은 그들의 개혁을 열렬히 지지하였다. 두 세기 동안 클뤼니 수도원은 수백 개의 새로운 재단을 설립했으며 낡은 수도원을 개혁하였다. 이 공동체는 평신도 지도자들로부터의 독립과, 지역 주교의 간섭에서 벗어나는 일을 중요시했지만, 그 어떤 통치자도 방대한 토지를 가지고 있는 이들을 그대로 내버려 두지 않았다. 평신도 중에서도 거물급들은 땅과 부, 그리고 자신들의 영역에 들어와 있는 중요한 수도원을 다시금 손에 넣으려고 혈안이었다. 그리고 주교들과 다른 수도원들도 클뤼니 수도원을 차지하려는 욕심에 있어서만은 의견이 일치하였다.

수도원과 성인들

지역 공동체에서 수도원은 일상생활이나 종교적인 삶에 중요한 역할을 하였다. 성인들을 숭배하기 위해서 지역 수도원을 찾는 일은 사람들에게 흔한 일이었다. 사람들은 때로는 클뤼니의 오도처럼 아직 생존해 있는 성인도 수호 성인이라고 여겼다. 그래서 지역 사람들은 수도원 내에 안치된 거룩한 유물이나 상(像)에게 보호와 도움을 요청하거나 기도하기 위해서 수도원에 모여들었다. 많은 사람들은 그렇게 함으로써 병이 낫고 불행에서 벗어난다고 믿었다.

교회의 그릇

교회에서 사용되던 기본적인 그릇은 성만찬의 빵을 담는 성반(聖盤, 파테나)과 포도주를 담는 성찬배(聖餐杯, 칼리스)였다. 이들은 금이나 은으로 만들었으며 때로는 보석이나 값비싼 돌로 장식하였다. 위의 성찬배는 8세기 비잔틴 교회의 것으로서 마노(瑪瑙)를 새겨 넣은 것이다.

교회, 국가, 수도사

성직자의 의상
대개 성직자들은 평신도처럼 입고 다녔다. 그러나 의식을 거행할 때에는 고급 실크로 된 미사복을 입었다. 이것은 손목 길이까지 오는 셔츠 위에 걸쳐 입었다. 어떤 제복에는 보석이 박혀 있었고, 황제의 궁정에서 입는 의식용 띠가 둘러 있었다.

936년 새롭게 복원된 신성 로마 제국의 황제로서 독일의 오토 1세가 등극하면서 교회 개혁은 마침내 시작되었다. 오토는 독일 교회와 긴밀한 관계를 유지하였다. 그는 주교와 수도원에 엄청난 토지를 기증하고 교회 지도자들의 신분을 상승시킴으로써 그들의 지원과 충성을 얻어 냈다. 한때 오토는 곤궁에 빠져 있는 로마 교회를 구해 준 적도 있었다. 그리고 나서 오토는 자신이 동의하지 않는 한 새로운 교황은 선출될 수 없다는 사실을 교회에게 주지시켜 놓았다. 이처럼 오토는 이탈리아 정치의 파괴적인 압력으로부터 교회를 구해 주었지만, 교황과 서방 황제 사이의 권력 투쟁은 수세기 동안 계속되었다.

클뤼니 수도원

사면초가에 빠진 교황을 도우려는 노력은 10세기 초 베네딕투스 교단에서도 일어났다. 909년경에 아퀴테인의 공작 윌리엄은 북프랑스 클뤼니에 12명의 수도사를 위한 수도원을 건립하였다. 그는 종규를 정하고 이 수도원을 교황의 직할하에 둔다는 특별 규정을 덧붙여 놓았다. 이러한 방법으로 수도사들은 평신도나 이웃 주교의 간섭으로부터 벗어날 수 있었다.

20년이 지난 후 교황 요하네스 11세(931-35년 재위)는 클뤼니 수도원에게 연맹을 결성할 수 있는 권한을 주었고 클뤼니 가문에 속하기를 원하는 종문(宗門)도 모두 받아들였다. 그들은 클뤼니 수도원장에게 직접 복속되는 수도원 부원장이 되었다. 평신도들의 통제를 받지 않을 권리는 많은 종문에게 매력적으로 보였으므로 1000년이 시작되는 여명기에 1,000개가 넘는 수도원들이 클뤼니를 따랐다. 당시의 어떤 사람은 이 현상을 다음과 같이 자랑스럽게 바라보았다. "우리의 거룩하신 주님이 태어나신 후 해마다 하나의 종문이 늘어난다."

클뤼니 수도원을 이끄는 수도원장들은 장수를 누리는 현명하고 거룩한 인물들이었다. 그중 994년경에 수도원장으로 선출된 오딜로는 클뤼니 수도원을 교육과 전례, 교회 예술의 중심으로 만들려고 애썼던

교황 우르바노 2세가 클뤼니에서 성대(聖臺)를 봉헌하다
클뤼니 수도원은 귀족이나 주교의 세력에서 벗어나 오직 로마 교황에게만 직속되었던 첫번째 수도원이었다. 중세 교회를 개혁하는 데 중요한 역할을 하였던 클뤼니 수도원은 베네딕투스 종규의 모든 가르침에 충실히 따랐다.

유럽의 개종

광기와 비도덕성

882년, 정말 믿을 수 없는 일이 일어났다. 교황 요하네스 8세가 암살당한 것이다. 교황의 암살은 처음 있는 일이었다. 요하네스는 불만을 지닌 측근의 손에 죽임을 당하였는데, 그들은 독살된 교황의 시신조차도 가만히 내버려 두지 않고 마구 때렸다. 사태는 여기에 그치지 않고 더욱 해괴한 일이 꼬리를 물었다. 896년 가을, 교황 스테파노스 7세가 자신의 선임자 포르모수스의 시신을 무덤에서 파 내 교황의 옷을 입혀 놓은 것이다. 스테파노스는 이미 사망한 교황의 죄상을 낭독하고 나서 교황의 반지 낀 손가락을 잘라 버리고는 시신을 티베르 강에 던져 버렸다. 스테파노스는 포르모수스의 질시를 받던 적대자였으므로 마음의 평정을 잃었음에 틀림없다. 하지만 스테파노스 자신도 난폭한 종말을 맞게 되었으니 인과응보라고 하지 않을 수 없다. 그는 투옥되었다가 로마 군중들에 의해서 교수형을 당하였다.

세기말로 갈수록 상황은 점점 꼬여만 갔지만, 10세기에 접어들면서부터 교황과 교회는 비교적 평화를 누릴 수 있었다. 915년 교황 요하네스 10세와 이탈리아의 왕 베렝거 1세가 연합해서 사라센인들을 물리쳤을 때 사태는 호전되는 듯하였다. 그러나 얼마 가지 않아서 요하네스는 망명을 떠났고(928년), 결국 살해되었을 것이다.

성직자를 교육시킴

16세기에 성직자를 교육시키기 위한 신학교(세미나리)가 생기기 이전에는 신학 교육 시스템도 없었고 성직자 후보생을 엄격하게 다스리는 제도도 없었다. 따라서 힘있는 사람이라면 심지어 부제(副祭)를 건너뛰고 바로 돈이 잘 벌리는 높은 성직 계급을 자기 멋대로 취할 수도 있었다. 이들과는 반대로 가난한 교구 사제들이 있었다. 그들은 대부분 교육을 받지 못해서 아는 것도 거의 없었고, 따라서 신앙을 가르칠 만한 능력은 거의 갖추지 못하였다.

> "왜냐하면 지상의 어떤 권세도 교황청을 심판하지는 못하기 때문이다."
>
> 로마 시노드, 800년

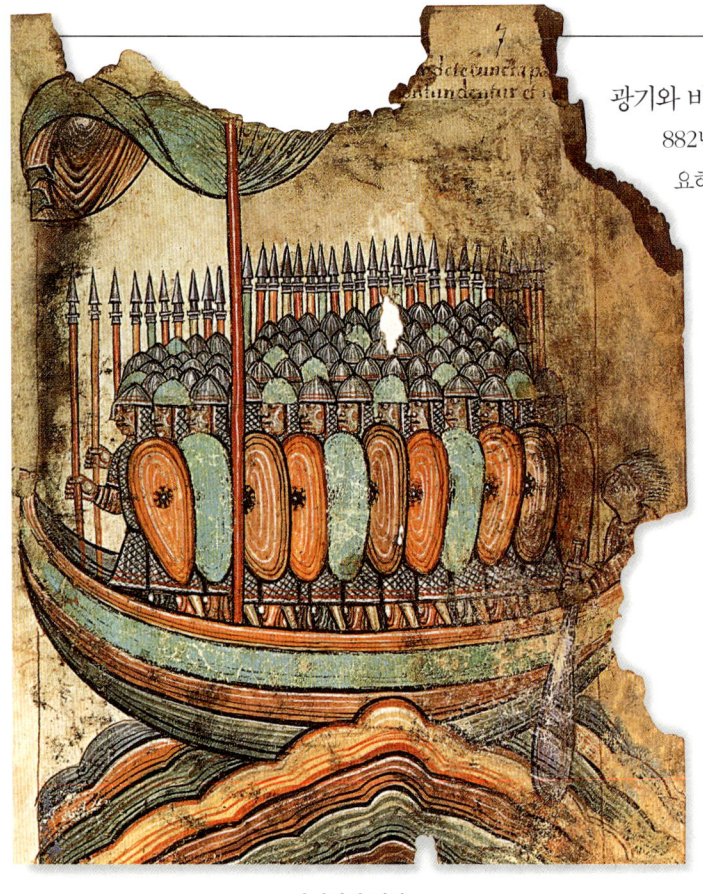

바이킹의 전함
9세기 내내 바이킹의 전함들은 서유럽의 마을과 수도원을 공격하였다. 많은 바이킹들은 정복한 지역에 정착하였는데, 그중 한 무리는 프랑스의 루엔 마을 주위에 정착하였다. 이 지역은 결국 노르망디, 즉 "북구인의 땅"이라고 불리게 되었다.

힘든 상황이었다.

공격받는 로마

당시는 교황에게도 편안한 시대가 아니었다. 교황은 막강한 정치가들의 반대를 헤쳐 나가면서 근근이 자신들의 독립을 지키지 않으면 안 되었다. 824년 새로 선출된 에우게니우스 2세는 서방 황제에게 충성을 맹세하기도 하였다. 하지만 843년 제국이 분열되면서 이것도 헛수고가 되어 버리고 말았다. 교황은 사라센인들이 침공해 올 가능성에 신경을 쓰고 있었다(왼쪽 설명 참조). 교황 세르기우스 2세의 재위 기간 동안 사라센인들이 로마를 휩쓸고 약탈하였다. 그들은 심지어 바티칸에 있는 성 베드로의 묘혈도 파괴하였다. 세르기우스의 뒤를 이은 교황 레오 4세는 바티칸을 튼튼히하고 로마의 회랑을 보수하였다.

니콜라우스 1세(858-67년 재위)는 동방 황제의 간섭으로부터 벗어나고자 하였다. 황제는 콘스탄티노플의 주교 포티우스의 재가를 받으려고 하지 않았다.(100쪽 참조) 그는 만만해 보이는 주교를 억누르면서 자신에게 도전하지 못하도록 하였다. 이로 말미암아 황제는 라임스의 힝크마 대주교와 대결하게 되었다. 니콜라우스는 또한 자신의 부인과 이혼하려다가 로레인의 로테이어 왕과도 충돌하였다.

J. P. 로렌스, "교황 포르모수스와 스테파노스 7세"
무덤에서 파 낸 교황 포르모수스의 시신이 교황의 아름다운 옷이 입혀진 채 로마에서 열린 그의 "재판"에 참석해 있다. 이 그림은 9세기 교황청을 둘러싸고 있던 광기를 상기시켜 준다.

혼돈에 빠진 서방 유럽

포위된 제국

814년에 샤를마뉴가 죽은 후 그의 제국은 사방에서 공격을 받았다. 800년대 내내 헝가리어를 말하는 마기아르인들(원래는 중앙 아시아 출신)이 동쪽으로부터 유럽의 많은 지역을 공격하였다. 슬라브인들은 다뉴브 강 근처의 평원으로부터 남동쪽으로 쳐들어왔다. 남쪽에서는 이슬람교도들인 사라센인들이 밀어 닥쳤다. 북쪽으로부터는 바이킹마저 내려왔다. 이들은 스칸디나비아로부터 배를 타고 내려온 것이다. 이들은 다른 침입자들보다 더욱 파괴적이고 잔인하였다. 약화된 샤를마뉴의 제국은 혼돈에 휩싸여서 이러한 맹공격에 속수무책이었다.

샤를마뉴가 세상을 떠난 지 수십 년이 채 못 되어서 그의 제국은 분해될 운명에 처해 있었다. 그의 아들과 손자들은 물려받은 영토를 다스릴 능력도 없었을 뿐더러 이슬람교도들이나 슬라브인, 마자르인, 바이킹들의 공격을 막아 낼 능력은 더욱 없었다. 방대한 부를 간직한 유럽은 쳐들어오는 바이킹들에게 혼비백산한 상태였다. 바이킹은 스칸디나비아로부터 남쪽으로 휩쓸고 내려왔다. 노르웨이인, 스웨덴인, 덴마크인들은 파죽지세로 쳐들어오면서 마을을 파괴하고 수도원을 약탈하였다. 그토록 난폭한 바이킹이 쳐들어왔는데도 아일랜드 수도사들은 하느님께 자신들의 안전을 위해 기도했다니 그저 놀라울 뿐이라고 하지 않을 수 없을 것이다. 당시의 기록을 보면 침입자들의 난폭한 살인과 약탈에 대한 공포스러운 이야기뿐이다. 유례없이 잔인했던 침입자들이 휩쓸고 지나간 후, 기독교 유럽이 구가하던 과거의 영광은 온 데 간 데 없어지고 창백한 그림자만이 남았다.

9세기에는 교황청의 재산도 기울었다. 원인은 교황청 외부의 문제보다는 오히려 내부의 문제 때문이었다. 교황청의 몇몇 성직자들은 그 직위에 걸맞지 않는 사람들이었다. 9세기부터 11세기까지 교황청은 힘 있는 로마 가문이 독차지하였다. 몇몇 후보자들은 교황 자리를 차지하기 위해 으르렁거렸다. 저마다 자신은 적법하게 선출되었노라고

> "주여, 북쪽의 미친 해적들로부터 저희를 구해 주시옵소서."
>
> 9세기 켈트 수도사들의 기도

주장했지만 사실상 가문이나 파벌에 의해서 억지로 얻은 자리였다. 사정이 이렇다 보니 어떤 교황은 암살되거나 독살되기도 하고, 혹은 자리에서 쫓겨나기도 하였다(오른쪽 페이지 참조). 참으로 영향력을 발휘하는 교황은 찾아보기

필사본 채식(彩飾) 예술

우리가 수도사에 대해서 가지고 있는 이미지, 즉 조용한 곳에 떨어져 있으면서 열심히 책을 채식하는 모습은 대체로 정확하다고 할 수 있다. 중세 사회에서는 오직 그들만이 교육받은 계층이었다. 9·10세기에 시민의 질서와 문화가 거의 철저하게 붕괴되자 안정감을 유지시키면서 예술과 교육을 발전시켰던 것도 다름 아닌 수도원이었다.

책을 만들어 내는 일과 필사본 채색 작업에는 비용이 많이 들었다. 매 페이지는 고급 피지(불에 그을린 양이나 송아지 가죽)로 만들었으며 이를 부드럽게 문질러서 책으로 꿰매었다. 보다 후기의 책은 대단히 고급스러운 질로 만들었기 때문에, 한 장 한 장 만져 보면 고운 박엽지(薄葉紙)처럼 느껴질 정도이다.

색깔을 내기 위해서는 다양한 재료들이 사용되었으며, 수도원마다 비밀스러운 재료들을 사용해서 자신들만의 색깔을 간직하고 있었다. 가장 값진 것은

안슈타인 성서의 그림 문자
머릿글자는 여러 모양으로 장식 — "밝게 꾸미는 일" — 할 수 있었다. 밝은 색채를 사용할 수도 있었고 개개의 문자를 여러 가지 장면으로 장식할 수도 있었다. 위의 문자는 『요한복음』의 첫글자이다.

아프가니스탄에서만 나는 하늘색 유리(琉璃)였다. 중세 내내 유리는 모든 사람들이 탐내는 물건이었는데, 오직 성모 마리아의 망토를 채색하는 데에만 쓰였다. 특별한 가치가 있는 책에는 금을 사용하였다. 대개는 얇은 금박을 만들어 표면을 장식하였다. 계란 흰자 풀이나 고무풀을 이용해서 금박을 붙이고 그것을 문질러서 윤을 내었다. 은을 사용하는 경우는 매우 드물었다. 은은 공기와 닿으면 검게 산화되어 버리기 때문이었다. 검은 잉크는 물에 갠 그을음이나 철 오배자(五倍子, 황산철과 오배자)로 만들었다.

잉크는 고무풀과 섞어서 썼는데 그렇게 하면 잉크가 양피지나 필사본 위에 고착되기 때문이었다. 예전을 기록한 책에서 거룩한 텍스트는 검은 잉크로 썼고, 성직자와 음악가를 가리키는 것은 붉은 잉크로 썼다. 야만족들이 그렇게 자주 침입했음에도 불구하고 오늘날까지 많은 책들이 보존되어 왔다는 것은 놀라운 일이 아닐 수 없다.

중세 초기 교회 음악의 발전

예전이 발전하면서 교회 음악도 발전하였다. 6세기 말경, 교황 그레고리우스 1세(590-604년 재위)는 예전을 재조직했을 뿐만 아니라 당시까지 작곡되어 있던 모든 음악들을 성문화하였다.(73쪽 글상자 참조) 그레고리우스 성가(chant)라는 이름은 그래서 붙게 되었다. 그는 특별한 교회 음악 학교(Schola Cantorum)를 세워서 소년들에게 교황의 예전에 수반되는 모든 음악을 가르쳤다. 그레고리우스는 바실리카에서 거행되는 예전을 거들기 위해서 라테란 성당과 성 베드로 성당에 각각 합창단을 창설하였다. 이들 합창단은 그레고리우스 성가를 발전시키고 보급하는 데 일조하였다. 다음 두 세기 동안에 단선율 성가라고도 불리던 이 성가의 곡이 많아지고, 서방 교회의 주도적인 음악 형태가 되었다. 수도원도 음악 발전에 기여하였다. 수도사들은 예배를 위해서 음악을 작곡하였고 사본으로 정성스럽게 베끼는 작업을 하면서 음악을 보존하고 널리 퍼뜨렸던 것이다.

샤를마뉴의 유산

800년에 샤를마뉴가 등극하자 예전 음악에 새로운 전기가 마련되었다. 하나의 통일된 음악 양식을 갖기 위해서, 즉 신성 로마 제국 전체에서 거행되는 예전을 통일시키는 요소로서 음악을 이용하기 위해서, 황제는 전역에 걸쳐서 이러한 음악 양식을 가르치는 학교를 세웠다. 이미 몇 년 전 그의 아버지 키 작은 피핀은 로마 교회의 예전과 관계된 책들을 필사해서 프랑크 왕국 전역에 전파하고자 하였다. 샤를마뉴가 정력을 기울여서 이 임무를 달성하려고 했기 때문에 단선율 성가는 16세기 종교 개혁이 일어나기까지 서방 교회 어느 곳에서나 일반적으로 울려 퍼지는 음악이 될 수 있었다. 그러나 9세기 중반과 11세기 말 사이에 북유럽에서는 교회 음악이 더욱 발전하였다. 작곡가들은 사람의 목소리를 가지고 실험한 후

찬양
교회 음악은 문맹 시대에 성서를 쉽게 배우게 하기 위하여 발전해서 찬양의 본래적 의미를 나타내게 되었다.

초창기의 오르간 음악
중세 초기의 오르간에 대해서는 알려진 바가 거의 없다. 그러나 오르간은 교회의 종(鐘)처럼 사람들을 예배로 불러 모으기 위해서 사용되었을 것이다. 오르간은 오랫동안 자신만의 소리를 내는 악기로 여겨졌고 회중의 찬송을 반주하는 악기는 아니었다. 따라서 합창단과 오르간은 독창부를 번갈아 가며 담당했을 것이다.

옛 멜로디에 화음을 넣기 시작했던 것이다. 작은 수도원부터 큰 대성당에 이르기까지 성가는 더욱 아름답게 변형되었다. 11세기 말 프랑스에서는 오르가니스트들이 정선율(cantus firmus), 즉 테너(tenor)의 위·아래에 멜로디를 덧붙이기 시작하였다. 이것이 다성 음악(polyphony, 문자 그대로 "여러 소리")의 기원이었다. 소리들이 서로 조화를 이루어서 미묘한 화음을 내게 되었던 것이다.

악보

11세기 초 이탈리아 수도사 귀도 다레초는 합창단의 소년들이 전혀 들어 보지 못했던 음악을 노래 부를 수 있는 방법을 고안해 냈다. 그는 네 줄로 된 악보 위에 음을 표기하는 방식을 창안한 것이다. 음과 음 사이의 공간은 음계의 차이를 의미한다. 귀도의 고안을 알게 된 교황은 귀도를 불렀다. 귀도는 그 상황에 대해 다음과 같이 썼다. "교황께서는 기뻐서 나를 찾으셨다. 그리고 내 책을 넘기시면서 당신이 전에는 보지 못했던 구절을 노래하는 법을 배우실 때까지 꼼짝을 않으셨다." 이 방식은 모든 현대 악보의 근본이 되었다. 같은 세기에 음악은 동방에서도 처음으로 기록되었다. 러시아에서 이 성가는 "기보로 노래 부르기(znamenny raspev)"라고 불리면서 17세기까지, 즉 교역을 통해서 러시아가 유럽을 더 가깝게 접하면서 다른 형태의 교회 음악을 만나게 되기까지, 러시아의 교회 음악이 되었다.

> "나는 아무것도 모르고 읽을 줄도 모르는 가난한 노파이다. 하지만 교회에 가면 나는 거기에 그려진 낙원을 보고, 저주받은 자들이 끓는 물 속에 있는 지옥도 보게 된다."
>
> 중세 프랑스 시골 노파의 말

가리켜서 카롤링거 왕조 시대의 르네상스라고 한다.

기독교 문화의 등장

814년 샤를마뉴의 통치가 끝날 무렵, 중세 유럽 전체는 기독교 국가가 되었다. 텔레비전이나 영화, 잡지, 비디오, 컴퓨터 등이 없던 시절, 사람들의 일상사를 결정하던 곳은 다름 아닌 교회였다. 일요일의 성만찬과 금식일을 제외하고서라도 대중적인 헌신과 행렬 등으로 인해서 일주일이 그다지 무미건조하거나 단조롭지 않았다. 또한 이때에는 평신도들도 성만찬에 참석할 수 있었다(사람들을 위해서 거행되는 미사인데도 사람들과 함께 거행되지는 않았기 때문에 대개 사제들만이 성체〔聖體〕를 받았음).

축제일이 되면 예술가들은 형형색색의 화려한 행렬에 등장하는 물건들을 만드느라 정신이 없었다. 이러한 행렬은 다양하게 수놓은 장식품으로부터 정교하게 가공된 행렬 십자가, 촛대, 향로 등을 더욱 아름답게 장식할 수 있는 기회였다. 이 모든 일들은 하느님을 영화롭게 하는 것으로 여겨졌고, 하느님을 영화롭게 하기 위해서라면 아무리 노력해도 모자랐기 때문이다. 즉 하느님을 섬기고 영광스럽게 하는 일보다 더 소중한 일은 없다고 생각되었던 것이다.

가난한 사람들은 이러한 종교 행위의 부수적인 부분들 덕분에 먹고 살았다. 교회의 장식은 부자와 가난한 자가 함께 협동해서 만들어 낸 공동의 작품이었다. 예술 작품을 만들기 위해 많은 이들이 직업을 얻을 수 있었고 어느 정도는 가난의 짐을 벗을 수도 있었다.

> "교회에 그려져 있는 그림은 평신도들의 성서이다."
>
> 12세기 이탈리아의 수도사 그라티아누스

이미지에 의한 교육

중세 유럽 교회의 스테인드 글라스와 프레스코 벽화는 가난한 자들을 위한 성서였다. 글을 읽을 줄 아는 사람이 드물었던 중세에 유리창을 장식한 스테인드 글라스와 그림은 성서의 위대한 이야기를 전달할 수 있는 도구였다. 아름다운 스테인드 글라스는 원래 사람들의 눈을 즐겁게 하기 위한 것이 아니라 글을 읽을 줄 모르는 가난한 사람들에게 신앙의 원리를 가르치기 위해서 고안된 것이었다. 예배 시간에 설교자들은 유리창에 그려진 그림에 대해서 언급하거나, 성서의 장면들이 새겨진 천장으로 회중의 시선을 끌 수 있었다.

예술가들은 신약 성서와 구약 성서의 이야기들을 그림으로 즐겨 그렸다. 이새(다윗 왕의 아버지/역자 주)의 나무는 그들이 자주 그리는 이미지였다. 이것은 『마태복음』에 기록된 대로 예수의 족보를 나타낸 것이었다. 예수의 탄생과 십자가형도 예술가들이 즐겨 그리던 주제였다.

그리스도의 얼굴, 12세기 알사스의 위상부르 수도원
이 인상적인 모습은 가장 오래된 스테인드 글라스 중 하나이다. 11세기경 예술가들은 스테인드 글라스에 위대한 그림을 표현할 수 있었다. 비록 유리를 가지고 이야기를 전개하는 기술은 다음 세기의 기술자들에 와서야 완전해졌지만 말이다.

샤를마뉴는 제국을 확장시키기 위해서 예배에 참석했고 특히 수도원 예배에도 나타났다. 전례와 교회 음악 분야를 자문하던 영국 수도사 알퀸은 전례와 교회 음악을 보다 더 로마식으로 일치시키고자 하였다.

카롤링거 왕조 시대의 르네상스

유럽에서는 400년 동안 야만족들의 침입 때문에 이렇다 할 문학 작품 하나 탄생하지 못했다. 학교가 파괴되자 문맹자들의 숫자는 늘어만 갔고, 교육은 이제 수도원의 몫이 되었다. 그 결과 샤를마뉴의 재위 기간 동안 수도원은 문화적 르네상스의 중심이 되었다. 라틴어로 문서들을 필사하던(그리스어는 더 이상 공용어가 아니었음) 사원의 기록실(scriptoria)에는 이교도와 기독교인의 글들이 함께 보전되었다. 또한 아헨의 황궁에서 일하던 알퀸과 그의 제자들에 의해서 새로운 문자가 개발되었고, 철자법이 표준화되었다.

이 기간 동안 정교하게 쓰여진 기록들이 만들어졌다. 샤를마뉴는 교육의 중요성을 잘 알고 있었다. 그는 황제가 되기 전인 787년에 훈령집을 반포해서 모든 수도원과 주교의 사저들은 교육과 배움의 장소가 되어야 한다고 명령하였다. 사람들은 서방 세계에 대한 샤를마뉴의 이러한 유산들을

그랑발 성서의 한 페이지
샤를마뉴의 문화 부흥의 일환으로 캐롤라인 즉 카롤링거 소문자라고 알려진 새로운 문자가 개발되었다. 정방형으로 자른 깃털로 쓰면 고른 비율의 글씨로 깨끗한 편지를 쓸 수 있었다. 이 글자는 서유럽에서 많은 사람들이 사용하게 되었다.

요크의 알퀸

영국 요크셔에서 태어난 알퀸은 요크의 수도원에 들어가서 곧 수도원 학교의 교장이 되었다. 탁월한 재능을 인정받은 그는 요크 대성당의 지도자가 되었다. 781년 로마를 방문하는 동안 그는 샤를마뉴를 만났는데, 알퀸에게 큰 감동을 받은 샤를마뉴는 그에게 아헨에 있는 자신의 궁정에 와서 교육을 맡아 달라고 부탁하였다. 알퀸은 796년, 투우르스의 주교로 임명되기까지 황제의 자문으로 일하였다. 그는 '양자론(養子論)'과 싸우는 데 중요한 역할을 하였다. 양자론이란 8세기 스페인에서 발전된 이단으로, 예수는 단지 하느님의 '양자'일 뿐이라는 사상이다.

유물 숭배

기독교 전통에서 유물은 오랫동안 중요한 역할을 하였다. 유물(relics)의 어원은 라틴어로 렐리크베레(reliquere), 곧 "뒤에 남긴다."는 뜻이다. 사랑하는 사람이 죽으면 그가 개인적으로 소장하던 물건들은 중요하게 여겨진다. 우리는 카타콤에서 죽은 자의 시신이 얼마나 존경을 받았는지 잘 알고 있다. 이곳들이 순교자들을 기념하는 순례의 장소가 되자 방문객들은 조그만 기념품을 갖고자 하였다. 그리고 이런 기념품들을 집에 있는 친척들에게 갖다 주는 경우도 종종 있었다. 미신적인 시대에 그와 같은 물건들은 부적의 효험을 지녔다. 4세기 중엽쯤 사람들은 상아를 정교하게 깎아서 상자를 만들고, 그 안에 성지를 방문하면서 수집한 여러 가지 기념품들을 보관하였다. 중세에는 유물 숭배와 미신을 구분할 수 없었다. 교회는 서로 자신들이 유물을 더 많이 갖고 있다고 다툴 지경이었다. 콜로뉴를 방문하면 동방 박사 세 사람의 유물을 볼 수 있었고, 로마 교회에서는 어린 예수가 누웠던 구유를 경배할 수도 있었다. 11, 12세기 십자군 운동 기간 동안 유물에 대한 경탄이 쏟아져 나왔다. 십자군들이 유럽으로 돌아올 때 그들은 유물을 전리품처럼 가지고 왔다. 그중 몇 개가 진짜였는가는 알 수 없지만 진짜는 정작 얼마 되지 않았을 것이다. 이러한 과장된 숭배는 필연적으로 남용되기 마련이었다. 16세기 종교 개혁자들이 반대했던 일 중 하나는 이전 5세기 동안에 벌어진 명백한 위조 행위였다. 루터는 예수가 달리셨던 진짜 십자가라고 주장하는 나무들을 다 모으면 배 한 척을 건조할 수도 있을 것이라고 투덜거렸다. 이콘(99쪽 아래 그림 설명 참조)이 훨씬 중요시되었던 동방에서는 유물이 대중화될 수 없었다.

12세기의 유물 상자
유물 상자는 성인들의 유물을 보관하는 상자였는데, 예를 들면 성인이나 그리스도의 뼈나 그와 연관된 물건들을 보관하는 것이었다. 사람들은 행렬할 때 유물 상자를 들고 다니기도 하였고 유물 상자 때문에 순례를 하는 경우도 있었다. 유물 상자는 그 크기나 모양이 다양했고, 대개의 경우 비싼 금속으로 만들고 장식을 많이 달았다. 위의 유물 상자는 12세기의 토머스 베케트 주교의 살인을 그리고 있는데, 안에 순교자의 뼈가 들어 있다.

새로운 제국과 기독교 문화

> "세례를 받지 않은 사실을 동료들에게 감추거나, 세례를 받지 않는 작센 사람은 죽임을 당할 것이다."
>
> 작센의 샤를마뉴 훈령집

8세기 중엽에 교황청은 롬바르드족의 침공으로부터 로마를 지켜 내기가 너무 힘겹다고 느끼고 있었다. 교황 스테파노스 2세(752-57년 재위)는 로마를 지키기 위해서 프랑크 왕 피핀의 도움을 청하였다. 교황은 피핀과 그의 두 아들을 성도의 지위에 올리고 로마의 수호자로 세웠다. 교황청과 프랑크의 연합은 매우 효과적이었다. 피핀은 롬바르드족을 물리쳤고, 다시는 쳐들어오지 않겠다는 약속까지 받아 냈다. 그는 또한 많은 보화를 손에 넣었을 뿐만 아니라 북이탈리아의 중요한 땅도 차지하였다.

그러나 유럽 역사상 가장 중요한 인물로 부상한 것은 피핀이 아니라 그의 아들 샤를르였다. 문화와 법에 끼친 그의 명성 때문에 그는 샤를르 대제, 즉 샤를마뉴라고 불린다. 신실한 기독교인이었던 샤를마뉴는 814년에 세상을 떠나기까지 서부 유럽 대부분을 다스렸다. 그리고 이 지역 사람들 대부분이 기독교로 개종하였다.

샤를르는 768년 피핀이 죽은 후 프랑크의 왕이 되자 아버지의 발자취를 따르기 시작하였다. 그는 아랍인들을 북스페인까지 몰아 냈고, 동쪽으로 자기 왕국의 영토를 넓혔으며, 현재의 독일 지역에서 살고 있던 이교도 색슨족을 개종시켰다. 800년 가을 교황 레오 3세(795-816년)와 로마의 고위직들과 격렬한 논쟁을 벌였던 샤를르는, 그해 크리스마스에 교황에 의해서 신성 로마 제국의 황제로 등극하였다. 이로써 교황청의 세력이 회복되었을 뿐만 아니라 샤를르의 영향력 또한 극적으로 커졌다. 이러한 묘한 운명에 의해서 교황청에 세력이 집중되었으며, 서방에 새로운 제국이 성립하게 되었다.

제국을 개종시킴

교황과 황제 사이의 연합은 서로에게 득이 되는 일이었지만 이 일로 인해서 긴장 또한 높아졌다. 샤를마뉴는 자신이 교황에게 신세를 지게 되었음을 후회했다. 교황 또한 자신이 샤를마뉴 궁정의 한 관리처럼 취급된 것을 후회하고 있었다. 동방의 황제와 시민들은 당혹감에 빠진 채 사태의 추이를 관망하고 있었다. 새로 등극한 방자한 교황이 비잔틴 황제와 노골적으로 맞서기 시작하자 사람들은 로마의 주교가 이미 돌아올 수 없는 다리를 건넜다고 여겼다.

샤를마뉴는 제국 내의 모든 백성들이 하나의 언어로 예배 드리기를 바랐다. 로마와의 교분에서 깊은 영향을 받은 샤를마뉴는 781년 교황 아드리아누스에게 성만찬과 모든 예전의 기도문을 실은 『성례전집』을 달라고 요청하였다. 그리고 그는 어떤 경우든지 의식을 라틴어로 집례하라고 명령하였다. 이것은 서방 유럽 교회를 통일하기 위한 중요한 사건이었다. 사실 4세기의 콘스탄티누스가 그러했듯이, 샤를마뉴도 세력을 하나로 결집시키는 데 종교가 어떻게 이용될 수 있는지를 잘 알고 있었다. 비신앙인을 기독교로 개종시키는 데에는 무력이 자주 동원되었다. 샤를마뉴는 세례받기를 거절하는 색슨인들을 죽이라고 명하였다. 기독교인에게 대항하는 모든 이교도들도 같은 운명을 겪어야만 하였다. 앞의 클로비스 왕처럼 샤를마뉴도 집단 개종을 추진했는데, 이에 저항하는 경우에는 집단 학살이 자행되었던 것이다.

샤를마뉴의 대관식
800년 성탄절에 샤를마뉴는 교황 레오 3세에 의해서 신성 로마 제국의 황제가 되었다. 대관식은 로마의 성 베드로 바실리카에서 거행되었다.

8세기의 이슬람교 사원(다마스커스)

야만족과는 달리 이슬람교도들은 기독교로 개종하거나 기독교 문화에 쉽사리 동화될 수 없었다. 다마스커스에 있는 이 아름다운 이슬람교 사원이 보여 주듯이 그들의 종교와 문화는 오늘날에도 세계 여러 곳에서 영향력을 행사하고 있다.

경쟁자인 안티오크와 알렉산드리아와 예루살렘의 아랍 대주교들도 감소하였다. 이제 지상권은 제국의 두 도시 주교들 사이의 투쟁으로 좁혀졌으며, 동방 기독교는 콘스탄티노플에 더 집중되었다. 많은 기독교인들이 아랍에게 유린된 지역을 떠나서 그곳에 정착했기 때문이다. 피난민들 가운데에는 수도사나 성직자도 끼어 있었는데, 이들은 수도원과 교회에 보관했던 재산이나 책도 가지고 왔으므로 콘스탄티노플의 세력은 계속 증대하였다. 그리하여 향후 3세기 동안 기독교 세계의 무게 중심은 상당 부분 동쪽으로 기울었다. 동방과 서방은 같은 교리와 같은 적(이슬람교)을 가지고 있었지만, 문화적으로나 정치적으로는 분리되었다.

동방에서의 기독교 생존

이슬람교도들의 세력이 커질수록 서방 유럽은 아시아로부터 더욱더 분리되었다. 그러나 페르시아와 팔레스타인, 이집트같이 이슬람교도의 공격을 받은 지역에서도 교회가 문을 닫지는 않았다. 예를 들어서 이집트에는 곱트 교회가 있었고(오른쪽 그림 설명 참조) 페르시아에는 네스토리우스 교회가 여전히 살아 있었다.(63-75쪽 참조) 이들 교회는 기독교인들을 따뜻하게 보호해 주었기에, 그중 어떤 이들은 이슬람교도 귀족 밑에서 높은 지위에 도달하기도 하였다.

그러나 이보다 더욱 놀라운 일은 7세기에 네스토리우스 기독교가 중국에 도착했다는 사실이었다. 이 무렵 중국은 당나라 시대로, 세계에서 가장 부유하고 문명화된 나라 가운데 하나였다. 네스토리우스 기독교 수도사들은 수도원을 지을 수 있도록 허락을 얻고 정착하였다. 기독교는 중국에서 2세기 동안 다른 종교 제도와 공존하였으나, 9세기에 도교를 신봉하는 황제가 등극하여 수도원을 해체하자 기독교는 결국 소멸되어 갔다.

곱트 교회

동방이 이슬람교도들의 침입으로 혼돈을 겪고 있는 동안 이집트에 있는 곱트 교회에서는 자유롭게 예배를 드릴 수 있었다. 곱트 교회는 수세기 동안 비잔틴과 갈등 관계에 있었기 때문에 이슬람교도들이 이집트를 침략하자 이것을 콘스탄티노플로부터 독립할 수 있는 계기로 여겼다. 시리아의 단성론자들의 교회도 마찬가지 생각을 하고 있었다.

동방의 침입

> "알라 이외에 다른 신은 없다. 마호메트는 그의 예언자이다."
> 　　　코란

7세기 중엽에 마호메트의 후예인 이슬람교도들은 아라비아로부터 서쪽으로 진격하였다. 세계를 예언자의 말씀으로 개종시키기 위해서 그들은 팔레스타인, 시리아, 이집트, 그리고 유대인들과 기독교인들이 신성시하는 지역을 휩쓸었다. 그들의 목표는 전 세계의 정복이었으며, 목표를 이루기 위해서라면 언제라도 싸울 준비가 되어 있었다. 그들은 먼저 기독교 복음을 따르던 나라들을 유린하였다. 그들이 승승장구하면서 아프리카까지 쳐들어갔을 때 유럽의 군주들은 두려움을 품게 되었다. 유럽인들은 이슬람교도들을 야만족과 다름없는 존재로 보았다. 이슬람교도들은 아프리카로부터 소아시아로 진군하면서 대부분의 지역을 정복하였다. 하지만 그들도 콘스탄티노플만은 포위해 놓고도 손에 넣지 못하였다.

732년 이슬람교도들은 프랑크로 밀려 왔다. 프랑크의 기독교도 왕 샤를르 마르텔(이 이름은 "망치를 든 사람"이라는 뜻임)은 푸아티에에서 침략자들과 맞섰다. 이 전투에서 스페인의 이슬람교도 수장이 전사하자 잠시나마 이슬람교도들은 주춤하였다. 739년 그들이 리옹까지

> "알라를 믿으라…… 그리고 그분을 위해 싸우라."
> 　　　코란

쳐들어왔을 때 마르텔의 군대는 그들을 쳐부수고 스페인까지 퇴각시켰다. 이슬람교도들에게 정복되고 말 것이라는 두려움은 사라졌고, 이슬람 세력도 답보 상태에 머무르고 있었다. 그리하여 이슬람교로 개종하는 사람들도 이전처럼 극적으로 늘어나지 않았다. 이슬람교도들도 강한 선교 방침을 지니고 있었지만, 야만족들이 기독교로 개종해서 동화되었던 것처럼 이슬람교로 신앙을 바꾸지는 않았던 것이다.

동방과 서방을 고립시키다

이슬람교도들의 침입으로 말미암아 동방과 서방은 서로 고립되었다. 침략자들에게 위협을 받던 서방 교회는 마침내 동방 황제와의 연결 고리를 잃고 만 것이다. 교황은 더 이상 유럽의 통치자로 여겨지지 않았다. 그러자 교황은 서방의 야만족들과 연합하였다. 8세기 중엽의 그리스 교황을 끝으로 15세기까지 그리스 교황은 배출되지 못했다.

이슬람교가 팽창하자 로마와 콘스탄티노플의 오랜

예언자 마호메트 (페르시아의 삽화)

마호메트는 자신이 참되고 결정적인 종교를 선포하며, 이슬람교가 전 세계의 모든 인류에게 ── 필요하다면 무력을 동원해서라도 ── 전파되어야 함을 선포하기 위해서 신(아랍어로 알라)으로부터 영감을 받았다고 주장하였다. 위의 그림은 예언자가 하늘로 승천하는 모습이다.

유럽의 개종

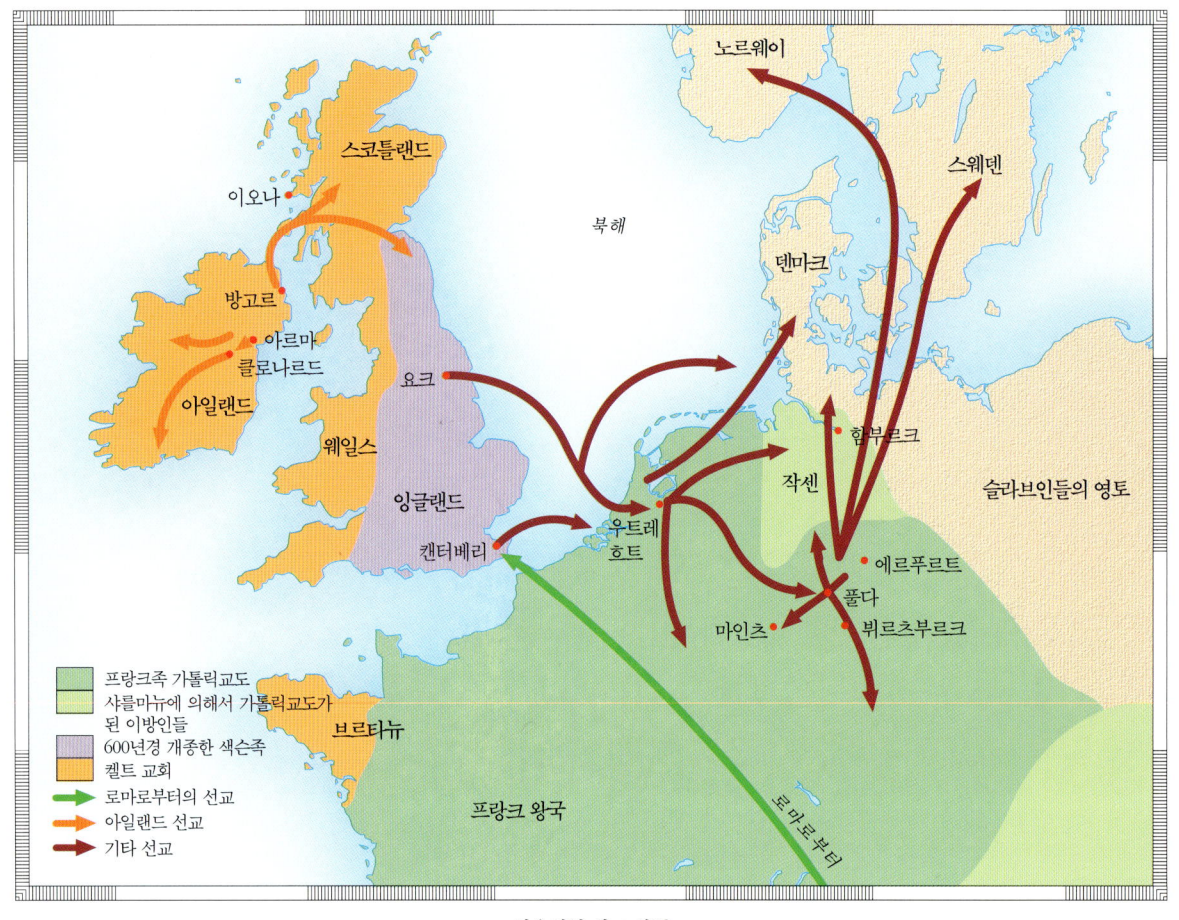

- 프랑크족 가톨릭교도
- 샤를마뉴에 의해서 가톨릭교도가 된 이방인들
- 600년경 개종한 색슨족
- 켈트 교회
- 로마로부터의 선교
- 아일랜드 선교
- 기타 선교

서유럽의 선교 활동
교황 그레고리우스의 선교 정책으로 말미암아 그의 재임 기간 중 서유럽의 대대적인 개종이 가능하였다. 이 정책은 아우구스티누스를 영국에 파견하는 일로부터 시작되었다. 위의 지도는 6세기부터 11세기에 걸쳐서 벌어진 중요한 선교 활동을 보여 준다.

기독교와 이교의 혼합
덴마크 힘메를란의 돌 주형(鑄型)이 말해 주는 것처럼, 기독교로의 개종은 하루 아침에 이루어진 것이 아니다. 이것은 대장간에서 쓰던 주형으로 알려져 있는데, 기독교의 십자가와 토르(천둥의 신, 손에 망치를 들고 있음/역자 주)의 망치를 주조하는 데 쓰였다. '기독교' 바이킹들은 여전히 북구의 여러 신들에게 충성하였던 것이다.

노르웨이의 목조 교회
11세기까지 노르웨이에는 기독교가 정착되지 못하였다. 1150년경 세워진 이 목조 교회는, 다른 모든 교회들처럼 이교의 신전을 모델로 하여 지어진 것으로 여겨진다.

덴마크인들은 모두 기독교인이 되었다.

노르웨이에 기독교가 소개된 방식은 특이하다. 거기서는 수도사가 아니라 왕이 설교하였다. 영국에서 교육을 받고 기독교로 개종한 올라프 1세는 1016년 노르웨이 왕이 되자 자신의 조상들처럼 신하들에게 새로운 신앙을 강요하였다. 1030년 그가 죽자 그는 노르웨이의 수호 성인으로 모셔졌다.

그러나 일반적으로 스칸디나비아는 기독교에 대해서 대단히 저항적이었다. 그곳에는 이교 신앙이 너무나 깊이 자리 잡고 있었던 것이다. 그 지역의 통치자들이 유럽의 다른 나라들과 빈번한 교역을 원했을 때에야 비로소 선교는 진전을 볼 수 있었다. 사실 이 방법이야말로 교회가 목적을 이룰 수 있었던 길이기도 하였다.

아이슬란드와 그린란드
올라프 트뤼그페손(969-1000년)의 재위시에 아이슬란드인들은 기독교를 믿기로 민주적으로 결정하였다. 동시에 그린란드에 붉은 에릭의 새로운 식민지가 개척되었는데, 에릭의 아들 레이프의 도움으로 그린란드는 첫번째 사제를 받아들이고 교회를 세웠다. 1000년 초에 이르러 복음은 그야말로 전 세계로 퍼져 나갔던 것이다.

성 윌리브로드

윌리브로드(658-739년경)는 노덤브리아에서 태어나 잉글랜드와 아일랜드에서 수도사로서 교육을 받았다. 이오나 섬에서 몇 년을 보낸 후 윌리브로드는 선교사로서 프리슬란트(오늘날의 네덜란드)로 파견되었다. 그는 거기에서 40년 동안 일하면서 덴마크까지 자신의 사역을 확대하였고, 위트레흐트, 에흐테르나흐, 룩셈부르크에 수도원을 건립하였다.

윌리브로드에게 네덜란드 위트레흐트에 주교좌 성당을 세워도 좋다는 허락을 내렸다.

보니파키우스와 이교도 게르만인들

717년 보니파키우스는 윌리브로드를 따라서 일에 착수하였다. 윌리브로드가 이룩해 놓은 일 가운데 대다수는 이교도 공작 레드보드에 의해서 파괴되었다. 보니파키우스는 윌리브로드의 도움을 받아 프리슬란트에 기독교를 재건하는 데 성공하였다. 수년 후 보니파키우스는 교황 그레고리우스 2세로부터 새로운 선교 사명을 받고 이교도의 땅 게르만으로 갔다. 723년 그레고리우스 2세는 그를 주교로 임명하였고, 그가 주교나 사제들을 임명하여 새로운 교구를 만들고 자유롭게 여행할 수 있도록 해 주었다.

게르만인들의 사도, 보니파키우스

11세기의 미사용 책에 들어 있는 이 그림은 보니파키우스의 선교 활동과 순교를 그리고 있다. 그의 전기를 쓴 사람에 의하면 보니파키우스는 복음서를 자신의 방패로 삼았다.

보니파키우스는 헤세의 가이스마르(서부 독일 지역)에서 용감한 행동을 해서 유명해졌다. 그곳 공동체는 커다란 상수리나무가 토르(천둥번개의 신/역자 주)의 지성소라고 생각해서 예배하고 있었다. 그들은 이 나무를 불경스럽게 대하면 토르가 벌을 내릴 것이라고 믿고 있었다. 그러나 보니파키우스는 이 커다란 나무를 베어 버렸고, 그런데도 아무 일도 일어나지 않았다. 이 광경을 목격한 사람들은 기독교의 하느님이 그들의 신보다 더 강하다고 했던 보니파키우스의 설교가 사실임을 확신하게 되었다. 이 이야기에 의하면 보니파키우스는 그 벤 나무로 예배당을 지어서 성 베드로에게 헌정했다고 한다. 그는 독일에 수도원들을 계속 지어 나갔다. 그중에 풀다 수도원은 오늘날까지 중부 독일 가톨릭 교회의 중요한 장소이다.

보니파키우스는 독일의 대주교이자 교황의 사절로서 선교 영역을 넓혀 갔으며, 개종한 사람들이 이해할 수 있는 규칙들을 제정하였다. "주기도문"을 바칠 때나 신조를 고백하고 설교를 할 때, 그리고 몇몇 복음서의 구절을 읽을 때에는 독일어를 사용해도 무방하지만, 세례 예식은 라틴어로 치러야 했다. 보니파키우스와 그를 따르는 선교사들은 이교도들에게 기독교적 삶의 양식을 가르치고자 하였다. 그들은 악과 선을 구별하는 일, 최후의 심판, 금식의 필요성, 가난한 사람에게 돈을 기부하는 일에 대해 가르쳤다. 보니파키우스는 754년, 오늘날의 네덜란드 지역을 여행하다가 비기독교인들에게 갑작스레 난폭한 죽음을 당함으로써 선교 활동의 막을 내리고 말았다.

바이킹을 개종시킴

수세기 동안 스칸디나비아의 침입자들은 남쪽으로 내려와 난폭한 약탈을 일삼아서 공포와 혼란을 야기시켰다. 그러므로 선교사들은 스칸디나비아로 선교 여행을 떠나기를 주저하였다. 스칸디나비아는 "두려운 북구인들"의 땅이었다. 그러나 717년에 윌리브로드는 일단의 수도사들과 함께 복음을 전하기 위해서 덴마크로 갔다. 이것이 북구인들을 개종시키려는 첫번째 시도였다.

830년, 윌리브로드의 뒤를 이어 피카르디 출신의 수도사 안스가르도 스웨덴으로 건너갔다. 처음에는 어려움을 겪었지만 안스가르는 점차 성공을 거두어서, 스웨덴의 왕 비욘은 그가 교회를 짓고 궁정에서 설교할 수 있도록 허락하였다. 하지만 기독교로 개종한 사람은 별로 없었다. 안스가르는 인내심을 가지고 기다린 끝에 마침내 덴마크로 들어갈 수 있었다. 거기서 그는 덴마크 왕의 신임을 얻어 첫번째 교회를 세웠다. 그러나 865년 안스가르가 죽자 그가 이룩해 놓았던 대부분의 일들은 바이킹들의 침략으로 파괴되고 말았다. 스칸디나비아 지역은 10세기에 이르러 기독교적 삶의 양식을 선호하는 왕들이 등극하면서 비로소 기독교로 개종하였다. 카누트 왕(1018-35년) 때에 이교도들이었다. 그레고리우스는 이 말을 재미있게 받아들였다. "그들은 대 천사가 아니라 천사들이다(Non Angli, sed angeli sunt)." 그레고리우스는 아우구스티누스에게 기독교에 어울리는 이교의 습관은 그대로 받아들이라고 충고하였다. 그러면서 바울이 데살로니카 교회에 보냈던 편지의 한 구절을 인용하였다. "모든 것을 시험해 보고 좋은 것을 꼭 붙드십시오." 그레고리우스는 기독교의 메시지를 존경하는 마음으로 전하되, 이교도를 불필요하게 공격하는 것은 옳지 않다고 생각하였다.

아우구스티누스는 켄트의 에델베르트 왕을 개종시켰다. 에델베르트는 기독교도인 왕비와 결혼하였으며, 캔터베리에 자신의 성당을 건립하였다. 더 많은 수도사들이 아우구스티누스를 돕기 위해 파견되면서 그들은 조금씩 북쪽으로 올라갔다. 그리하여 그들은 어느새 아일랜드 수도사들이 이미 선교 활동을 하고 있던 지역에까지 도달하였다(79쪽 참조).

어려움을 해결하다

켈트의 수도사들과 이탈리아로부터 파견된 새로운 수도사들은 금식이나 고해, 규율 등 여러 가지 문제를 둘러싸고 의견이 서로 달랐다. 그러나 가장 큰 갈등의 원인은 켈트 교회와 로마 교회의 부활절이 서로 다르다는 사실에 있었다. 664년 양측은 차이를 극복하기 위하여 북잉글랜드의 휘트비에서 시노드를 개최하는 것에 동의하였다. 팽팽한 논쟁 끝에 영국 수도사들은 로마의 관습을 수용하는 쪽으로 의견을

> "가능한 한 이교 신전을 파괴하지 마시오. 다만 그들의 우상만 파괴하고, 거기에 성수(聖水)를 뿌리고 제단을 만들어 유물을 신전 안에 설치하시오."
>
> 교황 그레고리우스 대제가 성 아우구스티누스에게 한 권고

모았다. 이때부터 서방 유럽 전체가 같은 날 부활절을 축하하게 되었다. 두 전통이 조화롭게 융합됨으로써 수도사들은 더 확실하게 활동할 수 있었다. 또한 선교 활동을 위해서 유럽 중앙에서 아일랜드와 영국으로 떠나는 수도사들 사이의 의견 교환도 가능하게 되었다. 그들의 과제는 전쟁으로 파괴된 유럽의 문화와 안정성을 회복하는 일이었다.

이후 수십 년 동안 켈트와 잉글랜드의 수도사들은 수도원과 기독교 건물들을 세우면서 유럽 본토로 내려왔다. 그들은 야만족들이 파괴한 땅을 다시 경작할 수 있게 만들어 줌으로써 농부들에게 큰 도움을 주었다. 가장 유명한 수도사는 "프리슬란트인들의 사도" 윌리브로드와, "게르만인들의 사도"라고 존경받는 영국 베네딕트회 수도사 보니파키우스였다.

윌리브로드는 네덜란드에 기독교를 다시 부흥시켰고, 698년에는 교황 세르기우스 1세(687-701년 재위)에 의해서 프리슬란트의 주교로 서임되었다. 프랑크 왕 피핀은

캔터베리 대성당의 아우구스티누스 자리
597년에 아우구스티누스는 캔터베리에서 켄트의 왕 에델버트에게 세례를 주었다. 1,400년 이상 이 도시는 캔터베리 대주교좌(영국에서 가장 높은 주교)였다. 가장 유명한 대주교는 1170년 대성당에서 살해된 토머스 베케트였다. 3년 후 그가 성인으로 인정된 후 이곳은 유럽에서 가장 위대한 성당이 되었다.

베데가 기록한 선교사 이야기

이 기간 동안 가장 유명한 선교사 이야기가 베데의 연대기에 인용되어 있다. 그것은 주교 파울리누스가 7세기에 노덤브리아 왕 에드윈을 방문한 이야기이다. 그들이 궁정에서 만났을 때 갑자기 새 한 마리가 홀 안으로 날아 들어왔다가 밖으로 나가자, 주교는 왕에게 새로운 기독교 가르침을 받아들이라고 종용하였다. 이 광경을 보고 한 귀족이 다음과 같이 중얼거렸다고 한다. "사람의 인생은 마치 새 한 마리가 집 안으로 들어왔다가 재빨리 밖으로 나가는 것과도 같구나. 이처럼 여기 잠시 동안 나타나는 인생이지만, 그 다음에는 무엇이 오고, 또 그 이전은 무엇이었던지 우리는 확실하게 알지 못한다. 이에 대해서 이 새로운 가르침이 보다 나은 것을 가져다 준다면 그것을 따르는 것이 좋다고 여겨지는구나." (베데, 『잉글랜드인의 교회사』 II : 13)

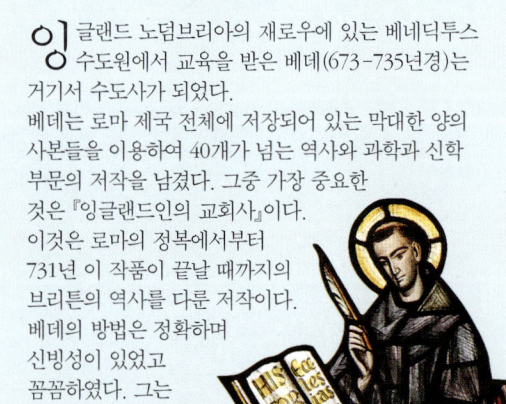

존자(尊者) 베데

잉글랜드 노덤브리아의 재로우에 있는 베네딕투스 수도원에서 교육을 받은 베데(673-735년경)는 거기서 수도사가 되었다.

베데는 로마 제국 전체에 저장되어 있는 막대한 양의 사본들을 이용하여 40개가 넘는 역사와 과학과 신학 부문의 저작을 남겼다. 그중 가장 중요한 것은 『잉글랜드인의 교회사』이다. 이것은 로마의 정복에서부터 731년 이 작품이 끝날 때까지의 브리튼의 역사를 다룬 저작이다. 베데의 방법은 정확하며 신빙성이 있었고 꼼꼼하였다. 그는 구전되어 온 이야기와 소문 가운데 어떤 것이 사실인지 구분해 낼 줄 아는 능력을 가지고 있었다. 죽은 지 채 한 세기가 안 되어 그에게는 "존자(Venerable)"라는 칭호가 수여되었다.

선교와 개혁

교회 종탑

켈트의 주교들은 조그만 수타(手打) 종을 이용하여 사람들을 예배 시간에 불러 모았다. 보다 큰 종은 수도사들에게 기도 시간을 알리기 위해서 사용되었다. 이것은 6세기부터 종은 유럽 전체에서 사용되었으며, 교회 옆에는 종탑이 세워졌다. 사람들을 기도 시간에 불러 모으는 것 이외에도 종은 침입자나 홍수, 화재나 다른 재앙 등을 알리는 경고의 역할도 하였다. 천둥이 쳐도 종소리는 들리기 때문에 사람들은 종을 치면 번개를 피할 수 있다고 믿었다.

무너져 가는 서방 사회에서 성직자들은 앞장서서 안전을 지켜 주었다. 특히 높은 교육을 받은 성직자들은 정치적으로나 시민적으로 중요한 위치에 있었다. 6세기 말경, 교황은 몰락해 가는 제국 내에서 기독교 신앙을 계속 전개할 수 있는 분명한 방안을 강구하지 않으면 안 되었다.

그레고리우스 대제

교황 그레고리우스 대제(590-604년 재위)는 귀족 아니키아 가문에서 태어났다. 그는 교황 펠릭스(526-530년 재위)의 조카였다. 수도사가 되기 전 그는 로마의 가장 고위 공직을 역임하였다. 그는 집사로 안수 받고 콘스탄티노플 궁정에 파견되기도 하였다. 590년 교황 펠라기우스 2세가 사망하자 로마인들과 성직자들은 그레고리우스를 수도원으로부터 소환해서 교황으로 선출하였다. 당시 로마는 5-6세기에 창궐한 페스트와 전염병으로 폐허가 되어 있었다. 당대의 기록에 의하면 그레고리우스는 홍수가 지나간 도시를 돌면서 물에 휩쓸린 사람들을 구조하고 그들에게 먹을 것을 주었다.

로마 군대가 정복한 영토를 지키기 위해서 사령부와 군대를 배치하듯이, 교회도 끊임없이 위협하는 야만족들을 기독교로 개종시켜야 한다는 사실을 그레고리우스는 잘 알고 있었다. 동방의 황제가 아무 도움도 줄 수 없다는 사실을 잘 알고 있는 그레고리우스는 야만족과 연대하는 편이 차라리 낫다고 판단하였다. 수도사로서, 그리고 예전 로마 제국의 관리로서, 그레고리우스는 수도원 건축의 중요성을 익히 알고 있었으며, 수도사들이 야만족을 선교할 수 있다고 생각하였다. 그레고리우스는 수도사들이 자신만의 거룩함을 지키기 위해서 외딴곳에 홀로 떨어져 지내는 것을 탐탁하게 여기지 않았다. 수도사라면 교회의 영적인 군사로서 야만족의 땅으로 가서 수도원을 짓고, 이교도를 개종시키고 가르칠 수 있어야 한다고 생각했던 것이다.

"하느님의 종들의 종"
이것은 교황 그레고리우스가 자기 자신을 부르기 위해 선택한 명칭이다. 이후로 모든 교황들도 이렇게 불리었다.

영국에 보낸 사절, 아우구스티누스

그레고리우스는 교황이 되자 아우구스티누스라는 수도사를 영국의 동쪽 절반을 차지하고 있던 이교도인 앵글로색슨족에게 급파하였다. 여기에는 다음과 같은 이야기가 전해 온다. 그레고리우스가 수도원 원장이었을 때 로마의 한 시장을 걷고 있었다. 그때 그는 키가 큰 소년 두 명을 만났다. 그레고리우스가 누구냐고 묻자 그들은 "앵글로색슨 사람입니다(Angli sunt)."라고 대답하였다. 그들은

이오나에 있는 6세기 켈트 기독교의 유적
563년 어간에 아일랜드 수도원장이자 선교사인 콜룸바(521-97년)는 12명의 수도사와 함께 스코틀랜드 서쪽 해안에서 떨어진 이오나 섬에 수도원을 건립하였다. 6-7세기 내내 이 수도원은 스코틀랜드와 북잉글랜드의 선교 활동을 위한 기지 역할을 하였다. 켈트 교회는 이처럼 북브리튼에 기독교를 다시 일으키는 데 중요한 역할을 하였다.

유럽의 개종

어린 세대에게 세례를 주다
야만족들의 가족 전체가 기독교를 받아들이게 되자 그것은 유아 세례가 널리 실시되는 간접적인 계기가 되었다. 이전에는 세례를 받고자 하는 사람은 교회에 입교하기 이전에 일정한 영적 준비기간을 거쳐야만 하였다.

약해진 제국의 영향력

590년경, 콘스탄티노플의 황제는 서방 교회에 대해서 여전히 영향력을 행사할 수 있었다. 새로 선출된 로마 교황은 황제의 재가를 받아야만 하였다. 그러나 이러한 제국의 힘은 곧 시들어 갔다. 로마를 방문한 마지막 황제는 콘스탄스 2세(641-68년 재위)였는데, 그는 교회와 동상에서 철을 벗겨 내 무기를 만들었다. 황제의 재가를 받아야만 했던 마지막 교황은 그레고리우스 3세(713-41년 재위)였다.

야만족의 침입으로 말미암아 로마 제국이 후원하던 학교들이 파괴되었으므로(제한적으로 사적 교육이 계속되던 이탈리아는 예외였음) 교육도 교회가 담당하게 되었다. 모든 과목들은 라틴어로 가르쳤다. 주교들의 가정에는 학교가 있어서 대개 교회 서기를 길러 냈다. 수도원도 수도사들을 훈련시키는 학교를 운영하였다.

소년들은 일곱 살이 되면 이 학교에 다녔다. 600년경 장로와 사제 밑에 여섯 단계로 이루어진 "소 계급(minor orders)"의 성직자들이 있었는데 많은 교회 직원들은 이 계급에서 승진할 수 없었다. 그들은 결코 사제가 될 수 없었던 것이다. 소 계급에 속한 사람들은 부분적으로 머리를 깎는 체발(剃髮)을 하였다. 그리고 법적으로 보장된 지위를 누리면서(74쪽 설명 참조) 결혼도 할 수 있었다.

성찬식은 일요일에 거행되는 기독교 예배의 중심이었다. 4세기 이래로 회중들은 성찬식이 거행되는 동안 별로 할 일이 없었다. 점차 새롭고 대중적인 신앙 형태가 발전하면서 대부분 문맹이었던 일반 사람들이 더 적극적으로 참여하게 되었다. 찬송가를 불러서 하느님을 찬양하는 행렬은 특히 어려운 시기에 널리 실시되었다. 성자(聖者) 숭배는 점점 더 중요해져 갔다. 그리고 5세기경 예수의 어머니 마리아는 특별한 공경의 대상이 되었다.

야만족들에게 선교하면서 교회는 야만족들의 풍습에 맞도록 자신의 관습을 미묘하게 바꾸었다. 601년 교황 그레고리우스 대제(84쪽 참조)가 보낸 편지를 보면 이러한 사실을 분명히 알 수 있다. 교황은 영국에 있는 선교사들에게 엄한 훈시를 내리면서 이렇게 말하고 있다. "가능한 한 이교도의 신전을 파괴하지 마시오. 다만 그들의 우상만 파괴하고,……만일 그 신전이 잘 지어진 것이라면 악마에게 드리는 예배에서 신전을 떼 내 참된 하느님을 예배하는 장소로 바꾸면 되오.……사람들은 악마를 숭배하기 때문에 가축을 잡아 바치는 것이 아니라, 하느님을 예배하고 또 자신들의 음식을 마련하기 위해서 제물을 드린다는 사실을 배워야 하오.……그들에게 이러한 외적인 즐거움을 이전처럼 그대로 허락해 준다면 그들은 점진적으로 참된 내적 즐거움에 이르게 될 것이오."

> "모든 기독교 왕들을 위하여 기도합시다. 하느님께서 모든 야만족들을 왕에게 복종시키도록 기도합시다. 그러면 우리들도 영원한 평화를 누릴 수 있을 것입니다."
>
> 7세기 갈리시아 예전

시과(時課) 책에 있는 성인의 축일

2세기부터 특히 거룩한 삶을 살았던 사람들이 존경의 대상이 되었다. 그들의 무덤은 순례지가 되었고, 그들의 기일(忌日)은 축제일로 기념되었다. 교회 안에는 성인들의 상이 늘어났고, 성인에게 바치는 '기도'는 일상적인 것이었다. 이것은 성인들이 바치는 기도가 자신의 기도보다 더 효과적이라는 믿음에서 사람들이 하느님께 도움을 구할 때 성인들을 중보자로 삼았던 것이다. "시과 책"에는 기도와 예배(대개 하루에 일곱 번 드림)가 적혀 있는데, 이는 수도원의 하루 일과를 시간별로 정해 놓은 것이었다.

야만족들을 문명화함

순례

특히 중세 초기에는 순례가 대유행이었다. 인쇄가 발명되기 이전 성지를 볼 수 있는 유일한 방법은 그곳에 가는 것이었다. 순례자들은 하느님과 성자를 찬송하면서, 혹은 시편을 암송하면서, 이 성지에서 저 성지로 걸어 다녔다. 어떤 사람들은 목에 건 가방에 조그만 유물을 넣고 다니기도 했고, 또 어떤 사람들은 지팡이를 짚고 배낭을 메고 다니기도 하였다. 순례자들이 공격을 받게 되자 결국 제1차 십자군 운동이 등장하게 되었던 것이다.

6세기 말경 교회의 중심은 대략 옛 로마 제국과 근동의 지중해 세계에 있었다. 그중에서 동방은 정치적·지적·예술적인 면에서 서방보다 훨씬 우위였다. 그러나 향후 몇 세기 동안 이러한 정황은 철저하게 바뀌었다. 북방의 많은 야만족들이 기독교로 개종해서 이제 기독교는 유럽 전체의 종교가 되는 듯했지만, 남부와 동부의 기독교 영토는 이슬람교도 군대에 의해 유린되었다.

이와 동시에 동방과 서방의 기독교는 멀어져만 갔다. 600년대까지만 해도 서방 기독교인들은 자신들이 비잔틴 황제의 지배를 받는 로마 제국의 일부라고 여기고 있었다. 하지만 800년대에 들어오면서 이슬람교도들과 다른 침략자들에 의해서 동·서의 왕래가 훨씬 제한을 받게 되자 과거의 생각은 사라져 버렸다. 제국으로부터 떨어져 나온 서방 교회는 이교도 야만족들과 아리우스주의자들, 그리고 주변의 켈트족을 개종시켜서 흡수하기 위한 투쟁을 벌임으로써 그곳의 중심이 되어 갔다.

기독교화와 문명화

서방에서 교회는 교육과 사회 봉사의 유일한 원천이었다. 시민들은 모두 주교와 그의 대표자들에게 십일조를 바쳤고, 저들은 그 돈을 관리하였다. 개종한 이교도들이라고 해서 예외는 아니었다. 모든 교구의 거리 한편에는 주교와 성직자들과 교회 부속 건물이 있고, 다른 한편에는 가난한 사람들이 있었다. 과부, 고아, 그리고 기타 어려운 사람들의 이름은 목록으로 작성되어 보관되었는데, 그들에게는 정기적으로 구호금이 지급되었다. 각 교구마다 적어도 한 개의 '병원'이 있었다. 병원은, 수도원이 그랬던 것처럼, 가난한 사람, 여행자, 그리고 병자들을 위한 피난처였다.

아리우스주의자들이 정통이 되다

6세기 말부터 샤를마뉴(742-814년경) 때까지 북이탈리아를 지배했던 롬바르드족은 원래 이교였다가 이단 아리우스주의 기독교로 개종하였다. 이로 인해서 그들은 자신들이 다스리는 가톨릭 교회와 불편한 관계였다. 따라서 602년에 롬바르드족의 새로운 수장이 자신의 어머니 테오델린다의 영향으로 정통 기독교 세례를 받았을 때의 기쁨은 대단히 컸다. 스페인에서는 비시코트족의 왕 르카레드(그도 아리우스주의자였음)가 589년에 가톨릭 교도가 되었다. 그때부터 그는 주교들을 공의회로 불러서 조언을 구했고, 자신이 다스리는 지역의 교회 일이나 세속적인 일에 관해서 칙령을 발표할 때에도 공의회의 조언을 들었다.

롬바르드족의 여왕 테오델린다

아리우스주의를 따르는 롬바르도족의 왕 아길울프와 590년에 결혼한 테오델린다는 가톨릭 신자였다. 그녀는 남편이 가톨릭에 우호적인 정책을 펴도록 노력했으며 아리우스주의가 지배하던 지역에 가톨릭 신앙을 전파하는 일을 도왔다. 이 그림은 몬차에 있는 그녀의 교회를 위해서 금을 녹이고 있는 모습이다.

유럽의 개종

590-1054

중세 유럽 세계는 영국으로부터 시작해서 러시아, 스칸디나비아, 헝가리에 이르기까지 점차 기독교로 개종하였다. 그리하여 11세기쯤에 기독교는 유럽 대륙 전체를 지배하게 되었고, 교회는 야만족들을 서서히 문명화시켜 나갔다. 서방에서는 황제 샤를마뉴 밑에서 새로운 기독교 제국이 성립되었다.
동방에서는 이슬람교도들(마호메트를 따르는 신도들)이 쳐들어와서 기독교의 발상지라고 할 수 있는 북아프리카와 팔레스타인으로부터 기독교를 몰아 냈다. 한편 동방의 황제들은 지상권(至上權) 문제로 교회와 다투고 있었다. 점점 더 많은 사람들이 기독교로 개종했지만, 동방과 서방의 균열은 더 이상 봉합될 수 없게 되어 버렸다. 1000년으로 진입하는 첫세기에 동·서의 교회는, 인류가 3000년을 향해서 달려가기 시작한 오늘날까지도 지속될 분열의 길로 접어들었던 것이다.

중세 프랑스에서의 유아 세례

기독교 제국

에티오피아의 랄리벨라 바위 교회
4세기에 기독교가 에티오피아에 처음 도입된 이래 랄리벨라 교회(위)처럼 바위를 뚫어서 만든 교회들이 등장하였다. 프루멘티우스가 에티오피아 교회와 이집트 교회를 대단히 긴밀하게 연결시켜 놓았으므로, 1959년까지 에티오피아 교회를 대표하는 주교(abuna)는 이집트 교회에서 배출되었다.

기술하고 있다.

에티오피아인들은 한 사람의 선교사 프루멘티우스의 노력을 통해 기독교로 개종하였다. 프루멘티우스는 홍해 해안에서 난파당해 악숨에 있는 에티오피아 왕실의 노예가 되었는데, 거기서 왕의 환심을 사게 되었다. 왕으로부터 자유롭게 설교해도 좋다는 허락을 받은 후에 그는 사람들을 개종시켜 나갔다. 이때 이집트의 기독교인들이 그를 도와 주었다. 341년경 프루멘티우스는 알렉산드리아로 가서 아타나시우스 주교(60쪽 글상자 참조)에게 도움을 청하였다. 아타나시우스는 즉석에서 그를 주교로 임명했고 프루멘티우스는 세상을 떠날 때까지 에티오피아 교회를 이끌었다.

에티오피아 북부의 세 왕국인 노바티아·마쿠라·알와(현재의 수단)는 543-75년 사이에 선교사 율리아누스와 롱기누스의 활동을 통해 개종하였다. 이때 시작된 기독교 왕국은 거의 1,000년 간 지속되었다. 교회는 나일강을 따라 세워졌는데, 새로운 종교에 대한 열망이 퍼지면서 고대 이교도의 신전들이 기독교 예배당으로 탈바꿈하였다.

북유럽

북부의 셀틱족은 젊은 "아일랜드인의 사도" 성 패트릭(390-460년경)에 의해 기독교로 개종하였다. 패트릭은 기독교인으로 자라났지만 16살 때 아일랜드 해적에게 붙잡혀서 노예로 팔려 갔다. 하지만 그는 서품을 받고자 아일랜드를 탈출해서 브리튼으로 갔으며 432년 주교가 되어서 아일랜드로 돌아왔다. 칼레도니아(오늘날의 스코틀랜드)와 더불어 아일랜드는 서방 유럽에서 로마에게 정복되지 않은 유일한 곳이었다. 그러므로 그들은 여전히 이교의 신들에게 예배했으며, 아일랜드의 법률 조직과 경제, 언어가 그대로 보존되어 있었다. 아일랜드에 복음을 전파했던 사람은 패트릭말고도 또 있었지만, 30년 동안 교회를 세우고 기독교 신앙의 새로운 중심으로서 수도원들을 건립한 것은 패트릭의 공로였다. 아일랜드인들은 이러한 것들을 재빨리 받아들였다. 야만족의 침입자들이 동부 브리튼을 유린하고 그곳에 있던 로마 교회를 파괴했을 때 셀틱족의 기독교인들은—비록 그들은 나머지 기독교 세계로부터 떨어져 있었지만—브리튼 서부 지역에서 기독교를 지켜 나갔다.

골 지방(오늘날의 프랑스)의 갈로-로만 주민들의 대부분은 게르만 이교도인 프랑크족에게 시달리고 있었다. 하지만 496년 프랑크의 왕 클로비스(481-511년 재위)가 기독교로 개종하면서 고통의 시대도 막을 내렸다. 클로비스가 "내일 세례를 받기 위해서 강으로 가는 나를 따르지 않는 사람들은 나의 화를 사게 될 것이다."라는 칙령을 반포한 이후 골 지방 사람들 대부분이 기독교로 개종하였다.

이처럼 로마 제국의 몰락과 수없는 야만족의 침입에도 불구하고 기독교는 세계 전역으로 퍼져 나가서 수많은 사람들의 문화와 예술, 철학, 그리고 일상의 삶 속에 뚜렷한 자취를 남기게 되었다.

> "서쪽 바다 가까운 곳의 포클루트 숲 옆에 사는 사람들이 나를 부르는 소리를 들었다. '젊은이여, 그대에게 간청하노니, 이전처럼 우리 가운데 와서 걸어가 주시오.'"
>
> 패트릭, 아일랜드 선교 때

클로비스의 회심
클로비스 왕의 부인 크로틸드는 492년경 결혼하자마자 클로비스를 기독교로 개종시키려고 하였으나 실패하였다. 그러나 전투가 있기 전날 밤 부인이 열심히 기도하는 모습에 감동을 받은 클로비스는 싸움에서 이기고 돌아와 기독교로 개종하였다.

선교의 시기

선교사들의 번역

선교사 울필라스가 고딕 문자를 만들어 냄으로써 북유럽 야만족은 처음으로 문자를 가지게 되었다. 선교사들은 성서를 번역할 때 가능한 모든 문자 문화를 동원하였다. 이것은 후에 슬라브어 등 다른 언어로 성서를 번역할 때에도 마찬가지였다. 오늘날 아프리카나 라틴 아메리카, 오세아니아 등에서도 동일한 작업이 계속되고 있다.

기독교 역사에서 선교가 가장 왕성하게 이루어진 시기는 312년, 황제 콘스탄티누스의 회심 이후의 기간이었다. 조지아나 인도와 같은 먼 곳까지 동방의 교회가 건설되었다. 기독교는 남쪽으로 이집트로부터 누비아(오늘날의 수단)까지 퍼져 나갔다. 난파한 배에 탔던 노예들은 기독교 복음을 에티오피아까지 전하였다. 서방에서 제국의 국경을 따라 유랑하던 이교도들은 복음화의 교량 역할을 하였다. 이들 중에서 가장 호전적인 고트족은 뛰어난 선교사 울필라스(311-83년경)에 의해서 개종하였다. 그래서 울필라스는 "고트족의 사도"라고 불린다.

이교도의 사도

울필라스의 어머니는 로마인으로서 기독교인이었고 아버지는 이교도 고트인이었다. 울필라스는 다뉴브 강의 고트족과 함께 기독교인으로 자라났다. 대략 341년경 그가 콘스탄티노플을 방문했을 때 주교 니코메디아의 유세비우스는 그를 주교로 임명하면서 자기 부족을 복음화하라고 돌려보냈다. 거기서 울필라스는 여생을 보내게 된다. 그가 남긴 가장 큰 업적은 고트어로 성서를 번역한 일이었다. 이것은 게르만 문헌에 등장하는 첫번째 기록이었다. 그러나 불행하게도 울필라스는 예수를 하느님보다 열등한 존재로 보는 아리우스주의자(60-61쪽 참조)였다. 그러므로 후에 고트족은 다시 한 번 정통 기독교로 개종하지 않으면 안 되었다.(82쪽 설명 참조) 한편 333년경, 조지아 왕국의 왕족들은 카파도키아 출신의 여자 노예 니나를 통해서 기독교로 개종하였다. 니나는 "사도들과 같은 사람"이었다. 아르메니아에서처럼(49쪽 설명 참조) 왕은 기독교를 국가 종교로 삼아 버렸다.

동방의 기독교

유럽으로부터 멀리 떨어진 동쪽에 고립된 일군의 기독교인들이 있었다. 이들은 서남 인도의 "토마스 교회 기독교인들"이었다. 그들의 전통에 의하면 이 교회는 사도 토마스에 의해 건립되었다. 이 이야기는 3세기경의 시리아 텍스트 『토마스 행전』에도 나온다. 하지만 그 교회에 대한 최초의 언급은 6세기경에 등장한다. 지리학자 코스마스 인디코플레우스테스는 이 인도 공동체가 건설한 것이었다고

평신도로부터 주교로

프루멘티우스가 평신도에서 바로 주교가 된 유일한 인물은 아니다. 밀라노의 암브로시우스는 8일 만에 동일한 과정을 밟았으며, 히에로니무스와 아우구스티누스도 빠른 속도로 고위 성직자가 되었다. 불행하게도 권세 있는 사람들의 친척들도 이처럼 초고속 승진을 하였다. 하지만 그들의 목적은 교회의 부를 즐기고 그것을 갈취하려는 타락한 목적에서였다. 그중에서 가장 악명 높았던 경우는 로드리고 보르시아가 자기 아저씨인 교황 칼리스투스 3세의 덕분에 25세의 나이로 추기경이 되었던 사건이었다. 그는 나중에 교황 알렉산더 6세가 되었는데, 후에 18살 난 자기 아들 세자르를 주교로 임명하고 그 다음해 19살이 되자 추기경으로 만들었다. 또 당시 알렉산더의 애인의 남동생도 함께 추기경으로 임명하였다.

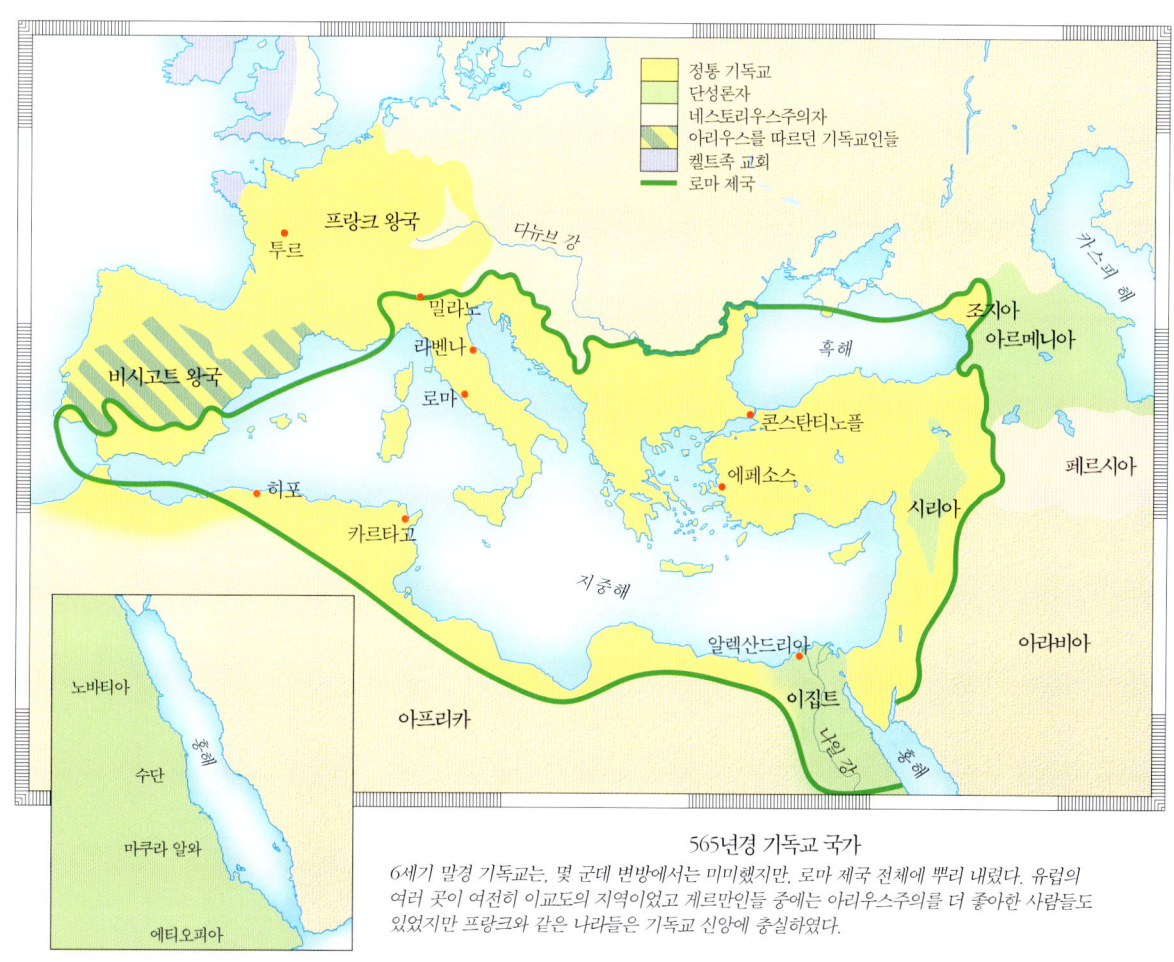

565년경 기독교 국가

6세기 말경 기독교는, 몇 군데 변방에서는 미미했지만, 로마 제국 전체에 뿌리 내렸다. 유럽의 여러 곳이 여전히 이교도의 지역이었고 게르만들 중에는 아리우스주의를 더 좋아한 사람들도 있었지만 프랑크와 같은 나라들은 기독교 신앙에 충실하였다.

예를 들어 그는 교황 비질리우스를 반대했고 그를 공공연히 모욕하였다. 또 553년의 콘스탄티노플 공의회에서 황제를 반대하였던 세 명의 주교들을 정죄하라고 강요하였다. 그는

> "하나의 제국,
> 하나의 법,
> 하나의 교회."
>
> 유스티니아누스 1세

정통 기독교에서 벗어났다고 여겨지는 것에 대해서는 가차없이 철퇴를 가하였다. 유대인들을 박해하고 이교도들을 강제로 개종시켰던 유스티니아누스는, 자신이 신의 은혜를 입어서 황제가 되었다고 확신하였다. "우리 법의 시작과 중간과 마지막은 하느님이시다."라고 그는 썼다.

하늘로의 비상
역사가 프로코피우스(500년경 출생)는 하기아 소피아 대성당에 매료되어서 이렇게 말했다. "성당은 마치 다른 건물들로부터 높이 치솟는 것처럼 하늘을 향해서 비상하고 있다. 성당은 높이 서 있고 도시 전체를 굽어 보고 있다.……그것은 빛으로 가득 차 있다. 그래서 이곳이 밖에 있는 태양에 의해서가 아니라 안에 있는 빛에 의해서 빛난다고 하고 싶어질 정도이다."

제국을 통일함

여타의 비잔틴 황제들처럼 유스티니아누스도 교회는 독립된 권위를 가지는 것이 아니라, 국가의 일부라고 보았다. 그는 기독교적 정서를 반영하기 위해서 새로운 법전을 주문하였다. 그때 제정된 『유스티니아누스 법전』은 오늘날에도 유럽 법률의 기초가 되고 있다. 비록 황제의 권력을 강화했다고는 해도 그 법전은 주교들의 입지 또한 강화하였다. 유스티니아누스의 절대 권력 밑에서 교회는 동방에서의 영향력을 극대화할 수 있었던 것이다.

콘스탄티누스처럼 유스티니아누스도 제국이 본래의 영광을 회복하기를 바랐다. 그래서 아내 테오도라와 함께 그는 북아프리카, 이탈리아, 사르디니아, 시실리, 그리고 남부 스페인을 다시 손에 넣고자 했던 것이다. 콘스탄티누스처럼 그도 제국의 교회를 통일하려고 하였다. 그는 로마, 콘스탄티노플, 안티오크, 알렉산드리아, 예루살렘의 다섯 주교들에게 공식적으로 대주교의 칭호를 부여하고, 각 주교성은 연간 수입을 포함해서 막대한 특권을 누리도록 보장해 주었다. 그러나 이러한 노력들은 오래 지속되지 못하였다. 왜냐하면 곧 이슬람 제국의 세력이 팽창되면서 안티오크, 알렉산드리아, 예루살렘의 대주교좌가 예언자 마호메트의 침략군에게 잠식되어 버렸기 때문이다.

황제와 신하들
라벤나의 산 비탈레 교회에 있는 이 6세기의 모자이크는 관리, 군인, 성직자들이 유스티니아누스 1세를 수행하고 있는 모습이다. 유스티니아누스는 성직자들의 생활과 도덕에 큰 관심을 가지고 그들에게 순수하게 살 것을 권하고 극장과 경기장에는 가지 말라고 하였다.

예술의 수호자

유스티니아누스 1세는 가장 위대하고 개명한 미술 수호자였던 것 같다. 그는 여러 인상적인, 종교적이고 세속적인 건축을 제국 곳곳에 세우고, 모자이크 장식, 상아나 금속, 대리석, 석회암으로 만든, 때로는 보석을 박아 넣기도 한 아름다운 작은 공예품으로 미술과 문화면에서 콘스탄티노플의 명성을 드높였다.

비잔틴의 영광

테오도라
유스티니아누스는 종교적인 문제에서는 정통이었지만 그의 부인인 테오도라는 이단적인 단성론(75쪽 참조)을 확고히 지지하였다. 532년 콘스탄티노플에서 일련의 폭동이 일어난 후 유스티니아누스에게 군중과 대항해서 싸우라고 격려했던 사람은 다름 아닌 테오도라였다. 이 일이 있은 후 그녀의 영향력은 더욱 커졌고, 아마도 그런 이유로 유스티니아누스가 단성론과 화해하게 되었다고 보는 것이 합당할 것이다.

5세기부터 로마 제국은 사실상 동방에 의해서 통치되고 있었다. 콘스탄티노플 시는 1453년 터키인들에게 함락되기까지 황제의 도시였고 제국의 수도였다.

6세기경 콘스탄티노플은 더 많은 부와 명성을 누리게 되었다. 그래서 그 도시를 방문한 사람들은 도시의 아름다움에 탄복하곤 하였다. 콘스탄티노플의 교회와 궁정은 황금 모자이크로 장식되었고, 공사한 지 6년 만인 537년에 완공된 하기아 소피아("거룩한 지혜") 대성당은 가장 아름다운 교회였다. 콘스탄티노플을 방문한 외국 대사들은 입을 다물 줄 몰랐다. "도시는 교회로 가득 차 있어서 마치 배 위에 펼쳐진 돛과 같다. 하기아 소피아 대성당은 솔로몬 신전보다 더욱 찬란하다." 이것은 단순한 과장이 아니었다. 하기아

보석이 박힌 십자가
비잔틴의 세력이 커 가면서 그곳의 예술도 더 정교하고 세련되어졌다. 이 십자가는 575년경 로마 시에 헌정된 것이다.

소피아 성당은 모자이크에 반사된 수천 개의 램프로 휘황찬란하였다. 가까운 궁정에서는 황제가 수많은 신하들에게 둘러싸인 채 집무를 보고 있었다. 그러나 유스티니아누스 1세는 제국의 수도를 아름답게 하는 것만으로 만족하지 않았다. 그는 동방 교회의 지도자로서 자신이 영적인 문제도 다스릴 권세가 있다고 생각하였다.

유스티니아누스의 통치

대담한 정통주의자 유스티니아누스 1세(527-65년 재위)는 자신이 신적 영감을 받았다고 확신했으므로 그 누구에게도 머리를 숙이지 않았다. 그는 기독교가 자신의 결정대로 따라야 하며, 동방과 서방의 모든 주교들은 자신의 '신적인' 칙령을 준수해야 한다고 생각하였다.

제국의 재정복
이 금메달(524년 제작)은 북아프리카와 이탈리아가 로마 제국에 의해서 재화되었음을 기념하기 위한 것이다. 메달 위에는 승리자 유스티니아누스 1세가 창을 든 전사(戰士)의 모습으로 그려져 있다. 그러나 사실 유스티니아누스는 싸움을 장수들에게만 맡겨 놓았고 자신은 전쟁터에 나가지도 않았다.

동방에서의 분열

그러나 동방은 교회 내의 긴장과 분열로 점점 약화되어 가고 있었다. 테오도시우스가 황제로서 했던 가장 중요한 일은 431년 에페소스 공의회를 소집한 일이었다. 이 공의회는 동방 교회에 대해서 심각한 반향을 불러일으켰다. 테오도시우스는 네스토리우스 논쟁(62쪽 참조)을 종식시키려는 목적으로 이 공의회를 소집하였다. 네스토리우스가 그리스도의 근본적 통일성(네스토리우스는 그리스도를 두 개의 인격으로 분리시키는 듯하였음)을 견지하지 못했다 하여 이단으로 정죄되었을 때, 시리아의 성직자 가운데 네스토리우스가

사막에서 모세를 기념함
557년경 설립된 시나이 산의 성 카타리나 수도원은 오늘날에도 여전히 수도원으로 남아 있다. 이것은 모세가 불 붙는 떨기나무를 보았다고 여겨지는 장소에 세워진 것이다.

> "가장 두려운 심판에 고통당하면서 교회가 흩어지는 것을 볼 때에는…… 그 보상을 생각하라."
>
> — 요하네스 크리소스토무스

잘못이라고 인정한 사람은 거의 없었다. 에페소스 공의회에서 네스토리우스를 지지했던 주교들은 페르시아를 중심으로 자신들만의 교회를 조직해 나갔다. 6-7세기 동안 네스토리우스의 교회는 인도, 아라비아, 중국에 기독교를 정착시켰으며, 12세기 말에도, 비록 많이 쇠잔해지기는 했지만 중동 지역에 여전히 잔존해 있었다.

공의회 후 교회가 분리된 경우는 비단 에페소스 공의회 뿐만이 아니었다. 451년 칼케돈 공의회(62쪽 참조) 역시 교회의 분열을 초래하였다. 이번에 파문된 것은 단성론자(單性論者)들이었다. 이들은 예수가 오직 하나의 본성, 즉 신성만을 지니고 있다고 해서 정죄되었다. 그 결과 단성론자들은 교회의 주류로부터 떨어져서 자신들만의 교회를 형성하였다. 결국 6세기 무렵 세 개의 독립적인 단성론자들의 교회가 서로 다른 지역에서 발전하였다. 시리아의 야고보 교회, 이집트와 에티오피아의 콥트 교회, 그리고 아르메니우스 교회가 그것이다.

비참한 여파

이 두 가지 논쟁이 신학적 문제에 관한 것이었다고는 해도 공의회는 이 문제를 다룸으로써 결국 기독교인들 사이에 혼란과 폭동만을 초래하게 되었다. 칼케돈 공의회 이후 대중들의 종교적 감정은 특히 높아져 갔다. 이집트와 시리아에서는 정통 신앙을 고수하는 이들과 단성론자들 사이에 유혈 사태까지 벌어졌다. 알렉산드리아에서는 단성론을 지지하는 수도사들이 주교좌 성당 앞에서 집회를 벌였다. 시리아에서는 수도원이 방화되고 수도사들이 불에 타 죽었다. 그리스도의 본성을 둘러싼 논쟁은 해가 갈수록 점점 격해져 갔다. 신자들이 정통 기독교를 지지하든, 단성론을 지지하든, 혹은 그러한 논쟁과 분열에 당황하는 말든 상관없이, 동방 제국은 이러한 내적인 갈등으로 말미암아 눈에 띄게 약해져 갔고, 그리하여 장차 이슬람의 발흥과 맞물려서 톡톡히 그 값을 치르게 되었다.

맹렬한 논쟁

신학 논쟁은 이상할 정도로 뜨거워질 수 있다. 알렉산드리아의 주교 키릴로스가 죽었을 때 동료였던 키프로스의 테오도어 주교는 이렇게 말하였다. "살아 있는 자들은 기뻐한다. 아마도 죽은 자들은 미안해할 것이다. 그들이 자신의 친구들을 짐 질 것을 두려워해서이다. …… 자신의 새로운 교리를 가지고 지옥에나 가라고 해라. 가서 하루 종일 저주받은 자들에게나 설교하라고 해라." 알렉산드리아의 주교 프로테리우스는 칼케돈 공의회에서 지지받지 못하는 편에 섰는데, 그가 집으로 돌아오자 성난 군중들은 그를 찢어 죽였다.

동방의 교회

4세기가 끝나 갈 무렵 제국이 다시 분열되고 마지막 서방 로마의 황제가 자리에서 물러나자, 교회의 연합은 깨지고 동방과 서방은 분열되기 시작하였다. 서방에서 제국이 분열되고 있는 동안 동방 교회는 잔뜩 긴장한 가운데 치명적인 이단들과 싸우고 있었다. 이 이단들은 기독교인들을 혼란에 빠뜨리고 있었다. 서방에서는 교회가 영적으로나 도덕적으로 제국으로부터 독립했지만, 동방에서는 제국과 교회가 아직도 강하게 연결되어 있었다. 비잔틴 황제는 여전히 사제이면서 동시에 왕이었던 것이다.

동방의 위대한 설교자

로마 제국과 기독교 사이의 복잡한 관계는 위대한 신학자 요한 크리소스토무스(347-407년경)의 비극에서 잘 나타난다. 안티오크 출신의 크리소스토무스(그리스어로 '황금의 입'이라는 뜻임)는 웅변과 법률을 공부했으며, 나중에 신학을 공부했다. 그러나 그는 학문 연구에 만족하지 못하고, 안티오크 교외의 산 속으로 들어가 수도사가 되었다. 381년 그는 집사로 안수받았으며, 그로부터 5년 후 사제가 되었다.

크리소스토무스가 『창세기』와 신약성서에 대한 일련의 주석 설교를 한 것은 이 무렵이었다. 이 설교로 그의 명성은 높아졌고, 그가 그리스 성서의 영적인 의미나 실천적인 내용 둘 다를 잘 파악한다는 것이 입증되었다. 때로는 사람들이 그의 말을 더 잘 알아듣기 위해서 교회 앞까지 몰려가곤 할 정도로 그의 명성이 자자하였다. 크리소스토무스는 자신의 영감적인 설교에 대해서 이렇게 말하였다. "일단 말하거나 가르치기 시작하면 피곤함은 사라져 버린다. 병이 걸리거나 어떤 장애가 닥쳐도 여러분의 사랑을 떨쳐 버릴 수 없다.……여러분이 내 말을 듣고 싶어하는 마음 간절하듯이 나 역시 설교하고 싶은 마음 간절하다."

크리소스토무스가 거룩한 삶과 명 설교로 유명해지자 동방의 황제 아르카디우스도 그에게 관심을 가지게 되었다. 황제는 398년 크리소스토무스의 의지와는 달리 그를 콘스탄티노플의 주교로 임명하였다. 비록 이 자리가 궁정과 교회 모두에 엄청나게 중요한 자리였지만, 크리소스토무스는 이에 아랑곳하지 않고 여황제 유도키아를 향해서 황제가 먼저 기독교적인 도덕성을 따라야 할 것이라고 설교하였다.

마침내 크리소스토무스는 그의 경쟁자였던 알렉산드리아의 대주교 테오필루스의 미움을 사게 되었다. 테오필루스는 황제에게 크리소스토무스를 공의회에서 이단으로 정죄하도록 압력을 넣었다. 황제가 크리소스토무스에게 교회와 도시를 떠나라고 명령하자 크리소스토무스를 따르던 사람들은 이에 반발하여 거리에서 소동을 일으켰다. 비록 크리소스토무스가 결국 망명을 떠나긴 했지만, 그는 동방교회의 위대한 교부 중 한 명으로 남아 있다.

기독교 개혁

로마 제국의 영향에도 불구하고 동방 교회는 설교를 중시하는 풍요롭고도 독특한 예전의 전통을 수립하였다. 대바실리우스나 나지안주스의 그레고리우스(62쪽 참조) 같은 신학자들은 설교의 교리를 만들었다. 수도원도 동방의 영성 가운데 중요한 요소로 자리 잡으면서 꽃을 피웠다. 대바실리우스는 수도원의 삶을 기독교인이 도달해야 할 정점으로 보았다.

하지만 로마 제국이 기독교에 언제나 해로운 것만은 아니었다. 408년 콘스탄티노플에서 등극한 황제 테오도시우스 2세는 정치적으로는 무능한 황제였지만 강력한 기독교 정책을 폈다. 425년에 그는 콘스탄티노플 대학을 세우고 귀중한 기독교 문서들을 기증하였다. 또 테오도시우스 2세는 435년에 테오도시우스 법전을 반포하였다. 이것은 콘스탄티누스 1세가 기독교 신앙을 공인한 이후 제정된 일반 법률의 목록이었다.

요하네스 크리소스토무스
크리소스토무스는 자신이 꼭 긴 사지와, 짧고 가는 몸을 한 거미 같다고 말한 적이 있다. 그는 매주 일요일마다 설교하였으며 일주일에 여러 차례 설교하였다. 그중 약 800편의 설교가 오늘날까지 남아 있다.

대중적 열광

제국 전체에 걸쳐서 기독교 신앙은 대단한 열광을 불러일으켰다. 특히 동방에서 이것은 신학 논쟁에 대한 비상한 관심으로 나타났는데, 비단 지성인들에게만 국한된 현상도 아니었다. 나지안주스의 그레고리우스는 이렇게 말한다. 콘스탄티노플에서 "빵 굽는 사람에게 빵 값이 얼마인지 물어 보시오. 그러면 그는 이렇게 대답할 것이오. '아버지는 위대하며 아들은 열등합니다.' 만일 당신의 목욕물이 준비되었느냐고 묻는다면 종은 이렇게 대답할 것이오. '아들은 무로부터 만들어졌습니다.'"

성직자의 머리털

체발(剃髮)이라고 부르는 성직자의 깎은 머리는 고대 로마의 입양식에서 비롯된 것이었으나, 4세기부터는 교회를 섬기는 길로 들어서는 사람들에게 그대로 전수되었다. 즉 이들은 주교나 수도원장의 가족으로 "입양되었다"는 뜻이었다. 수도승이나 사제나 교회 직분을 가진 사람처럼 체발한 사람들은 모두 "성직자"라고 불렸다. 성직자들은 무기를 들 수 없었으며, 특별한 법의 보호를 받았다. 그들은 일반 법정이 아니라 주교의 재판정에서만 재판을 받을 수 있었다.

초대 교회의 음악과 미술

초대 기독교인들은 고대 유대교의 풍부한 음악 전통을 물려받았다. 유대인들의 예전이나 공공 예배 때 음악은 큰 역할을 하였다. 성서에서는 이러한 악기나 음성으로 음악을 연주하면서 치러진 예전에 대해 생생하게 설명하고 있다. 불행하게도 5세기 이전 유대교나 기독교 전통에서 사용하던 멜로디 가운데 기록으로 남아 있는 것이 전혀 없다. 또 초대 기독교인들이 사용하던 음악은 그리스나 로마의 음악을 모델로 했던 것임이 틀림없지만, 기록된 것이 없는 이상 그 출처를 알아 보기는 불가능한 일이다. 그러나 우리들은 박해를 받던 초대 교인들에게는 예배 드릴 별도의 건물이 없었다는 것과, 서로의 집을 방문해서 예배를 드렸다는 사실을 알고 있다. 결국 그들은 정교한 예배 의식을 만들 수 없었을 것이며, 따라서 기독교 음악도 그만큼 발전할 수 없었을 것이다. 더욱이 초대 기독교인들은 춤이나 악기로 연주되는 춤곡 등 이교도들의 행동을 싫어했다.

교회 음악이 발전하는 데 결정적인 계기가 되었던 것은, 4세기에 콘스탄티누스 황제와 그 후계자들이 제국적인 차원에서 기독교인들에게 호의를 베풀었던 일이다. 콘스탄티누스는 몇몇 교회를 세우는 가운데 예루살렘과 로마와 콘스탄티노플에도 교회를 세웠다. 이 지역에 세워진 인상적인 건물들은 예배를 위한 건물이었고, 그 빼어난 음향 시설에 자극받은 작곡가들은 정교한 음악을 작곡했을 것이다. 5세기 말경 교황 그레고리우스 1세(590-604년 재위)는 당시까지 만들어진 음악을 분류하고 제국 전반에 걸쳐서 예배 양식과 조화시켰다.(93쪽 글상자 참조)

초대 교회의 미술

313년부터 증가하기 시작한 교회 건물은 음악과 예전뿐만 아니라 미술에도 큰 도움이 되었다. 여기서 미술이란 중세가 끝날 때까지는 주로 종교 미술을 가리킨다. 교회 미술은 하느님의 임재에 대한 경외심과 놀라움을 북돋우고, 신자들로 하여금 신의 메시지와 사역을 이해하고 명상하도록 가르치는 등, 다방면으로 기독교인들의 믿음에 도움을 주었다. 3세기의 카타콤에서조차 기독교인들은 예배 장소를 성서의 장면 등으로 장식하였다.

교회는 4세기에 들어서면서부터 두드러지게 많이 건축되기 시작하였다. 기독교인들은 프레스코화나 모자이크 등으로 교회 내부를 장식하였다. 장식 기법은 그리스나 로마로부터 차용해 왔다. 이교 미술가들은 바닥이나 벽에 모자이크 기법을 사용해 왔다. 그러나 기독교 미술가들, 그중에서도 특히 비잔틴의 미술가들은, 이 기법을 새롭고도 현기증이 날 정도로 정교하게 발전시켰다. 모자이크는 조그만 타일이나 각석(角石, tessrae)으로 그림을 그리는 기술이다. 1제곱센티미터 정도의 타일은 유리나 구슬로 만들었다. 초기 교회 공예가들이 사용한 유리에는 때로 금잎이 세공되곤 하였다. 그것은 그 재료의 높은 가치 때문에 종종 하늘을 상징하는 데 쓰이곤 하였다. 예를 들어 1940년대에 성 베드로 바실리카 지하에서 발굴된, 최초로 알려진 기독교 모자이크는 태양-신(Helios)으로서의 그리스도를 나타내기 위해서 금 모자이크를 사용하였다. 모자이크로 장식하는 데에는 비용이 많이 들었으므로 부유한 비잔틴 교회에서나 사용되었을 뿐이고, 일반적인 것으로 사용된 것은 아니었다.

교회 장식을 위해서 모자이크보다 훨씬 널리 사용되었던 것은 프레스코화였다. 그리스와 로마 제국에서도 이미 널리 사용되었던 이 장식 기법을 위해서는 우선 벽을 몇 차례에 걸쳐서 얇은 회반죽으로 칠한다. 그리고 마지막으로 덧칠한 것이 다 마르기 전에 달걀 노른자위와 분말 색채(tempora)를 그 위에 바른다. 미술가는 여러 가지 도구를 사용해서 신속하게 작업한다. 회칠이 마르면 분말 색채는 영구히 회반죽 속으로 스며들기 때문에 수정이 거의 불가능하다. 현존하는 가장 오래된 프레스코화는 3세기 로마 카타콤 시대의 것이다. 그러나 가장 훌륭한 프레스코화가 그려진 것은 이탈리아 르네상스 기간이었다.

교회 공예품

초대 교회의 장식품은 바닥이나 벽에 설치한 장식만이 아니었다. 교회 제단은 대개 대리석을 깎아 만들었고 성만찬의 이미지를 장식하였다. 호스로운 금, 은 제단 그릇과 접시에는 때로 보석을 박아 넣었는데, 이는 성사(聖事)를 위해서 만들어졌다. 이 그릇들의 본래 모습은 오늘날까지 그대로 남아 있다. 또한 은 접시나 그릇에 성서 구절을 새겨 넣는 일도 많았다. 상아를 깎아서 만든 그릇과 패널화는 비잔틴 시대에 인기가 있었다. 그중에서 가장 정교한 작품은 대개 시리아의 안티오크나 이집트의 알렉산드리아 출신의 장인들이 깎아 만든 것이었다.

상아로 된 그리스도 패널화
성구집 표지로 쓰였던 이 그리스도 패널화는 비잔틴 시대의 절정에 제작된 것이었다. 특히 기술자의 작품이 매우 전문적이고 세련된 경우 상아로 된 패널화는 예술 장식품 중에서도 가장 탁월한 것으로 여겨졌다.

위협받고 있는 상황에서 황제가 계속 교황을 지원했다는 사실은 교황이 누리고 있던 높은 지위를 반증해 주고 있다. 로마에는 다행히도 뛰어난 교황이 몇 명 있어서 혼돈기에도 로마 교황청의 특수한 위치를 보전했던 것이다.

콘스탄티누스는 자신의 통치 기간 동안 교회를 행정부 비슷하게 조직하였다. 그래서 여러 지역으로 나눈 영역을 교구라고 부르고, 각 교구는 그곳에 사는 한 명의 주교가 관할하도록 하였다. 주교가 사는 주교좌(cathedral, cathedra[의자]라는 라틴어에서 유래됨)는 예배 장소였을 뿐만 아니라 동시에 행정관서이기도 하였다. 그래서 5세기에 행정 체계가 무너지자 사람들은 주교나 그의 재판정에 가서 도움을 청하였다. 교회는 사람들을 보호하고 지탱해 주는 유일한 기관이었던 것이다.

서방의 몰락

주교들은 방금 말했던 혼란을 겪고는 큰 충격을 받았다. 그들은 저 멀리 콘스탄티노플에 있는 황제가 문제를 해결할 수 없다는 것을 잘 알고 있었다. 그러나 동방에 있는 황제는 이렇게 나마 문제가 해결되는 것에 만족하였다. 그는 때때로 교구에 돈을 보내서 수로(水路)를 보수하도록 했는데, 이것은 공식적으로는 시민 행정을 돌보는 차원의 지원이었다. 로마에서는 교황 레오 대제가 스스로를 "폰티펙스 막시무스(Pontifex Maximus)"라고 칭하면서 대중을 지키는 황제를 자임하였다. 로마 주교가 무엇을 원하는지가 이제 분명해졌다.

5세기 말 교황 켈라시우스 1세(492-96년 재위)는 황제가 시간적인 세계의 통치자라면, 교황은 영적인 세계의 통치자라고 주장하였다. 교황은 영적인 문제에 관해서 황제의 지도를 받지 않겠다는 분명한 선언이었다. 그러나 대다수의 사람들은 황제가 어디에 사는지, 어떤 황제가 자신들을 다스리는지에 대해 아무런 관심도 없었다. 그들이 관심을 가지는 것은 수도가 끊겼다든지, 산적들이 길에서 튀어나온다든지, 또는 시민을 위한 행정 서비스가 더 이상 이루어지지 않는다든지 하는 것들이었다. 애국심, 군사력, 경제적 안정이라고 하는 오래된 덕목은 모두 흔들리고 있었다. 왕과 부족의 족장들이 등장하면서 그들은 로마

> "하느님을 찬양할지어다······ 우리는 약해지지만 진리에 대한 지식이 모든 나라에 전파되고 있으니"
>
> 로마 제국의 사제 오로시우스
> (야만족들이 기독교로 개종하는 데 대해서 한 말)

정부가 포기한 영토에 손을 뻗쳤는데, 그것은 바로 이와 같은 정치적 혼돈을 배경으로 하고 있었다.

476년에 고트족의 족장인 오도아케르는 서방의 마지막 황제를 퇴위시켰다. 이것은 서방 로마로서는 치명타였다. 오도아케르는 권력을 잡자마자 콘스탄티노플에 대사를 파견해서 자신의 지위를 인정하라고 요구하였다. 사실 야만족들은 로마 제국을 멸망시킬 생각은 없었다. 그들은 로마의 문화를 두려워한 나머지 그것을 모방할 생각이었으며, 로마의 풍습을 수용하기도 하였다. 예를 들어 자신들이 입었던 짧은 옷을 벗어 버리고 로마인들이 입던 바지를 입었으며, 머리와 수염도 짧게 깎았다.

이 모든 혼돈의 와중에서도 교회는 등대처럼 굳게 서 있었다. 교회는 점차로 부족들 사이에서 선교 사업을 벌이기 시작하였다. 부족민들은 여전히 이교도였지만 일부는 벌써 아리우스주의로 개종하였다. 어떤 야만족의 왕은 교회를 기꺼이 자기편으로 삼겠다는 생각으로 목적으로 주교나 수도원장에게 넓은 토지를 주기도 하였다. 토지는 돈을 의미하였으므로 이때부터 수도원과 교구는 서부 유럽 전체를 통해서 커다란 경제적 영향력을 지니게 되었다. 기독교 지도자들은 중요한 인물이 되었다. 경우에 따라서 그들은 지역의 왕처럼 막강한 세력을 지녔던 것이다.

기독교 달력

5세기 말경 날짜를 세는 새로운 방식이 도입되었다. 이전에는 기원전 8세기 로마가 건립된 해로부터 헤아렸다. 키 작은 디오니시우스가 발명한 새로운 달력은 그리스도의 탄생을 기준으로 기원전과 기원후로 구분해서 계산하는 것이었다. 새로운 구원의 시대가 그리스도 사건으로 나타났다는 뜻이었다. 디오니시우스의 역산법은 사실보다 조금 늦어진 것이었지만——예수는 헤롯 대왕이 다스리던 때에 태어났지만 우리가 알기로 헤롯 대왕은 기원전 4년에 죽었다——5세기에 만들어진 이 역산법은 오늘날까지 전 세계적으로 사용되고 있다.

야만족의 침입

4-5세기에 야만족들은 로마 제국의 국경을 넘어서 쳐들어왔고, 스페인, 골, 북아프리카, 게르만, 영국 등에 자신들의 왕국을 세웠다.

지도 범례:
- 로마 제국
- 반달족
- 프랑크족
- 훈족
- 비시고트족
- 오스트로고트족

지명: 런던, 톨레도, 툴루즈, 아킬레이아, 로마, 나폴리, 히포, 카르타고, 살로나, 콘스탄티노플, 아테네, 코린토

기독교 제국

야만족의 침략

야만족들은 (위의 그림처럼) 잔혹한 정복 행위를 일삼았다. 제국의 변방에서 투르즈의 주교 그레고리우스(540-94년경)는 기독교인들이 느꼈던 불안을 이렇게 표현하였다. "교회는 이단자들의 공격을 받았다." 안전한 것이라고는 아무것도 없었다는 말이다.

재앙이 기독교인들 때문에 일어난 것이라고 비난하였다. 여러 신들이 화가 나서 이전처럼 제국을 지켜 주지 않았다는 것이다. 아우구스티누스는 『하느님의 도성』을 써서 기독교인들에 대한 비난을 논박하고 이교도의 불신앙이야말로 비난받아 마땅하다고 했지만, 어떤 기독교인들은 이것이 로마가 죄를 범하여서 하느님이 징벌을 내린 것이라고 생각하였다.(69쪽 설명 참조) 야만족의 침입을 받은 서방 사람들 전체가 받았던 공포와 두려움은 상상하기 어려울 정도였다. 하긴 이미 406년에 로마 원로원은 브리튼에 있는 요새에 우울한 메시지를 보낸 적이 있었다. 야만족의 침입을 받아도 로마는 스스로를 지킬 수 없다는 내용이었다. 시민들을 지킬 군대가 로마에는 없었다는 말이다. 베들레헴의 수도원에서 로마가 포위되었다는 소식을 들은 히에로니무스는 다음과 같이 표현하였다. "오래되어도 사라지지 않는 피조물이란 없다. 그러나 로마여! 그 누가 전 세계를 정복해서 건설한 로마가 멸망하고, 모든 나라들의 어머니가 그들의 무덤이 되리라고 믿었겠는가? 우리들은 고통받는 저 사람들을 구할 수 없다. 우리가 할 수 있는 일이라고는 그저 그들을 가엾이 여기고 그들과 함께 눈물을 흘리는 일뿐이다."

불안한 서방에서의 교황의 힘

410년 로마가 약탈된 이래로 야만족들은 몇 차례나 더 전과를 올렸다. 반달족은 아우구스티누스가 히포에서 세상을 떠난 430년과, 카르타고가 함락되었던 439년에 북아프리카의 대부분을 점령하였다. 452년에는 아틸라가 이끄는 아시아계의 훈족이 알프스를 넘어 이탈리아로 쳐들어와서 로마를 넘보게 되었다. 하지만 교황 레오 대제(오른쪽 글상자 참조)가 그들을 겨우 설득해서 되돌려 보냈다. 교황이 로마를 구해 냈다는 사실은 교황의 정치적 지위를 말할 수 없을 정도로 많이 상승시키는 효과를 가져 왔다. 레오 대제가 로마 주교의 최상위권을 강화할 수 있는 이런 절호의 기회를 놓칠 리 없었다. 특히 451년 칼케돈 공의회에서 주교들이 투표한 결과, 콘스탄티노플 시가 로마에 다음 가는 두 번째로 중요한 도시로 인정받은 이후로는 더욱 그러하였다.(62쪽 참조) 레오는 이에 대해 다음과 같이 썼다. "주교들의 왕인 성 베드로의 공덕으로 확실해진 교황청의 탁월성과 로마 시의 최우선성을 그 누구도 넘보지 못하게 하자. 제국 전체가 그 지배자를 인정한다면 교회의 평화는 유지될 것이다."

이보다 조금 뒤인 455년, 반달족은 로마를 다시 침입하였다. 반달족의 우두머리인 가이세릭과 그의 군대는 14일 동안 도시를 쑥밭으로 만들어 버렸다. 레오는 다시 한 번 협상을 주재하였고, 그 결과 건물은 몇 채나 파괴되지 않고 남아 있을 수 있었다.

레오의 뒤를 이은 교황들은 자신들이 교회의 목자로서 보편적인 역할을 담당하고 있다고 주장하였다. 제국이

라벤나

404년 황제의 거주지는 로마에서 멀리 떨어진 이탈리아 북쪽의 라벤나에 건설되었다. 로마가 파괴되는 동안 라벤나는 황제를 안전하게 보호해 주었다. 그 후 라벤나는 493년에 고트족에게 점령당할 때까지 많은 재산을 보유한 중요한 도시로 성장하였다. 라벤나의 모자이크와 초대 기독교 예술은 타의 추종을 불허한다. 산 아폴리나리스의 세례실도 그중 하나이다.(위)

레오 1세

사제가 되기 전의 교황 레오 대제(440-61년 재위)는 사회 경력 면에서 남달랐다. 그는 자질도 뛰어났지만 제국의 제도를 체험했던 것이 교황직을 수행하는 데 큰 도움을 주었다. 그는 중앙 정부 제도를 선호했기 때문에 교황이 되고 난 후 서방 교회에서 교황의 역할을 강화하였다. 그는 한때 황제가 사용하던 "폰티펙스 막시무스(Pontifex Maxismus)"라는 칭호를 스스로에게 붙였다. 이 이름은 "최고의 다리 건설자"라는 뜻으로, 신과 인간을 중개하는 주교의 임무를 가리킨다. 레오의 가장 큰 업적은 훈족 아틸라가 로마를 공격하려 할 때 그를 회유한 것이다.(아래) 레오는 말을 타고 320킬로미터나 가서 아틸라를 만났으며, 훈족의 공격을 중지시키기 위해 엄청난 뇌물을 제공했을 것이다.

반달족

닥치는 대로 모든 것을 파괴한다고 해서 이름 붙여진 "반달리즘"으로 대표되는 반달족은, 유럽에 쳐들어온 부족 중에서 가장 성공을 거둔 부족이었다. 반달족은 로마 제국의 서쪽을 유린하였다.(72쪽 지도 참조) 반달족은 5세기에 유럽을 통해서 아프리카로 건너갔다. 그들은 406년 골을 침입했으며, 3년 후 스페인까지 쳐들어갔고, 후에는 북아프리카에 왕국을 세웠다. 이 왕국은 이슬람교도들에게 빼앗길 때까지 존속하였다. 반달족 해군은 지중해 서쪽을 완전히 장악했으며, 477년에는 로마를 약탈하였다. 이 부족은 아리우스주의의 열렬한 지지자였는데, 마침내 534년 유스티니아누스의 부하 장수 벨리사리우스에게 패하였다.

서방의 야만족들

4세기 말과 5세기 초에 로마 제국과 기독교는 모두 어려움에 직면해 있었다. 기독교인들은 이제 인구의 대다수를 차지하게 되었으나, 야만족들은 점차 기울어 가는 제국의 경계를 넘나들면서 침입하곤 하였다. 로마 제국은 당시 이미 동과 서로 나뉘어 있었다. 406년 12월 마지막 날, 게르만족의 고트인들은 북동쪽 경계를 뚫고 쳐들어와서 물밀듯이 남쪽으로 내려왔다. 광포한 그들의 앞길에 서 있는 것은 무엇 하나 남지 않고 쓰러져 버렸다. 이처럼 야만족들이 반복해서 침입하자 서방 로마 제국은 결국 몰락했고, 서방 로마 제국의 황제는 권좌를 잃어버리고 말았다.

로마의 몰락

410년 믿을 수 없는 일이 일어났다. 로마가 고트인들에게 약탈되고 파괴된 것이다. 황제는 콘스탄티노플에 있었고, 그래서 제국의 정치적 수도는 그곳이었지만, 로마는 여전히 중요한 상징적 의미를 지니고 있었다. 로마는 서방에서 교회의 영적(靈的) 중심이었다. 그러므로 로마에 대한 공격은 제국의 심층부까지 뒤흔들어 버렸다. 많은 이교도들은 이러한

> "로마여, 이제까지 전 세계를 사로잡았으나 이제는 사로잡힌 신세가 되었구나."
>
> 히에로니무스

야만족들

로마인들은 5세기에 로마 제국을 침입한 사람들의 말을 알아들을 수 없었다. 그래서 이들은 그리스어로 "낯선 외국"이라는 뜻의 "야만족(barbarians)"이라고 불리게 되었다. 로마인들이 이들을 보고 놀랐던 또 다른 이유는 그들이 바지를 입고 있었기 때문이었다. 이들 이상하고 파괴적인 부족들에 대한 기억은 수세기 동안 계속되었다. 바르바니 가문 출신의 교황 우르바누스 8세(1623-44년 재위)가 로마의 판테온 신전에서 청동 기둥을 뽑아 성 베드로 성당의 제단 천정을 만들려 하자 한 비판가는 다음과 같이 비난하였다. "야만족들(barbarians)도 하지 않은 일을 바르바니(Barbarini) 가문이 저지르고 있구나."

누가 제국을 타락시키는가?

아우구스티누스처럼, 남부 골의 마르세유 출신의 사제 살비아누스(400-80년경)는 세상의 부패상을 설명하려 하였다. 그러나 그는 아우구스티누스와는 달리 승승장구하는 야만족들은, 사회에 대한 신의 심판이며, 기독교인들로 하여금 순수한 삶을 살라고 하는 자극제라고 주장하였다. 교회가 일반인들로부터 부당한 세금을 징수해 간다는 사실을 기독교 관리들도 잘 알고 있었다. 많은 기독교인들은 법과 행정을 버렸다. 왜냐하면 그들은 도처에서 자행되고 있는 부패상에 물들고 싶지 않았기 때문이다. 이것은 다른 이들에게 시민으로서의 책임을 지워 주게 되었다. 즉 제국 전반에 걸쳐서 기독교적 이상을 품고 있지 않은 행정가나 관리들은 승진했던 것이다.

로마의 유적

로마 제국이 멸망하는 것을 보고 많은 기독교인들은 세상의 종말이 가까이 다가왔음을 예감하였다. 그러나 많은 이교도 통치자들은 곧 기독교로 개종하였고 그들이 받아들인 신앙에 적극적인 관심을 보였다.

주 예수 그리스도로 온몸을 무장하십시오. 그리고 육체의 정욕을 만족시키려는 생각은 아예 하지 마십시오."(『로마서』 13:13-14) 이 말에 깊은 감명을 받은 아우구스티누스는 그 도시의 주교 암브로시우스를 찾아 갔으며, 주교가 설교하는 예배에 자주 참석하기 시작하였다. 그는 세례를 받기로 결심했고, 암브로시우스는 387년 부활절 전야에 아우구스티누스와 그의 아들 아데오다투스에게 세례를 주었다.

391년에 아우구스티누스는 사제서품을 받고 북아프리카로 돌아갔다. 4년 후 그는 히포(오늘날 알제리아의 안나바)의 주교로 선출되었고, 430년 세상을 떠날 때까지 그곳에 머물렀다.

낙관적 이단자
브리튼 즉 아일랜드의 수도승이자 신학자였던 펠라기우스는, 원죄 교리를 부인하고 인간의 의지는 신의 은총 없이도 선한 일을 할 수 있다고 주장하였다.

이단과의 논쟁

아우구스티누스가 주교가 된 후 부딪쳤던 두 가지 이단은 도나티스트들과 펠라기우스였다. 북아프리카는 도나티스트들(55쪽 참조)이 지배하고 있었다. 이들은 로마 제국의 박해가 있었을 때 타협한 혐의가 있는 사제를 주교로 받아들이지 않았던 사람들이었다. 아우구스티누스는 이러한 위기에 직면해서 여하한 경쟁 교회도 있을 수 없으며, 성만찬과 세례라는 성사(聖事)는 사제 자신의 의로움이 아니라 하느님의 은혜를 통해서 효력을 발휘한다고 주장하였다. 아우구스티누스의 주장이 우세하였지만 도나투스주의자들은 선뜻 그를 따르지 않았다.

두 번째 이단도 역시 만만치 않았다. 브리튼의 수도승 펠라기우스(420년경 사망)는 사람들에게 자기 자신을 의지하라는 교리를 폈다. 이것은 사람이 자력으로 하늘 나라에 갈 수 있다고 함으로써 사람의 인격을 하느님의 의지로부터 분리시키는 듯이 보였다. 아우구스티누스는 기독교인들이 받은 모든 것은 선, 혹은 하느님의 은혜로부터 말미암는다고 주장하면서 펠라기우스에게 맞섰다. 그는 은혜는 세상에 있는 수많은 악에 직면해서 꼭 필요하며, 인간은 근본적으로 죄를 지을 성향이 있다고 보았다. 예수의 삶과 죽음, 그리고 부활 속에 나타난 하느님의 은혜가 없다면 인간은 악한 일만을 반복할 뿐이며 선을 행할 수 없다는 것이 아우구스티누스의 주장이었다.

은총의 교사

한때 방탕한 삶을 살았던 아우구스티누스는 마음으로부터 회개해야 한다고 강조하였다. 이야말로 복음의 근본 메시지이다. 은총에 대한 아우구스티누스의 가르침은 기독교 사상에 영속적인 영향을 끼쳤다. 그러므로 16세기의 위대한 종교 개혁자 마르틴 루터가 아우구스티누스 수도회 소속이었던 것은 우연이 아닐 것이다. 아우구스티누스는 분명한 주장과 교리로 이름을 날렸다. 그는 자신이 교회에서 설교한 것을 서기에게 받아 적도록 한 후 이것을 수도원과 다른 주교들에게 보냈다. 아우구스티누스의 저작은 방대하였고, 많은 주제들을 다루었다. 예를 들면 북아프리카의 침략 위협이 높아지자 그는 "의로운 전쟁" 이론을 고안해 냈다. 이것은 적법한 권리를 지키기 위해서 다른 방도가 없을 때에는 공격자를 죽여도 무방하다고 정당화함으로써 전통적인 기독교의 평화주의를 논박한 것이었다. 아우구스티누스의 생각은 하느님과, 하느님의 자애로운 사랑을 더 잘 알고자 하는 갈망에서 우러난 것이었다. 그는 이야말로 본래적 신앙의 표지라고 여겼다. 다양한 측면을 지니고 있는 아우구스티누스의 여러 저작들은 기독교 신자들의 다양한 요구에 훌륭하게 응답하고 있다.

> "당신께서는 우리의 입에 소금을 넣어 주시어 우리로 하여금 당신을 갈망하도록 만드셨습니다."
> ─ 아우구스티누스

이단 처벌

360년대에 배교자 율리아누스는 기독교인들이 자신들과 의견을 달리하는 사람들을 박해한다고 비난하였다. "이른바 이단이라고 하는 공동체는 사실상 모두 학살되었다. 사모사타나 키지쿠스, 비시니아, 갈라티아와 다른 여러 부족들에게도 이런 일이 일어났다.……그와는 달리 나의 시대에는 망명이 끝나면 재산을 돌려 받았는데 말이다." 아우구스티누스는 이단을 처벌하는 것이 신학적으로 정당하다고 하였다. 그러나 이단을 없애기 위해서 고문해서 죽이기까지 하는 일은 1200년도까지는 흔한 일은 아니었다.

『하느님의 도성』

로마가 약탈된 후 아우구스티누스는 『하느님의 도성』을 쓰기 시작하였다. 그는 이 책에서 로마가 파괴된 것은 이교도들의 불신앙 때문이라고 주장하였다. 아우구스티누스는 인간의 도성은 멸망하지만 하느님의 도성은 영원하다고 확신하였다. 그는 교회가 지상에서 하느님의 도성을 대신한다고 믿었고, 인간의 도성이 때때로 멸망하는 것은 하느님 없이 불멸에 도달하려는 인간의 노력이 얼마나 무익한 것인가를 보여주는 자연스러운 결과라고 여겼다.

아우구스티누스 – 은총의 승리

모니카

아우구스티누스의 어머니 모니카는 경건한 기독교인이었다. 모니카는 아우구스티누스에게 언젠가 아들 문제로 걱정이 돼서 주교에게 상담했노라고 말해 주었다. 노(老)주교는 이렇게 모니카를 위로했다고 한다. "많은 눈물로 기른 아들은 결코 방탕하게 되지 않습니다." 경건한 모니카는 이 비밀을 말해 주고 난 직후에 사랑하는 아들의 품에서 눈을 감았다.

기독교 역사상 가장 중요한 인물 가운데 하나인 히포의 주교 성 아우구스티누스는 방대한 저작을 남긴 저술가였고 신학자였다. 1,000년 동안 아우구스티누스는 기독교 세계에서 가장 영향력 있는 인물이었다. 그의 저작들은 오늘날에도 여전히 많은 기독교인들에 의해서 그 가치를 인정받고 있다.

아우구스티누스 아우렐리우스라는 이름으로 북아프리카의 타가스테(오늘날의 알제리)에서 354년에 태어난 아우구스티누스는, 이교도인 장교와 기독교인 어머니 사이에서 태어났다. 4세기 중엽 북아프리카는 로마 제국의 식량을 제공하는 중요한 지역이었다. 제국 전체에 대한 로마의 단속이 느슨해지면서 제국이 멸망하리라는 징후가 도처에서 감지되었다. 로마 정부의 부패는 극에 달했으며, 제국은 야만족들의 침입에 의해 붕괴되어 가고 있었다. 아우구스티누스는 소년 시절을 이러한 상황 속에서 보냈다. 또한 그가 평생토록 기독교와 교회에 대한 이교도들의 끊임없는 공격에 맞섰던 것도 바로 이러한 상황 하에서였다.

방탕한 청년 시절

학문적 재능이 남달랐던 소년 아우구스티누스는 집을 떠나 마다우라와 카르타고에서 공부했는데, 아버지가 더 이상 재정적인 뒷받침을 할 수 없어서 집으로 돌아오게 된 16살까지 이 공부는 계속되었다. 이 무렵 그는 한 여인과 관계를 맺기 시작하였다. 그 여인과의 관계는 15년 간이나 지속되었다. 『고백록』에서 아우구스티누스는 젊은 날의 무절제했던 생활을 후회하는 글을 남겼다. 그럼에도 불구하고 이 미완의 시기는 한 젊은이가 자신의 삶이 지닌 의미를 추구하는 모습을 보여 준다.

학자 주교

로마의 라테라노 궁전에 있는 프레스코화는 아우구스티누스를 그린 가장 오래된 그림일 것이다. 그의 전기에 의하면 아우구스티누스는 전부 1,000편이 넘는 글을 썼는데 그중에는 책이 242권 포함되어 있다고 한다. 이 그림에서 아우구스티누스는 주교라기보다는 학자로서 그려져 있다. 왼손에는 두루마리를 들고 강독대에 성서가 펼쳐져 있는 모습은 신학자로서의 그의 역할을 말해 주고 있다.

> "우리의 마음은 당신을 향하도록 창조되었기에 당신 안에 쉬기까지 편한 날이 없습니다."
>
> ─ 아우구스티누스

아우구스티누스는 19살이 되자 철학적 진리를 찾아서 페르시아의 마니교를 연구한다. 기독교와 영지주의, 그리고 이교를 결합시킨 이 사상은 빛과 어두움, 육체와 영혼의 다툼을 강조하였다. 그는 마니(216-76년경)와 그의 추종자들의 가르침에 심취해서 9년을 보내게 된다.

383년 아우구스티누스는 카르타고를 떠나 로마로 갔다. 그리고 1년 뒤 교수직을 얻을 수도 있으리라는 생각으로 밀라노에 남아 있었다. 그가 어머니의 종교를 다시 만난 것은 바로 여기에서였다. 『고백록』에 의하면 어느 날 아우구스티누스가 정원에 앉아 있는데 어린아이들이 그에게 라틴어로 된 책을 읽어 달라고 하였다. 그는 무심코 바울의 『로마서』를 펼쳐 들고 한 구절을 읽었다. "진탕 먹고 마시고 취하거나, 음행과 방종에 빠지거나, 분쟁과 시기를 일삼지 말고 언제나 대낮처럼 생각하고 단정하게 살아 갑시다.

기독교 제국

단순함의 유산
오늘날에도 여전히 수도원으로 남아 있는 몬테 카시노 수도원은 누르시아의 베네딕투스에 의해서 529년에 창건되었다. 이 수도원은 베네딕투스 종단의 본산이다. 베네딕투스와 그의 누이 스콜라스티카는 교회 밑의 지하실에 잠들어 있다.

사람들에게 나누어 주고는 다른 은둔자들로부터 영적인 지도를 받으면서 사막에서 살았다. 복음과 규율에 헌신한 안토니우스의 삶은 사람들에게 깊은 감동을 주었으며, 많은 사람들이 그의 뒤를 따랐다. 그는 평신도들이 함께 기거할 수 있도록 공동체를 조직하였다. 이 공동체는 청빈과 기도를 맹세한 공동체로서 수도원의 모체가 되었다.

은둔자에서 수도승으로

수도원이나 기거처를 만들어서 종교적 서원을 한 사람들(이후에는 수도사라고 불림)을 한 군데에 모으려는 움직임이 파코미우스(290-346년)에 의해 시작되었다. 그는 음식을 함께 먹고, 일을 분담하고, 함께 성찬을 받으며 성서의 말씀들을 묵상하라는 규칙을 처음으로 제정한 사람이었다. 이러한 수도원 생활은 유례를 찾아볼 수 없을 정도로 매우 급속하게 퍼져 나갔다.

파코미우스는 남자 수도원들을 조직하면서, 여성들을 위해서도 유사한 기거처를 만들도록 독려하였다. 당시는 여성들이 남편의 소유물로 여겨지던 시대인지라 미혼 여성들은 공동체적인 삶을 진지하게 고려해 볼 만하였다. 다른 여성들과 함께 지내면 보호받을 수 있기 때문이었다. 신학자 암브로시우스는 여성들에게 공동체의 삶을 권하였다. 그는 이러한 생활을 통해 여성들이 남편에 얽매이지 않고 기도와 선행에 헌신할 수 있을 것이라고 생각하였다. 히에로니무스도 파울라라는 여성이 히브리 성서를 연구하는 일을 칭송하였는데, 기혼 여성이었던 파울라는 나중에 수녀가 되었다.

하지만 극단적인 은둔 생활을 택한 사람들도 있었다. 기둥 위에서 여생을 보낸 수도사가 있었다. 시리아의 시므온은 (오른쪽 그림 설명 참조) 기둥 위에서 살았는데, 많은 사람들이 지도를 받으려고 사막으로 몰려 왔다.

수도원의 발전에 기여한 또 하나의 중요한 인물은 카파도키아의 교부 바실리우스였다. 바실리우스는 고독한 생활을 보내기 위해서 교사로서의 삶을 포기하였다. 하지만 안토니우스의 경우와 마찬가지로 바실리우스도 다른 사람들에게 지혜를 가르치지 않으면 안 되었다. 그는 파코미우스가 만들었던 것과 유사한 규칙을 제정함으로써 수도사들에게, 기도에 몰두하고 병든 자와 가난한 자들을 돌보는 선행을 의무화하였다. 지금도 동방에서는 그의 규칙을 준수하고 있다.

서방의 수도원

투르즈의 마틴(왼쪽 그림 설명 참조)에 의해서 서방에 소개된 수도원은 누르시아의 성 베네딕투스(480-547년)에 의해 퍼져 나갔다. 젊은 베네딕투스는 기도와 명상에 몰두하면서 동굴에서 3년 동안 기거했는데, 거기에 사람들이 모여들었다. 그는 12개의 수도원을 세웠으며 마침내 나폴리 근처의 몬테 카시노에 수도원을 세웠다. 여기에서 베네딕투스는 수도사들의 기도, 노동, 공부, 그리고 휴식 등을 규정한 간단한 종규(宗規)를 제정하였다. 그는 주(主)를 섬기는 학파를 설립한다는 생각으로 종규를 써 나갔다.
이 학파에서는 어려운 일이라고는 아무것도 못하는 소심한 사람이라고 해서 낙담할 필요가 없었다. 그러나 강한 사람들이 자신의 강함을 자랑할 만큼 그렇게 쉬운 학교도 아니었다. 베네딕투스는 자신을 따르는 사람들에게 (교회에서) 하루에 몇 차례 예배를 드리고, 시편 기도를 외우며, 성서 강독을 듣고, 성서에 대해서 묵상하라고 지시하였다.

가톨릭 교회에서 베네딕투스 종단은 오늘날까지 특히 기도와 학문 분야에서 대단히 중요한 위치를 차지하고 있다. 베네딕투스 수도회의 종규는 서방에서 널리 추종되고 있다. 베네딕투스와 바실리우스의 종규는 수도사를 구속하거나 제한하기 위함이 아니라, 베네딕투스가 썼던 것처럼 "초심자를 위한 종규"였다.

주상성자(柱上聖者) 시므온
시산(오늘날의 터키)에서 태어난 시므온은 423년 시리아 사막으로 갔다. 그는 2미터 높이의 기둥을 세우고 그 위에 앉을 자리를 만들고는 그곳에서 몇 년 동안 살았다. 그가 내려올 때라고는 더 높은 기둥으로 옮겨갈 때뿐이었다. 그가 올라가 살았던 마지막 기둥은 높이가 18미터나 되었다. 시므온은 한때 황제를 맞아 기독교인의 삶에 대해서 자상하게 설교하였다. 그를 흠모하고 따르는 사람들이 많이 있었다. 시므온이 세상을 떠난 후 그가 살던 기둥은 순례지가 되었고, 그곳에 교회가 세워졌다.

베네딕투스가 제자들을 가르치다
라틴어로 쓰여 있는 베네딕투스 종규는 단순하고 실천적이어서 현실적인 훈계와 충고로 되어 있다. 그리스어로 쓰여진 바실리우스의 종규는 베네딕투스와 다른 길을 가는 사람들을 위한 것이어서 수도원을 보다 신비적인 방향으로 이끌었다.

수도원

투르즈의 성 마틴

4세기경, 오늘날의 헝가리에서 태어난 이 주교(397년 사망)는 프랑스의 수호 성인이다. 마틴은 로마 군대에서 복무한 후 기독교로 개종하였다. 그는 360년 푸아티에에 정착했으며 위대한 플라톤주의자이자 푸아티에의 주교인 성 힐라리우스에게 큰 감화를 받았다. 마틴은 수도사가 되기로 결심하고 리귀제에 있는 골 지역에서 처음 생긴 수도원을 찾았다. 371년 투르즈의 주교로 선출되자 골 지역에 기독교를 전파하려는 그의 노력은 가일층 활발해졌다. 마틴은 수도원의 수도사와 수녀들의 도움을 받으면서 선교에 몰두하였다. 전해 오는 이야기에 의하면 그는 한 거지를 위해 자신의 옷을 둘로 찢어 주었는데, 그 거지는 변장한 그리스도였다고 한다.(위)

3세기 중반부터 사람들은 과거 수많은 기독교인들이 실천해 왔던 종교적인 삶의 방식을 받아들였다. 본래 이집트 사막에 살던 은둔자들은 고독과 기도로 일생을 보냈다. 이집트의 안토니우스가 기초적인 형태르나마 수도 공동체를 도입한 이후, 4세기부터는 비잔틴 제국에서 종교 단체들이 여럿 생겨나기 시작하였다.

사막에서 기도를 드리다

황무지와 사막은 오래 전부터 종교적인 사람들을 끌어들였다. 불모지의 적막함 속에서 사람들은 오직 하느님만을 찾기 위해 고독을 택하였다. 하느님이 모세에게 말씀하셨던 것은 모세가 시나이 산 가까운 사막에 있을 때였다.(『출애굽기』 3) 예수는 공생애를 시작하기 전에 기도하기 위해서 사막으로 들어갔다. 동방의 사막에 기거하던 은둔자들은 가까이 모여 살았다. 그들은 기도하고, 명상하고, 금식하였으며, 결혼하지 않았고, 일요일에는 함께 모여 성만찬을 나누었다. 그들은 때로 매일 모여 공동의 기도를 드렸다. 사람들은 이들을 사막 교부들이라고 불렀다.

이러한 은둔자들 중 이집트의 안토니우스(251-356)가 있었다. 아타나시우스가 썼다는 『안토니우스의 생애』(60쪽 글상자 참조)는 사막에 은거하려는 안토니우스의 결정을 상세히 그리고 있다. 신실한 젊은이였던 안토니우스는 어느날 교회에 들어가서 복음서의 한 구절을 들었다. 그 구절은 어떤 청년이 예수에게 하늘 나라에 들어가려면 어떻게 해야 하느냐고 묻는 부분이었다. "너에게 한 가지 부족한 것이 있다. 가서 가진 것을 다 팔아 가난한 사람들에게 나누어 주어라. 그러면 하늘에서 보화를 얻게 될 것이다. 그러니 내가 시키는 대로 하고 나서 나를 따라 오너라."(『마가복음』 10 : 21) 안토니우스는 이 말에 충격을 받고 자신이 가진 것을 팔아 가난한

수도원에서의 일상생활

공동체에서 살기로 결심한 수도사들은 음식과 허드렛일, 살림살이를 함께 나누었다. 그들은 농사를 짓거나 책을 필사하고 어린아이들을 가르쳐서 생계를 유지하였으며, 후에는 근처 마을의 종교 행사를 담당해 주면서 먹을 것을 얻기도 하였다. 수도원에는 한복판에 교회가 있었고 침실과 식당, 방문자를 위한 객실들이 있었다. 성 베네딕투스는 "방문객은 그리스도로서 환영받을 것이다."라고 썼다.

사막의 안토니우스와 바울

이 16세기의 그림은 은둔자 바울("사막의 가장 위대한 성인")이 안토니우스를 만나는 장면을 묘사하고 있다. 은둔자들은 금욕적 삶을 살았다. 안토니우스는 "언제나 금식하고……물로 목욕하지 않았고, 절대로 발을 씻지 않았다."고 한다.

기독교 제국

산타 사비나의 바실리카(432년 완공)

새로운 예배는 성직자의 역할과 품격을 더 강조하였다. 4세기 말경 성만찬의 신비의 영광이 강조되면서 제단은 커튼이나 (위에서 보는 것처럼) 화상 간막이 등에 의해서 본체나 본당에 있는 회중으로부터 분리되었다. 이로서 성직자와 평신도 사이의 거리는 더욱 멀어졌다.

권리와 특권

콘스탄티누스 시대부터 자색은 주교의 공식적인 색깔이었다. 특수한 염료인 순(純) 자색은 황제만이 입었다. 주교는 원로원의 권리와 특권을 누렸다. 원로원들은 제국의 품위를 나타내는 자색의 띠를 둘렀는데 주교들도 그렇게 하였다. 주교는 또 우편 제도를 이용해서 여행할 수 있는 원로원만의 권리도 가졌다. 그리하여 많은 지역의 시노드와 네 개의 공의회를 주재할 수 있었던 것이다. 이교도 비판가인 암미아누스는 주교들이 너무 자주 여행하는 바람에 우편 제도 자체가 파산할 지경이라고 비아냥거리기도 하였다.

콘스탄티누스는 7년 후 세금을 내지 않기 위해 성직자가 되려는 부자들을 견제하는 법률을 제정해야만 할 정도였다.

무력도 서슴없이 동원되었다. 이교도 역사가 맘미아누스 마르첼리누스에 의하면, 366년 다마스쿠스가 그와 교황권을 다투는 우르시누스를 물리쳤을 때 "시치니우스의 기독교 바실리카에서 하루 만에 137구의 시체가 발견되었다." 그는 또한 로마 주교에 대해서 이렇게 말한다. "화려하게 옷을 입고 사치스러운 음식을 들면서도……돈 문제에 관한 한 전혀 걱정하지 않는다. 그들이 베푸는 연회는 황제의 연회보다 더 화려하다. 하지만 그들이 지방의 주교처럼 살았다면…… 참으로 행복할 것이다. 지방의 주교들은 먹고 마시는 일을 극도로 절제했고, 평범하게 옷을 입으며, 눈은 조용히 밑으로 내리고 다닌다. 자신이 순수하고 존경받는 사람임을 알리는 것이다."

왕자 주교

이러한 지방 주교 중에서 가장 유명한 사람은 아마도 밀라노의 암브로시우스였을 것이다. 원래 행정관이었던 암브로시우스는 374년 대중들의 요청에 따라서 주교가 되었다. 그는 탁월한 설교가였고, 능력 있는 행정가였으며 선교사였다. 그는 아우구스티누스를 개종시켰던 사람이다. 암브로시우스는 동방의 수도사들을 초대해서 자신의 교구 내에 수도원을 건립함으로써 서방에 수도원을 확산시켰다. 그가 권장했던 유물 숭배는 4세기 전반에 걸쳐 매우 중요한 의식이 되었다. 그의 견해들은 중세 시대 전반에 걸쳐 구석구석에 큰 영향력을 발휘했는데, 성직자의 청빈(불필요함)과 성생활(그는 주교가 결혼하는 것을 반대했는데, 그 이유는 성직자의 왕국이 생겨날까 염려해서였음), 그리고 재산(그는 땅을 가지는 것이 장사를 하는 것보다 낫다고 보았음)에 이르기까지 광범위하였다.

암브로시우스는 기독교에 대항하는 이교도들과 공개적으로 싸워서 승리하였다. 그는 386년 밀라노에 새로운 대형 바실리카를 완공하였다. 그곳에서 그는 매일 미사와 여러 차례의 기도를 드렸으며, 성인(聖人)의 날을 기념해서 특별 예배를 드렸다. 이러한 프로그램들은 중세 시대 내내 성당에서 거행되던 예배의 모범이 되었다.

이 모든 것 가운데에서도 가장 두드러진 것은 암브로시우스가 저 기세 등등한 황제 테오도시우스를 설득해서 공개적인 참회(오른쪽 설명 참조)를 하도록 만들었다는 사실이다. 이는 테오도시우스가 테살로니카에서 수천 명의 시민들을 학살하고 난 후인 390년의 일이었다. 황제로서 그렇게 했다는 것은 일찍이 들어 보지 못한 일이었다. 처음으로 황제가 교회에 머리를 숙였던 것이다.

고해

테오도시우스가 참회하였던 때는, 사적인 고백이 점차 공공의 참회를 대신해 가던 무렵이었다. 초대 교회에서 참회는 "여러분은 서로 죄를 고백하시오."(『야고보서』 5:16)라는 성서의 명령에 따라서 행해지던 공적인 행사였으나, 5세기 중엽에 이르러 주교나 사제에게 사적으로 고백하는 일이 일상화되었다. 후에 참회의 리스트를 기록한 지침표가 생겨서 참회자로 하여금 자신이 지은 죄가 어떤 것인지를 인식하도록 도와 주었고, 사제들에게는 고해성사를 관장할 수 있는 자격이 부여되었다.

권력을 손에 넣은 교회

4세기에 들어오면서 교회가 차지하는 크기와 위상은 크게 변하였다. 먼저 교회의 재산과 신도 수가 급격히 늘어나면서 교회는 휘황찬란한 건물을 짓기 시작했으며, 그 안에서 장엄한 전례들을 거행하였다. 교회의 부와 방대한 영향력은 금전과 권력의 남용이라는 전에 없던 문제를 불러일으켰다. 그중 가장 우려할 만한 일은 교회가 정통을 옹호하고 이단을 처벌하기 위해서 국가와 결탁해 강압적인 방법을 쓰기 시작했다는 사실이었다. 이리하여 최근에 이르기까지 기독교 역사를 피로 얼룩지게 만들었던 전통이 시작되었다.

새로운 영광

313년의 밀라노 칙령 직후 기독교인들은 새롭게 얻은 재산과 자유를 이용해서 교회를 건축하였다. 앞서 초대 교회의 건물들은 교회라기보다는 신전이었다. 몇몇 이교도의 신전들(예를 들어 로마의 판테온이나 아테네의 파르테논)이 교회로 바뀌었지만, 기독교 건축가들은 이교도들의 신전처럼 건물을 지으려고 하지 않았다. 최근까지만 해도 교회를 박해하던 이교도의 신전과는 어떤 관계도 가지기 싫었기 때문이었다. 이제 콘스탄티누스의 등극으로 말미암아 특별히 기독교 건축의 일대 획이 그어졌다.

황제의 건축가들은 이 새로운 형태의 건물을 짓기 위해 로마의 바실리카 양식을 받아들이기로 하였다. 로마의 바실리카는 대중들이 모이는 장소나 법정, 상인들의 회합 장소, 그리고 왕의 재판정(바실리카라는 말은 그리스어 바실레우스(basileus), 즉 "왕"에서 유래되었음) 등이 혼합된 형태였다. 그래서 바실리카는 모든 로마 도시 한복판에 자리 잡고 있는 매우 중요한 건물이었다.

기독교 건축가들은 이교도의 설계대로 제단을 사원 동쪽 끝에 있는 커다랗고 둥그런 벽감(壁龕), 혹은 후진(後陣) 가까이에 배치하였다. 그곳은 왕이나 재판관이 앉는 곳이었다. 주교는 이제 이교의 고위 성직자를 대신하게 된 것이다. 회중은 바실리카 본당 안에 모이게 되었다. 이교의 바실리카는 입구가 측면에 있었던 반면, 기독교의 바실리카는 입구를 후진 반대편 끝에 만들었다. 이것이 가장 일반적인 교회 건축의 근본 구조였고, 차후로도 변하지 않았다. 후대의 서방 교회들은 십자가 형태로 보다 정교하게 지어졌다. 그리고 동방 교회들은 여러 개의 돔을 가진

> "우리의 벽은 금으로 번쩍인다.⋯⋯ 그러나 그리스도는 그 문 앞에서 가난한 사람의 모습을 하시고 죽어가고 있다."
>
> 히에로니무스

"십자가와 정방형" 형태로 지었다. 교회 건물이 변하면서 예전(禮典)도 변해 갔다. 순교자 유스티노스(40쪽 참조)가 기술했던 것과 같은 간단한 예배는 보다 길고 장엄하며 격식을 갖춘 예배로 다듬어졌다. 이것은 부분적으로는 교회의 새로운 형태에 기인한 것이었고, 또 거대한 건물에서 진행되는 예배에 참석하는 군중들의 수에 맞춘 결과이기도 하였다. 교회 건물은 제국의 영광에 힘입은 바도 있었지만, 대중들의 인기를 끌고 있는 아리우스주의에 맞서 싸워야 할 필요 때문에도 장대해져 갔다. 즉 교회는 찬란한 장식과, 대중들과 합창단의 아름다운 노래를 갖춘 극적인 볼거리를 만들어 냄으로써 아리우스주의에 대항하고자 했던 것이다. 아리우스는 자신의 신학을 외우기 쉬운 음율에 맞추어서 노래로 만들었는데, 이제 밀라노의 암브로시우스와 같은 저술가들도 정통 신학을 외우기 쉬운 찬송가 형태로 만들어서 사람들의 관심을 모으려고 하였다.

새로운 예배 형태는 매우 아름다웠다. 오늘날 동방 교회에서 사용되는 예전은 4, 5세기 동방에서 발전된 예배 형태와 비슷하다. 가톨릭 교회의 예전은 서방에서 발전된 예전과 밀접하게 연결되어 있다.

성직의 힘

교회가 전에 없던 부를 지니게 되자 예상치 못했던 문제가 발생하였다. 313년 기독교 성직자에게 특권을 주었던

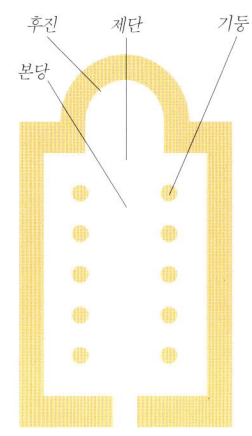

바실리카 양식
콘스탄티누스의 건축가들은 장방형에 끝은 반원의 후진(後陣)으로 이루어진 전형적인 바실리카 양식을 좋아하였다. 왜냐하면 이 모습이 예배를 드리는 사람들이 모이기에 적당하기 때문이었다. 성직자들은 주교를 중심으로 후진에 자리 잡았고, 후진과 본당 중앙부가 만나는 곳에 제단이 놓였다. 5세기 말경 후진은 동쪽 끝에 자리 잡았다(비잔틴 제국에서는 이 규칙이 엄격하게 지켜졌음). 그리하여 사람들과 사제들은 거룩한 도시 예루살렘을 향해 기도하게 되었다.

기독교 동전
밀비우스 다리 전투가 있은 지 3년 내에 콘스탄티누스는 키-로 상징(41쪽 그림 설명 참조)으로 공공 건물을 장식하도록 허락하였으며, 위와 같은 동전에 그리스도의 보호하심을 연상시키는 이미지를 새겨 넣었다.

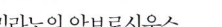

밀라노의 암브로시우스
암브로시우스는 자신의 지위를 대단히 높게 평가하였다. "그리스도는 자신의 사도들에게 죄를 용서하는 능력을 주셨다. 이 능력은 사도들에 의해서 (사제의) 성직으로 전수되었다."

삼위일체에 대한 정통적인 견해

4-5세기의 신학자들은 하느님과 예수와 성령의 관계에 대해 논쟁을 벌였다. "삼위일체" 교리는 니케아와 콘스탄티노플 공의회의 신조에서 구현되었다. 니케아 신조는 이렇게 고백하고 있다. "우리는 한 분 하느님을 믿는다.……그리고 한 분 주님이신 예수 그리스도를 믿는다. 이 분은 하느님의 아들이고 아버지로부터 나신 독생자(獨生子)이시다. 아버지의 본질로부터 나신 분으로서 하느님으로부터 나신 하느님이시며……나신 자이고 만들어진 분이 아니다." 콘스탄티노플 공의회는 이러한 말을 덧붙였다. "우리는 성령을 믿는다. 성령은 주님이시며, 생명을 주시는 분이시며, 아버지로부터 나신 분으로서 아버지와 아들과 함께 예배를 받으시고 영광을 받으신다."

히에로니무스

학자 히에로니무스(342-420년경)는 사제로 서품된 후 콘스탄티노플에서 3년을 보냈다. 여기서의 체재 경험과 나지안주스의 그레고리우스와의 친교를 통해서 그는 동방 신학에 다가서게 되었다. 382년 그는 다마수스 주교의 개인 비서로서 로마로 갔다. 교황은 히에로니무스에게 히브리 성서와 그리스 성서를 당시 사람들의 일상어인 라틴어로 번역하라고 명령하였다. 라틴어로 "일상"은 "불가타(vulgata)"이기 때문에 그가 번역한 라틴어 성서는 "불가타"라고 불리게 되었다. 그의 신랄한 표현은 이단과, 히포의 아우구스티누스 모두와 불화를 빚었다.

카파도키아 교부들

카파도키아 교부들로 알려진 뛰어난 신학자들은 소아시아 카파도키아 출신의 두 형제, 케사리아의 바실리우스(330-79년경)와, 니사의 그레고리우스(330-95년경)와, 그들의 친구이며 역시 같은 곳 출신인 나지안주스의 그레고리우스(329-89년)이다. 이 세 사람이 함께 작업한 결과 마침내 동방 세계는 아버지와 아들과 성령이 같으면서도 동시에 구별된다는 사실을 받아들이게 되었다. 그들은 또한 황제 테오도시우스를 도와서 제국을 통일시키고자 하였다.

예수의 인간성
그리스도가 인간성을 가졌는지, 혹은 신성을 가졌는지 하는 것은 5세기 교회의 논쟁거리였다. 네스토리우스나 시리아의 안티오크 출신 학자들은 인간 예수의 인간성을 지나치게 강조하였다는 이유로 비난을 받았다.

떠나자 카파도키아 교부들, 즉 대바실리우스, 니사의 그레고리우스, 그리고 나지안주스의 그레고리우스가 정통주의를 대변하게 되었다(왼쪽 설명 참조). 이들은 신학적 개념들을 분명히 밝히기 위해 그리스어 "실체"와 "위격"을 구분하였다. 아버지와 아들은 하나의 실체라는 점에서 동일하지만, 두 개의 위격이란 측면에서 상이성을 지닌다고 보았던 것이다.

두 번째 공의회

아리우스는 336년에 사망했지만 그의 가르침은 여전히 지지를 받고 있었다. 381년 황제 테오도시우스는 주교들을 콘스탄티노플에 있는 자신의 거처로 소집하여 공의회를 개최하였다. 공의회는 니케아 신조를 다시 한 번 확인하면서 성령에 대한 진술을 첨가하였다(오른쪽 그림 설명 참조). 이렇게 태어난 새 고백은 니케아 신조라고 다시 명명되었으며, 오늘날에도 교회에서 사용되고 있다. 그러나 공의회는 아리우스 논쟁을 완전히 해결하지 못하였다. 아리우스주의는 고트족과 다른 게르만 공동체 속에서 상존하였다.

하나이면서 둘인 위격?

4-5세기 교회에는 여러 이단 사상들이 있었다. 하느님의 신비를 보다 깊게 이해하기 위해 많은 신학자들이 정통에서 벗어났다. 당시에는 예수에 관해 두 가지 극단적인 견해가 피력되고 있었다. 그리스도의 인간성을 극단적으로 강조하는 의견과, 그리스도의 신성을 극단적으로 강조하는 의견이었다.

이러한 이단적 가르침들이 횡행하게 되자 431년 에페소스 공의회가 소집되었다. 사제 네스토리우스는 그리스도 안에 하느님이면서 인간인 하나의 위격이 있다는 정통적 견해와는 달리 그리스도 안에 두 가지 위격이 있다고 주장하였다. 그는 그리스도의 신성을 부인하지는 않았지만, 신적인 본질은 예수의 인간적 행동이나 고통과는 다르다고 생각하였다. 또한 네스토리우스는 예수의 어머니 마리아를 인간 예수의 어머니라면 모를까, "하느님의 어머니"라고 부를 수는 없다고 하였다. 에페소스 공의회가 네스토리우스의 주장을 정죄하자 그는 상부(上部) 이집트로 망명의 길을 떠났다.

네 번째 공의회

20년 후인 451년 황제 마르키온은 로마의 주교 레오에게 사제 유티케스 문제 때문에 칼케돈에서 공의회를 소집한다고 통보하였다. 유티케스는 그리스도의 신성을 극단적으로 강조함으로써 그리스도의 두 가지 본성에 대해 의문을 제기한 사람이었다. 레오는 신성과 인성 두 가지가 동등하다는 내용의 편지를 공의회에 보냈다. 그러나 정통 기독교 교리는 신적인 예수가 인간성이라는 마스크를 쓴 것 같은 인상을 주는 것이 사실이었다. 당대의 한 보고서는 편지가 낭독되고 난 후 주교들이 일제히 기립해서 "베드로께서 레오를 통해 말씀하셨다."고 말하였다고 한다. 그러나 레오는 자신의 권력이 침해되는 것을 목도하지 않으면 안 되었다. 주교들은 투표를 통해 콘스탄티노플이 다만 로마에게만 뒤질 뿐이라고 결정했던 것이다. 이 일은 장차 벌어질 두 권력과 경쟁 도시 사이에 전개될 악천후를 말해 주는 불길한 전조였다.

예수의 신성
알렉산드리아 출신의 신학자들과 사제 유티케스는 그리스도의 신성과 우주에서의 주권(主權)을 강조하였다.

성서의 기원

'성서(bible)'라는 말은 책이라는 뜻의 그리스어 비블리온(biblion)에서 파생되었고, 이 말은 다시 '파피루스'를 의미하는 비블로스(biblos)로부터 비롯되었다. 파피루스 나무의 줄기로 만들어진 두루마리는 고대 히브리인들의 문서로 이용되었다. 1960년대 쿰란 사막에서 발굴된 성서 두루마리(이것은 기원전 250-기원후 70년 사이에 쓰여진 것임)가 좋은 예이다.

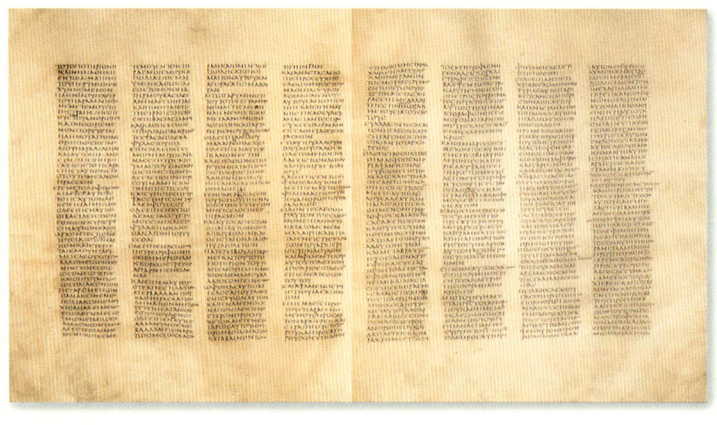

시나이 사본

기원후 2세기경, 파피루스 대신 양피지가 널리 쓰이게 되었다. 콘스탄티누스의 치세 동안 많은 교회 건물이 세워짐에 따라 더 많은 성서가 필요하게 되었다. 황제는 케사리아의 유세비우스에게 편지를 보내서 "잘 준비된 양피지에 읽기 쉽고 운반하기 편리하며 전문가가 기술을 잘 이해하고 쓸 것"을 명령하였다. 현대의 성서와 대단히 유사하게 보이는 이 사본(위)은 콘스탄티누스가 주문한 것과 같은 종류의 성서이다.

신약성서·구약성서

기원전 2-3세기에 히브리 성서는 그리스어로 번역되었다("70인역"). 히브리 성서가 토라(율법)와 예언서와 문서들로 삼분되었던 것은 대략 기원전 164년의 일이었다. 두 종류의 구약성서는 예수 시대에도 읽히고 있었다. 예수가 죽은 후 그의 가르침과 바울의 설교 기록들이 다른 무엇보다도 문헌의 큰 부분을 차지하였다. 사람들은 이것들을 수집하고 복사해서 나누어 가졌지만 150년경 이단자 마르키온에 의해서 비로소 목록화되었다.(42-43쪽 참조) 여러 교회 지도자들은 이에 맞서서 나름대로 성서의 목록을 작성하였다. 367년 39번째 연례 부활절 편지에서 아타나시우스는 27권의 책이 신약성서에 포함되어야 한다고 주장하였다. 그것만이 신빙성 있으며 하느님의 영감을 받은 것이라는 이유에서였다. 정경으로 결정된 목록과도 일치하는 아타나시우스의 성서 목록은 히에로니무스(62쪽 설명 참조)의 조언을 받아서 382년 로마 공의회에서 교황 다마수스가 확정하였고 397년 카르타고 공의회에서도 다시 한 번 확인하였다. 이 두 공의회는 또한 구약성서도 정경으로 인정하였고 구약성서 외경(20쪽 글상자 참조)도 포함시켰다. 초기의 그 어떤 일반 공의회도 이러한 사실을 공포해야 할 필요성을 느끼지는 못했던 것이다.

호시우스가, 로마의 주교 실베스터를 대신해서 참석한 두 명의 대사(사제)와 회의 진행을 맡았다. 아리우스 역시 초대되었다. 그는 자신의 신념을 설명하는 도중에 그의 지지자들이 부르던 찬송가(그의 가르침을 찬송가 형태로 만든 노래)을 불렀다. 그 찬송가에는 "아들은 아버지와 동일하지 않다."는 구절이 들어 있었다. 이 구절은 참석한 주교들의 경악과 분노를 사고 말았다.

주교들은 아리우스를 정죄함으로써 문제를 해결했다고 생각하였다. 그들은 자신들이 믿는 바를 선언문 형태로 초안하였다. 오늘날 "니케아 신조"라고 불리는 이것은 하느님과 예수 사이의 관계를 설명하고 있다. 이 신조에 의하면 예수는 "아버지와 동일 본질"이다. 두 명의 주교를 제외하고 모든 주교들이 이 신조에 서명하였다. 그들은 "한 분 주님이신 예수 그리스도…… 참하느님으로부터 나오신 참하느님"에 대한 신앙을 고백했던 것이다.

하지만 아리우스주의자들은 패배를 인정하지 않았다. 주교들은 그들을 이단이라고 선언했지만 그들은 공의회의 결정에 불복하고 다시 모였다. 첫번째 공의회가 내린 결론이 다소 불만스러웠지만 콘스탄티누스는 타협을 기대하면서 니케아의 교리를 지지하였다.

신성을 방어함

정통 기독교인들과 아리우스주의자들 사이에 갖가지 폭력이 발생하는 가운데 신학은 계속 발전하였다. 아리우스와 그의 지지자들에게 가장 만만치 않은 도전자는 신학자 아타나시우스(293-374년경)였다. 그는 당시 알렉산드리아의 주교 알렉산더의 비서로서 정통 신앙의 수호자였다. 니케아에서 모든 주교들이 납득할 만한 신조를 작성했던 것도 그였다(60쪽 글상자 참조). 그는 또한 336년과 366년 사이에 그리스도의 참된 신성을 옹호하는 책들을 펴 냈다.

373년 아타나시우스가 세상을

정통 기독교인들이 아리우스주의를 피해서 피난 가다

콘스탄티누스가 교회의 통일을 위해서 애썼지만 기독교인들과 아리우스주의자들의 충돌은 계속되었다. 아리우스주의는 한 세기 이상 자신들의 종교적 우월성을 주장하였다. 그들은 북아프리카에서 게르만까지 퍼져 있었고, 게르만에서는 대단한 인기를 누렸다. 이 운동은 5세기 말까지도 지속되었다. 오늘날에도 아리우스적 생각의 흔적을 가진 사람을 찾아볼 수 있다.

유세비우스

315-40년경 케사리아의 주교였던 유세비우스는 니케아 공의회의 아리우스 논쟁에 말려들었다. 그는 양자 사이에서 중재를 시도하다가 아리우스주의자라는 혐의를 받기도 하였다. 콘스탄티누스는 그를 높이 평가해서 황제의 전기와 교회 역사를 쓰라고 허락하였다. 그가 쓴 교회사는 후대의 기독교 역사를 위한 중요한 자료이다.

제국의 위기

첫번째 공의회에 입장하는 콘스탄티누스
유세비우스의 『콘스탄티누스의 생애』에 의하면 황제는 325년 6월 20일, 소아시아 비시니아 니케아의 바실리카에 들어섰다. "황제는 하느님이 보내신 하늘의 사자처럼 빛을 받아 번쩍이는 옷을 입었는데, 자색 예복은 빛나는 광채를 반사시켰다. 또한 그는 금과 값비싼 보석의 빛나는 광채로 존경을 받았다.……"

콘스탄티누스는 교회의 첫번째 공의회를 개최하면서 단호하게 말하였다. "교회의 분열은 전쟁보다 더 나쁜 것입니다." 이단이 초래한 위기에 대처하기 위해서 325년 황제가 소집하였던 이 공식적인 회합은 기독교의 원칙을 통제하고 신학적 교리를 규정했던 네 번의 공의회 중 첫번째였다.

교회에 대한 위협

319년, 교회는 심각한 위협을 느끼고 있었다. 이집트의 알렉산드리아에서 리비아 출신의 장로(혹은 사제) 아리우스(256-336년)가 삼위일체(하느님과 예수와 성령의 관계)에 대한 정통 교회의 가르침과 모순되는 주장들을 하기 시작한 것이다(63쪽 그림 설명 참조). 그는 이렇게 주장하였다. "아버지가 아들을 낳았다면 태어난 자는 존재하기 시작한 때가 있을 것이다. 따라서 아들이 존재하지 않았던 시기가 있다는 사실을 알 수 있다." 여기서 그리스도의 참된 신성은 부인되었다. 하느님은 무(無)로부터 그리스도를 창조하였다. 알렉산드리아의 주교는 이 사제의 입을 막고자 했지만, 아리우스는 망명을 떠나서도 왜곡된 가르침을 중단하지 않았다.

아타나시우스

아리우스주의를 반대한 사람 중 가장 유명한 사람은 아타나시우스였다. 그는 328년에 알렉산드리아의 알렉산더의 뒤를 이어 주교가 되었다. 당시는 아리우스 논쟁으로 말미암아 이집트 교회가 분열되어 있던 시기였다. 아타나시우스는 알렉산드리아 교구에서 다섯 번이나 추방되지 않으면 안 되었다. 자신의 정통 신앙을 포기하지 않았기 때문이었다. 그는 교회를 섬기는 내내 고난과 미움을 받아야 하였다. 아타나시우스는 북쪽 골 지방의 트리어에서 망명 생활을 했으며, 365-66년 사이에는 수도승들과 함께 이집트 사막에서 살기도 하였다. 모든 사람들로부터 반대를 받았지만 끈질기게 버틴 아타나시우스는 몇몇 황제들로부터 "세상과 싸우는 아타나시우스"라는 별명을 얻기도 하였다. 그는 또 아리우스주의자들, 이교도들, 유대교 반대자들을 반박하는 각종 글과, 수도원 운동을 확산시키는 데 크게 공헌한 『성 안토니우스의 생애』로도 유명하다.

아리우스의 주장을 지지하는 사람들과 정통 신앙을 고수하는 사람들은 첨예하게 대립하였다. 당시의 기록을 보면 심심찮게 유혈 사태가 벌어졌음을 알 수 있다. 기독교는 폭력적인 분열의 씨를 뿌리고 있었던 것이다.

콘스탄티누스는 이미 기독교인들 사이의 논쟁을 경험하였다. 그는 311년 카에실리안의 카르타고 주교 선출 문제를 둘러싸고 북아프리카에서 벌어졌던 논쟁을 기억하고 있었던 것이다.(55쪽 참조) 그러나 아리우스 논쟁은 이보다 훨씬 심각하였다. 아리우스를 지지하는 사람들은 급속히 증가하고 있었다. 그러자 위기를 느낀 동방의 주교들은 제국의 보호자에게 도움을 요청하게 되었다.

주교들의 분노

결국 콘스탄티누스는 첫번째 공의회를 소집해 아리우스 논쟁에 대응하였다. 그는 로마 제국 전역의 1,800여 주교들에게 편지를 띄워서 325년에 니케아(오늘날 터키의 이즈니크)에 모이라고 명령하였다. 220-250명의 주교들이 참석할 것으로 예상되었는데, 이들 대부분은 아리우스주의가 가장 무르익었던 동방의 주교들이었다. 코르도바의 주교인

아리우스의 정죄
6세기에 그려진 이 그림에는 니케아의 주교들이 보인다. 콘스탄티누스가, 펼쳐 놓은 복음서 바로 오른쪽에 앉아서 이제 막 아리우스를 정죄하려 하고 있다(아리우스는 그들 발 밑에 그려져 있음).

콘스탄티노플
동방과 서방이 만나는 곳 콘스탄티노플(오늘날의 이스탄불)은 세계에서 가장 큰 수도(首都) 중 하나가 되었다. 이 도시는 정치적·종교적인 세력뿐만 아니라 풍부한 예술과 건축으로도 이름을 날렸다.

천도하였다. 새로운 로마는 후에 콘스탄티노플이라고 불리었는데, 이것은 보스포루스 강가의 옛 도시 비잔티움을 재건한 것이었다. 콘스탄티노플에서 다스리는 황제는 아직도 자신이 로마인이라고 생각하고 있었지만 그는 이제부터 비잔틴 황제로 여겨졌다. 콘스탄티누스가 천도함으로써 로마의 주교는 이제 서방에서 가장 탁월한 존재가 되었다.

이와 같은 정책에도 불구하고 이교도 예배와 비도덕적인 행위들은 여전히 존재하였다. 콘스탄티누스 자신도, 337년 콘스탄티노플에서 세상을 떠나기 직전 반역죄를 저질렀다는 이유로 자신의 아내와 맏아들을 교수형에 처하였다. 또한 그는 오늘날의 많은 기독교인들처럼 임종하면서야 세례를 받았다. 그러나 기독교인들은 콘스탄티누스에게 빚진 바가 많다. 그는 기독교인들이 국가의 보호 아래서 사람들의 존경을 받는 신앙 공동체를 형성하도록 도와 주었다. 이제 만천하에 교회가 설립됨으로써 개종자들이 모일 수 있는 장소가 생겨나게 된 것이다.

제국의 영향

교회에 대한 황제의 영향은 광범위한 것이었다. 콘스탄티누스는 교회를 통일시키고자 했으나, 그가 죽은 후 그의 아들들 사이의 불화로 말미암아 제국은 파멸의 위험에 직면하였다. 두 아들은 정통 신앙을 고수하였던 반면, 한 아들이 아리우스주의를 따랐던(60-61쪽 참조) 것이다. 361년에 권좌에 오른 배교자 율리아누스가 박해를 재개하자 기독교인들의 희망도 막을 내릴 지경에 처하게 되었다(오른쪽 그림 설명 참조). 그러나 율리아누스의 힘은 얼마 가지 못하였다. 2년도 채 안 되어서 그는 메소포타미아 전투에서 사망하였다. 율리아누스의 후계자 조비아누스(363-64년 재위)는 율리아누스가 기독교인들에게 채워 놓았던 족쇄를 풀고 기독교를 후원하였다. 그의 정책을 이은 황제들도 조비아누스의 뒤를 따랐는데, 이때 제국은 다시 한 번 나누어졌다.

국가 종교

379년 플라비우스 테오도시우스(379-95년 재위)는, 비시고트족과 싸우다가 아드리아노플에서 사망한 동방의 황제 발레누스의 뒤를 이어 황제가 되었다. 테오도시우스는 정통 교회에 대한 어떠한 도전도 불허한 정통 기독교인이었다. 그는 380년 기독교를 국가의 의무 종교로 만들었고, 391년에는 모든 이교도들의 신전을 폐쇄하고 이교도의 예배를 금지하였다. 그는 이렇게 선언하였다 "우리는 모든 백성들이, 베드로와 사도들이 로마인들에게 전수해 준 저 종교를 믿기를 바란다."

테오도시우스를 따라서 많은 사람들이 기독교로 개종하였다. 그리하여 5세기가 끝날 무렵 기독교인들은 인구의 대다수를 차지하게 되었다. 선교사들은 계속해서 교회를 세웠으며, 그리스어와 라틴어로 기독교 신앙을 가르쳤다. 도시에서는 기독교가 제국의 공식적인 종교로서 환대를 받았지만, 시골에서 교회가 뿌리 내리는 속도는 매우 느렸다. 오늘날에도 오래된 성스러운 우물이나 지역의 이름들을 살펴보면 이교의 존재가 얼마나 뿌리 깊게 잔존하고 있는가를 미루어 알 수 있다.

이교에 물든 사람들
밀라노 칙령에도 불구하고 로마 사회의 상류 계층 사이에 깊이 뿌리 내려 있던 이교는 수십 년 동안이나 사람들 가까이 남아 있었다.

> "유대인 중에는 거지가 한 사람도 없는데 신을 믿지도 않는 갈릴리 사람들은 자신들 중 가난한 사람뿐만 아니라 우리들 가운데 있는 가난한 사람들도 돌보아 준다니, 스캔들이 아닐 수 없다."
>
> 배교자 율리아누스

배교자 율리아누스
율리아누스 황제(361-63년 재위)의 치세 때 이교는 잠시 부흥기를 누렸다. 기독교인들은 율리아누스를 "배교자"로 낙인 찍었다. 콘스탄티누스의 조카인 율리아누스는 기독교인으로 자라났으나 20대에 신앙을 버리고 이교의 신을 섬기게 되었다. 그는 고전 문학에 매료되어서 전통적인 이교 종교를 부흥시키는 일에 최선을 다하였다. 한때 그는 로마의 학교에서 기독교 교사들을 추방하고 기독교의 상징들이 거리에 전시되는 것을 금하였다. 그러나 율리아누스는 인기 있는 황제는 아니었다. 많은 기독교인들은 그가 전사하자 신이 응분의 처벌을 내린 것이라고 믿었다.

제국의 기독교화

기독교인과 오락
"사람들에게 빵과 서커스를 제공하라." 황제 아우구스투스는 사람들을 만족시키기 위해 로마의 즐거운 오락을 이용하면서 냉담하게 관찰하고 있었다. 주교들의 반대에도 불구하고 기독교인들은 여전히 극장 공연과 검투 시합을 보러 다녔다. 이러한 일은 525년 로마에서 경기가 중단될 때까지 변함이 없었다.

4세기가 시작될 무렵, 박해에 시달리던 기독교인들 중에서 앞으로 백 년도 안 되어 이교도의 신전이 문을 닫고 기독교가 제국의 공식 종교가 되리라고 믿었던 사람은 거의 없었을 것이다. 그러한 일들이 일어나려면 먼저 해결되어야 할 문제들이 너무나 많이 있었던 것이다.

콘스탄티누스 대제

기독교에 대해서 너그러웠던 황제 콘스탄티누스 클로루스와 그의 아내 헬레나(그녀도 기독교인이었음)의 아들로 태어난 콘스탄티누스 대제(306-37년 재위)는 아버지의 뒤를 이어서 로마 제국의 서쪽을 다스리는 공동 황제가 되었다. 그는 이미 로마 시를 장악하고 있던 정적 막센티우스를 물리쳤다.

콘스탄티누스는 312년에 로마 교외의 밀비우스 다리 전투에서 막센티우스를 물리쳤다. 콘스탄티누스가 기독교인들에 대해 관심을 가지기 시작한 것은 전투가 시작되기 직전이었다. 콘스탄티누스는 그때 어떤 환영을 보고 난 후(아래의 그림 설명 참조) 군사들의 방패에 그리스도의 문양을 그리라고 명령하였다. 승리를 거두고 서방의 유일한 황제가 된 콘스탄티누스는 로마에 입성하면서 종교적 관용 정책을 폈다. 그는 이교도 국가인 로마 제국이 자행해 온 박해에 종지부를 찍기로 결심하였다. 313년 콘스탄티누스는 동방의 황제 락탄티우스를 만나 밀라노에서 반포할 칙령을 만들었다. "밀라노 칙령"은 모든 종교에 대해서 양심과 예배의 자유를 허락했으며, 압수된 기독교의 재산을 돌려 주었다.

> "[콘스탄티누스의 승리로 말미암아] 이전까지 그들을 억누르던 사람들을 두려워할 필요가 없어졌다."
>
> 교회 역사가이자 케사리아의 주교인 유세비우스

그러나 두 황제는 곧 결별하였으며 이교도인 락탄티우스는 동방에서 기독교인들에 대한 박해를 재개하였다. 정치적 상황은 이제 종교 전쟁의 양상을 띠었다. 콘스탄티누스는 마침내 324년 크리소폴리스 전투에서 락탄티우스를 쳐부수었다.

콘스탄티누스의 개혁

동방과 서방을 아우르는 황제가 된 콘스탄티누스는 제국의 구조를 개혁하였다. 그는 새로운 주교들에게 원로원에 버금가는 새로운 지위를 부여함으로써 그들을 공무원처럼 만들었다. 이제 이론상 교회와 국가는 하나였다. 물론 교회 내에서는 국가와의 불협화음이 계속 존재했지만 말이다. 이제 콘스탄티누스가 기독교에 호감을 가짐으로써 기독교는 제국의 공식적인 종교, 즉 '국교'가 되었다. 콘스탄티누스는 교회에 하사품과 재산을 내리고 바실리카도 몇 채 세웠다. 로마의 성 베드로 바실리카도 그때 세운 것이다. 또한 화폐에 기독교의 상징을 새겨 넣고, 일요일을 공휴일로 선포함으로써 일주일마다 미트라를 신봉하던 의식을 기독교 예배로 바꾸었다. 그는 성서 간행을 재정적으로 후원하였으며(61쪽 글상자 참조) 어린이와 노예, 농부와 죄수들을 보호하기 위해서 자신이 도입한 법률에 기독교적 관념들을 집어 넣었다.

콘스탄티누스는 또한 동방과 서방을 모두 자신의 통치 하에 두기 위해서 327년 동쪽의 새로운 로마(Roma Nova)로

콘스탄티누스를 개종시켰던 꿈
밀비우스 다리 전투에서 막센티우스가 패한 일은 콘스탄티누스의 정치적 승리만이 아니라 "콘스탄티누스 교회"의 시작을 의미하기도 하였다. 유세비우스에 의하면(61쪽 설명 참조) 콘스탄티누스는 태양 빛을 배경으로 나타난 빛의 십자가를 보았으며 라틴어로 "이러한 문양을 달고 나가면 네가 이기리라."라는 음성을 들었다고 한다. 그가 택한 기독교 상징은 키-로 상징이었다.(41쪽 그림 참조)

기독교 제국

313-590

기독교도들은 로마 황제의 박해를 받아 온 지 거의 2세기 반이 지난 311년에 와서야 드디어 공식적으로 예배를 드려도 좋다는 허락을 받아 냈다. 첫번째 기독교도 황제인 콘스탄티누스는 교회를 위한 관대한 후원자요 보호자였다. 이단 아리우스에 의해서 교회가 위협을 받자 콘스탄티누스는 주교들을 "공의회"에 소집하였다. 이것은 예루살렘 사도 회의 이래 처음 있는 공의회였다. 그 이후 신학적이고 목회적인 긴장이 있을 때마다 공의회가 개최되었고, 거기서 중요한 문제들이 해결되었다.

황제와 주교들은 서로 협력하였다. 기독교는 황제의 비호를 받으면서 점점 로마 제국을 닮아 갔다. 예술(건축, 조각, 모자이크, 음악)이 꽃을 피웠고, 로마, 콘스탄티노플, 예루살렘, 안티오크, 알렉산드리아 대주교들의 명성이 높아졌다. 신학은 동방의 바실리우스, 그레고리우스, 아타나시우스와, 서방의 암브로시우스, 아우구스티누스 등의 활약에 힘입어서 발전하였다. 이 시기는 또한 수도원이 발전된 시기였고, 선교사들의 노력으로 아일랜드, 인도, 에티오피아, 그리고 조지아와 같은 먼 곳까지 복음이 전파되었다.

기독교 정통의 수호자인 황제 유스티아누스 1세

말미암아 북아프리카 교회는 영원히 분열되었다.

치유되지 않는 분열

여덟 명의 북아프리카 주교들은 311년 카르타고의 주교 카에실리아누스의 취임을 반대하였다. 왜냐하면 그는 박해 때 성서를 박해자들에게 건네 준 인물이기 때문이다. 그들은 카에실리아누스와 맞서서 주교를 선출하였다. 이 일은 북아프리카의 교회를 영원히 나누어 놓은 분열의 시작이었다. 분열의 골은 너무 깊어서 이슬람교도들이 침략하였을 때(88-89쪽 참조)에도 봉합될 줄을 몰랐다.

양측은 모두 황제 콘스탄티누스에게 자신들의 입장을 호소하였다. 황제는 카에실리아누스 편을 들어 주었고, 적대자인 도나투스를 반대하였다. 도나투스를 따르던 사람들(도나티스트)은 이를 박해로 간주하였다. 그들은 이렇게 반문하였다. "도대체 황제가 교회와 무슨 상관이 있단 말인가?" 그들은 자신들만의 교회를 창건하였는데, 한창때에는 주교가 500명에 육박하였다.

이 새로운 소종파는 라틴어를 사용하는 해안 도시의 부유한 시민들과, 내륙 도시의 가난한 카르타고인들 사이의 갈등을 교묘하게 이용하였다. 도나티스트들은 카르타고어로 예배 드림으로써 지역 정서에 편승할 수 있었다. 그들은 자신들을 지지해 주는 사람들을 위해 히포 시내의 큰 빵집을 차지하는 등의 실제적인 수단을 강구하였다. 게다가 그들은 자신들의 교회가 참된 교회라고 주장하였다. 아우구스티누스(68-69쪽 참조)는 이들에 대한 정통 교회의 입장을 정리하였다. "구름은 천둥과 함께 흐르고, 주님의 집은 온 세상에 건설될 것이다. 그런데 이 개구리들은 자신들만의 늪에 앉아 소리지른다. '우리만이 기독교인이다.'"

그럼에도 불구하고 도나티스트의 수가 계속 늘어 가자 347년 제국의 행정관 마카리우스는 무력으로 그들을 제압하려고 하였다. 아우구스티누스도 제국의 힘을 등에 업고서 그들을 무력화시키고자 하였다. 교회가 박해자들을 이용해서 이런 일을 저질렀던 것이니, 이야말로 대박해가 끝나 가면서 일어난 하나의 아이러니라고 하지 않을 수 없다.

> "하느님의 종들은 세상으로부터 미움을 받습니다."
>
> 도나티스트들의 표어

대박해

298년 안티오크의 한 이교도 사제가 기독교인들을 고발하였다. 신전에서 제사를 드리려는데 기독교인들이 방해했다는 것이다. 이어서 볼썽사나운 광경이 연출되었으며, 급기야 군대가 출동해서야 진압되었다. 하지만 이것은 가장 피비린내 나는 박해의 서막에 불과하였다.

디오클레티아누스와 갈레리우스

디오클레티아누스는 재위 20년 동안 기독교인들에게 관대한 태도를 취하였다. 그의 부인과 딸도 기독교인이었을 것이다. 하지만 갈레리우스는 기독교를 철저히 반대하였다. 296년 페르시아와의 싸움에서 결정적인 승리를 거둔 후 그의 세력은

> "수많은 사람들의 고통은 살인자들의 도끼를 무디게 만들었고, 처형자들은 점점 겁을 먹게 되었다."
>
> 케사리아의 에우제비우스

늘어났다. 그는 300년에 칙령을 내려 모든 군인들에게 제사에 참여하라고 하였다. 명령에 따르지 않는 자는 처형을 당하였다. 3년 후 또 다른 칙령이 반포되었다. 이번에는 기독교인들이 예배 드리는 장소를 파괴하고, 성서를 압수하며, 교회 관계자들을 체포하라고 하였다. 하지만 디오클레티아누스가 그를 말렸다. 유혈극을 막기 위해서였다. 하지만 304년 디오클레티아누스가 병으로 눕자 갈레리우스는 모든 시민이 자신의 칙령에 복종토록 하였다. 이제 시민들은 목숨을 부지하기 위해 여러 신들에게 제사를 드려야 했다. 제국 내에서 많은 사람들이 처형되었고, 아프리카와 이집트, 팔레스타인의 몇몇 기독교 공동체는 아예 자취를 감추게 되었다.

유혈극에 대한 대중들의 반발 때문에 디오클레티아누스는 305년 사퇴하였다. 서방에서는 새로운 황제 콘스탄티누스와 막센티우스가 다시 관용 정책을 폈다. 동방에서는 디오클레티아누스를 이어 황제가 된 갈레리우스가 박해를 더욱 강화했지만 기독교를 완전히 제거할 수는 없었다. 기독교 저술가 락탄티우스는 곤궁 속에서 하느님의 섭리를 보았다. "하느님께서 우리에게 박해가 일어나도록 허락하시는 데는 이유가 있다. 그것은 하느님의 백성의 수가 늘어나게 하기 위함이다."

기독교에 대한 계속된 증오에도 불구하고 갈레리우스는 311년 관용의 조서에 서명하지 않을 수 없었다. 이 조서 덕분에 동방에서는 기독교인들이 합법적으로 집회를 갖고 예배를 드릴 권리를 갖게 되었다. 박해와 불안의 날들 동안 고통받아 온 기독교인들에게 이는 새로운 황금 시대를 위한 여명이었다. 하지만 머지 않아 새로운 황제 콘스탄티누스(58-59쪽 참조) 밑에서 그들이 누리게 될 특권에 대해서는 아마 꿈도 꾸지 못했을 것이다. 지난번처럼 이번에도 배교한 신도들을 어떻게 처리할 것이냐는 문제가 야기되었다. 불행하게도 대 박해 이후의 이 논쟁으로

비극의 서막

신플라톤주의 철학자였던 포르피리우스는 맹렬한 반기독교적 인물이었다. 그는 270년부터 계속해서 기독교에 대한 지적 공격을 멈추지 않았다. 포르피리우스는 280-290년경 15권으로 된 『기독교도들을 반대함』이라는 책을 썼다. 그는 "선교사들은 예수의 이야기를 꾸며 낸 사람들이지 그 사건을 기록한 역사가가 아니다."라고 말하였다. 역시 신플라톤주의 철학을 가르치면서 반기독교적이었던 소아시아의 비시니아 행정관 히에로클레스 같은 영향력 있는 이교도들은 "모든 것을 옛 법과 로마인들의 공적 규율에 맞추어서 고치려는" 황제 갈레리우스를 지지하였다.

네 명의 황제

디오클레티아누스는 제국을 네 명의 황제에게 분할하고 스스로 수장이 되었다(위). 네 명 중 갈레리우스는 교회에 대한 공격을 지휘했지만 311년 임종시에는 자신의 행동을 후회하였다. 그래서 그는 기독교인들이 "다시 존재해도" 괜찮다는 칙령을 내리고, "우리들의 훌륭한 영토를 위해" 기도해 달라고 요청하였다.

카타콤의 순교자들
이 그림은 박해의 모습을 그리고 있다. 기독교인들이 변함 없이 신앙을 지키자 사람들은 "도대체 왜 재산도 잃어버리고, 어두운 곳에서 살며, 육체적 고통이나 고문을 받아도 그들은 신앙을 버리지 않는가?"라고 묻게 되었다.

죽음의 표지

이 표지에는 이렇게 쓰여 있다. "여기에 내가 제주(祭酒)를 만든 명령을 확증하노라. 나 아우렐리아 에모스는 이 선언을 한다. 나 아우렐리우스 이레나쿠스는 이 사람이 글을 모르기 때문에 그를 대신해서 쓴다." 제사를 드리지 못하게 되자 박해가 일어났다.

이것은 문자적 의미가 모호하거나 모순된다고 여겨지는 구절을 독해하기 위한 방법으로 제시된 것이었다. 오리게네스의 이 주장은 방대한 영향력을 지니게 되었다.

오리게네스는 또한 『셀수스를 반박함』이라는 방대한 책을 남겼는데, 이 책은 이교도로서 기독교 비판가였던 알렉산드리아의 셀수스를 다룬 치밀한 작품이었다. 여기서 오리게네스는 악의 문제를 다루었다. 오리게네스가 죽은 후 그의 정통성을 둘러싸고 시비가 일었지만 그는 교회 내에 전수되어 온 전통에 충실해야 할 필요성을 너무나 잘 알고 있었다. "교회의 가르침은 사도에 의해 전승되어 왔다. 그리고 오늘날까지도 교회 내에 그대로 머물러 있다. 오직 그것만이 신뢰할 수 있는 것이고, 교회적·사도적인 전승에 모순되지 않는 것이다." 그는 고문을 받은 후 정통 신앙에 대한 증언으로 돌아갔다.

오리게네스는 제국의 모든 교회에 자행된 첫번째 검거 열풍으로 박해를 당하였다. 이는 249년에 등극한 황제 데키우스가 저지른 것이다. 국경 지대에서 전쟁이 발발할까 봐 전전긍긍하던 데키우스는 백성들에게 로마가 예로부터 섬겨 온 신들에게 충성하라고 명령했던 것이다.

제국 전체에서 일어난 박해

데키우스는 칙령을 반포하였다. 누구나 황제에게 제사를 드려서 자신의 충성심을 증명하는 리벨루스(libellus)라는 증명서를 받아야 한다는 내용이었다. 그와 같은 증명서를 소지하지 않은 사람은 고문을 받고 처형당하게 될 것이다. 희생자 가운데에는 로마와 안티오크, 예루살렘의 주교들도 포함되어 있었다. 카르타고와 알렉산드리아의 주교를 포함해서 다른 사람들은 잠복하였다. 몇몇 주교들은 신앙을 버렸다. 카르타고의 키프리아누스는 어떻게 스페인의 주교 마티알리스와 바실리데스가 굴복해서 황제에게 제사를 드리게 되었는지를 기록으로 남기고 있다.

데키우스는 251년 전투에서 전사하였다. 교회는 이것이 하느님의 심판이라고 보았지만, 그렇다고 박해가 끝난 것은 아니었다. 로마의 주교 코넬리우스는 253년 황제 발레리아누스의 명에 의해서 유배되었다. 257년 또다시 칙령이 반포되었다. "가장 신성한 황제 발레리아누스와 그의 아들 갈리에누스는 다음과 같이 명한다. 어떠한 곳에서도 [기독교인들의] 집회는 불허한다. 그들은 공동묘지에 자주 가서도 안 된다. 이 자애로운 명령에 불복하는 자는 누구를 막론하고 참수될 것이다." 이러한 일들은 모두 기독교인을 제거하기 위한 것이이었다.

이와 동시에 황제는 주교와 장로, 집사들도 여러 신들에게 제사를 드리라고 명령하였다. 258년 로마 주교 식스투스와 6명의 집사들은 예배를 드리다가 체포되어 바로 처형되었다. 초대 교회의 가장 위대한 지도자이며 신학자였던 카르타고의 주교 키프리아누스도 참수되었다.

이 무렵 박해를 견디지 못해 배교한 사람들을 어떻게 할 것인가 하는 문제가 다시 한 번 고개를 들게 되었다. 데키우스 황제의 박해가 끝난 후 로마의 장로였던 노바티아누스는 교황 코넬리우스의 관대한 처사에 반기를 들었다. 251년 노바티아누스는 반교황으로 선출되었으며 소종파를 형성하였다. 노바티아누스는 258년에 순교했으나 그가 세웠던 소종파는 교황 이노켄티우스 1세(401-17년 재위)의 결정에 의해서 불법화될 때까지 남아 있었으며, 콘스탄티노플에서는 이보다 훨씬 이후까지도 존속하였다.

다행스럽게도 다음 황제 갈리에누스(260-68년 재위)는 261년에 관용의 칙령을 반포하였다. 이 칙령으로 로마 제국에서의 기독교 박해는 일단 막을 내렸으며 교회는 향후 40년 간 평화를 누릴 수 있었다.

포락(炮烙)으로 순교한 사람

250년대에 일어난 박해의 희생자들 중에서 가장 유명한 것은 가장 겸손한 자의 경우이다. 그는 로렌스라는 직급이 낮은 집사였으며 교황 식스투스와 함께 258년 체포되었다. 6세기에 전해 오는 그의 순교담에 의하면 그는 산 채로 화로 위에서 구워지는 형을 받았다고 한다. 몇 분이 지나자 로렌스는 형리에게 말하였다. "이제 저를 뒤집으세요. 이쪽은 다 익었습니다." 누군가가 지어 낸 말인지, 혹은 진짜 그가 그런 말을 했는지는 알 수 없으나, 이 짧은 몇 마디 말은 그에게 불멸의 명성을 가져다 주었다.

기독교의 중심

3세기 북아프리카는 로마 제국 내에서 선교가 가장 왕성하게 이루어진 지역 중 하나였다. 북아프리카의 중심 교회는 튀니스 근처의 카르타고에 있었다(위, 현재는 흔적만 남아 있음). 북아프리카는 라틴어를 사용한 첫번째 교회였으며——200년 무렵 로마와 골 지방의 교회들은 대부분 여전히 그리스어를 쓰고 있었다——테르툴리아누스나 아우구스티누스 등 위대한 초기 신학자들을 배출하였다.

성직자의 의상

처음 3세기 동안 성직자들은 다른 기독교인들과 구별되는 옷을 입지 않았다. 다른 사람들의 곱지 않은 시선을 끌고 싶지 않았기 때문이었다. 그러나 성만찬을 거행할 때에는 고급 옷감으로 짠 망토를 걸쳤다. 4세기부터 주교들은 자줏빛 의복을 입었다.(65쪽 설명 참조) 다른 성직자들이 매일매일 의상을 구분해서 입기 시작한 것은 한참 후대인 12세기의 일이었다.

> "매일매일 우리들은 성서를 읽지만 하느님께서 우리들 영혼의 굶주림을 채워 주시기까지 늘 영혼의 메마름을 경험합니다."
> — 오리게네스

사람들은 단지 뉘우치기만 하면 되지 않느냐고 하였다. 칼리스투스는 관대한 태도를 취했지만 히폴리투스는 의견을 달리하였다. 이러한 위기에 직면하자 히폴리투스의 지지자들은 그를 로마의 주교로 선출하였다. 이렇게 해서 히폴리투스는 이른바 첫번째 '반교황(antipope)'이 되었다. 분열은 우르바누스와 폰티아누스 교황 때에도 계속되었다. 이들은 222년 칼리스투스를 계승하였다.

교회의 통일성을 회복하기 위해서 적법한 교황 폰티아누스와 반교황 히폴리투스는 235년 모두 사임하고 황제 막시민 트라스의 명을 따라 사르디니아로 망명을 떠났다. 두 사람은 섬에서 화해하고 순교자로서 생애를 마감하였다. 장차 박해가 일어날 경우 배교자들의 처리 문제는 이전보다 더 강력한 방식으로 제기될 수밖에 없었다.

알렉산드리아 교부들

3세기 초 기독교 신학은 이집트 북쪽 해안 도시 알렉산드리아에 기반을 둔 두 명의 신학자에 의해서 지적으로 더 세련되었다. 고대 세계의 가장 유명한 도서관을 지닌 도시 알렉산드리아(50만 권 이상의 장서가 있었음)는 수세기 동안 학문의 중심이었다. 2세기 후반 알렉산드리아에는 위대한 교리 문답 학교(세례를 받기 위한 준비로서 신앙을 공부하는 곳)가 있었다. 그러나 기독교는 여전히 이교도의 철학과 종교에 대해서는 수세적인 태도를 취하고 있었다.

이는 190년 알렉산드리아의 클레멘스(150-215년경)가 교리 문답 학교의 교장이 되면서부터 달라졌다. 그는 그리스 철학에 매우 정통했기에 변증론자들(46-47쪽 참조)이 착수했던 일들을 계속할 수 있었다. 그는 거기에 머물지 않고 이교도들도 존경할 만한 깊이와 정교함을 지닌 기독교 철학을 만들어 냈다. 그의 지식과 신앙은 전혀 갈등을 일으키지 않았다. 클레멘스는 그리스도를 위대한 교사로, 하느님의 말씀(logos)으로 보았다. 클레멘스는 이렇게 썼다. "별빛이 비춰도 밤은 모든 것을 뒤덮을 수 있다. 만일 해가 존재하지 않는다면, 그래서 우리가 말씀을 알지 못한다면, 그의 빛을 받지 않는다면, 우리들은 어둠 속에서 자라나 죽음을 준비하는 새들과 다름없었을 것이다."

클레멘스의 뒤를 이어서 역시 알렉산드리아와 연관이 있는 위대한 이름이 등장한다. 바로 신학자 오리게네스(185-254년)이다. 그는 설교와 성서 주석의 형태로 엄청난 양의 글을 썼다. 오리게네스는 특히 플라톤 철학에 대한 자신의 깊은 조예를 십분 활용하였다. 그는 성서의 모든 구절들이 문자적이고 도덕적이며 영적인 의미를 지니고 있다고 보았다.

오리게네스

알렉산드리아에서 경건한 기독교인 부모에게서 태어난 오리게네스는, 아버지 레오니다스가 202년 순교하자 큰 충격을 받고 기독교 교사가 되기로 결심하였다. 오리게네스는 고향에서 학업을 마치고 그곳에서 28년 간 가르쳤다. 그는 거의 먹지도 자지도 않은 채 매일 여러 시간을 성서 공부에 바쳤다. 그래서 성서를 거의 다 외울 정도였다. 또한 그는 다작으로 유명하다. 히에로니무스는 그가 약 2,000권의 책을 썼다고 주장했고, 그래서 "우리는 오리게네스가 썼던 것보다 더 많은 책을 읽을 수조차 없다."고 하였다. 예루살렘과 케사리아의 주교는 230년 그에게 서품을 주었다. 하지만 정작 그의 주교는 자신에게 허락받지 않았다는 이유로 그의 서품을 반대하였다. 그리하여 알렉산드리아에서 열린 두 번의 시노드는 오리게네스의 기독교 교사 자격을 박탈하였다. 부끄러움을 당한 그는 케사리아에 머물면서 여러 권의 책을 썼다. 그는 250년 데키우스의 박해 때 고문을 받고 풀려 났으나 254년에 세상을 떠났다.

기도하는 기독교인들 — 3세기의 프레스코화

알렉산드리아의 클레멘스는 기도를 "하느님과의 대화"라고 간결하게 말한 적이 있다. 성 요한네스 다마스커스는, 훗날 기도는 "하느님을 향해서 영혼과 마음을 들어 올리는 것"이라 하였다. 지금 우리가 쓰고 있는 이와 같은 책에서는 교회의 핵심이 바로 신자들의 기도하는 삶이었다는 사실을 잊기 쉽다. 역사가들이 주교들과 신학자들의 행적을 기록할 수는 있지만, 기독교인들에게 가장 일차적인 현실은 교회와 그리스도의 관계이고, 그것은 기독교인들이 그리스도의 명령을 좇아서 "신령과 진리에 예배하는" 곳이면 어디에나 있는, 눈에 보이지 않는 현실이다. 신자에게 예배는 하느님의 사역의 핵심이다. 역사책은 단지 그 껍질만을 기록할 뿐이다.

카타콤

로마의 기독교인들은 그들의 이교도 조상들처럼 시체를 매장하는 일이 모든 교회의 가장 신성한 의무이자 책임이라고 보았다. 장사 지낼 사람들을 위해서 정기적으로 헌금도 모금하였다. 위생과 공간상의 이유로 로마는 도시 내에 매장하는 것을 법으로 금하였다. 그래서 초대 기독교인들도 이교도들이 하는 대로 도시 경계 밖의 지하 방에 시체를 매장하였다.

한 조(組)의 매장실이 로마시 바로 밖의 카타 쿰바스(Kata Kumbas), 즉 "움푹 들어간 곳"이라는 장소에 있었다. 이 이름 때문에 이러한 방들을 카타콤이라고 부르게 된 것이다. 이것은 로마에만 있던 것은 아니었지만 규모가 가장 큰 카타콤이 제국의 수도 경계 근처에서 발견되었으며, 지금까지 60개가 넘는 카타콤이 고고학자들에 의해서 발굴되었다.

우리들은 카타콤을 통해서 초대 기독교인의 삶과 죽음에 대해서 대단히 유용한 정보들을 얻을 수 있다. 무덤에 쓰여 있는 글을 읽어 보면 거기에 매장된 사람의 사회적 지위나 당시의 평균 수명, 사람들의 직업 등을 알 수 있다. 이것은 우리들을 초대 교회의 세계로 안내하며, 그들의 미술은 부활하신 그리스도에 대한 신앙을 웅변하듯이 말해 준다.

일반적으로 이러한 공동묘지는 부유한 기독교인의 집 밑을 파서 굴로 만든 것이었다. 대부분의 공동묘지에는 순교자들의 시신이 몇 구쯤 안치되어 있는 것이 보통이었다. 이들 순교자들은 죽음에 이르기까지 복음을 증거하였기에 존경을 받는 이들이었다. 그러한 무덤들은 순례지가 되었다. 4세기경 기독교인들에 대한 박해가 끝난 후 무덤 위나 가까운 곳에 교회가 세워지기도 하였다. 그중 가장 유명한 것은 성 베드로의 바실리카이다. 그러나 카타콤에 묻힌 대부분의 시신들은 평범한 기독교인들이었다. 장례 의식은 밤에 치루어졌다. 때로는 성만찬을 거행하기도 하였다. 추도일이 되면 친척들이 무덤에 모여서 음식을 나누어 먹고 돌아가신 분을 회상하였다.

죽음 앞에서는 모든 사람이 평등하다
처음에 기독교인들은 긴 터널이나 복도에 매장하였다. 그곳에는 부자나 가난한 자의 차이가 거의 없었다. 왜냐하면 그들은 하느님 앞에서 평등함을 자랑하였기 때문이다. 그러나 시간이 지나면서 부자들은 조그만 방을 별도로 마련해서 가족을 한꺼번에 매장하도록 하였다.

이후의 역사

3세기에 이르러 많은 로마 귀족들이 기독교로 개종하자 카타콤의 숫자는 대폭적으로 늘어났다. 4세기 초 콘스탄티누스가 기독교를 공인한 후에도 카타콤의 증가 추세는 계속되었다. 현존하는 카타콤의 4분의 3 정도가 이 당시 만들어진 것이었다. 그 후 로마의 세력이 기울자 카타콤은 도둑들이 들끓는 곳이 되어 버렸다. 537년 쳐들어온 고트족은 몇몇 지하 공동묘지를 파괴하였다. 755년에는 교황 스테파노스 2세(752-57년 재위)가 순교자들의 시신을 카타콤에서 성 안의 안전한 교회 안으로 이장하라는 명령을 내렸다. 거기에서 그 시신들은 대단한 존경을 받았고 오늘날도 여전히 그곳에 남아 있다. 그 이후로 카타콤에서 장례를 치르는 것은 안전치 못하게 되었고, 점차 이용하는 사람들이 줄어들었다.

비아 라티나 카타콤의 미술
공간이 어둡고 비좁았기 때문에 카타콤의 미술은 단순하고 형식적이었다. 하지만 대단히 기초적인 것이긴 해도 카타콤 미술은 죽은 자들을 기억하고 산 자들에게 성서의 장면들을 가르쳐 주는 역할을 하였다. 이 그림은 모세와 이스라엘인들이 홍해를 건너는 장면이다. 그들 뒤로 이집트 군대가 뒤쫓아오고 있다. (17쪽 참조)

발전하는 교회

카타콤 그림의 주제

로마의 비아 라티나(Via Latina) 카타콤의 프레스코화는 우물가의 여인과 함께 있는 그리스도를 묘사하고 있다. 『요한복음』에 등장하는 이 이야기는 카타콤 미술의 일반적 주제였다. 그리스도는 우물가에서 여인에게 영생을 주었다. "내가 주는 물을 마시는 사람은 영원히 목마르지 않을 것이다. 내가 주는 물은 그 사람 속에서 샘물처럼 솟아 올라 영원히 살게 할 것이다."(『요한복음』 4:14) 이 말씀은 세례를 가리키신 것으로 받아들여졌다.

2세기를 지나면서 교회는 로마 제국의 대부분에 퍼져 있었다.(48쪽 참조) 250년경 로마의 주교가 쓴 글을 읽어 보면 당시 교회의 규모와 영향력을 짐작할 수 있다. 그의 교회에는 "46명의 사제와 7명의 집사, 7명의 부집사, 42명의 조수, 52명의 악귀 추방인, 독경인, 문지기, 그리고 1,500명 이상의 과부와 걸인들"이 있는데 "이 모든 사람들은 주님의 은혜와 사랑에 힘입어 살고 있다."

여러 논쟁을 거치면서 사람들은 복음의 핵심 진리를 깊이 있게 신비스럽게 이해해 갔다. 가장 중요한 논쟁은 삼위일체와 성육신을 이해하려는 시도에서 벌어졌다. 성서는 하느님이 한 분이고, 아버지와 아들과 성령은 하느님이라고 가르쳤다. 또한 성서는 그리스도가 인간이면서 하느님이라고 가르쳤다. 하지만 어떻게 이러한 패러독스를 이해해야 하는지에 대해서는 설명하지 않는다. 따라서 그것을 이해하기 위한 작업들이 여러 세기 동안 이루어졌으며, 결국 전적으로 새로운 개념이 도입되었다. 왜냐하면 삼위일체와 성육신의 본성은 매우 독특하기 때문이다.

논쟁과 분열

위에서 언급했던 신비들은 마침내 4-5세기의 공의회를 통해서 정통적인 형식으로 서술되었다.(60-63쪽 참조) 이에 앞서 여러 가지 견해들이 있었는데, 그리스도의 신성을 올바르게 다루려다 그리스도의 인성을 놓쳐 버린 경우도 있었으며, 그 반대의 경우도 있었다. 결국 이들은 이단으로 전락하고 말았다. 이 두 가지 시도를 군주론이라고 부른다. 군주론이란 190년경 로마에서 일어난 이단을 일컫는다. 예수를 하느님처럼 말하게 되면 군주(monarchia)로서의 하느님 아버지의 통일성과 권위가 손상된다는 두려움에서 군주론이라는 명칭이 붙게 되었다. 그래서 군주론의 한 학파는 예수를 하느님보다 열등한 어떤 것으로 여겼다. 비잔티움의 테오도투스는 190년경 로마 교회로부터 추방당했는데, 그리스도는 하나의 인간일 뿐이지만 그 안에 하느님이 특별히 현전한다고 주장했기 때문이었다. 이단은 또 있었다. 260년부터 안티오크의 주교를 지낸, 사모사타의 바울은 테오도투스의 생각을 더욱 철저하게 밀고 나갔다. 그는 그리스도가 신적인 본질(ousia), 또는 신적인 실체가 관통하는 하나의 인간일 뿐이라고 주장하였다가 268년 자신의 도시에서 열린 시노드에서 정죄되었다.

다른 이들은 그리스도를 아버지와 하나로 만듦으로써 하느님의 군주성을 보존하고자 하였다. 하지만 그 일치가 지나치게 되면 그리스도의 독특한 인격이 상실된다. 3세기에 이러한 주장을 폈던 사람은 로마인 사벨리우스였다. 그는 아버지와 아들과 성령이 하나의 동일한 존재의 다른 양태에 불과하다고 주장하였다. 이 군주론 학파는 양태론, 또는 사벨리아니즘, 또는 성부수난설('아버지가 수난당한다.'는 뜻의 라틴어)이라고 불리었다. 그렇게 되면 아버지가 십자가상에서 수난을 받게 되기 때문이었다.

많은 사람들이 이 논쟁에 정력적으로 뛰어들었다. 로마 교회의 장로 히폴리투스와 칼리스투스는 삼위일체를 둘러싸고 의견을 달리하였다. 그뿐만 아니라 칼리스투스가 217년 로마의 주교가 된 후 초대 교회 이래 골치 아프게 남아 있던 문제에 다시금 직면하게 되자 두 사람은 또다시 대립하였다. 그 문제란 로마 제국의 박해를 피해서 배교하였던 기독교인들의 처리 문제였다.

어떤 주교들은 그들을 다시 받아들이지 않았다. 다른

교황의 지하실

3세기 중엽의 아홉 교황은 로마의 성 칼리스투스의 카타콤에 있는 교황의 지하실(crypt, 납골이나 예배를 위해 만든 토굴/역자 주)에 매장되었다. 중앙에는 교황 식스투스 2세(257-58년 재위)의 무덤이 있다. 이 지하실은 거의 1,500년 동안이나 방치되었다가 1880년대 말 지오반니 바티스타 드 로시가 재발견하였다.

현존하는 가장 오래된 교회 건물

1921년 시리아의 유프라테스 강둑에서 작업을 하던 고고학 발굴 팀은 현존하는 가장 오래된 교회 건물을 발견하였다. 이곳은 로마 제국의 동쪽 국경 부근으로서 듀라 유로포스(Dura-Europos)라는 로마의 수비대 주둔지였다. 257년 로마인들이 떠나고 난 이후 그 유적지가 20세기까지 고스란히 남아 있었던 것이다. 마을 안에서는 미트라, 아도니스, 타이케, 아르테미스, 바알(시리아적 형태) 등을 섬기던 사원과 몇몇 지역신을 섬기는 사원, 제우스를 섬기는 사원 세 개, 군사령부 옆에 있는 수비대의 사원, 유대교 회당, 기독교 가정 교회 등이 발견되었다. 가정 교회는 다른 집처럼 내부의 안마당을 빙 둘러가면서 방이 정렬되어 있었다. 이 가정집 내부에는 대략 60명 정도가 들어갈 수 있는, 제단과 의자를 갖춘 예배실이 있다. 한쪽에는 세례실이 있는 보다 작은 방이 있고, 거기에는 부활 장면과 (부활에 대한 가장 오래된 그림임) 치유의 기적을 그려 놓은 그림들이 있었다.

가정 교회(domus ecclesia)는 신약성서 시대까지 소급해 올라가는 전통의 일부였다. 당시 기독교인들은 회중 가운데 비교적 부유한 사람의 집에서(예를 들어 『로마서』 16 : 3-5에서 거론되는 프리스카와 아퀼라의 집 등) 모임을 가졌다. 남아 있는 부분(아래 왼쪽)에서 우리들은 3세기경에 이르러 교회로 사용되던 가정집들이 예배를 위해서 비슷한 방식으로 개조되었음을 알 수 있다.

듀라-유로포스의 회당
245년 재건된 마을의 회당은 구약성서의 장면들을 그린 프레스코화로 화려하게 장식되어 있다. 몇 분만 걸으면 다른 신들을 섬기던 사람들을 위한 예배소도 발견할 수 있다.

세례실
이 방 끝에 있는 욕탕은 세례를 위한 것이다. 별이 반짝이는 하늘로 장식된 기둥의 적소(適所, 조각상이나 꽃병 등을 놓기 위하여 만든, 벽의 움푹 들어간 곳/역자 주)에 설치된 이 욕탕은 세례실의 중심이다. 그림의 양식은 회당(위)의 것과 비슷하다. 적소 안에 그려진 그림은 그리스도가 중풍병자를 치유하는 모습이다. 아마도 예수를 그린 가장 오래된 그림일 것이다. 여기에 그려진 예수는 젊고 수염이 없다.

하나의 통일체로서의 교회는 그들 모두를 공동체로 받아들였다.(38-39쪽 참조) 그리스도에 대한 신앙은 개인적인 일이 아니었다. 도시에서 개인은 익명의 존재로 전락하며, 그로 인해 고독감을 맛보기 일쑤일 것이다. 따라서 교회라는 공동체에 속해 있다는 안도감은 대단한 것이었다. 친교와 통일을 강조하는 교회는 과부나 고아, 그리고 가난한 사람들을 차별 없이 돌보아 주었다. 배교자 율리아누스(59쪽 그림 설명 참조)조차도 "기독교는 낯선 사람들에게 사랑과 봉사를 베풀고 죽은 자의 장례를 세심히 치러 줌으로써 특히 발전하고 있다."고 인정할 정도였다.

어두운 세계 속에서의 새로운 비전

기독교는 로마의 모든 종교들 가운데 선교 신앙을 가지고 있었던 유일한 종교였다. 기독교인들은 신앙이란 서로 나누어야 할 만큼 무한한 가치가 있다고 믿었기 때문이었다. 기독교가 그것을 따르는 사람들에게 미쳤던 감정적 영향을 무시한다면 사람들이 기독교로부터 받았던 충격을 설명해 내기란 쉽지 않을 것이다. 교부들은 기독교가 새로운 희망, 사랑, 기쁨, 즉 삶에 대한 새로운 비전을 주었다고 주장하였다. 알렉산드리아의 클레멘스(52쪽 참조)도 예외가 아니었다. "우리의 모든 삶은 우리를 위한 축제이다.…… 우리는 일하면서 노래하고, 항해하면서 찬송가를 부르며, 생활 속 의무들을 수행하면서 기도를 올린다."

박해를 당할 때에도 기독교인들의 신앙은 영원한 삶에 대한 희망이 되어 그들을 지켜 주었다. 그분이 그들과 함께 계신다는 느낌처럼 이 희망은 엄청난 희망과 용기를 주었다. 205년경 순교한 로마의 게네시우스의 말을 빌리면 "내가 수천 번 죽임을 당한다고 하더라도 나는 여전히 그분의 사람일 것이다. 그리스도는 나의 입술 위에 있고, 나의 마음속에 있다. 어떠한 고문도 그분을 나에게서 떼 놓을 수 없다."

첫번째 기독교 왕국

조명자(照明者) 성 그레고리우스(257-332년경)는 황제 티리다테스 3세가 교회를 박해할 당시 아르메니아로 갔으며 301년 황제를 설득하여 기독교를 받아들이도록 만들었다. 그러자 왕은 백성들로 하여금 자신의 뒤를 따라 새로운 신앙을 갖도록 장려하였다. 그들은 집단적으로 개종하였으며, 이것이 기독교가 한 나라의 공식 종교가 된 첫번째 사건이었다.

신앙의 승리

두 개의 언어만 구사할 수 있다면 사람들은 스코틀랜드로부터 시리아까지 로마 제국 어디에서든 설교할 수 있었다. 그 두 언어란 라틴어와 그리스어였다. 더욱이 로마의 평화, 로마의 길, 그리고 로마의 무역과 번영은 하나의 사상이 퍼져 나가기에 적합한 토양이 되었다. 그러나 이러한 요소들만 가지고서는 어떻게 기독교가 로마 제국의 수백 가지 종교들 가운데에서 끝까지 살아 남았는지를 설명할 수 없다.

노예들의 종교

기독교의 초기 전파 상황을 살펴보면 기독교가 특히 노예들이나 가난한 사람들로부터 환영받았음을 알 수 있다. 그래서 기독교를 비판했던 사람들은 기독교가 단지 "노예나 여인들, 그리고 철모르는 아이들"에게나 호소력을 지닐 뿐이라고 비아냥거렸던 것이다.(46쪽 설명 참조)

사실 노예 제도는 기독교 복음 전파에 모종의 역할을 하였다. 2세기 스페인의 노예 목록에는 팔레스타인 사람의 이름이 끼여 있는데, 그중 몇 명은 기독교인이었을 것이다. 또한 이탈리아의 해변 마을 폼페이(79년 화산 폭발로 멸망함)에서는 한 노예의 침실 벽에 십자가가 걸려 있는 것이 발굴되었다. 이러한 사실들을 통해서 우리들은 기독교가 전파되는 데 다른 중요한 요소, 즉 나라의 경계를 초월하는 측면이 있었음을 생각해 볼 수 있다.

교회는 모든 인종과 계급을 차별 없이 환영하였다.

지도자
170년경 안티오크의 주교였고 180년에 세상을 떠난 테오필루스(위)는 고매한 자질을 갖춘 전형적인 초대 교회 지도자였다. 당시의 지도자들은 자신들이 지상에서 받아야 할 것이라고는 박해뿐이라는 가장 순수한 동기를 가지고 있었다. 초기의 신학자들은 대부분 주교였다. 테오필루스는 "삼위일체" 하느님이라는 말을 처음 사용했던 인물이다.

> "그리스도는 모든 황혼을 새벽으로 바꾸어 놓으셨다."
> — 알렉산드리아의 클레멘스

> "나는 하느님의 아들을 믿는다. ……왜냐하면 그분만이 구원의 목적이고 불멸의 삶의 근본이기 때문이다. 그분은 폭풍우 속에서 피난처이시고, 고통받는 자의 위안이시고, 절망한 자의 반석이시기 때문이다."
> — 테클라, 초대 기독교인

300년경 기독교가 전파된 지역(추정)

어떤 지역에 기독교가 많이 전파되었고 어떤 지역에는 그렇지 못했는가에 대해서는 개략적으로 추정할 수 있을 뿐이다. 북아프리카와 소아시아는 기독교인의 수가 많은 지역이었다. 기독교는 로마 제국의 국경을 넘어서 오늘날의 아르메니아, 이라크, 이란까지 퍼져 나갔다.

육체의 관계와 같습니다.……육체 안에 있는 영혼은 육체의 것이 아닙니다. 기독교인들은 이 세상 안에 있는 것은 아닙니다."

몇몇 변증론자들은 또한 중요한 교회 지도자들이었고 신학자들이었다. 이레니우스(140-202년)는 골(현재의 프랑스) 남쪽 리옹의 두 번째 주교였다. 그는 영지주의나 몇몇 다른 이단들에 대해서 정력적으로 반대했던 인물이었는데, 그가 썼던 다섯 권의 『이단을 반박함』은 매우 중요하고도 널리 영향을 미쳤던 작품이었다. 이레니우스는 또한 대단한 신학자였다. 그는 신약성서의 정경을 규정하였으며, 그의 저서 『사도들의 가르침을 전함』은 신학의 표준이 되었다.

이레니우스는 기독교 신앙의 근본인 "신앙의 기준(regula fidei)"을 정하였다. "신앙의 기준"이란 정통과 이단을 판단할 수 있는 기준을 의미한다. 이것은 마침내 4세기의 위대한 신조로 집약되었다.(60-63쪽 참조)

테르툴리아누스

가장 뛰어난 기독교 변증론자 중 한 사람인 테르툴리아누스(160-225년경)는 오늘날 북아프리카의 튀니지 근처인 카르타고에서 태어났다. 로마에서 법률 교육을 받은 그는 카르타고로 돌아와서 신앙의 적들을 공격하는 데 자신의 날카로운 지성을 사용하였다. "우리는 겨우 어제 태어났다. 그러나 너희들이 가진 모든 것, 즉 도시, 섬, 항구, 마을, 회당, 군영, 종족, 마을 의회, 궁전, 상원, 대광장 등을 가득 채웠다. 우리가 너희들에게 남겨 준 것이라고는 사원밖에 없다." 테르툴리아누스는 다른 기독교인들과의 논쟁이나 변증론 외에도 라틴어로 저술한 최초의 비중 있는 신학자 중 하나였다. 삼위일체의 개념을 발전시킨 그의 저작은 두고두고 중요한 의미를 지니게 되었다.

변증론자들의 업적

이레니우스와 그를 따르는 대부분의 변증론자들은 기독교를 당시 문화의 한복판에 위치시키고자 하였다. 따라서 그들은 그레코-로망 문명의 철학적·문화적 요소들을 다대하게 받아들여야 하였다. 그들은 대개 실용적인 생각을 가진 사람들이었기 때문에 수용과 차용의 방법을 택하였다. 그래서 이교도들의 축제는 기독교에서 크리스마스와 부활절이 되었고, 기독교 사상 내에 이교도들의 철학과 문학을 위한 자리가 마련되었다. 변증론자들은 이교도의 철학과 문학을, 복음을 위한 준비라고 보았다. 이교도들이 기독교인들 때문에 나라가 약해진다고 주장할 때 변증론자들은 기독교인들이야말로 비도덕성에 항거해서 국가를 강하게 만드는 장본인이라고 강변하였다.

어떤 이들은 기독교가 너무 많은 그레코-로망 문명을 수용하는 것을 반대하였다. 그러면 기독교에게 해가 될 것이라는 이유에서였다. 테르툴리아누스는 기독교 신학과 그리스 철학의 결합에 반대하며 물었다. "아테네가 예루살렘과 무슨 상관이 있단 말인가?" 그는 자신의 신앙을 합리적으로 설명하기보다 이렇게 말하였다. "나는 믿는다. 왜냐하면 불합리하기 때문이다." 그러나 그의 목소리는 반향을 얻지 못했다. 변증론자들이 철학을 수용한 일은 대단히 효과적이었으므로, 향후 이러한 일은 계속 추진되었다. 오늘날도 그러하듯이 기독교 신학은 점점 더 철학적인 용어로 표현되었다.

비록 변증론자들의 저술이 로마 세계를 기독교로 개종시키지는 못했지만, 그들이 기독교 교리의 이해를 도움으로써 교회 발전에 기여한 공로는 결코 적은 것이 아니었다.

> "티베르 강의 수위가 너무 높아지거나 나일강의 물이 마른다면, 하늘이 닫히거나 지구가 움직인다면, 전염병이나 기근이 온다면 사람들은 '기독교인들을 사자 밥으로 던져 버려라.' 라고 소리칠 것이다. 저들 모두를 사자 한 마리에게 던지라는 말인가?"
>
> 테르툴리아누스

철학자, 황제, 처형자

황제 마르쿠스 아우렐리우스(161-80년 재위)는 철학자이기도 하였다. (위, 왼쪽에서 네 번째) "그대가 손에 갖고 있는 것을 양심과 꾸밈없는 존엄을 지닌 채, 사랑과 정의로, 누구에게도 의지하지 말고 행하라."라고 그는 가르쳤다. 그러나 이러한 철학을 가지고 있던 그도 기독교인들을 박해하는 일을 주저하지 않았다. 기독교인들의 "단순한 반대 정신"에 화가 났기 때문이었다.

신앙의 수호

> "완전하게 살아 있는 인간은 하느님의 영광이고, 인간의 삶은 하느님의 환영이다."
> — 이레니우스

이교도 비판가들
기독교 변증론자들은 셀수스 같은 지적인 이교도들에게 기독교를 합리적으로 설명해서 납득시켜야 하는 과제를 떠맡았다. 셀수스는 170년경 기독교인들은 잘 배우고 현명하며 이해력 있는 사람들은 피하고, "어리석고 배우지 못한 어린아이들"만을 노린다고 주장하였다. 그는 기독교가 "바보 같고 불명예스럽고 어리석은 사람들, 노예들, 여인들, 어린아이들"이나 속아 넘어가는 종교이며, 또 그러한 종교가 되려고 한다고 주장했던 것이다. 변증론자들은 기독교가 잘 교육받은 현명한 사람들에게도 확신을 심어 줄 수 있을 만큼 합리적인 근거를 가지고 있음을 보여 주려고 노력하였다.

박해와 무지, 그리고 적대감에 직면한 교회는 자신을 과감하게 변호해야 했다. 이 변호 임무를 담당한 저술가들은 변증론자들(apologists)이라고 불린다. 그들의 목표는 그리스 철학에 익숙해 있던 사람들에게 기독교를 합리적으로 설명해 주고, 유대인들이 예수를 그들의 메시아로 받아들이도록 납득시키는 것이었다.

초기 변증론자들
초기 변증론자로 아리스티데스와 크바드라투스를 꼽을 수 있다. 이들은 황제 트라야누스에게 자신의 신앙을 합리적으로 설명하였다. 이들보다 더 유명한 인물은 순교자 유스티노스이다. 그는 140-50년경 로마에서 기독교 철학을 가르쳤으며 기독교 교리를 철학 용어로 표현하였다. 유스티노스는 이방인들이 기독교인들에게 퍼붓는 터무니없는 비난(불법적인 성관계를 갖는다든지, 사람의 고기를 먹는다든지 하는 비난)을 잘 알고 있었다. 유스티노스는 『변증론』에서 이 주장을 논박하였다. 또한 기독교인들이 여러 신들을 공격한다든지, 참된 애국자들이 아니라는 비난에 대해서도 논박하였다. 그는 황제와 의원들에게 자신의 의견을 피력할 수 있는 위치에 있었다. 이러한 사실을 통해서 우리들은 그리스도가 세상을 떠난 지 겨우 한 세기가 지났는데도 이미 기독교인들이 제국 내에서 중요한 지위를 차지하고 있었음을 알 수 있다.

아마도 초기 변증론자 가운데에서 가장 시적인 사람은 『디오게네투스에게 보내는 편지』를 쓴 알 수 없는 인물일 것이다. 이 책은 2세기 말경 기독교에 흥미를 가지고 있는 이방인들에게 기독교를 설명하기 위해서 쓰여졌던 것 같다. 거기에는 이렇게 쓰여 있다. "기독교인들이 다른 사람과 구별되는 것은 그들의 출신이나 언어, 또는 옷 입는 습관 때문이 아닙니다. 그들은 자신들의 마을에 살지 않습니다. 자신들만의 말이 있는 것도 아닙니다. 또 그들은 어떤 특별한 삶을 영위해 나가는 것도 아닙니다. 그들은 자신들의 나라에 살고 있지만 국외자로서 살아 갑니다. 모든 낯선 나라들이 그들의 고향이며, 그들의 고향은 외국과도 같습니다. 그들은

가장 오래된 십자가형 그림
200년대 초, 로마의 팔라틴 언덕의 장교 막사에 그려진 이 풍자적인 그림(벽에 긁어서 그린 것)은, 당나귀 머리를 한 사람이 십자가형을 받는 모습을 그린 것이다. 여기에는 다음과 같이 쓰여 있다. "알렉사메노스가 그의 신을 예배하다." 변증론자들은 바로 이런 편견에 맞서 싸웠던 것이다.

지상에서 살지만, 하늘의 시민입니다. 그들은 세상의 법을 따르지만, 법보다 높은 삶의 방식을 따릅니다. 그들은 모두를 사랑하지만, 모두로부터 박해를 받습니다. 그들은 이름도 없으며, 저주를 받습니다. 그들은 죽음으로 내몰리지만 생명을 얻습니다. 그들은 가난하지만 많은 이들을 부유하게 합니다. 그들은 존경받지 못하지만 그 불명예를 통해서 영광을 받습니다. 그들은 유대인들로부터 외국인이라고 공격받고, 그리스인들로부터 박해를 받습니다. 그러나 그들을 미워하는 사람들은 왜 자신들이 그들을 미워하는지 설명하지 못할 것입니다. 한 마디로 기독교인과 세상의 관계는 영혼과

순교자 유스티노스

100년경 이교도 부모 사이에서 태어난 순교자 유스티노스는 130년경 세례를 받기 전 여러 철학을 배웠다. 세례를 받은 후 유스티노스는 에페소스에서 가르쳤고, 그 다음에는 로마로 가서 기독교 철학 학교를 시작하였다. 그는 성공을 거두었으며 장로로 임명되었다. 그는 사람들이 기독교에 대해서 가지고 있는 잘못된 견해를 바로잡기 위해서 두 권의 『변증론』을 썼다. 첫번째 『변증론』은 151년경 황제 안토니누스 피우스에게 헌정한 것이었고, 두 번째 것은 162년 로마 상원에 바친 것이었다. 그는 165년경 몇몇 동료들과 함께 아우렐리우스 마르쿠스 황제에게 처형당하였다.

오히려 기뻐한다. 이들이 바로 기독교인들이다."

대중들의 분노는 박해로 이어졌다. 타키투스 당시에 북부 소아시아 비티니아의 행정관이었던 젊은 플리니(Pliny the Younger)는, 황제 트라야누스에게 황제 숭배를 거절하는 기독교인들의 수가 증가하고 있는데 어떻게 대처하면 좋겠느냐고 자문을 구하는 편지를 띄웠다. 그는 기독교인들에 대한 사람들의 불만이 쌓여 간다고 말한다. 왜냐하면 그들이 없어서 신전이 '거의 텅텅 비었기' 때문이다. 이로 말미암아 플리니는 문제에 봉착하게 되었다. '황제에게 불충하기 때문에 비난받는 기독교인들을 어떻게 다루어야 할 것인가?'

플리니는 트라야누스에게 이렇게 쓰고 있다. "어쨌든 저는 기독교인이라고 제게 고발된 사람들을 이렇게 다루었습니다. 저는 그들에게 그들이 기독교인이냐고 물었습니다. 그들이 그렇다고 고백하는 경우, 저는 그러면 처벌을 받을 것이라고 두 번, 세 번 경고하였습니다. 그래도 말을 듣지 않으면 저는 그들을 처형하라고 명령하였습니다. 로마 시민들을 위하여 저는 이러한 사실을 서신으로 보내는 바입니다." 황제는 플리니의 처사에 동의하는 답장을 보내면서 기독교인들을 사냥하듯이 색출하려 들지는 말고 제보자에 의해서 고발이 들어올 경우에만 처벌하라고 명령하였다. 하지만 모든 황제들이 이 정도나마 친절했던 것은 아니었다. 네로와 도미티아누스, 그리고 마르쿠스 아우렐리우스 황제는 모두 로마 교회를 박해하였다.

조심스러운 생존

기독교인들의 형편은 나아지지 않았다. 177년에는 골 지방의 리옹에서 48명 정도의 기독교인들이 살해되었는데, 그 이유는 기독교인은 죽지 않는다는 소문 때문이었다. 3년 후 북아프리카의 시실리에서 12명이 순교하였다. 202년에 황제 셉티무스 세베루스는 교회가 성장하는 것을 염려해서 기독교 신앙으로 개종하는 것을 금지하였다. 이러한 명령은 엄청난 박해로 이어졌다.

알렉산더 세베루스가 황제로 있을 때(222-35년)에는 일시적으로나마 박해가 멈추었다. 황제의 어머니가 기독교인들에게 동정적이었기 때문이다. 황제 자신도 집에 아브라함과 신성화된 황제를 본떠서 만든 그리스도 상을 가지고 있었다고 한다. 아라비아 황제의 필립(244-49년 재위)도 기독교에 대해서 우호적이었다. 그는 저명한 기독교 저술가들과 활발한 서신 교환을 할 정도였다. 하지만 249년 그가 죽자 곧 제국 전체에 무서운 박해가 자행되었다.

> "순교자의 피는 교회의 씨앗이다."
>
> 테르툴리아누스

기득권

기독교인들을 당국에 고발하였던 사람들 대부분은 이교도의 종교로부터 모종의 기득권을 지니고 있던 사람들이었던 것 같다. 이교도의 제사에는 권력과 명성과 돈이 관계되어 있었다. 상위 계층의 보호자인 사제들은 대개 금전적인 수익에 매달렸고, 짐승을 제물로 바쳐서 살아 가는 사람들이나 우상을 만들어 파는 사람들은 이러한 행위를 반대하는 새로운 제의에 쉽게 동의할 수 없었을 것이다. 이러한 이유로 희생된 이름 모를 사람들 중에는 시르미움(오늘날의 헝가리)의 다섯 명의 석수(石手)도 포함되어 있다. 이들은 4세기 초 애스쿨라피우스 신상을 만들기를 거부했다는 이유로 처형되었다.

페르페투아의 일기

페르페투아는 3세기 초 카르타고에서 몇몇 친구와 함께 순교한 젊은 여인이다. 그녀가 처형된 이유는 아마도 셉티무스 세베루스의 칙령을 어기고 기독교로 개종했기 때문일 것이다. 페르페투아는 처형을 기다리면서 자신의 신앙과 아버지에 대해서, 그리고 옥에 갇혀 있는 동안 태어난 어린아이에 대해서 일기를 썼다.

그녀의 일기는 보는 이의 마음을 울린다. 갓 태어난 아기를 데리고 있어도 좋다는 허락을 받았을 때 그녀는, "감옥이 궁전처럼 되었다. 나는 차라리 여기에 있는 것이 더 좋았다."고 썼다. 페르페투아의 아버지는 깊은 슬픔에 사로잡혔다. "내 딸아, 머리가 희끗희끗한 내가 불쌍하지도 않느냐?……내가 다른 오빠들보다 너를 더 사랑했는데……나를 버리지 마렴! 너의 자존심을 포기하렴!" 그녀는 대답하였다. "이 일은 하느님의 뜻이에요." 아버지 때문에 그녀는 큰 슬픔에 잠겼다. 행정관 힐라리아누스는 그녀를 설득하였다. "연로하신 너의 아버지를 불쌍히 여겨라. 또 갓 태어난 네 아이가 불쌍하지도 않느냐? 황제에게 예배 드려라." 하지만 페르페투아와 친구들은 거절하였다. "우리는 죄가 인정되어 짐승들에게 던져지게 되었고, 기쁨으로 감옥에 돌아왔다." 같이 있던 기독교인의 말로 이 이야기는 끝난다. "승리의 날이 밝자 그들은 감옥에서 나와 기쁘게 원형 경기장으로 향하였다. 마치 하늘 나라에 가는 듯하였다. 그들의 얼굴은 평온했으며 가볍게 떨렸다. 그러나 그것은 두려움 때문이 아니라 기쁨 때문이었다."

순교자의 선택

페르페투아 같은 한 여인이 로마 법정에 서 있는 이 그림은 황제에게 예배를 드릴 것인지, 죽음을 선택할 것인지 결정하는 모습을 극적으로 묘사하고 있다.

박해

제국의 두려움

대개 가난했던 기독교 신자들은 때로 밤에 집회를 가졌는데, 지도층에서 보면 이것은 우려할 만한 일이었다. 음모와 민중 봉기를 두려워한 권력자들은 '12동표(銅表)'에서 사람들이 밤에 모이는 것을 금지하였다. 기독교인들은, 자신들은 아무 잘못이 없다고 할지라도, 로마의 입장에서는 잠재적인 전복 세력으로 비쳤다.

예수가 십자가형을 당한 후 그를 따르는 많은 사람들도 예수처럼 죽음의 고통에 직면하였다. 그들을 둘러싸고 무시무시한 소문이 떠돌았고, 사회 지도층은 그들을 신뢰하지 않았다. 그들은 생존을 위한 법적 권리를 지니지 못했던 것이다.

로마 제국은 어떤 종교에 대해서든 그 종교를 믿는 사람들이 제국에 충성만 한다면 관대한 태도를 취하였다. 유대교도 로마로부터 인정을 받지는 못했지만 유대교를 따르는 유대인들이 국가에 충성을 맹세하는 한 너그럽게 보아 줄 수 있었다. 적어도 그것은 오래 전부터 존재해 왔기 때문이었다. 셀수스가 말하듯이 "유대인들의 종교는 매우 이상하지만 그것은 그들의 조상들의 습관이었다." 하지만 기독교인들에게는 그러한 방어막이 없었다.

불법적인 종교

기독교가 불법인 한 기독교인들은 로마 제국의 불신과 대중들의 적대감을 고스란히 받을 수밖에 없었다. 다행히 249년까지는 어떤 황제도 그들이 제국에 대해 조직적인 반역 행위를 할 만큼 위협적인 존재라고는 여기지 않았다. 그러나 국지적이고 일시적인 박해는 수없이 발생했고 많은 순교자(순교자라는 말은 "증인이 된다."고 하는 그리스어로부터 파생되었음)가 발생하였다. 대중들의 마음은 기독교에 대한 오해로 가득 찼다. "주의 살과 피를" 먹는다는 성만찬의 가르침은 사람의 고기를 먹는 것으로 오해되었고, "애찬(愛餐)"에 대한 언급은 근친상간이나 방탕스러운 주신제(酒神祭), 또는 유아를 제물로 바치는 행위 등으로 오해되었다. 로마의 역사가 타키투스는 115년경 기독교인들을 가리켜서 "사악함 때문에 혐오의 대상이 되었던 집단"이라고 기술하였다. 64년에 로마에 대화재가 일어났을 때에도(39쪽 그림 설명 참조) 기독교인들은 "방화의 혐의뿐만 아니라 인류에 대한 적대감 때문에 미움을 샀다."고 타키투스는 기록하였다.

이러한 태도들은 오래도록 변치 않았다. 170년경 셀수스는 이렇게 썼다. "어제 태어난 새로운 인종이 여기에 있다. 그들은 고향도 없고 전통도 없다. 그들은 일치 단결해서 종교적이고 시민적인 제도에 맞서고 있으며, 불법적이고 파렴치한 행위로 말미암아 악명이 높지만, 그들은 비난하는 말을 들으면 들을수록

폴리캅

폴리캅(70-156년경)은 청년 시절 사도 요한에게 배웠다. 그는 107년경 소아시아 서머나의 주교가 되어서 세상을 떠날 때까지 그곳에서 봉사하였다. 2세기경에 등장한 그의 순교에 대한 이야기는 가장 오래된 순교 이야기이다. 군중들은 그를 향해 "이 사람이 황제에게 희생 제물을 드리거나 예배를 드리지 말라고 가르치고, 우리 신을 파괴한 기독교인들의 아버지이다."라고 고함쳤다. 행정관은 그를 몰아세웠다. "지금 시대를 보시오. 그리스도를 욕하시오. 그러면 당신을 놓아 주겠소." 폴리캅은 대답하였다. "86년 동안이나 저는 그분의 종이었습니다. 그분은 저에게 잘 대해 주셨습니다. 저를 구원해 주신 왕을 어떻게 저주할 수 있겠습니까?" 그는 끝내 화형당하였다.

살아서는 아무것도 아니었으나, 죽어서 유명해지다

폴리캅의 순교 이야기에는 이렇게 쓰여 있다. "우리는 순교자들을 제자로서, 주님을 닮은 사람으로서 사랑합니다. 그들의 왕이자 스승에게 보여 준 비할 바 없는 헌신으로 말미암아 그분들은 마땅히 존경을 받아야 할 것입니다." 이 그림은 순교자들이 받았던 존경심을 보여 주고 있다. 이 존경심은 여러 해 동안 계속되었다. 어떤 초대 기독교인들은 기꺼이 순교할 각오가 되어 있었다. 안티오크의 이그나티우스는 이렇게 썼다. "하느님께 바치는 제물로서 나를 쏟아 붓는 것이면 족하다.……나는 죽음을 열렬히 사모하는 바이다."

교회와 제국

이국적인 것의 도전
1-2세기에는 지금은 거의 잊혀진 많은 신비 종교가 성행하였으며, 그 가운데서 아티스, 시빌레, 이시스(38쪽 그림 설명 참조)와, 미트라 제의는 특히 중요하였다. 위에 보이는 이집트 종교 의식은 신비 종교의 극적인 효과와 영광을 나타내고 있다.

쉽게 찾아볼 수 있는 전형적인 현상이었음). 그들이 주장하는 이른바 "새로운 예언"의 내용은 오늘날의 입장에서 보면 납득하기 어려워 보인다. 즉 그들은 하늘 나라가 소아시아에 있는 그들의 마을 프리지아로 곧 내려온다고 했던 것이다. 그러나 그들의 삶이 순수했고 그들의 신앙 증언이 너무 강력했으므로 많은 무리들이 그들을 따랐다. 그 가운데에는 북아프리카의 호전적인 변증론자 테르툴리아누스(47쪽 글상자 참조)도 끼어 있었다. 테르툴리아누스는 방종한 생활을 하면서도 스스로를 정통이라고 자부하는 신자들에게 염증을 느낀 나머지 몬타누스주의 쪽으로 기울었던 것이다.

정통을 방어함

교회 주변에는 많은 제의들과 소종파들이 있었다. 에비온주의자들(ebionites)도 그 가운데 하나였다. 에비온주의자들이란 유대교적 관습과 제의를 포기하지 않았던 유대 기독교인들을 가리킨다. 이러한 소종파의 수는 시간이 지남에 따라 더욱 늘어났다. 그리고 그들은 신학 논쟁에서 지게 되면 자신들만의 소종파를 형성하였다. 390년대에 브레시카의 주교 필라스트리우스는 156개의 이단들이 목하 성행중이라고 보고하고 있다. 정통주의를 대표하는 키프리아누스는 이단들에 대항해서 250년대경 다음과 같이 말하였다. "교회를 어머니로 섬기지 않는 사람은 하느님을 아버지로 모실 수 없다." 아우구스티누스의 표현은 이보다 단호하였다. "교회 밖에는 구원이 없다." 이러한 주장들은 이단에 대한 교회의 투쟁이 얼마나 심각하고 강도 높은 것이었는가를 보여 준다. 이단은 영원한 구원을 도둑질해 가는 사람들이었던 것이다.

그러나 이단과의 논쟁은 교회가 자신의 신앙을 분명하게 밝히도록 도와 주었다는 긍정적인 측면도 갖고 있었다. 예를 들어 교회는 마르키온과 영지주의자들에 대항해서 구약성서에 대한 신앙을 확증하였고, 신약성서에 포함될 수 있는 문헌과 포함될 수 없는 문헌을 구분하였다. 몬타누스와의 투쟁을 계기로 교회 지도자들은 성서적 계시가 사적(私的) 계시보다 우선권을 갖는다고 선언하였다.

선구적 비판가들
개종한 그리스인들과 영지주의자 마르키온은 자신들만의 역사적이고 비판적인 방법을 통해서 바울의 일곱 서한과, 『누가복음』과 『사도행전』의 일부만이 본래 성서라고 주장하였다. 그래서 나머지 신약성서와 구약성서 전체는 부정하였다. 마르키온은 기독교의 초기 세대들은 예수의 마음을 잘못 이해하였고, 이제 자신이 그것을 재발견하였다고 주장하였다. 결국 마르키온은 자신이 급진적인 현대 성서 비평의 선구자라고 주장했던 것이다. 물론 많은 비평가들이 마르키온을 자신들의 수호 성인이라고 여기는지는 별문제일 것이다.

미트라 종교
미트라는 고대 페르시아에서 빛의 신이었다. 미트라 신전은 동굴이었고 오직 남자들만이 섬길 수 있었다. 미트라 예배의 정점은 황소를 잡아 바치는 예식이었다. 2세기, 미트라 숭배는 가장 대중적인 신비 종교의 하나였고 특히 군인들이 많이 섬겼다. 영지주의와 마찬가지로 미트라 숭배는 사후에 영혼이 일곱 개의 별을 거쳐서 하늘에 있는 고향으로 올라간다고 가르쳤다.

놓은 마르키온은, 144년 로마 교회로부터 추방당하였다. 놀란 그는 급기야 중동 지역으로 피난을 가지 않을 수 없었지만, 거기에서 보다 대규모의 소종파를 창건할 수 있었다.

마르키온의 발상이 아무리 설득력 있다고 하더라도, 그와 다른 영지주의자들은 모두 구원을 오직 선별된 소수에게만 국한시킨다는 한계가 있었다. 하지만 교회는 보편적인 통일체이고, 복음은 모든 사람에게 구원을 주는 것이 아니면 안 되었다. 2세기 말 무렵 영지주의는 힘을 잃어 간 반면 교회는 점점 더 강해져 갔다.

수도원 운동, 새로운 예언

170년 무렵 소아시아에 몬타누스라는 기독교인이 나타났다. 그는 자신이 중요한 새 계시를 받았다고 주장하였다. 그와 그를 따르는 두 여인이 드리는 예배는 점차 사람들 사이에 퍼져 나가면서 한 세기 가량 소아시아를 풍미하였다. 그들은 성서적 계시 이외의 새로운 계시를 받았다고 하면서 스스로를 카리스마적 인물로 부상시켰다. 몬타누스는 자신을 따르는 사람들에게는 다른 기독교인들보다 높은 윤리적 행동을 요구하였다. 그들은 자신들만이 올바른 기독교인이라고 믿었기 때문에 자신들을 배척하는 것은 하느님을 배척하는 것이라고 믿었다(이러한 양상은 다른 많은 이단들에게서도

초대 교회에 대한 도전

처음부터 교회는 신앙 문제에서 안팎으로 많은 도전에 직면하였다. 우선 갓 태어난 교회는 당시의 영향력 있는 종교들을 막아 내야만 하였다. 또한 교회는 내부에서 나타나고 있는 분열상에도 대처해야만 하였다.

영지주의

내부에서 제기된 가장 심각한 도전은 영지주의자들(Gnostics)이었다. 영지주의에는 다양한 경향을 지닌 사상들이 혼재되어 있었다. 영지주의자들은 자신들이야말로 종교의 비밀을 가지고 있다고 자부하였다. 이 비밀스러운 지식(그리이스어로 gnosis, 여기에서 영지주의라는 이름이 유래되었음)의 핵심은, 물질 세계는 악하고, 몇몇 선택된 사람들의 영혼은 물질로부터 벗어나기 위해서 투쟁할 수 있다는 믿음이었다. 영지주의자들은 여러 가지 비교적(秘敎的)인 방법도 알고 있었다. 또한 영지주의 내의 모든 분파들은 자신들만이 진리를 갖고 있다고 생각하였다. 따라서 그들은 다른 영지주의자들이나 다른 종교인들을 경멸하였다. 이들은 한낱 진리의 그림자에 불과하다는 이유에서였다.

영지주의는 아마도 사도 시대에 교회 안으로 유입되었을 것이다. 바울도 콜로사이인들과 코린토인들에게 보내는 편지에서 그러한 가르침에 반대하고 있다. 1세기 말부터 2세기 중엽까지 정통 교회의 지도자들은 열두 개 정도의 영지주의 분파와 싸웠다. 이들 분파들이 교회를 자신들만의 비밀 종교로 바꾸려고 획책했기 때문이었다.

모든 영지주의자들은 성육신을 부정하였다. 물질은 악하다는 자신들의 신념상 당연히 그렇게 될 수밖에 없었다. 영지주의 분파의 지도자인 이집트의 바실리데스와 로마의 발렌티누스는, 예수는 단지 인간의 모습으로 나타났지만 실제로는 영(靈)이었을 뿐이라고 하면서 이것이야말로 '참된' 기독교의 가르침이라고 주장하였다. 사람들은 이러한 이단을 가리켜서 가현설(docetism, 그리이스어 dokesis는 '외적인 현현'이라는 뜻임)이라고 불렀다.

> "진리의 빛의 자녀로서 분열과 거짓 가르침에서 벗어나시오. 목자가 있는 곳에서 양처럼 따르십시오."
>
> 안티오크의 이그나티우스

마르키온과 성경

마르키온은 기독교로 개종한 그리스 지성인이었다. 소아시아 출신의 그는 137년경 로마 교회에서 두각을 나타냈다. 그는 비밀을 강조하는 대신 여러 영지주의자들의 관념을 자신의 극단적인 성서 비판과 결합시켰다. 마르키온은 기독교를 합리화하고 유대교적인 뿌리로부터 떼어 냄으로써 그리스 사상과 융화시키려 하였다. 마르키온은 바울이 성서 기자 중에서 가장 참된 기독교인이라고 보고 바울의 서한을 제외한 다른 성서들은 인정하지 않았다. 문제가 된다고 여겨지는 모든 요소들을 제외시킴으로써, 비밀스럽지 않다는 점만 빼고는 대체적으로 영지주의적인 기독교 신념 체계를 구축해

영지주의 신앙

영지주의자들은 다른 사람에게 감추어져 있는 것을 자신들만이 알고 있다고 주장하였다. 그들은 물질로 된 우주는 사악한 신에 의해서 창조되었다고 믿었다. 이 사악한 신을 영지주의자들은 구약성서의 하느님과 동일시하였다. 최고의 존재는 선한 것이며, 선택받은 자의 마음속에 육체의 감옥으로부터의 해방을 꿈꾸는 불꽃을 지펴 놓았다. 오직 이 선택받은 소수들만이 고상한 운명으로 예정되어 있다. 나머지 사람들은 이러한 희망을 가질 아무런 이유가 없다.

영지주의 윤리

영지주의자들이 추종하는 철학은 두 가지로 확연하게 양분되었다. 어떤 이들은 철저히 금욕적으로 육체의 유혹에서 벗어나려 하였다. 그들은 결혼을 악이라고 보았다. 하지만 어떤 사람들은 육체적 쾌락에 자유롭게 몸을 맡겼다. 왜냐하면 그렇게 해도 영혼에는 아무런 해악도 미치지 않는다고 생각했기 때문이다. 비밀스러운 지식을 강조함으로써 그들은 기괴한 입교식을 치르고 비교(秘敎)로 무장하였다. 이와는 대조적으로 교회는 가정 생활을 장려하고 구원은 모든 이들에게 열려 있다고 가르쳤다. 교회의 가르침은 공개적이었고, 비밀스럽게 이루어진 것이 아니었다. 영지주의자들처럼 어떤 선택받은 소수란 존재할 수 없었다.

영지주의의 부적

로마에는 악령에 대한 신앙이 보편적으로 퍼져 있었으므로 많은 사람들은 위의 사진과 같은 부적을 몸에 지니고 다녔다. 이 부적은 아마도 전사(戰士)를 보호하거나 사후(死後)에 그의 영혼을 돕기 위한 부적일 것이다. 영지주의자들에 의하면 사후에 영혼은 악의 세력이 다스리는 일곱 개의 (알려진) 별을 통과해서 상승한다. 그리하여 물질적인 세계를 넘어서 순수한 영혼의 세계에서 완성된다는 것이다.

기도하는 초대 기독교인
초대 기독교인이 기도하기 위해서 서 있다. 무릎을 꿇는 행위는 800년대까지는 일반화되지 않았다. 그런 행위가 시작된 것은 사제가 성만찬에서 "이것은 나의 몸이고, 이것은 나의 피다."라고 선포하면 사람들이 무릎을 꿇게 되면서부터였다.

교정되고, 원칙이 준수되며, 복잡한 신학적 문제들이 해결되어야만 하였다. 예수는 인간의 모습을 갖추었지만 사실은 하느님이었는가? 아니면 예수는 하느님이기도 하고 인간이기도 하였는가? 어떤 이방인은 기독교인으로 받아들여도 괜찮고, 어떤 이방인은 받아들여서는 안 되는가? 씻을 수 없는 죄를 지은 기독교인도 용서하고 다시 공동체에 들어올 수 있어야 하는가?

사람들은 이러한 질문에 답하기 위해서 성서를 찾아보았지만 그에 대한 대답은 선생들마다 달랐다. 그러므로 성서와, 사도들로부터 전해져 내려온 구전(口傳)에 기초해서 주교가 결정하지 않으면 안 되는 상황에 이르게 될 것이다. 소아시아의 히에라폴리스의 주교 파피아스(60-130년경)가 말하는 대로이다. "나는 장로들로부터 신중하게 배워 열심히 기억한 것들을 내가 이해한 그대로 그대에게 망설임 없이 들려 주겠다.……나는 책에서보다는 살아 있는 목소리에서 더 많은 것을 얻을 수 있으리라고 생각한다."

사도 시대 이후의 가장 유명한 지도자들을 '사도 교부(Apostolic Fathers)'라고 부른다. 왜냐하면 이들은 사도 시대에 근접해 있고, 사도들의 가르침을 굳게 따랐기 때문이다. 첫번째 사도 교부는 클레멘스이다. 그는 아마 로마의 주교 베드로의 세 번째(혹은 네 번째) 후계자였을 것이다. 바울도 한때 편지를 쓴 바 있던 코린토 공동체에게 보내는 편지에서(85년경) 클레멘스는 여러 기독교인들을 책망하고 있다. "여러분이 성서에 기록된 내용에 순종하고, 평화와 일치를 이루라는 우리의 호소를 받아들여서 여러분의 사악한 질투의 감정을 뿌리채 뽑아 버린다면 우리는 대단히 기뻐할 것입니다." 다른 사도 교부로서는 서머나의 주교 폴리캅과(44쪽 글상자 참조) 파피아스를 꼽을 수 있다. 파피아스는 다섯 권으로 된 『주의 말씀 요록』을 썼는데 그중 몇 조각만이 오늘날까지 남아 있다. 이들은 자신들이 알고 있는 사도들을 과거의 어떤 중요한 인물과 일치시켰다. 폴리캅은 프랑스 투리스의 주교가 예수에게 빵 다섯 덩어리와 물고기 두 마리를 바쳐서 기적을 일으키도록 했던 그 소년이었다고 주장하였다. 시리아의 안티오크의 주교 이그나티우스 역시 많은 영향력을 지닌 인물이었다. 그는 일곱 통의 편지를 쓴 사람으로 널리 알려졌는데, 이 편지들은 107년경 로마에서 순교하러 가는 길에 쓴 것이었다. 이 편지에서 이그나티우스는 성육신을 옹호하였다. 그는 그리스도가 신성과 인성을 모두 가지고 있다고 주장하였다. 이그나티우스는 그리스도를 "육체와 영, 태어난 것과 태어나지 않은 것, 인간 안의 하느님, 죽음 안의 참 생명……먼저 고통에 굴복하고 나중에는 고통을 넘으신 분"이라고 불렀다. 이그나티우스는 또한 주교는 신앙의 통일성을 지켜야 한다고 가르쳤다. 그러므로 "우리는 주교를 주님 그분처럼 여겨야 한다." 순교할 때 그는 이렇게 썼다. "지구 전체를 통째로 다스리는 것보다 예수 그리스도를 위해서 죽는 편이 더 나은 일이다."

이그나티우스는 성만찬을 대단히 강조하였다. 그는 "빵을

> **"신앙은 시작이고 사랑은 마지막 목적입니다."**
>
> 안티오크의 이그나티우스

떼는 것은……불멸의 약을 떼는 것"이라고 썼다. 이러한 견해는 익명의 글 『디다케』(열두 사도의 가르침)에서도 발견된다. "주님 그분의 날, 함께 모여서 빵을 떼고 감사를 드려라. 먼저 그대의 죄를 고백하면 당신의 희생은 순결해질 것이다." 사도 교부들은 교회와 예배에 대해서 의견 일치를 보았다. 그들에게 교회는 하나의 통일된 몸이었다. 교회는 주교의 지도 밑에서 거행되는 세례와 성만찬, 기도, 성경 공부에 초점이 맞추어져 있는 하나의 통일된 몸이었다.

비밀 징표
박해를 받던 초대 기독교인들은 의심을 받지 않기 위해서 비밀 징표를 사용하였다. 비둘기는 노아의 방주에서 날린 비둘기를 연상시킨다. 닻은 세상의 폭풍 속에서 닻으로서의 그리스도와 십자가를 상징한다. (위의) 키-로 상징은 그리스도를 그리스어로 썼을 때의 처음 두 글자를 의미한다. 물고기는 그리스도를 상징한다. 그리스어로 물고기는 이크투스(ichthus)인데, 이는 "예수 그리스도, 하느님의 아들, 구세주"를 그리스어로 쓰고 각 단어의 첫 글자만 모아서 조합한 것과 같기 때문이다.

성만찬
세례와 마찬가지로 거의 모든 기독교인들은 성만찬을 거행하였다. 성서가 성만찬을 가르치고 있는가에 대해서는 논쟁이 분분하였다. 그러나 속(續) 사도 교부들 이후 사람들은 그리스도가 그의 백성의 영적 음식인 빵과 포도주 속에 실제로 임재한다고 믿었다.

예배와 위계 질서

『디다케』

『디다케』는 초대 기독교인들의 삶에 대해서 대단히 많은 것을 설명해 주고 있다. 『디다케』는 1세기 말 시리아에서 쓰여진 것으로, 개종자들을 가르치기 위한 내용으로 구성되어 있으며 널리 애용되었다. 주교·장로·집사의 역할, 세례와 참회의 규정, 그리고 금식과 기도에 대한 지시 사항들이 쓰여 있다. 다음과 같은 최고(最古)의 성만찬 기도문도 여기에 들어 있다.

"이 뗀 빵이 산 위에 흩어졌다가 다시 하나로 모이듯이, 당신의 교회 역시 지구 끝으로부터 하나로 모이게 하소서.……"

1세기가 끝날 무렵 기독교인들은 분명하게 규정된 예배 의식을 발전시켰다. 교회는 빠르게 성장하고 있었고, 유대교적인 뿌리를 넘어서 전 세계로 전파되고 있었다. 그러자 교회는 일련의 이론적이고 실천적인 질문들과 씨름하지 않으면 안 되었다.

초대 교회의 예배

초대 교인들의 예배 형식은 오늘날의 예배와 매우 유사하다. 기독교인들은 유대인들이 안식일로 지키는 토요일을 피해서 부활의 날인 일요일에 집회를 가졌다. 그들은 성만찬을 기념했고, 경전을 연구했으며, 함께 기도하고 찬송가를 불렀다. 기독교가 공인된 313년 전까지 특별히 예배를 위해서 지어진 건물은 없었다. 따라서 기독교인들은 집에서 만났다. 시간이 지남에 따라 큰 집을 교회로 개조하기도 하였다.(49쪽 글상자 참조)

사람들은 매우 이른 아침에 만났다. 그들은 유대교 예언자들의 글을 읽었으며 사도들과 복음사가들의 글도 읽었다. 예배 인도자들은 읽은 텍스트를 주석하였고 거기에 참석한 사람들은 자신들의 생각을 덧붙였다. 그들은 곤궁에 처한 사람들이나 아픈 사람들을 위해 기도를 바쳤다. 플리니는 그들이 "하느님으로서의 그리스도에게 바치는 찬송가를 불렀다."고 쓰고 있다.(44-45쪽 참조)

150년경 활동하였던 순교자 유스티노스(46쪽 글상자 참조)는 기독교인들이 예배 드리던 모습을 이렇게 보고하고 있다. "태양의 이름으로 명명된 날, 마을이나 도시에 사는 사람들 모두가 모여든다. 사도들에 대한 기록을 읽고, 시간이 허락하는 한 예언자들의 글도 읽는다. 읽는 사람이 다 읽고 나면 사회자가 우리 모두 이 값진 모범을 본받자고 훈계한다. 그러고 나서 우리 모두는 일어서서 함께 큰소리로 기도한다. 기도가 끝나면 우리는 서로에게 키스하면서 인사를 나눈다. 그 순간, 우리가 앞에서도 말했던 것처럼 물 탄 포도주와 빵을 사회자에게 가져간다." 사회자는 그것을 받아서 기도하고 "아들과 성령의 이름으로 우주의 아버지께 찬송과 영광"을 돌린다. 그러고 나서 "이러한 것을 손에 받도록 귀중한 존재로 허락받은 것"에 대해서 감사를 드린다. 사회자가 기도와 감사를 끝내면 "사람들은 아멘(그렇게 될지어다)이라고 화답한다."

감사를 드린 빵과 포도주는 집사들이 배분하였다. 또한 집사들은 모임에 참석할 수 없었던 사람들에게도 빵과 포도주를 갖다 주었다. 유스티노스는 아무나 성만찬에 참석할 수 있는 것은 아니었다고 말한다. "우리가 옳다고 가르치는 것을 믿지 않는 사람, 그래서 죄를 용서받지 못하고 재생을 가져다 주는 물로 씻김을 받지 않은 사람, 그리스도의 명령대로 살지 않는 사람, 이들에게는 빵과 포도주가 주어지지 않았다. 왜냐하면 우리가 받는 빵과 포도주는 일상적인 빵과 포도주가 아니기 때문이다. 그것은 우리 주 예수 그리스도이기 때문이다."

유스티노스가 말하는 예전 형식은 성서 봉독과 설교, 기도, 그리고 성찬식이 중심을 이룬다. 이 형식은 2,000년 동안 변하지 않다가 후에 발전하였다.

사도 교부들

교회는 매주 일요일마다 늘어나는 사람들을 교육시킬 필요가 있었다. 당시에는 성서에 대한 다양한 해석들이 공존하고 있었다. 그러므로 올바른 길을 가려면 잘못된 가르침은

세례, 보편적인 입회 의식

신자의 머리 위에 물을 뿌리거나 침수시키는 세례는 거의 모든 기독교인들에게 새롭게 기독교인이 된 사람에 대한 하느님의 용서의 징표로 받아들여졌다. 가톨릭과 정교회 신자들은 세례 의식이 하느님의 용서를 구하는 수단이라고 보았다.

따르는 사람은 영생을 얻을 것이다."

많은 이들은 가족과 자선을 강조하는 기독교 공동체로부터 감동을 받았다. 교회를 적대시하던 사람들조차도 기독교인들의 사랑에 대해서는 한 마디씩 하곤 하였다. 변증론자 테르툴리아누스(47쪽 글상자 참조)는 많은 이방인들이 "기독교인들이 서로서로 얼마나 사랑하는가를 보라!"라고 말한다고 쓰기도 하였다. 교회의 통일 또한 힘이 되었다. 이에 대해서는 교회의 반대자들도 언급하고 있는 바이다. 약 170년경 이방인 비판가 셀수스는 기독교인들에 대해서 다음과 같이 쓰고 있다. "기독교인들의 의견 일치는 놀라울 정도이다. 더욱이 이렇다 하게 믿을 만한 근거가 없는데도 의견 일치를 본다는 사실을 알고 나면 더욱 놀라게 될 것이다."

교회의 조직

교회의 통일은 교회 지도자들의 중요한 관심사였다. 교회는 이제 주교들에 의해서 지도를 받고 있었는데, 이들은 자신들의 권위가 "사도 전승"에서 비롯된다고 주장하였다. "사도 전승"이라는 말은, 첫번째 주교가 사도들에 의해서 지목되었고 순서대로 그들의 후계자들을 지명했으니 이들이야말로 기독교 공동체의 원로 지도자로서 사도들의 법통을 이어받았음을 의미한다. 교회의 통일을 유지하기 위해서 주교들은 가능한 한 자주 서로의 의견을 교환하였다(종교 개혁 이래로 많은 개신교도들은 주교가 중요하다는 주장에 반대하였으나 초대 교회에서 주교의 중요성은 전혀 논란의 대상이 아니었음). 그뿐만 아니라 사도들은 다른 사람을 지명해서 복음 전파 사역을 돕도록 하였다. 이들은 장로(presbyter)라고 불리었다. 주교들은 자선을 베푼다든지 하는 실천적인 차원에서 교회 지도자들을 보좌하도록 여러 층의 집사(deacon) 제도를 만들었다. 1세기에는 여집사들도 있었다.

사도들의 시내에 이러한 위계 질서는 매우 유동적이었으나 1세기 말경에는 교회가 설립된 곳이라면 어디서나 표준적인 패턴이 등장하였다. 한 도시에는 한 명의 주교가 그곳 기독교 공동체 전체를 책임지게 되었다. 그는 점차 사제(priest)라고 불리는 장로들의 도움을 받았다. 집사들도 여전히 실제적인 차원에서 주교를 돕고 있었지만 그들의 역할은 점차 사라져 갔다. 예루살렘 교회가 유대 전쟁(66-70년)을 통해서 파괴되고 난 후, 제국의 주요 도시인 로마와 알렉산드리아, 안티오크의 주교들은 가장 큰 특권을 누렸으며 다른 지역의 모든 주교들에 대해서 영향력을 행사하였다.

황제 제의

황제 숭배는 로마 제국 내에 존재하던 여러 제의 중 하나였다. 황제 제의는 제국의 동쪽에서 시작되었다. 그곳에서 알렉산더의 후계자들이 발전시켰던 것이다. 하지만 황제 숭배는 3세기까지는 강제적인 제의가 아니었다. 기독교인들로 하여금 억지로라도 황제에게 경의를 표하도록 하려는 시도들이 있었지만 강력한 반발에 부딪쳤다. 초대 기독교인들은 황제를 주(kyrios)라고 부르기를 거부하였다. 이것은 오직 하느님과 그리스도에게만 붙일 수 있는 이름이기 때문이다.

황제의 즉흥적인 생각으로 화형당하는 기독교인들

64년 네로 황제는 로마의 대부분을 소실시킨 대화재 때문에 비난을 받았다. 역사가 타키투스는 이렇게 썼다. "그래서 네로는 소문을 잠재우기 위해 기독교인을 희생 제물로 삼았다.……많은 사람들이 끌려 와서……조소의 대상이 되었다. 그들은 개들에게 물려 죽거나 십자가에서 처형되었다. 해가 지면 그들을 화형시켜서 밤의 등불로 삼았다." 그것도 (그림처럼) 황제의 정원에서 말이다.

새로운 종교

기독교 교회는 로마 제국의 전성기에 태어나 거대한 코스모폴리탄적인 세계에 뛰어들었다. 당시 '로마의 평화' 하에서 유럽과 북아프리카, 중동의 수많은 사람들, 그들의 여러 신과 사상과 종교, 이 모든 것들은 이전과는 다른 방식으로 뒤섞여 있었다.

특히 이 무렵은 종교적으로 많은 변화가 일어난 시기였다. 대부분의 서방 사람들은 여전히 고대 로마 종교를 신봉하고 있었다. 하지만 회의주의 철학의 영향을 받은 이들도 많이 있었다. 또한 "신비 종교"들도 대중들 사이에서 인기를 누리고 있었다.(43쪽 참조) 유대교에 대한 관심도 적지 않았는데, 이는 유대인들이 로마를 포함해서 여러 도시에 정착해 있기 때문이었다.

황제들은 황제 예배를 시작하였다. 예배의 목적은 대개 사람들의 충성심을 높이기 위함이었다. 현대적으로 말하자면 그것은 종교적인 의미의 예배라기보다는 정치적인 성격의 것이었다. 율리우스 카이사르는 신성시된 첫번째 통치자였다. 그의 뒤를 이어서 모든 황제들이 신격화되었다(신격화의 정도는 황제에 따라서 차이가 있었음). 사람들은 황제를 믿든 말든 황제에게 바치는 제의에 참여하지 않으면 안 되었다. 그것은 사람들의 종교적 의무의 일부였다. 로마인들은 조상을 추모하는 것을 존중했으므로 여러 종교가 쉽게 혼합될 수 있었다. 돈이 많은 경우라면 모든 종교를 하나로 묶을 수도 있었다. 따라서 기독교인들이 다른 종교에 참여하지 않는 것을 사람들은 이상한 눈초리로 보았을 것이다. 실제로 어떤 재앙이라도 벌어진다면 그들은 주저 없이 이 재앙의 원인을 기독교인들에게로 돌렸을 것이다. 기독교인들이 그들의 신들을 노여워하게 만들었다고 말이다.

교회의 힘

처음에 기독교는 동쪽에서 온 종교 중 하나처럼 보였다. 기독교는 보수적인 로마인들의 반감을 불러일으켰다는 말이다. 예를 들어 역사가 수에토니우스(69-140년)는 이렇게 말하고 있다. "모든 역겨운 것은 동쪽으로부터 온다." 그는 기독교인들을 "사악한 또 하나의 미신을 믿는 자들의 집단"이라고 보았다.

이 새로운 종교의 탄생은 대단치 않게 보였다. 단지 불분명하고 뒤떨어진 지역에서 나타난 하나의 국지적 현상으로 간주되었을 뿐이다. 그렇다면 기독교는 이러한 불확실한 상황에서 어떻게 그 많은 난관을 뚫고서 사회 한가운데로 진입할 수 있었단 말인가? 어떻게 교회는 자신을 냉대하고 적대시하던 이방인들을 개종시켰단 말인가?

아마도 그것은 기독교의 가르침과 설교자들의 힘 때문이었을 것이다. 예수의 삶과 죽음, 그리고 부활에 대한 이야기는 너무나 확신에 가득 찬 것이었으므로 믿음을 심어줄 수 있었을 것이다. 기독교를 처음 대하는 사람들에게 그 가르침은 흥미로운 것이었다. "모든 신들을 능가하는 사랑의 하느님이 당신을 예배하도록 만들기 위해서 예수라는 사람으로 나타나셨다. 바로 여기에서 동정심에 가득 찬 신성을 볼 수 있으니, 아무도 그분을 두려워할 필요가 없다. 부활한 주 예수는 불멸을 약속해 주셨다. 그러므로 그분을

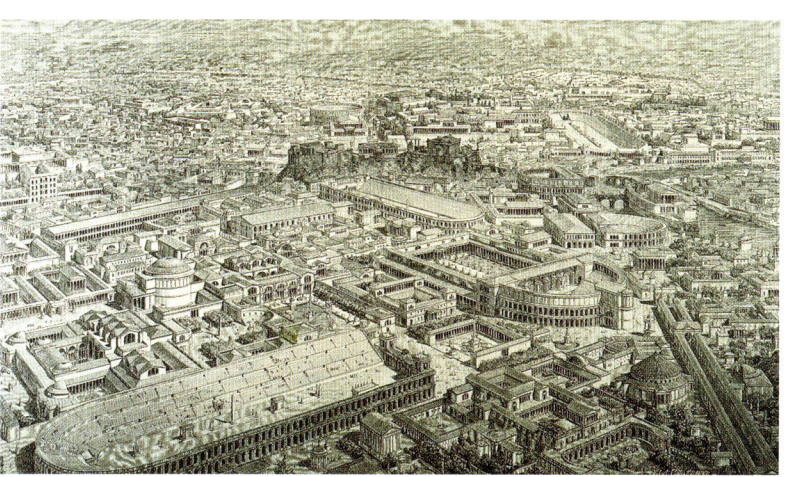

영원의 도시, "세계의 머리"

1세기 로마는 세계에서 가장 큰 도시였다. 로마 제국은 한창때에는 스코틀랜드에서 시리아에 이르렀고, 사하라 사막에서 라인강 남쪽까지, 그리고 북으로는 다뉴브 강까지 뻗어 나갔다. 로마는 위의 그림에서 볼 수 있듯이 3세기에 가장 뛰어났다.

동방 제의

로마인들은 문화적으로 절충적인 사람들이었으므로 다양한 양식과 관습들을 폭넓게 받아들이는 데 인색하지 않았다. 특히 그들은 근동 지방에서 전래되는 것에 매료되었다. 그래서 이집트는 가장 큰 관심의 대상이었다. (사람들은 이미 오래 전부터 존재해 왔던 기념물들을 보기 위해서 여행을 하곤 하였다. 이들이야말로 인류 최초의 여행객들이었을 것이다.) 근동 지방의 예술과 상형문자는 로마인들이 일찍이 구경하지 못했던 것들이었다. 상류층들은 이집트 제의를 받아들였다. 그중에서도 모성과 생산성을 의미하는 이시스(위의 사진은 아들 호루스를 안은 이시스임)를 중심으로 하는 신비 종교를 좋아하였다.

> "기독교인들이 서로서로 얼마나 사랑하는가를 보라!"
>
> 테르툴리아누스가 인용한 이교도의 말

교회와 제국

64-313

사도들의 가르침과 본보기에 용기를 얻은 초대 기독교인들은 주교와 장로, 그리고 집사를 세워서 공동체를 관장하게 함으로써 교회를 발전시키고자 하였다. 교회 지도자들은 또한 신자들에게 신앙을 가르치고 관장할 책임을 지고 있었다. 그 후 기독교인들은 국가로부터 공격을 받기에 이르렀다. 국가가 보기에 이 새로운 종교는 위협적인 세력이기 때문이었다. 그러자 많은 기독교인들이 새로운 신앙을 버리기보다 순교의 길을 택했다.

박해에도 불구하고 교회는 로마 제국과 그 너머로 신속하게 퍼져 나갔다. 기독교 사상가나 저술가들도 등장하였다. 이들은, 기독교에 대해서 적대감을 감추지 않던 이방인들이나 유대교와 논쟁을 벌일 수 있는 인물들이었다. 게다가 기독교 공동체 내부로부터도 도전 세력이 나타났다. 즉 사도들의 가르침과 다른 교리들을 주장하는 사람들이 등장한 것이다. 당시는 변화와 심판의 시기였다. 이에 대응해서 기독교인들은 주교들의 가르침에 의지하였다. 그 가운데에서도 특히 동방과 서방의 가장 중요한 도시를 책임진 주교들은 중심 역할을 하였다.

초기 기독교 순교자의 장례식, 로마

기독교의 뿌리

> ### 베드로
>
> 예수의 수제자 중 한 명이었던 베드로는 갈릴리의 소박한 어부였다. 그의 본명은 시므온 바르-요나였다.(『마태복음』 16:17) 훗날 그는 게바라고도 불리었는데, 이것은 베드로라고 하는 그리스어에 해당하는 아람어로서 "바위"라는 뜻이었다. 베드로의 삶은 가히 운명적이라고 해야 할 것이었다. 예수가 살아 있을 때 그는 중요한 사건의 중심에 서 있었고, 예수가 승천한 후에는 이방인들에게 복음을 전하는 첫번째 제자가 되었다. 그는 초대 교회의 탁월한 지도자였고 매우 중요한 편지를 쓰기도 하였다. 베드로는 가톨릭 교회에서 각별한 의미를 지닌 인물이다. 그는 로마 교회의 초대 교황이었고, 현대 교회에 이르기까지 면면히 이어져 온 사도 전승의 첫번째 인물이었다. 이러한 확신은 베드로에게 하신 예수의 말씀에 바탕을 두고 있다. "잘 들어라. 너는 베드로이다. 내가 이 반석 위에 내 교회를 세울 터이다."(『마태복음』 16:18) 베드로가 언제 어떻게 세상을 떠났는지 우리는 알지 못하지만 교회 전통은 그가 네로의 박해 때 로마에서 순교하였다고 전하고 있다.

로마에서 십자가에 거꾸로 못 박혀 죽었다. 안드레는 당시 시티아로 알려진 러시아 지역에서 사역하다가 세상을 떠났다고 해서 존경을 받는다. 토마스는 바톨로메와 마찬가지로 인도와 연관이 있다. 마태는 에티오피아로 갔다고 한다. 타데우스는 페르시아로, 야고보는 이집트로 갔을 것이다.

사도들 모두가 어떤 운명을 겪었는가와는 상관없이 이들은 자신들을 십자군의 행렬로 나가도록 만들었던 사건에 대해서 증언했으며, 그 증언은 오늘날까지도 울려 퍼지고 있다. 그들은 어디에 가든, 어떻게 죽든 개의치 않고 새로운 개종자들을 탄생시켰다. 그리고 새로운 개종자들은 자신들을 개종시켰던 근원을 부여잡은 채 계속해서 그리스도의 메시지를 전파하였다. 비록 이러한 일들 때문에 앞길이 험난해진다고 해도 전혀 개의치 않았다.

신약성서 조각
오늘날 현존하는 신약성서 조각들은 약 5,000개에 이른다. 그중에서 가장 오래된 『요한복음』 조각은 기원후 125년까지 소급된다. 신약성서를 구성하고 있는 27권이 최초로 목록화된 것은, 367년 아타나시우스의 한 편지에 의해서였다. 신약성서는 382년 로마 공의회와 397년 카르타고 공의회에서 경전으로 공인되었다.(61쪽 글상자 참조)

"……너는 베드로이다. 내가 이 반석 위에 내 교회를 세울 터이다."

『마태복음』 16:18

베드로의 십자가형
4세기의 주교였던 에우제비우스에 의하면 베드로는 스스로 십자가에 거꾸로 달릴 것을 청했고 그렇게 죽었다고 한다. 자신은 주님이 돌아가신 것처럼 죽을 자격이 없다고 했기 때문이었다.

사용하고 있다. 『요한복음』은 박해받던 교회를 격려하는 묵시록적 비전인 『요한계시록』처럼 1세기 후반부에 쓰여졌다. 『사도행전』, 바울의 서한, 『야고보서』, 『베드로서』 요한의 서한, 『히브리서』 등이 모여서 신약성서가 되었다.

선교의 대명령이 내려졌던 예루살렘과, 바울의 선교 활동의 근간이 되었던 안티오크는 초대 기독교 신앙의 중심이었다. 에페소스 역시 사도 요한이 그곳에서 복음서와 서간들을 쓴 후 중요한 지역이 되었다.

바울과 마찬가지로 우리들은 사도들에게 어떤 일이 일어났는지 거의 알지 못한다. 우리가 알고 있는 것들은 겨우 전승을 통해서 전해져 오는 것들뿐이다. 『사도행전』은 요한의 형제인 야고보가 헤롯 아그리파 왕의 명령에 의해 기원후 44년 순교했다고 전한다. 유세비우스에 의하면 베드로는

복음과 우편 제도

페르시아의 다리우스 1세(기원전 522-기원전 486년)에 의해서 시작된 우편 제도는 원래 일반 사람들을 위한 것이 아니었다. 그것은 제국의 여러 지역에 공식 문서를 내려 보낼 목적으로 만들어진 네트워크였다. 훗날 로마인들은 역이나 여관을 만들어서 이런 일을 담당하고 있는 공무원들에게 음식이나 새 말들을 제공하였다. 개인간의 통신은 대부분 우연히 그곳으로 지나가는 여행객의 편에 부탁하는 식으로 이루어지고 있었다. 초대 교회에 널리 퍼진 편지들은 이 도시에서 저 도시로 옮겨 다니던 여러 선교사들이 가지고 갔던 것이다. 이 편지들은 멀리 떨어져 있는 신자들에게 공동체 의식을 심어주는 데 효과적이었다.

아시아의 로마 지역의 수도인 에페소스로 갔다가 다시금 지중해를 건너서 케사리아로 갔다. 후에 바울은 매우 잠깐 동안 예루살렘에 머물렀으며 시리아의 안티오크로 돌아가 여행을 끝내기로 결심하였다. 바울은 세 번째 선교 여행을 통해 자신이 알고 있던 지역들을 한 번 더 돌아다니면서 그 지역의 신자들을 격려하는 데 많은 시간을 할애하였다. 그는 서쪽 에페소스로 가서, 2년 동안 티라누스의 강당에서 매일 매일 설교하면서 보냈다.

바울의 서한들

에페소스에 머무는 동안 바울은 갈라디아 교인들에게 보내는 편지를 썼다. 그 편지에서 바울은 자신의 은총의 교리를 요약하였다. 그는 또한 코린토 교회에 내부 문제가 있다는 사실을 알고는 거기에도 편지를 썼다. 에페소스에서 바울은 트로아스, 마케도니아, 코린토로 갔는데 거기에서 자신의 "신학대전"이라고 할 수 있는 『로마서』를 써서 신앙의 기초를 세울 수 있었다.

바울은 마침내 코린토를 떠나 예루살렘으로 돌아왔다. 여기에서 그는 이방인들을 성전으로 데리고 들어갔다는 죄목으로 고발되었으며, 결국 체포되어 산헤드린 앞에서 재판을 받게 되었다. 그는 케사리아로 이송되었는데 이것은 그를 암살할 음모가 있다는 소문이 있기 때문이었다. 그곳에서 바울은 자신이 로마 시민이므로 로마에서 재판을 받아야 한다는 주장이 받아들여지기까지 2년 동안 옥살이를

해야만 하였다. 말타 섬 근처에서 배가 파선하는 바람에 바울은 1년 가까이 로마로 호송되지 못하고 말았다.

바울은 로마에 도착해서도 일종의 가택 연금 상태에 있었다. 그는 집에서 방문객과 만나고 편지를 쓸 수 있을 뿐이었다. 이 기간 동안 바울은 에페소스와 콜로사이, 그리고 필립비로 보내는 편지를 썼다고 한다.(이것은 "옥중서간"으로 알려진 편지들의 일부분임) 바울은 빌레몬과 디모테오, 그리고 디도에게 보내는 개인적인 편지도 썼다.

바울의 마지막에 대해서 우리는 확실하게 아는 바가 없다. 『사도행전』은 카이사르 앞에서 재판을 받기를 기다리고 있는 바울 이야기로 끝을 맺고 있다. 어떤 전승에 의하면 바울은 풀려 나와서 선교 활동을 계속했다고도 한다. 또 다른 전승은 그가 네로 황제의 명령에 의해서 참수되었다고 전한다. 사실이야 어떠했던지 간에 바울은 이론적으로나 실천적으로 기독교를 수립하는 데 예수 그리스도 다음으로 가장 큰 영향을 미친 인물이었다.

사도 시대의 종언

기독교 교회의 첫번째 시대인 사도 시대는 기원후 1세기 말에 막을 내렸다. 비록 신약성서가 4세기 말까지는 공식적으로 인정되지 못하였지만(오른쪽 그림 설명 참조) 신약성서의 각 부분은 사도 시대의 종언과 함께 완성되었다. 기원후 65년경 마가에 의해서 쓰여진 첫번째 복음서는 다른 두 공관 복음서인 『마태복음』이나 『누가복음』과 동일한 자료들을 많이

그레코-로망 문명은 기독교의 전파에 어떤 기여를 하였는가?

로마 정부가 초대 교회에 대해서 지속적으로 박해를 가했음에도 불구하고 광범위한 도로 제도, 개방적이고 수준 높은 사람들, 상대적인 평화, 이 모든 것들은 복음의 메시지가 널리 퍼지는 데 크게 기여하였다. 첫번째 황제 옥타비아누스(후의 아우구스투스)는 내전이 끝난 후 기원전 27년에 유일한 지배자로 등장하였다. 그의 통치 기간 중 '로마의 평화(Pax Romana)'라고 불리는 평화로운 시기가 시작되었다. 이러한 정상적이고 평화로운 상태에서 로마인들은 로마법이라고 하는 명쾌한 법으로 다스려지는 제국에 기대어서 무역과 예술, 농사, 그리고 각 분야의 문화와 문명을 꽃피울 수 있었다.

평화가 지속되자 교통과 여행이 가능해졌다. 로마의 도로는 19세기까지 사용될 정도로 편리하게 만들어졌다. 도로망들은 잘 계획되어 건설되었고, 가능한 한 직선 거리로 건설되었다. 도로는 일차적으로 군사적 목적을 위한

아피아의 길—로마로 가는 길

것이었지만 이 길들은 교역과 상업을 팽창시키고 시민들로 하여금 비교적 편안하고 안전하게 여행할 수 있도록 만들어 주었다. 게다가 로마의 해군이 지중해를 지킨 결과 때때로 바다를 어지럽히던 해적들도 얼씬하지 못하였다. 이렇게 제국 내를 자유롭게 여행할 수 있었다는 사실은 사상 전파에 대단히 중요하였다. 이것은 초대 교회의 성장에 필수불가결한 조건이기도 하였다. 특히 복음의 메시지를 널리 전파하고자 하였던 기독교인들은 그 누구보다도 이러한 로마의 상황에 힘입은 바가 크다고 할 것이다.

"그레코-로망"이라는 말은 그리스 문화가 로마 제국에 미친 영향을 가리킨다. 특히 예술과 문학 분야에서 그 영향은 두드러졌다. 많은 로마 시민들이 문명이었으므로 초기의 선교사들은 그리스의 자유로운 토론 전통을 따라서 자신들의 신앙과 확신을 다른 사람들과 나눌 수가 있었던 것이다.

박해를 받았으므로 그들은 어쩔 수 없이 베레아로 피하였다. 그곳에서 그들은 따뜻한 환대를 받았지만 테살로니카 사람들이 거기까지 쫓아왔다. 베레아 기독교인들은 바울을 아테네로 보냈다. 반면 실라와 디모데오는 나중에 바울과 합류할 계획으로 그대로 남았다.

아테네에서 기다리던 바울은 자신이 본 여러 우상들 때문에 괴로워하였다. 가는 곳마다 그는 유대인, 하느님을 두려워하는 이방인들, 에피쿠로스 학파 사람들, 그리고 스토아 학파 사람들과 더불어 예수 그리스도를 통한 구원에 관해서 논쟁을 벌였다. 철학자들은 바울을 아레오파고 언덕으로 초대해서 그의 이야기를 듣고자 하였다. 이곳에서 바울은, 자신이 아테네에서 숭배되는 것을 확인한 "알지 못하는 신"의 참다운 정체성에 대해 유명한 설교를 남겼지만, 사람들의 반응은 제각각이었다.

개종한 사람이 조금 있기는 하였지만 바울은 그곳에서 교회를 세울 수는 없었다. 따라서 그는 서쪽 코린토로 가기로 결심하였다. 코린토 교회는 그 도시의 비도덕성으로 말미암아 번창할 것 같지는 않아 보였다. 하지만 바울은 코린토 시에서 중요한 역할을 하는 많은 사람들을 개종시키는 데 성공하였고 코린토와 그 주위 마을에 교회를 세울 수 있었다. 바울은 그곳에서 1년 이상을 보낸 후 동쪽으로 배를 타고 가서

유대 역사가 요제푸스

그리스도가 태어나고 약 40년 후에 명망 있는 유대 가정에서 태어난 역사가 요제푸스 벤 마타티아스, 아니 플라비우스 요제푸스로 더 잘 알려져 있는 이 사람은 유대교의 뛰어난 제자였다. 그는 기원후 60년 로마에 대항해서 일어난 유대 전쟁에 사령관으로 참가하기 전에 바리새인이 되었다. 그는 포로가 되었으나 나중에는 로마 시민이 되었고 황제의 총애를 받았다. 요제푸스는 역사가가 되어 7권으로 된 『유대 전쟁』과 20권으로 된 『유대 고대사』를 썼다. 그의 글에는 예수와 초대 기독교인들에 대해서 언급하는 부분이 들어 있는데, 그의 작품이 아니라면 오늘날 당시의 상황을 알 수 있는 길이 거의 없었을 것이다.

"아나누스(대제사장)는 심판 의회를 소집해서 재판정 앞에 이른바 그리스도라 불리는 예수의 형제를 데려다 놓았다. 그의 이름은 야고보였다.……"

요제푸스, 『유대 고대사』 XX 9:1

예루살렘과 예루살렘 성전의 파괴

유대인들은 언제나 로마 제국 내에서 예외적인 소수자로 여겨졌다. 디아스포라는 그들을 제국의 구석구석으로 흩어 놓았으며, 유대인들은 도처에서 중요한 공동체를 구성하였다. 어쨌든 그들은 나름대로 우뚝 서고자 하였다. 그들은 일상의 종교 의식에 참가하지 않고 자신들의 종교에 매진하였으며, 세계로부터 비교적 분리되어 살고자 하였다. 그래서 어떤 사람들은 유대인들이 불친절하다고 비판하였다. 로마의 풍자가 유베날은 이렇게 떠벌렸다. "유대인들은 너무 무뚝뚝하고 심술맞은 족속이기 때문에, 유대인들에게 길을 물으면 자기네 유대 공동체에 속할 때까지 절대로 안 가르쳐 줄 것이다." 그러나 어떤 사람들은 유대인을 매우 존경하였다. 가족의 끈이 느슨해져 가는 고대 로마 세계에서 유대 가족이나 공동체의 결속력은 두드러져 보였으며, 유대인들이 신봉하는 종교의 변치 않는 확실성은 1세기의 여러 이교도들 사이에서 시선을 끌었다. 회당들 주위에는 우호적인 이방인들이 모여들었다. 이들은 유대교의 하느님에 대해서 배우고, 하느님의 율법에 따라서 살려고 하였다. 시종 유대 민족주의는 잠잠했으므로 황제는 그들이 자신에게 불충할까 두려워할 필요가 없었다. 이러한 상황은 기원후 60년대에 들어오면서 변하였다. 기원후 66년부터 기원후 70년 사이에 반란이 일어난 것이다. 마지막 봉기는 팔레스타인 최남단, 마사다라는 바위 요새에서 일어났다. 거기에서 4,000명에 이르는 유대인들은 로마에게 항복하느니 차라리 자결하는 길을 선택하였다. 거의 2,000년이 지난 후 "마사다는 결코 다시 있어서는 안 되리."라는 구호가 이스라엘 국민을 재결합시켰다. 티투스 황제는 이 문제를 철저하게 마무리짓고 싶었다. 그래서 그는 기원후 70년에 예루살렘을 점령한 후 성전을 모두 파괴하였다. 그 결과 오늘날에는 성전의 서쪽 벽만 남아 있다.

티투스의 승전 탑, 로마.
이 유적은 파괴된 예루살렘 성전에서 가져다 놓은 것이다. 뒷부분에 성스러운 '일곱 가지 촛대'가 보인다.

선교의 동료들

바울은 선교 여행을 떠날 때마다 자신의 복음 선교를 도와 줄 몇몇 사람과 동행하였다. 바울은 선교 활동을 위해서 제자들을 열심히 훈련시켜서 그들 스스로 선교할 수 있도록 만들었다. 디모테오와 디도는 이렇게 바울이 선교 여행에 대동하였던 제자들이었다. 그들은 각각 바울을 대신해서 여행함으로써 복음의 메시지를 유대인과 이방인들에게 전하였다. 또한 그들은 지중해 지역(테살로니카와 크레타)에 교회를 세웠을 것이며, 초대 교회의 중요한 지도자로서 활동했을 것이다.

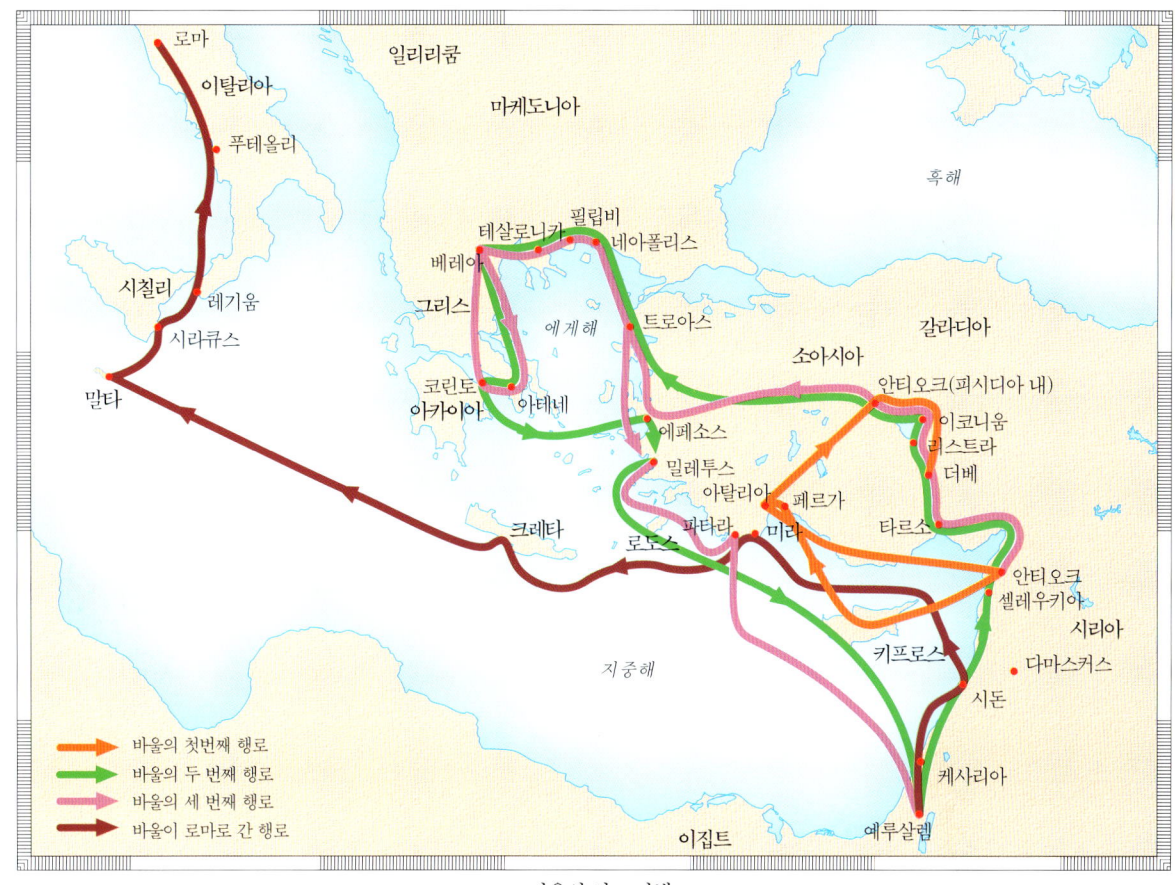

바울의 선교 여행

바울은 적어도 세 번에 걸쳐서 선교 여행을 하였을 것이다. 그리고 매번 반대와 역경에 부딪쳤을 것이다. 그는 리스트라에서는 돌을 맞아서 사경을 헤매기도 하였고, 에페소스에서는 흑마술과 대결하기도 하였다. 또 로마에서는 옥에 갇히기도 하였다. 그러나 그는 여러 번 성공을 거두기도 하였다. 바울의 설교를 듣고 많은 이들이 새로운 기독교 신앙으로 개종했던 것이다.

유대교인들로부터 돌팔매질을 당하여 거의 사경을 헤매게 되었음)로 갔으며, 시리아의 안티오크로 돌아오기 전에 더베까지 약 80킬로미터를 여행하였다.

예루살렘 공의회

바울과 바르나바가 안티오크에 있었을 때 할례 의식을 둘러싸고 논쟁이 일어났다. 어떤 이들은 모세의 율법에 정해진 대로 할례를 받지 않으면 구원을 받을 수 없다고 하였다. 바울과 바르나바는 이러한 주장에 강하게 반대하였다. 결국 양 진영의 대표단이 예루살렘에 파견되었고, 이 두 가지를 사도들과 장로들에게 호소하게 되었다.

유대교 지도자들로부터 수차례 배척을 당한 후 이방인 선교로 방향을 잡은 바울은, 구원을 위해서는 그리스도에 대한 신앙만이 필요할 뿐이라고 역설하였다. 유대 기독교인들은 이방인도 구원을 얻으려면 할례를 포함한 유대교 율법을 준수해야 한다고 주장하였다. 사도 베드로와 야고보는 바울의 입장을 옹호하였으며, 보수적인 유대인들의 의견은 받아들여지지 않았다. 예수의 형제 야고보는 양측을 화해시키기 위해 이방 기독교인들이 유대인 형제들을 공격하지 말 것을 당부하였다. 공의회는 바울과 바르나바가 자신들의 선교 여행에 대해 보고하는 것으로 끝났다.

장로들은 이 두 사람이 이방인들 사이에서 행한 일들에 대해서 칭찬하였으며, 계속 노력해 달라고 격려하였다.

바울은 안티오크로 돌아와서 갈라디아의 새로운 교회에 가 보자고 하였다. 이 계획에 바르나바도 찬성하였다. 그러나 바르나바는 요한 마가와만 가려 했으므로 바울은 다른 길을 택해 떠났다. 바르나바와 요한 마가는 키프로스로 가는 항로를 택한 반면 바울은 실라는 신자와 함께 시리아와 시칠리아를 거쳐서 갈라디아로 가는 육로를 택하였다. 리스트라에서 바울과 실라는 디모테오라는 젊은 기독교인을 만나서 함께 트로아스 시로 향하였다.

유럽의 첫번째 교회가 설립되다

트로아스에서 바울은 자신에게 마케도니아로 와 달라고 부탁하는 한 남자의 환상을 보았다. 마케도니아는 에게 해 건너에 위치해 있는 곳이었다. 바울이 이 요청에 따르고자 결심함으로써 기독교는 이제 소아시아로부터 유럽으로 확장되기 위한 첫 걸음을 뗄 수 있었다. 바울과 실라가 세운 유럽의 첫번째 교회는 필립비 시에 있었고, 그 교회가 배출한 첫번째 개종자는 리디아라는 부유한 여자 상인이었다.

선교사들은 필립비 시에서 서쪽 테살로니카로 가서 교회를 세웠다. 하지만 그 지역의 종교 지도자들로부터

기독교의 뿌리

다마스커스로 가던 중 회심하는 사울

> "나는 그리스도와 함께 십자가에 달려 죽었습니다. 이제는 내가 사는 것이 아니라 그리스도가 내 안에서 사시는 것입니다. 지금 내가 살고 있는 것은 나를 사랑하시고 또 나를 위해서 당신의 몸을 내어 주신 하느님의 아들을 믿는 믿음으로 사는 것입니다."
>
> 바울 (『갈라디아서』 2:20)

『사도행전』은 세 군데에서 사도 바울의 회심에 대해서 말하고 있다. 당시까지 바울은 히브리식 이름인 사울로 불리고 있었다. 그중 가장 극적인 것은 『사도행전』 9장에 묘사되어 있는 장면이다. 바울은 "여전히 살기를 띠고 주의 제자들을 위협하고"(9:1) 있었다. 이 세 군데 모두 초자연적인 빛과 음성 때문에 바울이 땅에 쓰러졌다고 기록하고 있다. 비록 대부분의 그림은 바울의 회심 장면을 그가 말에서 떨어지는 모습으로 그리고 있지만 이것은 성서에 쓰여 있는 내용은 아니다.

있게 되었다. 그 후 바울은 아라비아로 가서 자신의 사역을 위한 기도와 준비의 시간을 보내게 된다. 바울이 예루살렘으로 돌아왔을 때 그는 처음에는 자신이 핍박하던 사람들로부터 의심을 받았다. 하지만 그는 결국 그들의 인정을 받아 냈으며, 바르나바라고 하는 사람의 도움까지 받을 수 있었다. 바울은 첫번째 선교 여행의 대부분을 바르나바와 함께 다녔다.

바울은 타르소로 돌아가서 거기에서 몇 년을 보냈다. 후에 바르나바는 바울에게 시리아의 안티오크에 같이 가자고 했으며, 안티오크는 얼마 후 기독교 선교의 중심이 되었다. 바르나바의 사촌인 요한 마가(이 사람이 나중에 『마가복음』을 썼을 것임)와 동행하면서 이 세 사람은 첫번째 선교 여행을 다녔다. 요한 마가는 선교 여행 초기에 이들과 헤어져서 예루살렘으로 돌아왔으며 이것은 훗날 바울과 바르나바를 갈라 놓는 갈등의 원인이 되었다. 결국 두 번째 선교 여행을 하는 도중 두 사람은 헤어지고 말았다.

첫번째 여행에서 두 사람은 키프로스 섬을 지나서 소아시아의 남부 해안을 두루 거쳤다. 그들은 피시디아의 안티오크에서 배척을 당했으므로 동쪽인 라이코니아로 방향을 돌려서 리스트라 시(여기에서 바울은 그 지역

바울의 눈길

2세기의 로마 작가 오네시포로스는 『바울과 테클라 행전』에서 바울의 모습에 대해서 언급하고 있다. 그에 의하면 바울은 "비교적 키가 작은 편이며, 대머리에다가 안짱발이며, 양 눈썹은 서로 붙었고 크고 붉은 매부리코를 하고 있었다. 그는 건강한 육체를 지니고 은혜에 가득 차 있었으므로 때로는 사람처럼 보였고, 때로는 천사처럼 보였다." 위의 프레스코화는 3세기경에 그려진 바울의 모습으로 추정된다. 아마도 바울은 기원후 6년에 태어나서 기원후 64년에 세상을 떠났을 것이다.

초대 교회

선교 전략

우연이었는지 혹은 치밀하게 계획된 것이었는지는 모르겠지만, 바울과 그의 동료들은 매우 효과적인 선교 전략을 택했다. 그들은 새로운 소식을 잘 받아들일 만한 도시들을 공략하였다. 그래서 시골 지역에는 비교적 후대에까지 복음이 전해지지 못하였다. 어떤 도시에 가면 그들은 먼저 자신들이 전하는 메시지의 배경을 잘 이해하고 있는 유대인들을 찾아갔으며, 다음으로 우호적인 이방인들을 방문하였다. 대부분의 유대 공동체의 언저리에는 언제나 이런 이방인들이 있었다. 이들 "하느님을 두려워하는 사람들"은 실질적으로 개종하지는 않았지만 유대교적 도덕과 신앙에 따라서 살고자 하던 이들이었다. 그들이야말로 가장 비옥한 선교의 토양이었던 것이다.

제자들이 직면한 첫번째 과제는 예수가 말했던 것처럼 단순히 기다리는 일이었다. 예수는 예루살렘에서 그들에게 새로운 힘을 부여할 성령이 주어질 것이라고 약속하였다. 예수가 부활한 후 첫번째 오순절에 약 120명의 신자들이 예루살렘에 모여 기도하면서 하느님의 인도를 간구하고 있었다. 어느날 아침 사도들과 예수의 어머니와 형제들은 도시 가운데 있는 어떤 집에 머물고 있었는데, 돌연 성령의 힘에 압도당하였다. 그들 모두는 강하게 불어오는 바람 소리를 들었고, 불의 혀를 보았으며, 오순절을 축하하기 위해서 예루살렘에 모여든 사람들의 여러 언어로 말할 수 있게 되었다. 잠시 후 베드로는 기독교 역사상 첫번째 설교를 전하였다. 그의 설교는 초대 교회에 하나의 표준이 되었다. "예수 그리스도는 약속된 메시아이다. 그가 불의하게 죽임을 당한 것은 종교 지도자들의 책임이다. 무덤은 예수를 집어삼킬 수 없었고, 예수는 죽은 자들 가운데서 살아났다. 그를 믿는 모든 사람에게는 구원이 거저 주어진다." 그날 베드로는 약 3,000명이나 되는 사람들의 마음을 움직여서 세례를 주고 교회로 인도할 수 있었다.

제자들의 이러한 말과 행동은 대제사장의 분노를 샀다. 그러나 새롭게 믿기로 작정한 이들은 그들이 하느님을, 오직 하느님만을 섬기겠노라고 선언하였다. 이제 더 이상 그들은 그리스도를 부인하지 않을 것이다.

교회가 성장해 감에 따라서, 몰려드는 신자들을 돕고 그들의 필요에 응하기 위해 사도들을 보좌할 현명한 이들이 절실하게 필요하였다. 이들은 "집사(deacons)"라고 불렀다. 첫번째 집사는 스테판이라는 젊은 남자였다. 하지만 스테판은 산헤드린 앞에서 훌륭한 설교를 하면서 자신의 신앙을 변호한 후 돌에 맞아 죽는 형에 처해졌다. 그리하여 그는 첫번째 기독교 순교자가 되었다. 스테판의 죽음으로 말미암아 박해의 위협을 받게 된 신자들은 뿔뿔이 흩어지고 말았다. 종교 지도자들 때문에 기독교 신앙은 흩어질 수밖에 없었는데, 이 일은 결과적으로 사방에서 새로운 기독교 신자가 생기도록 도운 형국이 되었다.

사울의 회심

스테판이 쓰러져 죽었을 때 사울이라고 하는 한 젊은 남자가 그 현장에 있었다. 그는 소아시아 타르소 출신의 유대인으로서 위대한 스승 가말리엘 밑에서 수학하였다. 또한 그는 로마 시민으로서 많은 특권을 누리고 있었으며, 바리새파 공동체에서도 출중한 인물이었던 것으로 짐작된다. 스테판의 순교 후 사울은 분개하여 다른 기독교 신자들도 추적하였다. (혹은 "길을" 추종하는 사람들을 쫓았다. 신자들이 "기독교인"이라고 불린 것은 안티오크에서의 일이었다.) 그러나 다마스커스로 가던 도중에 사울은 눈이 멀 정도로 강렬한 빛을 받고 쓰러졌다. 그리고서 그는 주의 음성을 들었다. "사울아, 사울아, 네가 왜 나를 박해하느냐?"(『사도행전』9:4b) 무릎을 꿇고 떨면서 사울은 당신은 누구냐고 물어 보았다. 음성은 이렇게 대답하는 것이었다. "나는 네가 박해하는 예수다. 일어나서 시내로 들어가거라. 그러면 네가 해야 할 일을 일러 줄 사람이 있을 것이다."(『사도행전』9:5-6)

눈이 먼 사울(후에 바울로 개명하였음)은 신자가 되었고 자신이 명령받은 대로 다마스커스로 갔다. 거기에서 그는 아나니아에게 세례를 받았다. 그러자 바울은 곧 다시 볼 수

오순절, 12세기 베르됭의 제단 부분

오순절이라는 명칭은 그리스어로 "오십 번째"라는 말에서 유래하였다. 이날은 유월절이 지나고 나서 50번째 되는 날로서 유대인들의 축제(샤부오트)였다. 오순절이라는 그리스어가 사용된 것은 후에 제자들에게 성령이 강림한 날을 축하하기 위해서였다. 기독교가 축일로 삼는 이 오순절을 사람들은 '하얀 일요일'이라고 부르기도 하였다.

대부분은 그를 야유하였다. 예수의 발 밑에는 그의 가족과 소수의 추종자들이 서서 눈물을 흘리고 있었다. 십자가에 달린 예수 밑에서 로마 군인들은 그의 옷을 나누어 가지려고 내기를 하기도 하였다.

예수, 십자가에서 운명하다

복음서 기자는 "최후의 일곱 마디"라고 불리는 예수의 마지막 말을 우리에게 들려 준다. 예수는 하느님에게 그를 고문한 사람들을 용서해 달라고 기원한다.(『누가복음』 23:34) 그는 자기 옆에서 십자가에 매달린 강도를 위로한다.(『누가복음』 23:43) 요한에게 자신의 어머니를 돌보아 줄 것을 당부한다.(『요한복음』 19:26-27) 하느님에게 울부짖는다.(『마태복음』 27:46, 『마가복음』 15:34) 자신의 육체적 고통을 호소한다.(『요한복음』 19:28) 자신의 사명이 완수되었음을 선포한다.(『요한복음』 19:30) 그리고 마지막으로 예수는 자신을 하느님에게 내맡긴다.(『누가복음』 23:46)

그가 죽었을 때 온 땅 위에는 어두움이 덮였으며 지진이 일어나서 거룩한 장소와 지성소(바깥 방과 내부의 지성소)를 나누는 성전 커튼이 둘로 찢어졌다. 처음에는 예수를 의심하고 나무라던 사람들도 그가 하느님의 아들이 틀림없다고 말하기 시작하였다. 그러나 종교 지도자들은 예수의 무덤에 경비병을 배치해서 아무도 예수의 시체를 훔쳐가지 못하게 하였다. 그가 다시 살아났다고 주장하지 못하게 함으로써 예수의 이야기를 끝막음하고 싶었던 것이다. 그러나 사흘 후 그의 제자들은 예수가 더 이상 무덤에 있지 않다고 말하기 시작하였다.

"사흘 후에 나는 다시 살아날 것이다"

부활을 목격한 사람의 수는 수백을 헤아린다. 예수의 무덤에 갔던 막달라 마리아, 베드로, 엠마오로 가는 두 제자, 갈릴리 산 위의 500명의 사람들, 남아 있는 11명의 제자들(유다는 예수를 배반한 후 목을 매어 죽었다), 그리고 다른 사람들도 예수가 하늘로 승천하기 전에 그를 보았다.

이러한 보고들이 사실인가를 둘러싸고 여러 신학자들

> "하나님께서는 당신의 큰 자비로 우리를 다시 낳아 주시고 예수 그리스도를 다시 살리심으로써 우리에게 산 희망을 안겨 주었습니다."
>
> 『베드로 전서』 1:3

예수의 부활

안식일 다음날 아침 몇몇 예수의 여제자들이 예수의 몸에 기름을 바르기 위해서 무덤에 왔다가 무덤이 비어 있는 것을 발견하였다. 그때 한 천사가 그들에게 나타나더니 예수가 했던 약속, 곧 자신은 사흘 후에 다시 살아날 것이라고 했던 예수의 말씀을 상기시켜 주었다.

사이에 논쟁이 있어 왔다. 그러나 부정할 수 없는 것은 이 모든 사람들이 무덤에서 살아난 어떤 다른 사람이나 영이 아니라 실제로 부활한 주를 목격했다고 증언한다는 사실이다. 처음에는 제자들조차도 회의적이었다. 그러나 만일 그들이 자신의 눈으로 보고, 귀로 들으며, 손으로 만져 본 바를 참으로 믿지 않았다면 그들은 그들의 주장을 논박할 수 있는 적대적인 동시대인들에게 복음을 전하기 위해서 목숨까지 거는 모험을 하지는 못했을 것이다.

대헌장이라고 알려진 복음화의 명령은 예수가 승천하기 직전 제자들에게 내려졌다. "나는 하늘과 땅의 모든 권한을 받았다. 그러므로 너희는 가서 이 세상 모든 사람들을 내 제자로 삼아 아버지와 아들과 성령의 이름으로 그들에게 세례를 베풀고 내가 너희에게 명한 모든 것을 지키도록 가르쳐라. 내가 세상 끝 날까지 항상 너희와 함께 있겠다."(『마태복음』 28:18b-20) 이러한 명령을 받은 무리들은 자신들이 보고 들었던 바를 증언하기 시작하였다.

매장

영혼의 불멸은 믿었지만 육체의 불멸은 믿지 않았던 그리스인들과는 달리 유대인들은 사망한 사람의 유해를 존경하였다. 그들은 처음에는 동굴을 무덤으로 사용했고 나중에는 바위(대개의 경우 석회암)를 뚫어서 가족묘로 사용하였다. 그 안에 뼈 단지 상자를 올려놓기 위해서 선반을 설치하였다. 시체를 린넨 천으로 싸서 매장할 준비가 다 끝나면 시체가 부패하는 동안의 냄새를 조금이라도 방지하기 위해서 향료와 향수를 뿌렸다.

예수 시대의 십자가형

1968년 고고학자들은 예호하난이라는 한 청년의 시체를 발견하였다. 그의 이름은 납골당에 쓰여 있었다. 그는 예수 시대에 십자가형을 받은 사람이었다. 남아 있는 해골로부터 예호하난의 고통스러운 상처를 분명히 알 수 있었다. 이로 미루어 우리들은 십자가상에서의 예수의 고통도 짐작할 수 있다. 예후하난의 손은 아무런 상처도 입지 않았지만 팔에는 못이 관통한 자리가 남아 있었다. 그의 다리는 한데 묶어서 옆으로 비틀려진 채 위로 젖혀져서 마치 웅크린 것 같은 자세였다. 그의 발은 양쪽 뒤축까지 망치로 못을 박아서 고정시켜 놓았다. 뒤꿈치 뼈(사진)에는 아직도 못이 박혀 있다. 그의 고통을 길게 하기 위해서 얼마 동안 십자가에 매달아 놓은 후 사람들은 그의 다리를 때려서 꺾어 버렸을 것이다. 그러면 그는 곧 죽게 된다. 뼈가 받쳐 주지 않게 되면 그는 숨을 내쉬거나 들이쉴 수 없게 되기 때문이다.

아마도 예수는 자신의 살과 피를 상징하는 빵과 포도주를 제자들에게 나누어 주려고 이 엄숙한 기회를 이용하였을 것이다. 이 성만찬은 십자가상에서의 예수의 죽음과, 그를 믿는 자들에게 약속한 계약을 기념하기 위해서 전 세계 모든 교회에서 여전히 거행되고 있다.

예수의 체포와 심판

식사를 마친 후 예수는 남아 있는 제자들과 함께 겟세마네 동산으로 기도하러 갔다. 은화 30냥을 뇌물로 받은 유다는 군인들을 이끌고 예수가 있는 곳으로 왔다. 군인들은 예수를 체포하였으며 제자들은 모두 달아났다. 불과 한 시간 전까지만 해도 예수를 따르겠노라고 맹세했던 베드로조차도 예수를 알지 못한다고 부인하였다. 마침내 예수는 철저하게 혼자 남게 되었다.

체포된 후 예수는 대제사장 가야바에게 끌려갔다. 자신의 신성을 주장했다고 해서 신성 모독의 혐의를 받은 예수는 산헤드린으로 넘겨졌다. 하지만 그들이 예수의 죄를 인정하였다고 해서 로마 총독 빌라도의 동의 없이 예수를 처형할 수는 없었다. 복음서 기자에 의하면 빌라도는 자신의 신념에 충실한 인물이었다. 그는 예수에게서 아무런 죄도 발견하지 못하였다. 그러나 종교 지도자들이 군중들을 선동한 결과, 군중들은 예수를 죽이라고 광분하였다. 빌라도는 예수를 풀어 줄 경우 일어날지도 모를 일련의 사태를 염려하지 않을 수 없었다. 그는 예수가 갈릴리 출신이라는 사실을 알고서 예수를 갈릴리의 분봉왕(分封王) 헤롯 안티파스에게로 이송하였다. 하지만 헤롯도 이 사건을 맡으려고 하지 않았으므로 죄수를 빌라도에게 돌려보냈다. 결국 빌라도는 마지못해서 예수에게 십자가형을 언도하였다. 그러나 사형 선고를 내리기 전 빌라도는 자신의 손을 씻음으로써 자신은 이 문제에 아무런 관련도 없음을 상징적으로 내비쳤다.

사형이 집행되기 전 예수는 혹독하게 매질을 당했으며 로마 군인들에게 조롱을 받았다. 그들은 예수의 머리에 가시관을 씌우고 홍포를 입혔으며 그를 "유대인의 왕"이라고 놀려댔다. 예수는 "해골"이라는 뜻을 지닌 골고다로 끌려갔다. 골고다는 예루살렘에서 얼마 떨어지지 않은 처형장이었다.

그곳에서 예수는 다른 두 범죄자와 함께 십자가에 못 박혔다. 복음서는 예수의 최후의 순간에 대해서 생생하게 묘사하고 있다. 군중들

그뤼네발트, "십자가형"

십자가에 못 박힌 예수의 비참한 모습은 가장 보편적인 기독교적 이미지가 되었다. 십자가형은 예수가 견디지 않으면 안 되었던 고통을 나타내기 위하여 오랫동안 많은 화가들이 그려 온 주제였다.

통치하는 세계로서 다른 곳과는 전혀 다르다. 그곳에서는 가난한 자와 약한 자들은 높아지고, 힘 있는 자들은 낮아진다. 또한 가장 뛰어난 자가 되려는 사람은 모든 사람들을 섬겨야 한다. 한 현대 작가는 이것을 가리켜 "위와 아래가 뒤바뀐 나라"라고 하였다. 왜냐하면 그 나라는 인간의 나라나 지식을 구성하는 모든 현실들을 뒤집기 때문이다.

예수의 기적

예수는 또한 병들고 불구가 된 자를 고치는 등 수많은 기적을 일으켰다. 이를 통해 예수는 사람들에게 그들이 지금 보고 듣는 이 사람, 곧 자신이 여타의 스승들과는 다르다는 사실을

"누구든지 자기를 높이면 낮아지고 자기를 낮추면 높아질 것이다."

『누가복음』 18:14

분명히 알리고 싶어했다. 그 기적들은 기본적으로 두 가지 범주로 나뉜다. 즉 사람들이 육체적·감정적으로 당장 필요로 하는 일에 응하는 기적과, 예수 자신의 신성을 증명해 보이는 기적으로 양분된다. 흥미롭게도 예수가 첫번째로 행한 기적은 가나의 혼인 잔치에서 일어났다. 그곳에서 예수는 어머니 마리아의 요청대로 물로 포도주를 만들었다. 덕분에 주인은 뜻밖의 난처한 상황을 극복하였다. 5,000명을 먹인 기적으로부터 눈 멀고 불구가 된 사람들을 고치는 기적에 이르기까지 이후의 기적들은 예수가 인간에게 얼마나 큰 동정심을 가지고 있었는가를 보여 준다. 그의 친구 나자로가 죽었을 때 그를 부활시킨 것이나 폭풍우를 잠재운 것도 모든 피조물에 미치는 그의 능력과 신성을 드러낸 사건이었다.

예수의 말씀과 행동뿐만 아니라 예수를 따르던 군중들도 점차 서기관들과 바리새인들을 자극하게 되었다. 그들은 예수가 자신들의 권위를 위태롭게 하는 장면들을 목격한 것이다. 예수의 꾸짖음은 그들에게는 모욕이었다. 그들을 가장 화나게 했던 것은, 예수가 약속된 메시아, 곧 토라와 예언자들을 완성한 성육신(成肉身)한 하느님이라는 예수 자신의 주장이었다. 그들은 함께 머리를 맞대고 예수를 모함하기 시작했으며 그를 파멸시킬 계획을 짰다. 한편 사람들이 예수는 로마의 족쇄로부터 이스라엘을 풀어 줄 수 있는 정치적인 메시아가 아니라는 사실을 알게 되자,

예수에게 향했던 대중적인 지지는 사라져 버렸다. 예수는 자신의 나라가 이 지상에 속한 것이 아니라고 말하였다. 심지어 예수는 자신이 권세 있는 자들의 법률과 세금 납부 의무를 충실히 이행한다고도 하였다. 이를 두고서 요한은 "이때부터 많은 제자들이 예수를 버리고 물러갔으며 더 이상 따라다니지 않았다."고 썼다. (『요한복음』 6:66)

그러나 예수를 따르던 핵심 멤버들, 즉 예수가 처음에 불렀던 12명의 제자들은 그와 함께 남아 있었다. 그들은 예수가 일으킨 기적을 사람들에게 증언하였다. 그들은 예수가 사람들에게 자신을 따르면 이러저러한 축복이 약속되어 있다는 산상수훈을 선포하는 동안에도 그와 함께 머물러 있었다. 12제자들은 다른 신앙인들과도 연결되어 있었다. 그중에는 막달라 마리아와, 마리아와 마르타 자매도 있었다. 이들은 갈릴리 지역에서 더 많은 회개자들을 얻고자 활동하던 예수의 설교를 듣고서 무리에 합류한 사람들이었다.

예수를 반대하였던 가장 악명 높은 사람은 가롯 유다였다. 예수는 십자가에 처형되기 전 제자들과 마지막 식사를 하는 자리에서 유다가 자신을 배신할 것임을 밝혔다. 이 식사는 유대인들의 유월절을 기념하기 위한 것이었다.

> **지복(至福)**
> 산상수훈(『마태복음』 5-7)에서 예수는 하느님의 나라에서 여러 사람들이 누리는 지복에 대해 간략히 설교하였다. 예를 들어 슬퍼하는 사람들은 행복하다. 그들은 위로를 받을 것이다.(5:4) 자비를 베푸는 사람들은 행복하다. 그들은 자비를 입을 것이다.(5:7) 평화를 위하여 일하는 사람들은 행복하다. 그들은 하느님의 아들이 될 것이다.(5:9) 옳은 일을 하다가 박해를 받는 사람들은 행복하다. 하늘 나라가 그들의 것이다.(5:10)

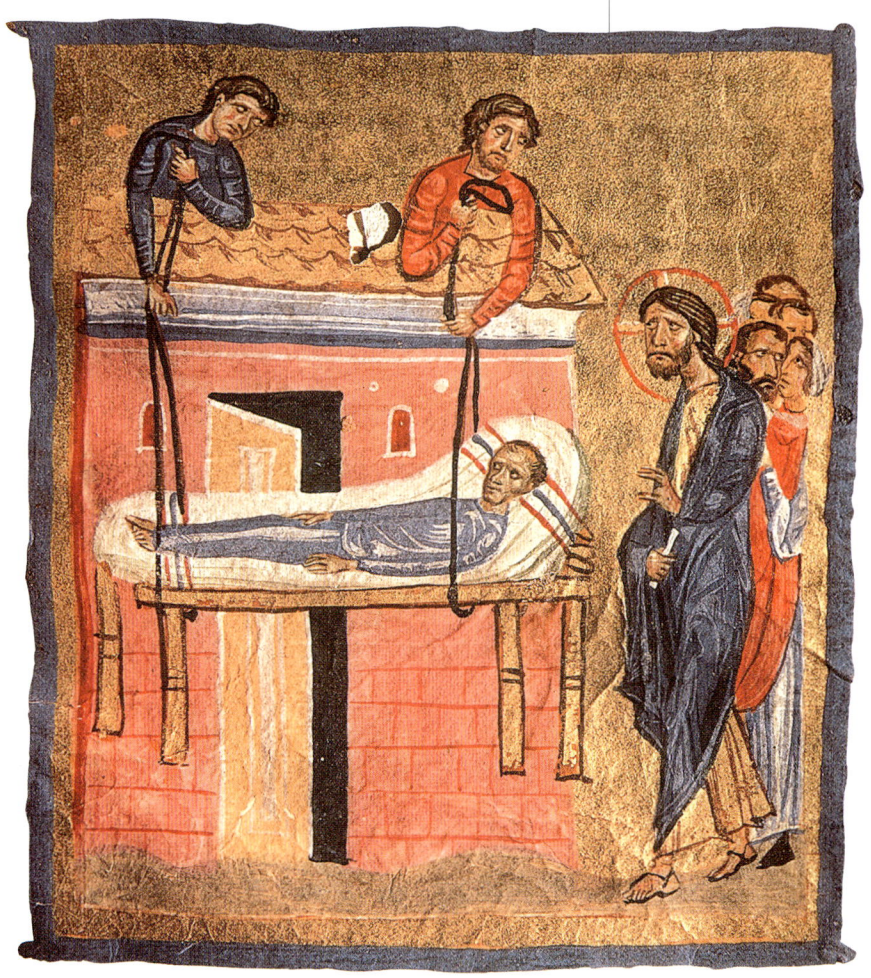

중풍병자를 고치심
예수에 대한 인기가 높아지면서 많은 사람들이 예수의 치유력에 매달렸다. 예수가 가파르나움에 머무는 동안 어떤 사람들이 지붕을 뚫고서 한 중풍병자를 매달아 내렸다. 사람들이 많아 예수에게 다가가기가 어려웠기 때문이었다.

지복(至福)의 산에서 본 갈릴리 호수

게네사렛 호수나 티베리아 바다라고도 알려진 갈릴리 호수는 갈릴리 지역 사람들에게는 중요한 수입원이었다. 많은 사람들이 그곳의 어부였기 때문이다. 복음서에 의하면 예수는 이 해안에서 제자들을 부르고 큰 기적을 행하였다.

"주기도문"

『마태복음』 6:9-13과 『누가복음』 11:2-4에는 예수가 제자들에게 가르쳐 준 기도문이 실려 있다. 이 기도문은 오늘날까지도 하느님을 찬양하거나 탄원의 기도를 드릴 때 모델로서 쓰이고 있다. 가장 유명한 번역은 흠정역(King Jame's Version)이다. "하늘에 계신 우리 아버지, 온 세상이 아버지를 하느님으로 받들게 하시며 아버지의 나라가 오게 하시며 아버지의 뜻이 하늘에서와 같이 땅에서도 이루어지게 하소서. 오늘 우리에게 필요한 양식을 주시고 우리가 우리에게 잘못한 이를 용서하듯이 우리의 잘못을 용서하시고 우리를 유혹에 빠지지 않게 하시고 악에서 구하소서. 나라와 권세와 영광이 영원토록 아버지의 것입니다. 아멘." (『마태복음』 6:9-13)

『신명기』를 인용하면서 대답하였다. "너희의 하느님 야훼를 시험하지 마라."(6:16) 마침내 사탄은 예수에게 모든 세계의 나라들을 보여 주면서 말하였다. "당신이 내 앞에 절하면 이 모든 것을 당신에게 주겠소."(『마태복음』 4:9) 그러나 예수는 악마와 타협하기를 거부한 채 당장 성전을 떠나라고 명령하였다. 사탄의 유혹과 계략에 대한 예수의 대답은 예수의 삶과 사역에 대한 하느님의 계획을 다시 한 번 확인시켜 주었다.

예수의 제자들

이후 3년 동안, 다시 말해서 기원후 27-기원후 30년 어간에, 예수는 팔레스타인을 두루 다니면서 설교하고 사역하였다. 그는 주위에 핵심 추종자들, 즉 제자들을 두었다. 세관원이었던 마태나, 직업을 알 수 없는 사람들을 제외하고 예수의 제자들은 별로 배운 것도 없는 평범한 어부들이었다. 그들의 행동이 거칠고 자신의 메시지를 잘 이해하지도 못했기 때문에 예수는 종종 좌절감을 맛보아만 하였다. 그들은 때때로 불필요하게 싸웠으며 의견 충돌을 일으키기도 하였다. 예수는 자신 앞에 놓여 있는 재판과 고난을 알고 있었다. 그래서 예수는 자신이 죽고 난 이후에도 박해를 견디면서 고된 선교 사역을 맡을 수 있는 사람들이 필요하였다. 예수를 배반한 유다를 제외하고서 예수의 제자들은 결국 이 땅에 교회의 기초를 놓았다. 예수는 그를 반대하는 자들조차도 예수를 "라비"라고 부를 정도로 대단한 권위와 지식을 가졌지만 자신을 따르는 사람들을 가르치고 교정하기 위해서 극히 단순한 설교를 하곤 하였다. 그 메시지의 핵심은 "회개하라. 하늘 나라가 다가왔다."(『마태복음』 4:17)는 것이었다.

예수는 제자들이나 군중들에게 결코 세련된 신학을 가르치려고 하지 않았다. 그는 대신 이야기를 들려 주거나 비유를 들어 설명하였다. 그 이야기들은 재미있을 뿐만 아니라 교훈적이었다. 모든 비유들은 순종, 기도, 겸손, 부유함, 하느님의 사랑, 감사, 그리고 신자들을 불러 모으기 위해서 그리스도가 다시 돌아온다고 하는 특별한 개념들을 설명하는 것이었다. 비유나 다른 가르침에서 예수는 자주 당시 종교 지도자들의 잘못된 경건성을 공격하였다. 반면 바리새인들과 율법 교사들은 예수가 세관원이나 악명 높은 죄인들과 어울리며, 심지어 그들과 식사하는 일까지 마다하지 않는다고 비난하였다. 예수가 가르쳤던 또 다른 주제는 하느님의 나라에 관한 것이었다. 하느님의 나라란 하느님이

"한 소리가 있어 외친다. '야훼께서 오신다. 사막에 길을 내어라.'"

『이사야』 40:3

유대 광야

사해와 예루살렘 중간에 놓여 있는 유대 사막은 거친 광야였다. 세례 요한은 그곳에서 하느님으로부터 예언자적 소명을 받았다. 그는 사람들에게 세례를 주고, 죄를 회개하라고 하였다. 복음서에 따르면 예수는 이 거친 돌투성이뿐인 광야로 물러나서 요한에게 세례를 받았다. 또 여기에서 예수는 사탄을 만나 세 번이나 유혹을 받았다.

유월절 기간 동안 예루살렘에 있는 종교 교사들을 만났는데 그들이 "모두 그의 지능과 대답하는 품에 경탄하였다." (『누가복음』 2:47)는 것을 읽을 수 있다.

예수의 세례와 유혹

예수의 삶과 사역(使役)을 기록한 복음서의 이야기는 예수의 나이 대략 30세부터 시작된다. 그가 사람들 앞에 등장한 것은 세례 요한에게 세례를 받으면서부터였다. 요한은 마리아의 조카 엘리자베스의 아들이었으며, 회개한 죄인들에게 요단 강의 흙탕물로 세례를 주던 유명한 예언자였다. 요한의 사역은 예언자 이사야의 글에 다음과 같이 예언되어 있다. "야훼께서 오신다. 사막에 길을 내어라. 우리의 하느님께서 오신다. 벌판에 큰 길을 훤히 닦아라."(『이사야』 40:3) 요한은 또한 하느님의 심판과 진노, 그리고 다가올 메시아에 관한 묵시록적 말씀을 선포하였다. 요한의 선포에 의하면 메시아는 이미 그들 가운데 와 있다는 것이다.

예수가 요단강에서 요한에게 세례를 받겠노라고 했을 때 요한은 그가 약속된 구세주임을 알아보고는 처음에는 거절하였다. "제가 선생님께 세례를 받아야 할 터인데 어떻게 선생님께서 제게 오십니까?"(『마태복음』 3:14b) 그러나 예수는 그렇게 하는 것이 옳다고 하였다. 예수가 물에서 나오자 하늘이 열리고 하느님의 영이 비둘기같이 그에게 내려왔으며 하늘로부터 목소리가 들려왔다. "이는 내 사랑하는 아들, 내 마음에 드는 아들이다."(『마태복음』 3:17)

세례를 받고 나서 공생애(公生涯)를 시작하기 전, 예수는 사막으로 가서 사탄에게 시험을 받았다. 40주야 동안 계속된 금식 때문에 쇠약해진 예수가 경험했던 이 선과 악의 대립은 창조 이래로 빛의 나라와 어두움의 나라 사이에서 진행되어 온 투쟁을 말하고 있다. 예수가 사탄에게 받은 첫번째 시험은 신적인 힘으로 지상에서의 굶주림을 해결해 보라는 것이었다. 예수는 오직 하느님의 말씀만이 인간에게 필요한 것을 채워 줄 수 있다고 대답하였다. 두 번째 시험은 육체적인 안전함에 관한 것이었다. 사탄은 예수에게 성전 지붕에서 뛰어내려 보라고 했던 것이다. 천사들이 와서 그를 안전하게 지켜 주는지를 시험해 보기 위해서였다. 만일 그렇게 된다면 예수가 하느님의 아들임이 증명될 것이기 때문이었다. 예수는

세례 요한

세례 요한은 종교사에서 가장 불가사의한 인물 가운데 하나이다. 성서에 의하면 그는 아이를 갖기에는 너무 나이가 많은 부모에게서 태어났다. 그에 대해서는 "성령에 충만해서" 태어날 것이라는 예언이 있었다. 요한의 공생애가 시작되었을 때 그는 광야에서 낙타 털옷을 입고 가죽 띠를 두르고 메뚜기와 석청을 먹으면서 살았다. 그는 광야에서 나타나 이스라엘인들에게 회개할 것을 요구했으며, 메시아의 도래에 대해 설교하였다. 『마가복음』 6장에는 헤롯 안티파스 왕이 요한을 옥에 가두었다고 나와 있다. 요한이 헤롯과 그의 아내 헤로디아에 대해서 비판적인 말을 했기 때문이다. 얼마 후 헤로디아의 딸 살로메가 춤을 너무 잘 추자 헤롯은 그녀가 원하는 것이라면 무엇이든지 다 들어 주겠노라고 약속하였다. 살로메는 어머니가 시키는 대로 세례 요한의 목을 원했고, 헤롯 왕은 그녀의 청을 들어 주었다.

"우리 가운데 한 아이가 태어남이라"

현자들

그리스도가 태어난 후 "동방에서 박사들이 예루살렘에 와서 '유다인의 왕으로 나신 분이 어디 계십니까? 우리는 동방에서 그분의 별을 보고 그분에게 경배하러 왔습니다.' 라고 말하였다."(『마태복음』 2:1-2) 이들은 아마도 메소포타미아에서 온 천문학자였을 것이다. 그들이 따라왔던 "별"은 혜성이나 초신성(超新星)이었을 것이다. 빛이 어디에서 왔든지 간에 복음서에서는 그 빛이 신적으로 영감을 받은 표지라고 말하고 있다. 그래서 그 표지의 의미를 동방 박사들의 생각으로는 풀 수 없었던 것이다.

황금, 유향, 몰약

현자 또는 마기(magi)들이 예수에게 가져 온 선물은 고대 유대 세계의 가난한 가정이라면 보화처럼 여겼을 만한 것들이었다. 물론 황금은 지금도 가치 있는 것이다. 그러나 현대인의 감각으로는 유향과 몰약이 실제적으로 어떻게 쓰였는가를 알기가 쉽지 않다. 유향과 몰약은 향기가 나는 식물로 만든 것으로서 향수나 방향제, 그리고 여타의 향기 나는 제품을 만드는 데 사용되었다. 유향은 때로 종교 의식에 쓰였고 몰약은 장례식에 쓰이기도 하였다. 그래서 어떤 사람들은 이 세 가지 선물이 상징적 의미를 지니고 있다고 여기기도 한다.

로마의 광활한 제국 내의 외진 곳 유대, 그중에서도 베들레헴이라는 미지의 마을에서 마리아와 약혼자 요셉 사이에 한 아이가 태어났다. 기원전 4년경의 일이었다. 『마태복음』 1장에 의하면 그 아이의 족보는 아브라함과 다윗까지 거슬러 올라가지만 보통 사람이라면 이 아이가 약속된 메시아이고, 왕 중 왕이며, 모든 주 가운데 가장 뛰어난 주라는 사실을 전혀 눈치챌 수 없었을 것이다. 그러나 그의 삶과 죽음, 그리고 부활은 기독교 역사에서 가장 중심적인 사건이었다.

예수의 유년기

우리들은 그 아이의 어머니에 대해서는 아는 바가 거의 없다. 단지 그녀가 처녀였음에도 불구하고 성령에 의해서 아이를 가졌다는 사실만을 알고 있을 뿐이다. 또한 우리는 예수의 '양아버지' 인 요셉에 대해서도 아는 바가 거의 없다. 그는 목수였고 대단히 너그러운 사람이었다는 정도만을 겨우 알고 있을 뿐이다. 마리아가 자기와 결혼하기도 전에 임신했다는 사실을 안 요셉은 은밀히 파혼하고자 하였다. 하지만 어느날 밤 요셉은 꿈을 꾸었는데, 꿈에 천사가 나타나서 그 어린아이가 하느님이 보내신 아이이며, 따라서 결혼해야 한다는 이야기를 듣게 되었다.

예수가 두 살쯤 되었을 때 천사가 요셉에게 다시 나타나서 헤롯이 베들레헴에 있는 모든 어린아이들을 죽이려 한다고 경고해 주었다. 요셉과 가족은 이집트로 피난했다. 헤롯이 죽은 후 천사는 요셉에게 이제 돌아가도 안전할 터이니 갈릴리의 나자렛에 정착하라고 일러 주었다. 복음서는 예수의 어린 시절이나 청년기에 대해서 거의 아무것도 말해 주지 않는다. 『누가복음』에 의하면 시므온이라고 하는 경건한 사람과 안나라고 하는 예언자가, 예수가 메시아라는 사실을 알아보았다. 또한 같은 장에서 우리들은 예수가 "날로 튼튼하게 자라면서 지혜가 풍부해지고 하느님의 은총을 받고 있었다."(『누가복음』 2:40)는 사실과, 그가 12살이 되었을 때

이집트로 피난가는 성가족(聖家族)

『마태복음』에 따르면 헤롯 대왕은 베들레헴과 베들레헴 근방에 있는 두 살 이하의 어린아이들을 모두 죽이라는 명령을 내렸다. 메시아가 왔다는 소식을 듣고 두려워서 그 메시아를 죽이기 위함이었다(이 사건은 "유아 학살"이라고 불림). 예수의 가족은 헤롯의 분노를 피해서 이집트로 도망가지 않을 수 없었다. 그들은 헤롯이 죽을 때까지 거기에 머물러 있다가 후에 나사렛으로 돌아와서 정착하였다.

헤롯 "대왕"

헤롯 대왕은 마티아스의 손자 요한 히르카누스에게 패한 이두메안 장군들의 계보에 속한다. 이두메안들은 명목상의 유대인들이었다. 그들은 히르카누스의 정복 이후 강제로 할례를 당하고 유대 종교를 믿어야만 하였다. 그러나 그들은 여전히 국외자였으며 신임을 얻지 못하였다. 헤롯 대왕은 헬라화를 추구했으며, 극장과 경기장을 짓고 연극과 운동 경기를 지원하였다. 이 모든 것은 유대인의 감각으로 봤을 때 대단히 공격적인 것이었다. 헤롯 대왕은 자신의 권력을 유지하기 위해서라면 수단 방법을 가리지 않았다. 그래서 심지어는 자신의 세 아들과, 열 명의 부인들 중 두 명을 죽이는 등, 자신의 절대 권위에 위협이 된다고 여겨지면 가차없이 제거하였다. 그러나 아이러니컬하게도 헤롯 대왕은 이 지역을 발전시킨 능력 있는 행정가였으며, 역사상 가장 큰 건물을 계획했던 인물이기도 하였다.

멸망시키고 카르타고의 방대한 제국을 로마에 복속시켰다. 이 무렵 로마는 이탈리아와 시칠리아, 사르디니아, 코르시카, 그리고 스페인의 일부도 다스리고 있었다. 그 다음 로마의 군대는 아시아를 향해서 진격했는데 일리리아와 마케도니아, 그리고 그리스의 일부분을 차지하였다. 기원전 50년경 로마는 지중해 연안 전체를 지배하였으며, 북쪽으로는 오늘날의 프랑스 지역인 골 지역과 영국에도 요새를 설치하였다. 로마의 장군이자 정치가이며 역사가인 율리우스 카이사르는 영국을 침략하였고, 마침내 널리 흩어져 있는 로마 제국 전체의 유일한 통치자로 군림하고자 하였다. 그는 폼페이를 포함한 자신의 정적들을 제거하고 공화정 체제를 억압함으로써 자신의 야망을 달성하였다. 하지만 기원전 44년 3월 15일, 카이사르는 브루투스와 카시우스, 그리고 권력 남용에 반대하던 다른 공화정 사람들에 의해서 살해되었다. 이후 세력들의 합종연횡과 배신, 그리고 전쟁이 연이어 일어났다. 기원전 31년 권력을 잡고 있었던 마르쿠스 안토니우스는 카이사르의 큰 조카 옥타비아누스에게 패하였다. 옥타비아누스는 자신을 첫번째 로마 황제로 명명하면서 공화정을 영구히 제거하였고 스스로를 아우구스투스, 즉 "존경받는 자"라고 불렀다.

헤롯은 정치적인 본능으로 이러한 혼돈의 시기에 살아남을 수 있었다. 그는 제국의 동쪽 절반을 지배하던 안토니우스와 연합함으로써 시리아와 갈릴리와 유대를 다스릴 수 있었다. 훗날 기원전 31년 악티움에서 안토니우스가 옥타비아누스에게 패배하자 헤롯은 또다시 새로 등극한 최고 권력자의 환심을 사서 "유대인의 왕"으로서의 자신의 왕관을 유지하였다.

헤롯의 폭정은 기원전 4년 피비린내 나는 결말을 보고야 말았고 그의 왕국은 살아 남은 그의 두 아들에게 분할되었다. 만년에 이르면서 평생 동안 지칠 줄 몰랐던 헤롯의 광기와 착취는 거의 걷잡을 수 없는 지경에 이르렀다. 죽기 5일 전에 헤롯은 자신의 아들이자 후계자로 지명된 안티파스를 죽이라고 명령하기도 하였다. 또한 헤롯은 훌륭한 유대 지도자들과 학자들을 옥에 가두었으며 자신이 죽게 되면 그들 또한 처형시키라고 명하였다. 헤롯은 자신이 죽고 난 후에도 나라 전체를 비탄에 빠뜨렸던 것이다.

케사리아-마리티마의 수로(水路)
고대 세계가 건축한 가장 놀라운 위업 중 하나는 헤롯 대왕이 인구 40,000명이 넘는 대도시 항구 케사리아-마리키마에 건설한 수로이다. 카르멜 산을 관통하는 약 10.5킬로미터의 터널은 지하의 샘물까지 뚫고 들어갔으며 연결 수로를 통해서 주민들에게 신선한 물을 제공해 주었다.

들에서 일하는 농부
팔레스타인에 사는 대부분의 유대인들은 가난한 시골 농부이거나 장인(匠人)들이었다. 그들 대부분은 어떤 종교 집단에도 속하지 않았지만, 나날의 삶 속에서 부닥치는 시련을 극복하도록 도와 주는, 마술과 매력을 지닌 단순한 형태의 유대교를 신봉하였다. 세금 내는 것을 제외하고는 로마인들이 이곳을 지배한다는 사실이 이들 유대인들의 일상생활에 끼치는 영향은 거의 없었다.

팔레스타인의 집
성서 시대의 거주 양태는 오늘날만큼 다양했다. 대부분의 가정들은 돌이나 진흙 벽돌로 지어진 조그만 집에서 살았는데, 그 집에는 방이 한 개에서 네 개 정도였다. 내부의 벽에는 석회칠을 하였고, 지붕에는 지붕 덮개나 진흙의 무게를 견딜 수 있도록 나무 기둥을 가로질러 세웠다. 바닥에는 되게 갠 진흙을 깔았다. 도시에 있는 집들의 출입문은 대개 공동의 광장이나 안마당으로 나 있었다.

유대인들의 식탁

유대교 율법에서는 먹어도 되는 음식과 먹어서는 안 될 음식을 엄격하게 지시한다. 그들의 음식은 매우 건조하고 맛이 없었다. 짐승이나 가금(家禽)이 우유나 털, 달걀을 얻을 수 있는 중요한 동물이었기 때문에 고기 음식은 축제일이나 결혼식 등에 먹기 위해서 보관했다. 단백질은 일반적으로 생선(적어도 부정하다고 여겨지지 않는 생선)으로 섭취하였다. 음식은 종종 바닥에 피워 놓은 불에 구워 먹었다. 시골에서는 대개 이렇게 했는데, 그래야만 연기가 집 안으로 들어가지 않기 때문이었다. 오늘날의 기독교인들과 마찬가지로 유대인도 식사하기 전에 신에게 감사 기도를 드렸다.

숙청으로 제거한 후 이곳의 왕이 되었다.

팔레스타인 역사에서 이 시기는 종교적 동요를 겪던 시기였다. 당시 팔레스타인에는 다섯 개의 중요한 종교 그룹들이 있었다. 이들은 그리스도의 삶과 초대 교회의 발전에 나름대로의 역할을 하게 된다. 그들은 바리새인들, 사두개인들, 엣세네파, 헤롯 당원들, 그리고 젤롯 당원들이다.

이들 중 세 그룹은 종교적이라기보다는 정치적인 성격을 띠고 있었다. 사두개인들과 헤롯 당원들은 전형적으로 부유하고 귀족적인 집단이었다. 사두개인들은 성전, 법률, 종교, 행정 분야에서 유대인 최고 의결 기관이었던 산헤드린에서 가장 큰 영향력을 행사하였다. 헤롯 왕 주변에 몰려들었던 헤롯 당원들은 사두개인들보다 로마 정부와 더 밀접한 관계를 맺으면서 기득권을 유지하는 데 혈안이 되어 있었다. 사두개인들과 헤롯 당원들은 모두 공동체 내에서 엘리트로서의 지위를 고수하려 한다는 점에서 차이가 없었다.

젤롯 당원들은 이들과는 정반대의 정치적 성격을 지니고 있었다. 갈릴리 사람 유다에 의해서 창시된 젤롯 당 당원들은 로마는 피로 망할 것이며, 팔레스타인 유대인들의 권위는 회복될 것이라고 역설하였다.

바리새인들과 엣세네파는 전형적인 종교 집단이었지만 그 내용은 상극이었다. 바리새인들은 극단적으로 경건하고 율법적이어서 스스로를 의롭다고 여기는 그룹이었다. 그래서 바리새인들은 율법 해석에서 뒤지고 종교 제의를 제대로 지키지 못하는 사람들을 철저히 멸시하였다. 그들은 토라에 대한 전통적인 해석이 여전히 유효하다고 믿었다. 예수는 여러 차례 이들을 가리켜서 위선자요 율법에 노예가 된 자들이라고 정죄하였다. 엣세네파는 토라를 철저하게 따른다는 점에서는 역시 극단주의자들이었지만, 철저히 사회로부터 격리된 채 기도와 학문에 생애를 바쳤기 때문에 유대 공동체의 일상적 삶에는 거의 영향을 미치지 못하였다.

로마의 융성과 힘

그리스도가 태어나기 수십 년 전에 팔레스타인 땅에서는 종교적·정치적 충돌이 자주 있었다. 하지만 실질적인 힘은 로마가 갖고 있다는 사실에 대해서는 아무도 의문을 제기하지 않았다. 전설에 의하면 로마는 티베르 강둑 가까운 일곱 개의 언덕에 세워졌다. 그로부터 8세기가 지난 후 로마 제국은 유일무이한 강대국이 되어 있었던 것이다.

로마는 원래 에트루리아인들이 대대로 지배하였다. 그러나 기원전 509년 마침내 로마인들은 폭군을 몰아내고 공화 정부를 탄생시켰다. 로마는 곧 여러 나라들과 동맹을 맺음으로써 중요한 상업국으로 발돋움할 수 있었다. 로마의 가장 큰 라이벌이었던 북아프리카의 카르타고는 로마에 대항해서 세 번의 전쟁을 일으켰다. 모두 합치면 100년 이상이 걸린 이 전쟁을 우리들은 카르타고 전쟁이라고 부른다. 기원전 146년 로마의 군대는 카르타고를

기독교의 뿌리

알렉산더 대왕

알렉산더(기원전 356-기원전 323년)는 역사상 등장하는 가장 위대한 장군 중의 하나였다. 페르시아와의 싸움에서 그는 페르시아의 수도인 수사와, 황제의 보물 유적지인 페르세폴리스, 그리고 바빌론 전투에서 대성공을 거두었다. 페르시아 왕 다리우스가 살해되자 알렉산더는 자신이 페르시아 제국의 새로운 황제라고 선언하였다. 기원전 372년 알렉산더는 다시 한 번 출정하였다. 그러나 그의 군대는 현재의 아프가니스탄을 점령하고 난 이후에는 겁을 먹고 북인도 이상으로는 진군하려고 하지 않았다. 알렉산더는 바빌론으로 돌아와서 33살의 한창 나이로 세상을 떠났다. 과음이 화근이 되었다고 한다. 알렉산더가 그렇게도 짧은 시간 동안에 손에 넣었던 제국은 그의 부하들이 나누어 가지게 되었다.

종교적 자유를 되찾아 주었다. 예루살렘 성전에서 3년 전부터 거행되던 우상 숭배는 중지되었고, 다시금 하느님에게 제사를 드릴 수 있게 되었다. 이러한 사건은 오늘날도 유대 공동체에서 하누카(봉헌의 축제)라는 이름으로 기념되고 있다. 하스모니안이라고도 불리는 마카비의 추종자들은 무능과 부패, 그리고 내란이 발생해서 국가의 내적인 힘이 소진될 때까지 거의 1세기 동안이나 팔레스타인을 다스렸다.

기원전 1세기 중반 무렵 유대는 풍전등화의 상황이었다. 기원전 63년 로마의 장군 폼페이는 예루살렘을 정복했고, 얼마 후 로마가 이 지역 전체를 장악하였다. 기원전 47년 파괴와 잔학함을 즐기는 헤롯이라는 젊은이(후에 헤롯 대왕이라 불림)가 갈릴리 지역의 행정관이 되었다. 그는 10년이 채 안 걸려서 자신에게 저항하는 반대 세력들을 피의

하누카
매년 열리는 8일간의 겨울 축제 동안 모든 유대 가정에서는 기원전 165년 마카비의 승리를 기념하기 위해서 촛불을 켰다.

중요한 역할을 한 인물들이다. 이집트를 다스렸던 프톨레마이오스와, 바빌로니아를 평정하였던 셀레우쿠스와 그의 후계자들은 그들의 제국을 가로지르는 페니키아와 팔레스타인 같은 중립적인 지역을 차지하기 위해 서로 싸웠다. 셀레우쿠스를 따르는 사람들이 결국 기원전 198년에 이 지역을 손에 넣었다. 그들 중 한 명이었던 안티오쿠스 3세(안티오쿠스 대왕)의 치세 때 유대인들은 공정한 대접을 받을 수 있었다. 그러나 그의 후계자 에피파네스(안티오쿠스 4세)는 제국 전체를 헬라화하고자 하였다.

유대인들의 반란

소수의 부유한 유대인들은 이러한 변화를 환영하였다. 하지만 대부분의 유대인들은 안티오쿠스 4세 때에 혹독한 경험을 하지 않으면 안 되었다. 예루살렘 성이 무너졌을 뿐만 아니라 많은 유대인들은 박해를 받거나 살해되었다. 성전은 이방 종교에게 빼앗겼고, 유대교는 법으로 금지되었다. 이러한 억압으로 누적된 불만은 마침내 대중적인 반란으로 비화되었다. 마티아스라는 사제는 성전에서 이방교도들이 제사 드리도록 허가해 준 궁정의 장교를 살해하였다. 마티아스와 그의 다섯 아들들은 그 지역을 빠져나가서 곧 자신들에게 동조하는 사람들을 규합하여 게릴라를 만들었다. 마티아스가 세상을 떠난 후 그의 아들 유다가 반란을 지휘하였다. 사람들은 유다를 "마카비(망치)"라고 불렀다. 그 까닭은 그가 적들을 신속 정확하게 궤멸시키는 군사적인 본능이 탁월하기 때문이었다. 유다는 자신보다 수도 훨씬 많고 장비도 월등한 적군을 무찌르면서 일련의 경이로운 승리를 거두었다.

기원전 165년에 일어난 마카비 반란은 유대인들에게

페트로 파울로 루벤스, "유다 막카베우스의 승리"
안티오쿠스 4세 에피파네스가 예루살렘 성전에 제우스 상을 설치하고 예배 드리라고 강요했을 때 유다 막카베우스와 그의 게릴라 군대는 예루살렘으로 쳐들어갔다. 그들은 시온 산을 점령하고 성전을 숙청하였다. 유대인들은 결국 종교의 자유를 다시 얻었으며 독립 유대 국가(하스몬 왕조)가 건립되었다.

구약성서와 신약성서의 중간 시기

그리스어

신약성서 기자들이 일차적으로 사용한 언어인 그리스어는 미묘한 의미를 깊이 있게 표현할 수 있는 정확한 언어이다. 그리스어에서는 여러 가지 접두어나 접미어를 붙인다든지, 어간을 바꿈으로써 하나의 동사가 수백 가지 의미를 지닐 수 있다. 알렉산더 대왕의 정복 이전인 기원전 5세기경 널리 쓰였던 고전 그리스어는 알렉산더가 정복한 여러 나라 사람들이 편리하게 쓸 수 있도록 코이네(koine)라는 방언으로 단순화되었다. 이 공통어는 초창기 기독교 선교사들이 여러 민족이나 계급에게 복음을 널리 전하는 데 큰 도움이 되었다.

신약과 구약의 중간 시기에는 군사적·정치적·종교적인 수많은 인물들이 등장해서 이후로도 지속적인 영향력을 미치게 되었다. 이러한 인물들 중에서 세계 무대에 등장했던 인물로는 우선 알렉산더 대왕을 꼽을 수 있다. 기원전 336년 알렉산더는 20세의 나이에 마케도니아의 왕인 아버지 필립의 뒤를 이어 왕이 되었다. 필립은 페르시아를 침략하기 위해 그리스의 도시 국가들과 연합 전선을 구축하였다. 하지만 필립의 뜻하지 않은 죽음으로 인해 알렉산더가 기원전 334년에 왕위에 등극하였다. 알렉산더는 너무나 많은 것을 이룩한 왕이었다. 그는 유럽을 손아귀에 넣은 뒤 다리우스의 페르시아 제국에 맞서 일련의 군사 작전을 감행하였다.

알렉산더는 싸울 때마다 눈부신 승리를 거두었다. 그는 계속해서 남진하여 먼저 도시 티레를 정복했고 이집트마저 평정하였다. 알렉산더는 그곳에 자신의 이름을 따서 도시 알렉산드리아를 건설하였다. 기원전 331년에 알렉산더는 페르시아 제국의 새로운 통치자로 등극했으며, 기원전 323년 세상을 떠날 때까지 그리스로부터 인도의 북쪽 경계에 이르는 광활한 지역을 손에 넣었다.

알렉산더가 군대를 통해 이룩한 정복 사업은 실로 대단하였다. 또한 그리스 철학, 언어, 문화가 널리 퍼져 나감에 따라 그의 영향력은 계속 남게 되었다. 이른바 동방 세계의 헬라화(hellenization)가 매우 철저하게 이루어져서, 알렉산더가 죽은 지 100년 후 알렉산드리아에서는 70명의 유대인들이 구약성서를 그리스어로 번역하기에 이르렀다. 그들의 작업은 "70인 역(Septuaginta)"이라고 불린다. 신약성서 기자들이 구약성서를 인용할 경우에는 이 "70인역"을 이용하였다. 신약성서 기자들은 자신들에게 익숙한 개념들로 번역된 "70인역"을 통해 애매모호한 히브리 성서의 구절들을 이해할 수 있었다.

알렉산더의 자리는 수하의 두 장수 프톨레마이오스와 셀레우쿠스에게 이어졌다. 이들도 유대인들의 역사에서

외경(外經)

구약성서가 끝나고 신약성서가 시작되기 전의 중간 시기에 쓰여진 유대교의 책들을 모아서 구약성서 외경이라고 부른다. 『토비트』, 『유딧』, 『에스더』의 일부, 『솔로몬의 지혜서』(또는 『지혜서』), 『집회서』(또는 『시락』이나 『예수 벤 시락의 지혜서』), 『바룩』, 『다니엘』의 일부, 『예레미야 서간』, 『마카베오 상·하』 등이 여기에 해당한다. 『므낫세의 기도』와 『에즈라 상·하』가 여기에 포함될 때도 있다. 『마카베오』와 같은 책은 역사서이고 『집회서』 같은 것은 지혜 문학에 속한다.

외경은 구약성서 "70인 역"에 포함되어 있으며 따라서 "70인 역"으로 구약성서를 읽었던 초대 교회 때부터 읽혀 왔다. 그러나 유대교 경전을 확정한 얌니아 회의(기원후 90년)는 외경을 성서에서 제외시켰다. 하지만 교회는 이후에도 외경을 구약성서의 일부로 여겨 왔다. 현존하는 최고(最古)의 성경(4세기경에 만들어졌음)도 모두 외경을 포함하고 있다.

그러나 시간이 지나면서 아타나시우스나 히에로니무스같은 중요한 신학자들이 외경의 경전성을 문제삼았다. (훗날 히에로니무스는 교황의 경고를 받아들여서 자신의 견해를 철회하였다.) 외경을 반대하는 주요 이유는 그것이 히브리 성서의 일부가 아니라는 것 때문이었다. 또 다른 반대 사유로는 신약성서 기자들이 외경을 포함하고 있는 "70인 역"에서는 인용을 하면서도 정작 외경에서는 한 번도 인용하지 않았다는 사실 때문이었다. 그럼에도 불구하고 4세기 말경 여러 차례의 공의회와 칙령을 거치면서 신·구약성서가 확정된 후에는(61쪽 글상자 참조) 모든 교회가 외경을 성서에 포함시켰다. 외경은 가톨릭 성서와 정교회 성서에 모두 포함되었다. (이들 교회들은 외경을 "제2경전"이라고 부른다.) 종교 개혁 당시 루터와 다른 개혁자들은 아타나시우스가 제기했던 문제를 다시 한 번 제기하면서 외경을 개신교 성서에서 제외시켰다. 그리하여 여러 기독교 교파는 조금씩 다른 구약성서를 읽게 되었던 것이다.

외경에 등장하는 가장 유명한 이야기는 유딧이 앗시리아의 장수 혼도페르네스를 죽인 이야기이다. 그녀의 용기있는 행동에 고무되어서 이스라엘인들은 자신감을 얻었고 앗시리아를 물리칠 수 있었다.

것이라고는 거의 없었다. 절망에 지친 사람들은 다시금 자신들의 선조들이 걸었던 전철을 밟기 시작하였다. 즉 율법을 버리고 이방의 종교를 따르기 시작했던 것이다. 페르시아 왕 아르타세르크 1세의 술 따르는 시종이었던 느헤미아는 예루살렘에서 벌어지고 있는 일들을 알고는 깊은 근심에 빠지게 되었다. 느헤미아는 수개월 동안 금식하며 기도한 후 아르타세르크 왕에게 고향으로 돌아가기를 청하였다. 왕은 느헤미아의 간청을 받아들여서 그에게 왕의 대사로서의 전권을 부여하였다. 느헤미아는 대단히 능력 있는 행정가였다. 그는 사람들을 모아서 곧 성전과 시의 성곽을 재건축하였다. 일부 반대하는 사람들이 있었음에도 불구하고 예루살렘 성곽은 52일 만에 다시 쌓아 올려졌다. 후에 느헤미아는 사제 에즈라와 함께 영적 개혁과 부흥 운동의 불을 붙였다.

사실 많은 사람들은 에즈라를 유대교의 아버지로 기억하고 있다. 토라에 대한 그의 글들과 국가 재건을 위한 투쟁, 그리고 성전을 재건축하려고 하였을 때 아르타세르크 왕이 그에게 보내 준 신임 등은 모두 에즈라가 탁월한 인물이었음을 말해 주고 있다. 뿐만 아니라 이러한 업적들은 자신의 아이덴티티를 유지하기 위하여 애쓰던 당시의 이스라엘인들에게 에즈라를 위대한 영적 지도자로 각인시키는 데 부족함이 없었을 것이다.

새로운 유대교
히브리인들은 이스라엘이 다신 한 번 통일 국가로 재건될 것이라는 희망을 가지고 있었지만, 유다는 코엘-시리아의 속국이 된 채 시리아 정부의 지배를 받게 되었다. 그러나 정복과 망명의 시기가 히브리 문화와 종교에 부정적인 영향을 미친 것만은 아니었다. 사실상 오늘날 우리들이 알고 있는 유대교는 대부분 이 시기에 형성되었다. 성전이 파괴된 이후부터 회당(synagogue)은 '잠정적으로' 예배 장소가 되었다. 유대인들은 사실상 자신의 국민성을 나타내 줄 만한 모든 것을 상실하고 나자, 토라를 수집하고 편집하기 시작하였다. 사제 집단은 선택받은 지위를 누렸고, 유대인들과 그들의 유일신 신앙에 독특한 제의와 율법이 강조되고 세련되어 감에 따라서 분리 의식도 점점 깊어져 갔다.

바빌론 포로기 동안에는 아람어(예수 당시 팔레스타인의 일상 언어)가 유대인들 사이에서 널리 쓰이게 되었다. 아람어는 당시 중동 교역에서 가장 많이 쓰이는 언어였다. 바빌론에 있는 동안 유대인들은 이 언어를 일상어로 사용하였다. 기원전 300년경 유대교 라비들은 아람어로 성서주해서를 썼으며, 예배는 전통적인 히브리어와, 보다 널리 이해될 수 있는 아람어 둘 다로 진행되었다.

유대 역사에서 이 시기는 그들의 신앙과 문화가 소멸될 수도 있었던 시기였다. 그러나 오히려 그들의 확신은 더욱 굳어졌으며 그들의 신학은 보다 원숙해졌다. 어떤 학자는 망명 전 이스라엘인들은 좀처럼 우상 숭배를 근절하지 못하고 있었다고 기록하고 있다. 그러나 포로기 이후 그러한 모습은 찾아보기 힘들게 되었다. 유대인들은 보다 단합되었으며, 이전보다 훨씬 강한 민족이 되었다.

사해사본
1947년 한 목동이 이스라엘과 요르단 사이에 놓여 있는 사해(死海)근처의 동굴에서 500개가 넘는 두루마리를 발견하였다. 이 두루마리에는 『에스더』를 제외한 구약성서의 모든 부분들이 포함되어 있었다. 이 사본들은 대략 기원전 250년에서 기원후 68년 사이에 엣세네파라고 불리는 유대교의 소종파에 의해서 쓰여진 것으로 추측된다. 우리들은 이 두루마리를 통해서 여러 세대를 거쳐 전해져 내려온 히브리 성서의 신뢰성을 확인할 수 있다. 특히 흥미로운 것은 『이사야』 전체가 이 안에 포함되어 있다는 사실이다. 여기에 실려 있는 『이사야』는 대략 기원전 100년경에 기록된 것으로서 책 전체가 그대로 전해진 것들 중 가장 오래된 것이다.

음악의 중요성

유대교에서는 일찍부터 예배 때 음악을 사용하였다. 그래서 악기는 유대교의 종교 생활에서 중요한 도구였다. 악기를 의미하는 히브리어 켈림(kelim)은 식기나 무기 같은 기본적인 도구를 뜻하였다. 악기는 단순히 연주 솜씨를 내보이기 위한 것이 아니라 이스라엘 공동체를 위한 장비들이었다. 예를 들어 악기는 전쟁이나 축제 때, 장례 행렬 등에서 연주되었다. 특히 성전이나 회당, 또는 순례지에서 많이 연주되었다. 성서에서 우리는 이스라엘인들이 사용하던 몇몇 악기들, 예를 들어서 관악기(나팔, 피리, 트럼펫), 타악기(심벌즈, 탬버린, 종, 징), 현악기(류트, 하프, 수금) 등을 찾아볼 수 있다. 후에 기독교는 유대교의 예배 방식을 따랐다. 회중이 노래 부르고, 악기가 갖추어져 있을 경우에는 음악이 연주되었는데, 이러한 것들은 언제나 예배에서 중요한 역할을 하였던 것이다.

신약성서와 구약성서에서 악기들은 상징적인 의미로 사용되었다. 예를 들어 『이사야』에서는, 이스라엘 백성은 하느님이 앗시리아를 멸망시키시는 동안 악기에 "맞추어" 노래 부르고 춤춘다고 말하고 있다. (『이사야』 30:31-32) 바울은 사랑이 없는 삶을 "울리는 징과 요란한 꽹과리에서 나는 소리와 같이 의미 없는 소음"과 같다고 표현하였다.(『고린도전서』 13:1) 예수도, 자신의 선행을 자랑하는 위선자들을 가리켜서 스스로 나팔을 부는 사람들에 비유하고 있다.(『마태복음』 6:2)

쇼파(shofar)
유대력 중에서 특별한 날, 특히 신년 초나 구원의 날에는 쇼파(수양의 뿔)를 불었다. 성서 시대에는 쇼파가 군사 작전을 수행할 때에도 사용되었다.

심벌즈, 기원전 2100년경
심벌즈는 일찍부터 유대인들이 성전에서 예배드릴 때 사용했다.

앗시리아에 조공을 바치는 이스라엘 왕 예후

『시편』

이스라엘의 역사, 발생사, 율법등을 알려 주는 구약성서의 다른 부분들과는 현저하게 달리, 『시편』은 150개의 노래와 시로 엮어진 감동적인 책이다. 거의 절반 정도(73편)가 다윗의 것이고 나머지(90편)는 모세나 여러 성전 음악가들, 그리고 포로기 이후의 기자들이 썼다고 한다. 사람들은 일상적인 예배에 『시편』을 사용하였다. 또 개인적인 기쁨과 슬픔을 나타내는 것들도 많이 있다. 『시편』은 하느님의 놀라운 활동에 대해 감사하는 일로부터 메시아적인 구원자를 바라는 소망에 이르기까지 여러 주제를 다루고 있다.

앗시리아의 팽창주의는 기원전 722년경, 마침내 이스라엘에까지 이르렀다. 그들은 이스라엘인들의 토지를 빼앗고 조공을 바칠 것을 요구하였다. 위의 패널화는 "살마넨서의 검은 오벨리스크"라고 불리는 기념비에 새겨진 것이다. 이스라엘 왕 예후가 살마넨서 3세 앞에 무릎 꿇고 엎드려 있다. 이 그림은 이스라엘 왕에 대해서 당대에 묘사한 것 중에서 유일하게 남아 있는 것이다.

금이 가고 있었지만, 다윗의 시대는 영적·정치적으로 위대한 안정기를 구가하였다. 그가 하느님과 신실하고도 친밀한 관계를 맺었다는 사실은 『시편』의 여러 찬미가에서 잘 드러난다. 다윗의 권좌는 그의 아들 솔로몬에게 승계되었다. 솔로몬은 능력과 지혜 면에서는 출중하지만, 하느님에 대한 순종의 길로부터 벗어나 부도덕한 자아 도취와 육체적 쾌락으로 빠져들었다.

솔로몬이 죽고 난 후 이스라엘은 북이스라엘과 남유다로 분열되었다. 이스라엘 왕국은 10개 지파를 대표하는 보다 큰 나라였고, 반면 유다 왕국은 단지 2개 지파만으로 이루어졌다. 수적인 우세에도 불구하고 이스라엘은 한 세기가 조금 지나서 유다보다 먼저 멸망하였다. 기원전 722년, 앗시리아는 북이스라엘을 휩쓸었다. 그들은 이스라엘인들을 추방하고 그곳에 낯선 외국인들을 이주시켰다. 기원전 597년에 유다는 느부갓네살이라는 강력한 지도자가 이끄는 바빌로니아의 침략을 받았다. 그로부터 10년 후 유다는 항복하였으며, 느부갓네살은 예루살렘과 그 성전을 파괴하라는 명령을 내렸다. 그리고는 남아 있던 대부분의 사람들을 추방시켰다. 이스라엘과 유다는 하느님이 그들을 다스리기 위해서 세운 토라(율법)와 예언자들, 그리고 판관들의 말을 듣지 않았다. 심지어는 왕조차도 신앙을 버렸으며, 많은 왕들은 이방의 신에게 어린아이를 잡아서 제물로 바치는 끔찍한 제의에 몰입하기도 하였다. 그리하여 그들은 하느님과 율법을 지키라고 충고하는 사제들을 죽였고, 자신의 사욕을 채우고 다른 종교를 섬기는 데 성전의 보화들을 탕진하였다. 하지만 바빌론에 포로로 잡혀 가 있는 사이에 얼마 되지 않은 신실한 유다인들은 자신들의 문화적·종교적 정체성을 잃지 않은 채 집으로 돌아갈 날만을 기도하고 있었다.

사이러스와, 추방에서 돌아온 이스라엘

느부갓네살이 죽자 바빌로니아 제국은 쇠락의 길을 걷기 시작했으며, 곧 페르시아의 사이러스에게 멸망당하였다. 사이러스는 포로로 잡혀 와 있는 사람들을 고향으로 돌려보낸다는 칙령을 반포하였다. 대부분의 유대인들은 이미 페르시아에 정착해 안정된 생활을 하고 있었으므로 그대로 남아 있으려 했기에, 약 50,000명의 유대인들만 팔레스타인으로 돌아갔다.(기원전 539년)

추방되었던 유대인들이 예루살렘에서 맞본 것은 오직 낙심뿐이었다. 성전과 도시의 성곽은 다시 짓지 않으면 안 되었으며, 끊임없이 외적에게 위협을 받았고, 수중에 가진

사이러스 대제

페르시아의 왕 사이러스(기원전 559-기원전 529년 재위)는 이스라엘 역사에서 중요한 역할을 하였다. 바빌로니아를 정복한 사이러스는 시리아와 이스라엘도 다스렸다. 백성들과 그들의 종교에 대해서 관대한 정책을 폈던 그는, 이스라엘인들과 다른 망명자들을 각자의 고향으로 돌아가도록 허락해 주었다. 그리하여 사이러스는 백성들의 구원자로, 심지어는 이스라엘인들을 풀어 주기 위해서 하느님의 "기름 부음 받은 자"로까지 여겨졌다.(『이사야』 45:1-6) 이 기간에 쓰여진 한 이야기에 의하면──그 이야기는 이스라엘 사람만 다룬 이야기는 물론 아니지만──바빌론에 포로로 잡혀 갔던 이들은 자신들의 고향으로 돌아가도록 해방되었다고 한다.

주장하고는, 아론의 도움을 받으며 이집트로 가서 파라오에게, 조상들의 고향으로 돌아갈 테니 자신들을 풀어 달라고 하였다. 파라오는 계속 거절하였다. 마침내 하느님이 모든 이집트인들의 맏아들을 죽이고 나서야 파라오도 포기하였고, 이스라엘인들은 자유가 되었다. 이스라엘 사람들이 홍해를 건너고 난 후 이집트의 압제자들은 최후의 일격을 당하였다. 『출애굽기』는 하느님이 홍해를 갈라서 히브리인들 모두가 마른 땅 위로 안전하게 건널 수 있었다고 전한다. 이스라엘인들을 풀어 준 것을 후회한 파라오는 군대를 동원해서 그들을 뒤쫓았다. 파라오는 갈라진 물 사이로 이스라엘인들을 쫓아가라고 명령하였다. 하지만 이스라엘인들이 안전하게 홍해를 건너자마자 하느님은 갈라졌던 물을 원상태로 돌려 이집트 군대를 수장(水葬)시켰다.

모세를 통해서 인도하는 하느님과 함께 이스라엘인들은 사막을 건너서 시나이 산에 도착하였다. 거기서 그들은 "십계명"을 받았다. 이것은 일상의 행동과 종교적 실천, 그리고 성막을 짓는 데 필요한 지시 사항들을 기록해 놓은 것이다. 이스라엘인들은 "십계명"이 새겨진 돌판을 성궤에 넣어서 운반하였다. 성궤란 나무로 만든 조그마한 상자로, 이것은 하느님이 이스라엘에 임재한다는 사실을 상징하게 되었다.(왼쪽 설명 참조)

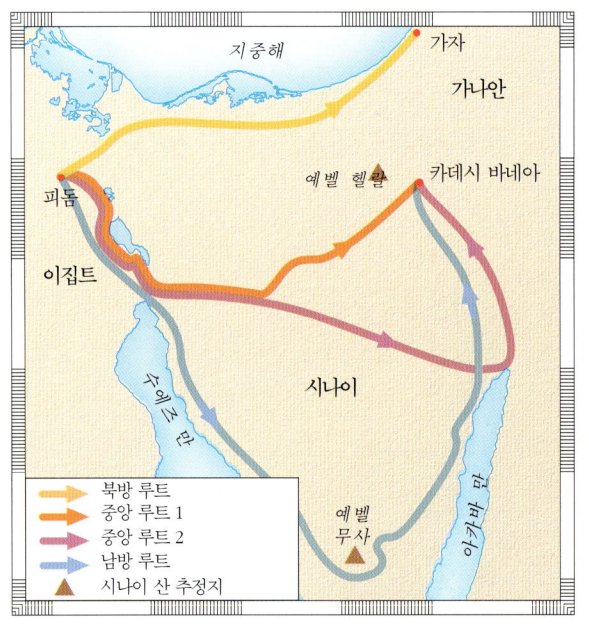

출애굽의 여정 추측도
성서학자들은 이스라엘인들이 이집트를 탈출해서 가나안으로 들어갔던 길을 여러 가지로 상상해 보곤 하였다. 그들이 겪었던 사건들이 정확하게 어디서 일어났는지를 확인하는 일이 쉽지 않기 때문에 그들의 행로를 확실하게 알아 내기는 대단히 어려운 일이다.

말미암아 꼬박 한 세대에 해당하는 40년의 세월을 허비하지 않으면 안 되었다. 그런데 그들이 헤매었던 길은 걸어서 11일이면 당도할 수 있는 거리였던 것이다.

> "산들이 예루살렘을 감싸 주듯이 야훼께서 당신 백성을 감싸 주시리라."
>
> 다윗의 시(『시편』 125:2)

> "너희 하느님은 나 야훼다. 바로 내가 너희를 이집트 땅 종살이하던 집에서 이끌어 낸 하느님이다. 나 이외의 다른 신을 섬기지 마라."
>
> 『신명기』 5:6-7

약속의 땅
이스라엘인들은 율법을 받은 후 약속의 땅 가나안으로 직행해서 하느님이 아브라함에게 약속하였던 땅을 얻고자 하였다. 그러나 그들이 도중에 불평을 늘어놓고 우상을 만들어서 섬겼기 때문에 하느님은 이스라엘인들에게 벌을 내렸다. 그래서 이스라엘인들은 40년 동안 광야에서 방황하지 않으면 안 되었다. 그 방랑의 시기가 끝날 무렵 모세는 약속의 땅 가나안을 목전에 둔 채 모압에서 세상을 떠났다. 모세는 이스라엘 역사상 가장 위대한 지도자로 기억된다. 이스라엘인들은 마침내 요르단 강을 건너서 가나안으로 들어갔고, 하느님이 모세를 대신해서 세운 여호수아의 인도를 받는 새로운 세대들이 되었다. 히브리인들은 자신들의 죄로

이스라엘의 흥망
여호수아는 도덕적 지도자였으며 유능한 군사 전략가였다. 그는 신속히 이스라엘 군대를 조직해서 중앙의 고원 지대와 남쪽의 도시 국가들, 그리고 팔레스타인 북부 지역을 차지하였다. 이리하여 이스라엘은 마침내 하느님이 수세기 전에 아브라함과의 계약을 통해서 그들에게 약속했던 땅을 차지하게 되었다. 이스라엘은 12지파로 나누어졌고, 군주가 아니라 여러 판관(判官)들이 다스렸다. 거의 200년 동안 이스라엘인들은, 하느님이 모세를 통해서 내린 율법이 다스리는 신정 정치 하에 살았다.

하지만 이스라엘인들은 다른 나라의 우상 숭배적인 방식을 추종하면서 자신들도 지상의 왕이 필요하다는 생각에 사로잡히게 되었다. 그들은 절대적인 지배자는 결국 무거운 짐이 되고 말 것이라는 예언자들의 경고를 무시하고, 왕이 있어야 한다고 목청을 돋구었다.

이스라엘의 첫번째 왕은 사울이었다. 성서에 의하면 사울은 그 나라에서 가장 크고 잘생긴 사나이였다. 그러나 불행히도 그의 성격은 신체적 조건을 따라가지 못하였다. 그는 도덕적 결함을 지닌 인물이었고, 종잡을 수 없는 편집증 환자였으며, 이스라엘의 거룩한 땅을 서슴없이 더럽혔다.

사울이 전사한 후 그 뒤를 이은 사람은 다윗이었다. 다윗은 이스라엘의 가장 위대한 왕이며 사람들이 성서에서 가장 좋아하는 인물이다. 비록 이스라엘의 깊은 곳에서는

바알
가나안인들이 신봉하던, 폭풍과 비의 신인 바알은 다산(多産)과 연결된 여러 신들 가운데 하나였다. 그에게 예배하면 토양이 비옥해져서 많은 소출을 볼 것이라고 믿었다. 이스라엘인들은 가나안의 여러 신들이나 바알을 섬기라는 유혹을 여러 차례 받았다. 성서 기자는 이것이 우상 숭배이고 이스라엘의 하느님에 대한 불신앙이라고 보았다.

사진과 그림으로 보는 기독교 역사

함무라비 법전

1947년 한 영국 고고학자는 바빌론의 긴 법전을 재구성해 냈다. 검은 기둥에 새겨진 이 법문은 8세기경 바빌론을 다스렸던 함무라비 왕 때에 쓰여진 것이다. 그때라면 이스라엘인들이, 요셉이 죽고 없는 이집트에 머물던 때였다. 기록으로 남아 있는 282개의 법조문들은 대부분 당시의 사회적이고 국내적이며 도덕적인 생활을 규정하고 있다. 함무라비 법전은 수세기 동안 메소포타미아와 수메르에서 쓰였을 것이다. 어떤 학자들은 이 법조문과, 이스라엘의 계약 법전 사이에 평행 관계가 있다고 주장하기도 하였다.

성궤

성궤는 하느님의 임재를 상징하는 것으로서 이스라엘에서는 가장 신성한 물건이었다. 이 궤에는 모세가 시나이 산에서 가져온 율법을 적은 두 개의 돌판과, 아론이 자신의 제사장직을 분명히 드러내기 위해서 사용하던 지팡이, 그리고 (하느님이 이스라엘인들에게 기적적으로 내려 준 음식인) 만나를 담았던 항아리가 들어 있었다. 이스라엘 사람들은 광야에서 방황할 때에도 성궤를 늘 들고 다녔고, 후에는 솔로몬 성전 안쪽 방에 모셔다 놓았다. 느부갓네살이 기원전 586년에 예루살렘과 성전을 파괴한 이후에는 이 궤가 어떻게 되었는지 알 수 없게 되었다.

무대를 마련한 셈이었다. 그 사건이란 바로 출애굽 사건이다.

이집트에 노예로 팔려 온 요셉은 자신의 주인인 시위대장 보디발의 아내의 모함을 받아서 감옥에까지 갇히게 된다. 그러나 요셉은 하느님에 대한 믿음과 지혜 덕분에 풀려나게 된다. 요셉은 왕 다음의 권좌인 총리의 지위에까지 오른다. 혹독한 기근이 7년이나 계속되었지만 요셉은 신이 내려 준 통찰력과 신앙으로 이집트 왕과 이집트인들을 살릴 수 있었다. 요셉은 신중하고도 조심스럽게 이 환난에 대비할 준비를 해 놓았기 때문이었다. 그는 기근이 들기 7년 전부터 곡식을 저장해 놓으라고 명령했던 것이다. 이로써 요셉은 자신을 받아들인 나라를 구했을 뿐만 아니라 자신의 형제들과도 극적으로 상봉하였다. 요셉은 그들을 이집트로 이주시킴으로써 가족 모두를 구원하였다.

요셉의 가족들은 이집트인들로부터 환영을 받았다. 그들이 이처럼 따뜻하게 환영받았던 이유는 요셉의 중요한 직책 때문이었지만, 역사가들은 당시의 이집트(힉소스)를 다스리고 있던 지배층이 요셉에게 동정적이었기 때문이라고 믿고 있다. 힉소스인들은 기원전 1710년경 이집트를 정복했던 아시아계 사람들이었다. 어쩌면 그들도 이스라엘인들처럼 셈족을 조상으로 섬기고 있었기 때문에 요셉 일가가 우호적인 대접을 받았을지도 모른다. 어쨌든 그들은 이집트의 비옥한 고센 지방에 거주할 수 있게 되었다.

200년 후 힉소스가 멸망하자 다시 이집트 원주민들이 세력을 잡았다. 새로운 왕조는 이스라엘인들의 수가 점차 늘어나는 데 대해 경계하기 시작했으며, 급기야 그들을 위협적인 존재로 여기게 되었다고『출애굽기』는 전하고 있다. 그리하여 이집트인들은 이스라엘인들을 노예로 전락시켰다. 이스라엘인들은 왕을 위해 피돔과 람세스 도시를 건설하는 데 강제 동원되었다.

모세와 출애굽

가난과 혹독한 압박을 대물림하게 되자 이스라엘인들은 하느님이 자신들의 선조에게 주었던 약속을 완전히 잊었다고 생각하였다. 그러나 하느님은 모세라고 하는 히브리인을 자신의 사자로 보냈다. 모세는 어눌한 사람이었고, 자신이 그런 존재라는 사실을 좀처럼 믿으려 하지 않았다. 모세는 이집트 왕가에서 성장하였다. 모세는 파라오의 딸의 양자로 40년을 지냈다. 어느날 모세는 이스라엘 노예를 때리는 이집트인을 살해한 후 광야로 도망가게 된다. 그는 사막에서 목자로 여러 해를 지냈다. 모세는 결혼해서 일가를 이루었고 아무런 동요도 없는 평온한 삶에 길들여진 채 나날을 보내고 있었다.

그러던 어느날 장인의 양 떼를 몰고 시나이 산에 올라갔던 모세는 하느님과의 극적인 만남을 경험한다. 그는 불 붙는 떨기나무를 보았는데, 그 나무는 불이 붙었으면서도 타 들어가지를 않는 것이었다.

하느님은 모세에게 이집트로 돌아가서 자신의 백성을 구하라고 명령하였다. 처음에 모세는 망설였지만 마침내 하느님의 명령에 복종하였다. 모세는 자신의 형 아론이 자신과 함께 가야 한다고

"십계명"을 받는 모세

하느님은 시나이 산에서 십계명 즉 율법을 모세에게 내려 주었다.『출애굽기』에는 "십계명"이 돌 판에 써 있었으며, 이스라엘 사람들에게 대대로 전승되었다고 기록되고 있다.

이삭을 제물로 바칠 준비를 하는 아브라함

하느님에 대한 아브라함의 순종이 시험대에 올랐다. 하느님이 아브라함에게 오랫동안 기다려서 겨우 얻은 아들을 바치라고 명령한 것이다. 그때도 아브라함은 하느님의 명령에 따르고자 하였다. 6세기에 만들어진, 바닥에 새겨진 모자이크는 아브라함이 이삭을 제물로 바치려고 준비하고 있는 모습이다. 『창세기』에는 그때 천사가 아브라함에게 나타나서 "그 아이에게 손을 대지 마라.……나는 네가 얼마나 나를 공경하는 지 알았다."(22:12)고 말했다고 기록되어 있다.

아브라함이 고독한 길을 계속 갈 수 있었던 것은 하느님에 대한 신앙 때문이었다. 그는 자신을 향한 하느님의 약속이 반드시 이루어질 것이라고 믿었다. 아브람 계약이라고 불리는 이 약속들은 『창세기』 12장에 기록되어 있다. "야훼께서 아브람에게 말씀하셨다. '네 고향과 친척과 아비의 집을 떠나 내가 장차 보여 줄 땅으로 가거라. 나는 너를 큰 민족이 되게 하리라. 너에게 복을 주어 네 이름을 떨치게 하리라. 네 이름은 남에게 복을 주는 이름이 될 것이다. 너에게 복을 비는 사람에게는 내가 복을 내릴 것이며, 너를 저주하는 사람에게는 저주를 내리리라. 세상 사람들이 네 덕을 입을 것이다."(『창세기』 12 : 1–3)

그리고 나서 『창세기』는 아브라함이, 야훼가 지시하는 대로 가나안을 향해 가족들을 데리고 떠났다고 말하고 있다. 그때 아브라함의 나이는 75살이었다. 아브라함이 99살이 되었을 때 하느님은 두 번씩이나 자신의 약속을 재확인시켜 주었다. 아브라함이 아들을 얻을 것이라는 약속이었다. 그러나 아브라함은 자신이 아버지가 된다는 사실을 더 이상 믿을 수 없어서 절망에 빠지게 되었다. 그때 야훼가 아브라함에게 나타나서 이렇게 말씀하셨다. "나는 전능한 신이다. 너는 내 앞을 떠나지 말고 흠 없이 살아라.……너는 많은 민족의 조상이 되리라. 내가 너를 많은 민족의 조상으로 삼으니, 네 이름은 이제……아브라함이라 불리리라."(『창세기』 17 : 1–5) 아브라함이 100살이 되고 그의 아내 사라가 90살이 되었을 때 정말 이삭이라고 하는 아들이 태어났다. 이삭은 성장해서 흠이 없고 위대한 인내의 사람이 된다. 그는 레베카와 결혼하여 야곱과 에서라고 하는 두 아들을 두었다. 그러나 야곱은 속임수를 써서, 맏아들인 자기 형 에서에게 돌아갈 축복을 가로채고 말았다. 그 축복이란 하느님이 아브라함과 맺었던 계약을 물려받는 것이었다.

훗날 야곱은 하느님과 목숨을 건 대결을 벌이게 되는데 이를 통하여 야곱은 신실하면서도 존경을 받는 인물이 된다. 그러자 하느님은 야곱의 이름을 '이스라엘'로 바꾸어 주었다. 이때부터 유대 민족은 '이스라엘'이라고 불리게 되었다.

이집트의 요셉

야곱은 열두 아들을 두었지만 그중 막내인 요셉을 끔찍이 사랑하였다. 이러한 편애는 형제들 사이의 경쟁을 불러 왔고, 마침내 형제들은 질투에 못 이겨서 요셉을 이집트로 가는 노예 상인에게 팔아 버렸다. 그럼으로써 형들은 이스라엘 역사상 가장 위대하고 가장 자주 언급되는 사건을 위한

> "세상 사람들이
> 네 덕을
> 입을 것이다"
>
> 『창세기』 12:3

『출애굽기』에 등장하는 파라오

이집트 예술품 가운데에서 가장 장관인 것은 아부 심벨이라고 알려진 유적지에서 발견된 네 개의 람세스 2세의 상으로서 높이가 20미터에 이른다. 많은 사람들은 기원전 1279–기원전 1212년경에 통치하였던 람세스가 이스라엘 사람들을 억압했던 바로 그 포학한 왕이었다고 믿는다. 그리고 그 왕 때문에 모세가 인도하는 출애굽 사건이 시작되었던 것이다.

구약성서 – 이스라엘 이야기

비옥한 초승달 모양의 땅

아브라함이 태어난 곳은 이 지역의 북부였는데, 그곳은 '비옥한 초승달'이라고 불리던 곳이었다. 온화한 기후 덕에 많은 농작물이 생산되었던 이곳은 인류 문명의 요람지 중 하나였다. 그래서 일찍부터 이 지역을 통해서 교역과 교통이 이루어졌다. 지상에서 최초로 세워진 도시는 기원전 8000년경 이곳에서 번성하였다. 아브라함이 태어날 무렵인 기원전 2000년경(물론 이러한 연도는 추산에 의한 것임)이 지역에서는 이미 여러 초창기 문명의 흥망성쇠가 이루어지고 난 연후였다. 아브라함은 오래 전부터 사람들이 거주하면서 문명을 이루어 놓았던 이 지역을 거의 모두 거치면서 여행했을 것이다. 그러나 그 배후에 있는 거친 미지의 땅으로는 가지 않았던 것 같다.

기독교의 근원을 살펴볼 때 성서야말로 기독교가 유대교로부터 물려받은 유산을 알 수 있는 중요한 역사적 자료이다. 성서 이외에 고고학적인 증거나 문서 기록들도 있다. 그러나 성서는 이런 것들과는 비교할 수 없을 정도로 뛰어난 자료이다. 많은 경우 성서는 성서가 기록하고 있는 사건들을 증거하는 유일한 자료가 된다.

성서의 모든 구절들이 과연 역사적 신빙성을 지니고 있는가에 대해서는 수세기에 걸쳐 끊임없이 논의되었다. 그러나 기독교의 역사를 살펴보고자 할 때 중요한 것은 현실적으로 성서에 어떻게 기록되어 있는가 하는 것이지, 그 성서 구절들에 대한 학문적인 논의의 결과는 아니다. 따라서 우리들은 이 책에서 성서 이야기를 살펴보고 그것이 기독교 역사에 미친 영향을 주목하는 데 만족하고자 한다. 다시 말해서 이제 언급하려는 성서 구절들의 역사성을 둘러싼 논쟁은 이 책에서는 논외로 할 것이다.

이야기의 시작

성서의 첫번째 책인 『창세기』는 창조 이야기나 아담과 이브, 카인과 아벨, 에녹과 노아와 같은 흥미로운 인물들의 이야기로 시작된다. 유대교와 기독교의 직접적인 조상에 대한 이야기는 11장에서부터, 그것도 어느 메소포타미아 지역에 사는 정체불명의 일족에 대한 이야기로부터 시작된다. "데라의 후손은 다음과 같다."(『창세기』 11 : 27)

그리스도가 태어나기 약 2000년 전에 데라의 아들 아브람(후에 아브라함이라 불림)이 하느님의 부르심을 듣고 자기가 태어난 비옥한 땅(이라크의 우르)을 버리고 지중해의 동쪽 끝을 향해 가족과 길을 떠난다.

이것은 그저 보통 사람들 사이에서 일어난 하찮은 사건처럼 보일 수도 있을 것이다. 그러나 신앙인에게 구약성서의 이야기는 그저 그런 이야기가 아니다. 별로 중요하지도 않은 것 같은 이 메소포타미아 출신의 여행가야말로 "구속사(salvation history)"의 위대한 시작인 것이다. 왜냐하면 기독교인들은 성서에 기록된 사건이 자신의 백성을 위한 하느님의 부르심과 돌보심이라고 믿기 때문이다. 뿐만 아니라 아브라함과 그 가족의 이야기는, 기독교인들과 유대인들 모두에게 바로 그들 자신의 이야기이기도 하다. 그들은 최초의 위대한 신앙적인 영웅들이다. 아브라함, 그의 아들 이삭, 그리고 손자 야곱은 유대인의 조상이다. 그들이 미미한 존재라는 사실이야말로, 성서가 기록하고 있는 바대로, 하느님은 비천한 사람을 들어서 가장 고귀한 사람으로 만드신다는 사실을 분명하게 증거하고 있다.

기독교 사상의 대부분의 틀은 구약성서로부터 비롯되었다. 그 틀이란 다음과 같다. 하느님은 역사 속에서 활동하신다. 하느님은 역사로부터 멀리 떨어져 있는 존재가 아니라는 말이다. 하느님은 자신의 백성을 구원하기 위해서 역사에 개입하신다. 성서는 하느님의 말씀으로서 영원히 타당하다. 하느님의 거룩한 율법은 신분을 막론하고 누구나 똑같이 지켜야 한다. 왕이라고 예외가 될 수 없다. 이러한 사상의 틀을 비롯한 여러 중요한 개념들은 기독교가 물려받은 유대교의 유산이다.

이스라엘 민족의 조상

아브라함이 찾아갔던 땅은 당시 가나안이라고 불렸다. 후에 이 지역은 팔레스타인이라고 불렸다. 이곳은 오늘날 이스라엘의 대부분을 차지한다. 면적은 26,000평방 킬로미터가 채 안 되지만 아프리카, 아시아, 유럽이 만난다는 지정학적 의미 때문에 고대로부터 현대까지 교역과 관념의 측면에서 중요하게 취급되어 왔다. 일반적인 기준에서 본다면 아브라함이 자신의 고향을 떠나 전혀 알지도 못하는 낯선 땅을 향했던 것은 성급하고도 어리석은 결정으로 보인다. 『창세기』에 따르면 그는 한 부유한 가계의 장(長)이었다. 이것은 아브라함이 길을 떠난 목적이, 보통 이민자의 경우처럼, 새로운 세계에서 행운을 잡아 보려는 일이 아니었음을 시사한다.

모든 것을 버리고 아무것도 얻지 못한 채

우르(남부 이라크)의 복원된 사원탑

대부분의 학자들은 1922–34년 사이에 바그다드에서 남서쪽으로 약 370킬로미터 정도 떨어진 곳에서 발굴된 유적이 바로 우르라고 믿고 있다. 우르는 청동기 시대의 주요한 무역 중심지였다. 그곳에는 많은 집과 대규모 도서관, 잘 설계된 거리들, 지구라트라고 불리는 사원탑(사진)이 있었다. 성서학자들에게 특히 관심의 대상이 되는 것은 아브라함이라는 이름의 여러 변형 형태들이, 그가 죽은 지 1–2세기 후로 추정되는 시점에 만들어진 진흙판에 새겨져 있다는 점이다.

기독교의 뿌리

기원전 2000 – 기원후 64

기독교는 지나간 과거에 깊게 뿌리 내려 있다. 그래서 오늘날의 독자들이 기독교 신앙의 깊이와 넓이를 충실히 이해하려면 기독교가 지닌 유대교적 근원을 살펴보지 않으면 안 된다. 기독교인들에게 큰 의미를 지니는 신조나 사상들은 구약성서나, 구약 성서에 등장하는 사건과 위대한 지도자들의 영향을 받아서 형성되었기 때문이다.

구약성서 이야기의 주 무대인 팔레스타인은 예수가 태어났을 당시 로마 제국 변경에 있는 하나의 식민지에 불과하였다. 하지만 성장한 예수가 하느님의 평화와 구원에 대한 혁명적 메시지를 선포하기 시작하자 —— 예수의 선포활동은 그다지 오래 지속되지 않았다 —— 그가 행한 기적과 가르침에 관한 소식들은 매우 빠른 속도로 퍼져 나갔다. 그 결과 많은 사람들이 예수를 따르게 되었다. 관계 당국이나 종교 지도자들은 몹시 당황하지 않을 수 없었다. 결국 예수는 체포되어 재판에 넘겨졌으며 십자가에서 처형되었다. 예수의 죽음과 부활 이후 예수를 따르던 무리들은 그가 가르쳤던 복음의 소식을 전파하기 위해서 매를 맞는 아픔도 불사했고, 심지어는 목숨마저도 아낌없이 내놓았다.

동방 박사 세 사람이 아기 예수에게 황금과 유향과 몰약을 선물하고 있다.

초대 교회는 자선 사업을 많이 벌임으로써 좋은 인상을 심어 줄 수 있었다. 그 결과 기독교에 대해서 가장 적대적인 인물 중 하나였던 황제 배교자(背敎者) 율리아누스(361-63년 재위)조차도 기독교인들은 "자기네들 가운데 가난한 사람들뿐만 아니라 이교도들 중에서도 가난한 사람들을 돌보기 때문에" 기독교를 물리치고 이교를 복원하기가 어렵다고 불평을 늘어놓을 정도였다. 그렇게 조직화된 자선 사업은 오늘날까지도 지속되고 있다. 그 결과 수없이 많은 기독교 학교와 병원이 건립되었고 가난한 사람들이나 파산한 사람들, 억압받는 사람들을 도와 주려는 사업이 계속해서 시행되고 있다.

기독교는 또한 예술과 사상계에서도 괄목할 만한 영향력을 미쳤다. 위대한 미술가들과 작곡가들은 자신들의 신앙인 기독교로부터 영감을 얻어서 작품 세계를 구축하였다. 이러한 사실은 미켈란젤로, 프라 안젤리코, 뒤러, 바흐, 그리고 여타의 많은 사람들을 보면 어렵지 않게 알 수 있다. 헨델이 할렐루야 합창을 작곡했을 때 그는 "나는 하늘이 내 앞에서 열리는 것을 보았다!"고 외쳤다고 한다. 다른 사람들도 그와 같은 것을 느꼈을 것이다. 유럽의

기도하는 이집트 남자
인구의 절반 이상이 기독교인인 아프리카 국가는 여럿이다. 이것은 현대에 들어와서 처음에는 서구 세계로부터 시작해서 나중에는 아프리카 자체적으로 이루어진 선교 활동의 결과이다. 이러한 모습은 4세기에 설립된 이래 계속 중요성을 지녀 온 에티오피아 교회(아비시니안 교회)가 오늘날까지 생존해 있음을 보여 준다.

고딕 성당을 보고서 놀라지 않는 이가 누구이며, 시스틴 성당 천정에 그려진 미켈란젤로의 프레스코화를 경외심을 가지고 바라보지 않을 이가 누구이겠는가? 아우구스티누스, 안셀무스, 아퀴나스, 루터, 로크, 파스칼, 키에르케고르, 그리고 도스토예프스키와 같은 위대한 사상가들은, 비록 방법은 달랐다고 하더라도 기독교 신앙으로부터 영감을 받고 그 신앙에 의해서 자신들의 사상과 삶을 형성했던 것이다.

기독교 신앙의 모습은 지난 세기에 크게 변하였다. 이제 전통적인 유럽의 기독교인 수는 아프리카와 아시아, 라틴 아메리카의 기독교인 수보다 많지 않게 되었다. 지속적으로 증가하는 세속주의에 직면해서 그 동안 세상과 분리된 채 자족해 왔던 교회와 기독교 공동체는 세상과

> "교회는 이 세상에서 하느님의 본질을 발견하도록 부름받았다."
>
> 20세기 성공회 주교, 데이비드 셰퍼드

함께 일하는 법을 배우고 있다. 이와는 또 다른 도전도 계속되고 있다. 예를 들어 이제 여성들은 교회 성직자의 역할을 담당하려고 하며, 환경을 보호하는 일도 급선무가 되어 있다. 그러나 전 세계의 교회에 앞으로 어떠한 미래가 기다리고 있다고 하더라도 기독교인들은 여전히 그리스도로부터 영감을 받고 그리스도를 닮아 가려고 노력할 것이다. 그들에게 기독교에 대한 이야기는, 강한 것 같으나 불완전한 인간들과, 그 인간들이 흠모하는 주님 사이의 대화가 될 것이다.

종교와 정치
20세기에 기독교의 여러 교파는 정치적으로 활발하게 움직였다. 인권과 정치적 의(義)를 위한 싸움이 전 세계적으로 진행되었으며, 기독교 신앙에 충실한 인물들이 종종 이 운동을 이끌었다. 예를 들어 경건하고 카리스마적인 침례교 목사 마틴 루터 킹(왼쪽)은 1950년대와 1960년대 미국에서 인종 차별에 항의하는 투쟁을 인도하였다.

가정의 기독교
경건한 신자에게 기독교 신앙은 가정 생활의 중심이었다. 그래서 기도는 일상생활의 일부였다. 부모들은 식사하기 전후에 축복과 감사의 기도를 올리는 일을 아이들이 어렸을 때부터 가르쳤다.

"마음 없이
말로만 하는
기도보다
말없이
마음으로하는
기도가 더 낫다."

17세기 청교도인 존 버니언

"기독교는 살아 있는
진리이다."

19세기 가톨릭 추기경 J. H. 뉴먼

많이 해 온 것이 사실이다. 수많은 박해와 전쟁이 그리스도의 이름으로 치러졌다. 기독교인이라고 자처하는 사람들은 때때로 다른 사람의 고통에 대해서 무관심했던 것이다. 예수는 자유를 가져왔노라고 했지만 지난 2,000년의 대부분 기간 동안 기독교는 노예 제도를 유지해 왔다. 저마다 신의 깃발 아래 서 있다고 주장하는 기독교인들끼리 벌인 싸움으로 인해서 세상은 상처를 입어 왔다. 기독교인들은 자신들과 같은 신앙을 갖고 있지 않은 사람들을 학살하고 고문했던 것이 사실이다. 그리하여 위대한 평화주의자이자 종교 지도자인 마하트마 간디(1869-1948년)도 "나는 그리스도를 사랑합니다만, 당신들 기독교인들은 사랑하지 않습니다."라고까지 말했던 것이다.

기독교에 대한 이야기가 때로로 이기심과 탐욕으로 얼룩져 있지만 가난한 사람, 병든 사람, 곤궁에 처한 사람들을 돌보는 일 역시 참된 기독교인을 나타내는 지표가 되어 온 것이 사실이다.

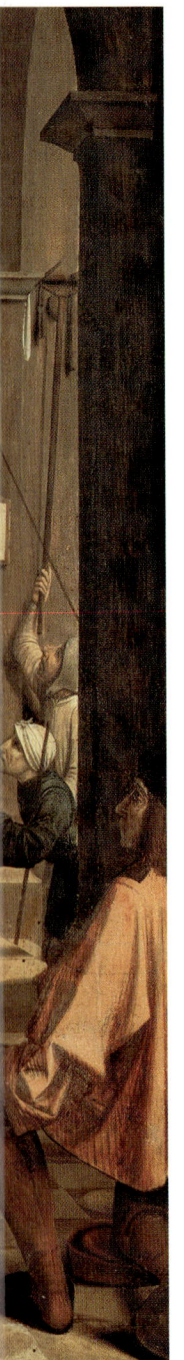

하는 교회 행정 조직이 마련되었다. 주교들 가운데에서 가장 영향력이 있는 이는 안티오크와 알렉산드리아의 주교였고, 그 가운데에서도 역시 로마 주교의 권위가 가장 높았다.

예배의 형태, 그중에서도 가장 중요한 미사의 형태나 주의 만찬의 형태들도 또한 발전했는데, 이러한 것들은 고난이나 심지어 죽음에 직면한 상황에서도 공동체를 하나로 묶어 주었다. 교회의 임무는 예수와 사도(使徒)들의 가르침에 충실하면서 동시에 그 가르침을 교회가 속해 있는 세계에 전달하는 일이었다.

마침내 이방 제국은 무너졌고 그리스도 운동은 311년, 로마 제국에서 종교의 자유가 보장됨으로써 승리를 거두었다. 교회가 안정성을 확보하자 이제는 기독교 교회의 근본 가르침을 확립시킬 필요가 있었다. 왜냐하면 칼보다 더 위협적이라고 할 수 있는 이단자들의 독설로부터 교회를 지켜야 했기 때문이었다. 교회는 이러한 목적을 달성하기 위해서 이제 막 누리게 된 권위를 이용해서 모든 주교들을 소집하였다. 325년과 451년 사이에 네 번의 공의회(公議會)가 개최되었으며, 이를 통해서 장래의 모든 신자들이 믿어야 할 그리스도의 본성과 사역과 신성을 교리화하였다.

중세에 접어들 무렵 교회는 야만인들의 침입과 이슬람의 흥기로 말미암아 위협을 받았다. 1054년에 일어난 동서 교회의 분열은 서방과 동방의 정통 기독교 교회를 양분하였다. 그 결과 교회는 가톨릭 교회와 정교회로 나누어졌다. 비록 동서 교회가 주장하는

식민지 아메리카에서 교회에 가는 청교도들
신심이 깊으면서 엄격했던 영국의 개신교도들인 청교도들은, 뉴 잉글랜드를 처음으로 식민지화하였다. 그들은 이후 미국으로 발전할 나라의 종교적인 특색을 형성하는 데 지대한 역할을 담당하였다.

본질적인 교리가 동일했음에도 불구하고 교회는 그 이후, 적어도 교회가 성립되고 나서 2000년이 된 오늘날까지 하나가 되지 못하고 있다.

16세기에 독일의 수도사 마르틴 루터가 부패한 가톨릭 교회를 비판하는 글을 자신의 교구인 비텐베르크 성문에 써 붙임으로써 비판의 발톱을 세우고 종교 개혁을 시작하였을 때 교회는 더욱 나뉘게 되었다. 그 이후 교회는 인류 문명을 현대 세계로 이끈 과학, 철학, 정치의 혁명을 이루어 왔으며, 또 역으로 그러한 혁명적 변화에 의해서 모습을 갖추어왔다.

16-17세기에 기독교 신앙은 유럽을 넘어서 뻗어나갔다. 18세기에 웨슬리 형제나 조지 화이트필드, 조너선 에드워즈 같은 카리스마적인 인물들에 의해서 미국과 영국에서는 종교 부흥 운동이 일어났다. 19세기 말 기독교는 전 세계의 모든 나라로 전파됨으로써 가장 대중적이고 널리 퍼진 종교가 되었다.

예수가 태어난 지 2,000년이 되면서 이제 그 누구도 기독교가 전해 주는 영향으로부터 벗어날 수는 없게 되었다. 지금까지 기독교가 이룩해 온 일들에 대해서 기뻐할 수도 있겠지만, 기독교는 또한 후회할 일도

"교회는 파도에 휩싸인 커다란 배와 같다. 우리의 임무는 배를 버리는 것이 아니라 나아갈 방향을 잃지 않도록 하는 것이다."

8세기 수도사 보니파키우스

처음 제자들에게 "너희는 가서 이 세상 모든 사람들을 내 제자로 삼아라."(『마태복음』 28 : 18)라고 한 명령에서 비롯된 것이다.

그리스도의 삶과 죽음, 그리고 그의 부활 이후 기독교는 세계에서 가장 탁월한 종교 가운데 하나가 되었다. 헤아릴 수도 없을 만큼 많은 순교자들이 전 세계에 복음을 전파하기 위해서 그들의 목숨을 기꺼이 내놓았다. 위대한 예술 행위와 건축, 음악들은 사람의 말만 가지고서는 표현할 수 없는 것들을 표현해 주었다. 신학자들과 설교자들은 다양한

"선을 행할 수 있는 우리의 모든 능력은 하느님으로부터 나온 것이다."

3세기 교부 키프리아누스

방식으로 단순하면서도 무한한 의미를 지니고 있는 그리스도의 메시지를 전달해 왔다. 또한 많은 개혁자들은 기독교 신앙의 본질은 한 개인이나 제도의 경직성으로 말미암아 상실되어서는 안 된다는 사실을 정열적으로 부르짖어 왔다.

기독교의 역사는 수많은 기간으로 나누어질 수 있다. 이 책에서는 그 각각의 기간에 대해서 설명하고자 한다. 기독교는 하느님이 구약의 위대한 지도자들인 이스라엘 민족의 조상에게 주셨던 약속에 굳게 뿌리를 박고 있다. 따라서 기독교는 유대적인 기원을 가진 종교임에 틀림없다. 기독교가 시작될 무렵 유대인들의 고향인 팔레스타인은

기독교 신자로서의 왕
왕이 신봉하는 종교는 그 신민들의 종교였다. 그리하여 왕은 그가 다스리는 나라의 종교에 엄청난 영향력을 행사해 왔다. 신심 깊은 기독교 신자였던 샤를마뉴──그는 9세기에 광활한 유럽 대륙을 지배하였다──는 수많은 집단 개종을 가능케 하였다.

성인의 무덤에서 기도하는 중세의 순례자들
미신을 믿던 시대에 살던 사람들은 성인들의 무덤이 치유와 회복이 일어나는 장소라고 여겼다. 그래서 성인들의 무덤은 종종 순례의 장소가 되었다. 기적적으로 병이 낫기를 바라는 간절한 마음에서 병자들은 그 무덤에 손을 댔다. 또한 '죄인들'도 자신들의 죄를 참회하기 위해서 이곳으로 몰려들었다.

로마 제국의 작은 변방 지역에 불과하였다. 그런데 그곳에서 오랫동안 기다려 왔던 유대인의 메시아가 하느님의 백성들을 구원하기 위해서 왔다는 것이다. 바로 그 메시아를 신봉하던 사람들은 그렇게 선포했던 것이다. 3세기에 걸쳐서 초대 교회는 외부로부터 밀어닥치는 난관을 이겨 냈다. 외적인 난관이란 박해와 분열, 그리고 이단을 일컫는다. 네로를 위시해서 여러 로마 황제들은 기독교인들을 간헐적으로 박해하였다. 그럼에도 불구하고 주교와 장로, 그리고 집사들을 중심으로

서론

개인적으로 기독교를 믿느냐와는 관계없이 기독교에 대한 이야기는 세계 역사의 중요한 부분을 이루고 있음에 틀림없다. 기독교 신앙은 도덕에서부터 정치, 예술, 문학, 과학과 철학에 이르기까지 모든 삶의 분야에서 영향력을 미치고 있다. 오늘날 전 세계 인구의 약 삼분의 일을 헤아리는 사람들이 스스로를 기독교 신자로 여기고 있다. 사람들에게 거의 알려지지 않은 불가사의한 존재인 예수가 갈릴리의 먼지 자욱한 길을 걸으면서 회개와 구원의 소식을 설교한 지 어언 2,000년이 흘러갔다. 이 책은 그 지나간 2,000년을 탐구해 보려는 하나의 시도이다. 다시 말해서 예수를 신이라고 믿었던 그의 제자들이 예수의 가르침을 실천하기 위해서 어떻게 노력해 왔는가를 살펴보고자 하는 것이다.

블레이즈 파스칼이 말한 바대로 기독교인들의 신앙과 종교의 역사에서 그 중심은 그리스도를 향해 있다. "예수 그리스도는 모든 것의 중심이며, 모든 이들이 도달하려고 애쓰는 목표이다." 그러므로 예수라고 하는 역사적 인물이 그를 믿고 따르는 무수히 많은 사람들에게 끼쳤던 감정적이고 지적이며 영성적인 영향력을 살펴보지 않고서는 기독교에 대해서 말할 수 없을 것이다. 기독교인들은 예수가 태어났을 때 "말씀이 육신이 되었다"고 믿는다. 즉 하느님이 이 지상에 오셨다는 말이다. 그 결과 예수는 그의 사역 기간 동안 존경을 받았지만 그와 동시에 공개적인 질시도 경험하지 않으면 안 되었다. 예수의 능력과 권위는 그를 따르던 군중들에게 두려움과 신뢰를 동시에 불러일으켰지만, 그를 반대하는 무리들에게는 격렬한 분노를 자아내도록 만들었다. 예수가 누구인가에 대한 가장 뚜렷한 진술은, 『마태복음』에 기록된 대로 예수가 그의 제자 베드로에게 "너는 나를 누구라고 생각하느냐?"라고 물었을 때 이루어졌다. "스승님은 살아 계신 하느님의 아들 그리스도이십니다."(『마태복음』 16:15-16) 이와 유사한 믿음이 지금도 예수를 따르는 사람들을 사로잡고 있다. 즉 기독교인들이 이웃을 사랑하고 보다 나은 삶을 살도록 인도하는 동기는 예수 그리스도에 대한 감사와 그와 같아지려는 열망에서 비롯된 것이다. 선교하고자 하는 그들의 동기도 예수가 그의

지존하신 그리스도
기독교인들은 예수 그리스도가 세상을 떠난 후 하늘로 올라가 왕이 되어서 다스리고 계신다고 믿었다. 그리하여 수많은 기독교 예술이 천상의 세계에 계시는 그리스도를 묘사해 왔다.

순교하는 로마의 초대 기독교인들
로마는 이방의 신들에게 예배하지 않는 자들을 살려 두지 않았다. 지상의 수많은 기독교인들은 그들의 신앙을 버릴 바에는 그리스도를 위해서 기꺼이 목숨을 내놓을 용기를 갖고 있었다.

> "나는 길이요
> 진리요
> 생명이다."
>
> 예수 그리스도 (『요한복음』 14:6)

머리말

우리가 런던에 있는 돌링 킨더슬리 출판사 사무실에서 책상을 가운데 두고 마주 앉아 이 책의 내용과 구성을 의논했을 때——둘 중 한 사람은 평생 개신교도였고 다른 한 사람은 가톨릭 신자였다——묘한 아이러니는 여전히 남아 있었다. 그것은 바로 수백 년에 걸친 신랄하고도 때로는 치명적이기까지 했던 신학적 차이를 조화시키려는 참으로 에큐메니컬한 계획을 세운다는 아이러니, 그것이었다. 더욱이 우리가 일하고 있던 장소는 다름 아니라 영국이었다. 영국이라면 저 옛날 헨리 8세가 사내아이를 낳지 못한다는 핑계로 자기 부인과 이혼하고 아이를 잘 낳아 줄 것 같은 젊은 여인과 결혼하고자 한 이래로 개신교와 가톨릭이 오랫동안 서로 으르렁거렸던 바로 그 나라가 아닌가? 그러나 각자의 신앙 역사가 달랐지만 우리는 어렵지 않게 공동 작업을 수행해 나갈 수 있었다. 신자라면 보다 큰 선을 위해서 전통과 교리의 차이쯤은 기꺼이 뛰어넘을 수 있는 것이다.

하지만 이것만이 이 책의 독특한 정신은 아니다. 기독교를 세계적인 차원에서 고찰하고 있는 이 책은 동시에 20세기 교회의 유산이 되고자 한다. 교육의 진보나 두 차례의 세계 대전, 타종교의 급격한 등장을 배경으로 하면서도 기독교는——교황 요한 바오로 2세나 빌리 그레이엄, 대주교 데스몬드 투투, 캘커타의 마더 테레사, 그리고 헤아릴 수 없이 많은 사람들의 노력에 의해서——여러 교파의 중요성보다는 초기의 뿌리, 즉 예수 그리스도의 삶과 가르침으로 돌아감으로써 생명력을 다시 얻고 있다.

이 책이 독자 여러분에게 흥미와 감동을 줄 수 있다면 우리 저자로서는 다행한 일일 것이다. 나아가 독자 여러분이 이 책에서 기독교의 참된 정신을 발견하고, 지나간 2,000년 동안 수백만 명의 사람들이 헌신적으로 따랐던 바로 그분의 본질을 발견하게 되기를 간절히 기도드리는 바이다.

Matthew Price   Michael Collins

유럽의 개종
야만족들을 문명화함 82
선교와 개혁 84
동방의 침입 88
새로운 제국과 기독교 문화 90
혼돈에 빠진 서방 유럽 94
교회, 국가, 수도사 96
영광과 분열 98

십자군부터 르네상스까지
그레고리우스의 개혁 106
십자군 108
신앙, 예술, 교육의 부흥 110
수사와 신앙 114
경건과 분열 118
동방 교회들 122
르네상스 124

종교 개혁
종교 개혁 시대,
유럽에서 기독교의 역사 130
독일의 종교 개혁 132
스위스의 종교 개혁 136
급진적 종교 개혁 138
종교 개혁의 전파 140
가톨릭의 종교 개혁 146
신세계에 대한 선교 150
막을 내린 종교 개혁 152

계몽주의와 신앙의 부흥
계몽주의의 충격 156
가톨릭의 움직임 158
아르미니우스주의와 경건주의 160
공격받는 교회 162
부흥의 불길 164
이성의 시대의 동방 정교회 170

선교와 혁명
자유로운 신세계 174
공격받고, 분열되며, 번성하는 기독교 176
개신교 내의 새로운 움직임 178
선교의 새로운 시대 182
미국의 기독교 184
동방 교회 188
산업 사회 속의 기독교 190
세계 복음 선교 194
요새 같은 로마 198
새로운 세기를 향하여 200

세계적 교회
세계 대전과 새로운 신학의 등장 204
공산주의 러시아에서의 정교회 206
제1차 세계 대전 후의 서구 세계 208
제2차 세계 대전과 그 이후 210
발전하는 교회들 212
에큐메니컬 운동 214
사회문제와 행동 216
변화하는 가톨릭 교회 220
새로운 복음 전도자들 222
카리스마 운동 224
세계 기독교 226

용어 해설 230
찾아보기 234
그림 자료 출처 237
역자 후기 239

사진과 그림으로 보는 기독교 역사

2001년 7월 5일 / 초판 1쇄 발행
2011년 1월 5일 / 초판 4쇄 발행

지은이 / 마이클 콜린스, 매튜 A. 프라이스
옮긴이 / 김승철
발행인 / 전재국

발행처 / (주)시공사
출판등록 / 1989년 5월 10일 (제3-248호)
주소 / 서울특별시 서초구 서초동 1628-1 (우편번호 137-879)
전화 / 편집(02)2046-2861 · 영업(02)2046-2800
팩스 / 편집(02)585-1755 · 영업(02)588-0835
홈페이지 / www.sigongsa.com

The Story of Christianity
Copyright ©1999 Dorling Kindersley Limited, London
Text Copyright ©1999 Michael Collins
Text Copyright ©Matthew A. Price

[DK]
A DORLING KINDERSLEY BOOK / www.dk.com

Korean translation copyright©2001 Sigongsa, Co., Ltd
All rights reserved. Korean translation editoin published by
arrangement with Dorling Kindersley Limited

이 책의 한국어판 출판권은 Dorling Kindersley와의 저작권 계약에 따라
시공사에서 가지고 있습니다. 저작권법에 따라 보호를 받는 저작물이므로
무단 전재와 복제를 금합니다.

ISBN 978-89-527-1621-7 03230

차례

머리말 6
서론 7

기독교의 뿌리
구약성서-이스라엘 이야기 14
구약성서와 신약성서의 중간 시기 20
"우리 가운데 한 아이가 태어남이라" 24
초대 교회 30

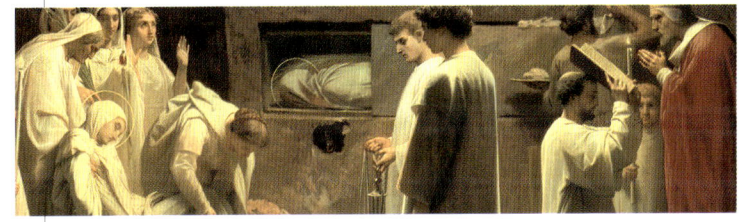

교회와 제국
새로운 종교 38
예배와 위계 질서 40
초대 교회에 대한 도전 42
박해 44
신앙의 수호 46
신앙의 승리 48
발전하는 교회 50
대박해 54

기독교 제국
제국의 기독교화 58
제국의 위기 60
권력을 손에 넣은 교회 64
수도원 66
아우구스티누스-은총의 승리 68
서방의 야만족들 70
동방의 교회 74
비잔틴의 영광 76
선교의 시기 78

사진과 그림으로 보는
기독교 역사

마이클 콜린스 · 매튜 A. 프라이스 지음
김승철 옮김

시공사